知と境界領域

中和と分極の神秘

中澤吉郎
Yoshiro Nakazawa

たま出版

はじめに

一般に酸とアルカリによる中和という言葉を初めて耳にするのは、小学生高学年あたりの理科の授業からで、それから中学、高校と上がっていく過程で化学的に少し詳しく知るようになりますが、その後は専門課程で選択しない限り、たいていは忘れてしまっているのが普通でしょう。そして最近の健康食品ブームの中で、気になる酸性体質やアルカリ体質などについての説明書を読んで、ｐＨ（水素イオン濃度指数）が７のときが中性であることを思い出すといった感じだと思います。

広辞苑で〈中和〉という語を調べてみると、「①中性で程よく調和していること。②酸とアルカリの溶液を等量ずつ混ぜるとき、そのおのおのの特性を失うこと。また、等量の陰陽両電気があるとき、電気現象を呈さないようになること。③異性のものが融合して、おのおのその特徴もしくは作用を失うこと。」というような説明があります。これらの説明を一般化して要約すると、〈中和〉という言葉の広義の概念は、「対極的関係にある性質が結合または融合することにより、それぞれの特性を消失して中性化すること」という意味になるでしょう。そして、「対極的性質」が分野によっていろいろ変わることになるのですが、その一部に物理化学分野での酸とアルカリに関する陰陽イオンや静電気的陰陽極などがあると、理解してもらったほうが、本論に入ろうとする読者にとってはいろいろな点で見通しがよくなると思います。

つまり、極性と関係した酸、アルカリからくる中和という言葉のイメージにあまりとらわれることなく、「対立的性質が結合により、共に消失して中性化する」という意味で本書の全体が構成されているということです。
一方、〈分極〉という言葉は、物理化学用語では一般的に、外場が作用していないときには電磁気的に中性である物質が、電磁場中に置かれたときに電荷または磁気分布が変化して双極子モーメントが生じる現象を指しています。この現象での要点は、それまでなかった（物理化学的）対極的性質が、何らかの作用により生じてくるということです。
また、物理化学的用語から離れた場合で一般的によく使用される〈分極化〉という言葉は、「相対立する２つの立場（性質）などに分化すること」を意味しています。このような意味合いから、広義の中和という言葉の反対概念として、分極という言葉を使用していることを付け加えておきます。このとき、中和とは対極的性質、意味、機能の消失過程であり、分極とは逆にそのような性質、意味、機能の発生過程ということになります。
本書ではまず、化学的中和反応とその逆過程である分極反応というものが、どのようなものであるのかを、その基本を踏まえて簡単におさらいします。が、それをさらにレベルを上げて量子化学的に詳細に説明することなどは目的としておりません。ここでの本来の目的は、中和という化学反応を通して、中和と分極の背景にある概念的な意味を明確にし、それをさらに一般化することによって、身近な事例、例えばコピーや印刷、版画、写真などから知の構造や暗号、主観―客観問題、そして生命現象から宇宙の存在論、ならびに東洋や西洋の哲学と宗教が関わる精神世界の広範な領域を展望しようとするものであります。
古代からさまざまな哲学者や思想家が、宇宙存在と自己存在の狭間で〈存在〉の意味を問い続け、多くの実り豊かな精神的果実をもたらしてきました。しかし、基礎数学の分野でクルト・ゲーデルが

「ある知的体系内では、どうしてもその真理性を証明できないものが残る」ことを証明したように、この宇宙内のすべてのことを言葉で説明しつくすことは不可能なのです。どんなに数理科学の知が今後とも進歩しようとも、私たち人類は知のある極みで必ず知の絶対的与えられを説明なしに受容しなければならないのです。

本書の中でその深い意味を省察しながら、広義の中和過程に関する問題で、さらに思い当たることを発見したり、今後の生き方における、物質世界から精神世界に対するとらえ方や見方にプラスになることがあれば、著者にとって幸いであり、本書の目的も十分に達せられたことと思います。

◎目　　次◎

第３章　対極的意味世界とファインマン図

第4章　認識論と中和

第５章　宇宙と意味世界

第6章　絶対無の神と仏教の空観

第 1 章

中和現象

1：中和反応と分極過程

化学の世界では一般に、酸と塩基（アルカリ）が反応することを中和といいますが、これは水溶液中の酸から生じた水素イオンH^+と塩基から生じた水酸化物イオンOH^-が反応して中性である水H_2Oが生成することを意味します。この過程で大切なことは、互いに対極関係にある性質を示す、酸性と塩基性の元になっている陽イオンH^+と陰イオンOH^-が等量反応して互いの性質を消失し、電荷的に中性である水が生成するということです。したがって酸性塩と塩基性塩を混合する場合、どちらかの量に偏りがあれば水溶液全体としての性質は酸性かアルカリ性を示すことになります。

ここでは簡単な中和反応として、代表的な酸性塩である塩酸HClと塩基性塩である水酸化ナトリウムNaOH水溶液が等量反応して、塩化ナトリウムNaCl（食塩）と水、すなわち中性である食塩水を生成する反応を見てみると、

$$\begin{array}{lcccccc} & HCl & + & NaOH & \rightarrow & NaCl & + \; H_2O \\ \text{水溶液中} & [H^+ + Cl^-] & & [Na^+ + OH^-] & & [Na^+ + Cl^-] & \end{array} \qquad (1)$$

［分極状態］　　　　［中性状態］

となります。そして電荷についての中和反応の骨組みである水に関する反応を抜き出すと、

［分極状態］　　　　［中性状態］

$$\underset{[\text{陽イオン}]}{H^+} + \underset{[\text{陰イオン}]}{OH^-} \rightarrow \underset{[\text{中性物質}]}{H_2O} \qquad (2)$$

となります。厳密に言うと、一般的な酸性塩と塩基性塩と水の三者

は混合溶液中では、それらのある分量が電離状態にあったり、中性状態にあったりするという性質――電離度と電離平衡の関係――と、水溶液中の酸性度と塩基性度とが複雑に絡み合うので、酸性塩と塩基性塩を等量に混ぜても水溶液全体が中性になるとは限りません。ここでは中和過程を分かりやすくするために、その恐れのない簡単なケースを例示しました。

また普通、⑴、⑵の左辺における分極状態という語には電離状態という語があてられるべきですが、後の一般性を考慮してその語で示してあります。

上の⑴と⑵の左辺から右辺への反応式は非可逆過程であり、放っておくと自然に［→］方向に進む（これも実際には、溶液全体の内のごく少量が逆方向［←］に進んで電離平衡にあるが無視できる）ので、［自然過程］と言えます。地球上重力場での石の運動に例えると、石の自然落下に対応します。そして石の位置エネルギーが落下の過程で運動エネルギーに変換されるように、この反応において分極状態に潜在する化学ポテンシャルエネルギーが、陰・陽イオンの中和化によって熱エネルギーに変換され、いわゆる中和熱が開放されます。この中和熱の概念は、精神世界においても重要になるので頭の隅にでもしっかり入れておいて下さい。

では次に、⑴、⑵式で逆過程である［←］方向の反応を起こすにはどうすればよいのかというと、⑴式の右辺の食塩水を電気分解することにより可能となります。この逆過程は自然には起こらず［強制過程］なので、電気エネルギーが必要になるのですが、これは先程の石の例で見ると、人間が落下した石をもとの高さに投げ上げる際の腕の運動エネルギーに対応します。そこでエネルギーが高いほうから低いほうへの流れを［下降過程］とし、その逆の低いほうから高いほうへの流れを［上昇過程］とすることにします。物質現象

の世界では、上昇か下降かはエネルギーの高低関係で決まります。中和・分極の双方向を１つの式でまとめると、

[分極状態]	自然過程・熱エネルギー開放⇨	[中性状態]	
エネルギー高い	中和化・下降→	エネルギー低い	
HCl ＋ $NaOH$		$NaCl$ ＋ H_2O	(3)
[$H^+ + Cl^-$] [$Na^+ + OH^-$]	←上昇・分極化	[$Na^+ + Cl^-$]	
	⇦強制過程・電気エネルギー吸収		
[分別世界]		[無分別世界]	

となります。この表でイオンに関する分極状態に分別世界、中性状態に無分別世界という語を対応させていますが、これらはもともと仏教世界と関係が深い言葉で、今後の広い現象世界を考察するときに意味を持つようになります。ここでは分別世界を差異世界、無分別世界を無差異世界と解するとよいでしょう。

ところで、実際に食塩水を電気分解すると、すぐに(2)式の右辺が分極化して左辺に移行するのではなく、それなりの装置が必要になります。食塩水容器をイオンだけを通す半透隔膜で半分に仕切り、陽極板付近で発生する塩素ガスCl_2と陰極板付近で発生する水素ガスH_2を混合ガラス管に集めて燃焼させると塩化水素HClが生成します。これを別の水に溶かして塩酸溶液を作り、これと等量の（陰極板側に生成している）水酸化ナトリウム水溶液を引き込み、ガラス管を通して混合させると、一時的に(2)の分極状態を実現することができます。しかしこの状態はすぐに右の中和状態へと移行していきます。これは石を強制的に投げ上げて元の高さまで戻しても、すぐに石が落下してしまうことに対応しています。ここでなぜ逆過程である電気分解のことを概略したのかというと、エネルギーの高い状態に戻す過程――上昇過程――というのは、石投げのような力学的過程と

違い、一般にはとても複雑な過程を経ないと戻らないことが多いことを示すためでした。これは次に述べる素粒子の世界でも同様です。

２：化学的中和から素粒子反応へ

光子と中性子

今までに見てきた化学の世界における中和反応は、対極関係にある陰イオンOH^-（水酸化物の余分な電子１個）と陽イオンH^+（陽子１個）の電荷的性質が化学結合により消滅して中性の水H_2Oを生成する過程であり、かつその中和状態は分極状態よりエネルギーが低い状態でした。この化学的中和反応における対極的性質である酸・アルカリ関係にこだわらなければ、エネルギーの高低関係は同じですが、対極的性質が消滅して生成するものが水ではなく、電荷的に中性な光（γ）である場合が考えられます。この現象は素粒子反応の世界でよく起こりますが、その中でも単純な反応が自由電子に関する電子e^-・陽電子e^+反応であり、その逆過程も合わせて(3)と同じように表記すると、

［分極状態］	自然過程・光エネルギー開放⇨	［中性状態］	
エネルギー高い	中和化・下降→	エネルギー低い	
$e^- + e^+$		2γ	(4)
	←上昇・分極化	光子＋反光子	
対生成	⇦強制過程・光エネルギー吸収	対消滅	
［分別世界］		［無分別世界］	

となります。自然過程［→］は、現在の真空の温度がきわめて低いので、質量エネルギー的に高い電子と陽電子が近づくと自然に反応して光子になる過程であり、逆の強制過程［←］は、やはりそう簡

単ではなく、電子の質量をm_eとすると、光子に$2m_ec^2$以上のエネルギーを与えてやる必要があります。この過程を人口的に実現するには、巨大な装置であるサイクロトンを使って高エネルギー光子を発生させることになります。もちろん完全な分極ではなく、瞬間的（～10^{-21}sec）な真空場の量子的揺らぎとしての分極（真空偏極）は、現在の時空でも上昇と下降が共に自然に起こります。

このように素粒子現象の世界では、現在の宇宙では自然とか強制とかに分かれますが、宇宙が誕生した初期においては真空が高温であったため、絶対温度で約100億度位の頃、［→］過程と［←］過程は平衡状態にあり、自然とか強制とかという対極差別がなくなり、共に自然状態になります。これは短時間に分極と中和の双方向に揺らいでいる状態であり、化学反応の世界では電離平衡状態に当たります。これ以外にも宇宙の過去にどんどん戻っていくと差別が無くなる性質がいくつかありますが、大切なことは、宇宙の初期に向かうということは無差別の世界に向かうということであり、その極限に真の中和の世界があるということです。

光の分極化によって対生成した電子対はそれぞれに相手を識別して別け隔てをします。例えば、１つのエネルギーレベルの部屋に１個の電子が入っているとき、その電子は「もう１個の電子しか入れないよ」と言い、さらにスピン（ある種の回転のようなもの）は「自分の反対でないと駄目」と言います。つまり電子はきわめて排他的な存在です。このような点で、分極世界は分別世界にあると言います。一方、中和状態にある光子は、仲間を分け隔てなく受け入れて、無数の光子を同じ部屋に入れようとします。つまり光子は懐の深い受容性を持ち、共生を好むという無分別の世界に生きているわけです。化学的中和の世界でもその点は同じで、分極状態にある酸・アルカリの因子は互いに分け隔てをし、分別世界に生きています。そして中和状態にある水そのものは、みな平等であり、無分別世界に生きています。このような光と水の受容的性質は私達の宇宙における本質的霊性と言えるものです。

さて今までの反応式(1)、(2)、(3)はすべて中和状態のほうが分極状態よりエネルギーが低い状態でしたが、ここでは逆に中和状態のほうがエネルギーが高い過程を持つ現象を素粒子の世界で見てみます。原子核の基本構成子である中性子 n^0 は、一般的に放射性元素でない限り核内では安定ですが、ヘリウム核であるアルファー線を原子核に衝突させると、中性子が飛び出てきて自由中性子となります。そしてその自由中性子は平均15分くらいで自然崩壊し、分極化した二次粒子群（陽子 p^+，電子 e^-，反ニュートリノ $\tilde{\nu}_e$）に変化します。

したがって、今度は中性状態より分極状態のほうがエネルギーが低いことになります。このエネルギー差が２次粒子群の運動エネルギーに使われます。この自然崩壊の逆過程である自由中性子の生成は、化学的中和反応の逆の場合と同様にそう簡単にはいきません。この自由中性子の双方向の反応式を表記すると、

［中性状態］	自然過程・エネルギー開放⇨	［分極状態］	
エネルギー高い	分極化・下降→	エネルギー低い	
n^0		$p^+ + e^- + \tilde{\nu}_e$	(5)
	←上昇・中和化		
対消滅	⇦強制過程・エネルギー吸収	対生成	
［無分別世界］		［分別世界］	

となります。強制過程である［←］方向の反応は、先程の電子対の場合と同様に人工的にサイクロトンで二次的に生成するか、または宇宙初期の高温真空では双方向の平衡状態で自然に実現されます。また(4)における中性子と無分別世界の対応は、電荷がゼロなので他

の物質との反応性がきわめて低いことと関係しています。つまり中性子にとっては電荷的識別能力（電荷に関する情報）がないので、ほとんどの物質がみな平等であり、何の反応もしないで、スイスイと通り抜けてしまうからです。したがってこの自由気ままな中性子を減速させるには、弾性衝突という力学的な過程を通して行うのであり、そのために物質密度の非常に高い素材であるグラファイト（層状炭素物質）や鉛などが使用されているわけです。

私たちが都会の街中で、目的地に向かって、スイスイ通り抜けていくのは知らない人ばかりだからであり、その人たちはみな平等な対象となります。その道を急ぐ当人にとっての知人とは、その人に関する何らかの情報を持っている人のことですから、途中で知人に会えば何らかの反応をすることになり、進み方は遅れます。あとは上に述べた物質密度と同様に、道が混み過ぎてなかなか進めないか、偶然の他の事象との遭遇しか考えられません。もし途中のショーウインドーの中の商品が気になって足を止めたら、それはその当人の脳の中に気になる対極の情報があったことによります。こうして見ると、無分別世界は何らかの知・情報の基準において無知の状態であり、分別世界はその知または情報があることとつながってくることが分かります。

宇宙進化と地上の分化

以上の考察から、自然においてはエネルギーが低い方向で中和状態に至る場合とエネルギーが高い方向で中和状態に至る場合があり、その関係を表にすると、

表１　中和・分極過程とエネルギーの高低関係

【中和状態】 対消滅 無分別世界	下降＝自然過程・エネルギー放出 上昇＝強制過程・エネルギー吸収	【分極状態】 対生成 分別世界
エネルギー高い	分極化・下降⇨	エネルギー低い
不安定　n^0	⇦上昇・中和化	$p^+ + e^- + \tilde{\nu}_e$
山頂・神界		谷・分岐河川・里
エネルギー低い		エネルギー高い
安　定　2γ H_2O	分極化・上昇⇨ ⇦下降・中和化	$e^- + e^+$ $H^+ + OH^-$
静寂な海・仏界		里・村・町・河川

となります。この表１でも、また新たな言葉を対応させていますが、それは自然における地理的な関係や精神世界が、イメージとして基礎的な物理や化学の世界と相似関係にあることを示すためのものです。力学的には実際に１点としての山の頂上は、枝分かれした谷・河川・里より位置エネルギーが高いのであり、その中和状態の無分別世界である１点が裾野に広がって分極（差異化）していく過程で、分別世界である此岸が生成してくるという構図です。そしてさらに、その河川・村・町は広大な海より位置エネルギーが高いのであり、それらの分別世界は岸辺から無分別世界である海へと変わって中和化していきます。また宗教精神世界においては、古来から世界共通に山は神界とつながりがあり、東洋世界では仏界が静寂なる海のイメージと重なっています。空海なる言葉もその象徴の１つであり、静寂なる海は虚空、がらんとした太虚や宇宙の広大で静寂な真空とつながります。

この地上世界での相似関係は、宇宙の歴史にも見られます。宇宙論学者によると、宇宙の創世時の時空は極限的１点（その大きさは

〜10^{-35}mくらいと言われている）で始まり、その時の真空のエネルギーは、山の頂上と同様に極大値をとり、その真空の性質は多くの点で中和状態にあります。そして聖書と関わりの深い人々は、その１点の背後に神の世界を直観します。そして宇宙が膨張していく過程は、山の頂上の１点から下がるにつれて、山の周囲の裾野がどんどん拡大していく過程に相当します。さらに宇宙が進化していく過程で、最初は１つであったと考えられている物理的な相互作用力や場が分極していき、太陽系から超銀河団にわたる、さまざまな階層世界が形成されていきます。現在のような宇宙になるまでに140億年近くもかかっているそうです。

この宇宙の諸階層は私たちが見る谷や川や町、すなわち分別世界に相当します。そしてその宇宙の諸階層よりエネルギーが低い所に、現在の安定した中和状態の真空（時空）の海があります（図１）。また静寂の海にもかすかなさざ波があるように、実際に宇宙の真空にも電磁場の量子的揺らぎがあります。山の頂上と同様に、宇宙の原初の点も不安定ですが、神学者によれば、その背後の神そのものの世界は、不生不滅の絶対安定な精神的世界とみなされています。

最近流行《はや》りの超弦理論を宇宙論に応用したプレ・ビッグバン説のように、もし仮に私たちの宇宙のビッグバンの前にも宇宙が存在(不思議なことに前の宇宙と今の宇宙との関係は鏡像関係になっています）していたとしても、そしてさらにそれが無限振動宇宙だとしても、常に〈存在〉と〈無〉の関係は問われ続けるはずです。なぜならば、その究極の問題がさらに一段奥に押し込まれたに過ぎないからです。

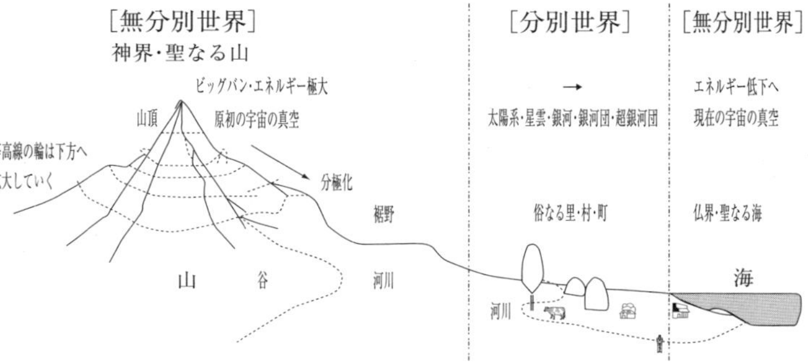

図１　自然と分極・中和関係

以上の類比はたまたま偶然の一致によって可能になったのではなく、自然界の根源的な性質は、何らかの形式で宇宙のある時にどこかで相似的に顕現することを示しているのです。

３：中和現象の一般化

広義の中和と分極

今までの自然科学における中和現象は電荷に関する分極と中和の関係でしたが、前節での分極と中和の概念のまとめを一般化すると、電荷だけでなくいろいろなケースに広げることができるようになります。そして大抵の中和現象では、いくつかの中和過程が同時に進行していることが分かります。例えば、前節での素粒子反応における中和過程(3)(4)では、電荷だけでなく同時に物質・反物質関係でも分極状態にあるようにです。これからは、より一般的に対極関係にある物理的性質、化学的性質、数学的性質、形態（幾何学）的性質、光学的性質、コード的性質、機能的性質、意味的性質、その他が結合することにより、対立関係にある分極的性質が消失していく過程を中和現象と見なすことにします。そしてさらに、中和という言葉の意味を、中性・ゼロ・無分別性・無差異性から不変性・不遍性・一様性・等質性・対称性・無反応性・恒常性・均衡性・日常性・平和などへと拡張していくと、身の回りのさまざまな物質的・精神的現象や世界の存在論的問題を考察する際に手助けになることが、これより述べる、いろいろな事例で分かってきます。その前にここで一般化した分極状態と中和状態の語義をまとめると、

表２　広義の分極状態・中和状態

【分極状態】	：電離・磁化現象、有、陰陽またはポジ・ネガ関係、分別世界、差異世界、可変性、偏向性、非一様性、非等質性、対称性の破れ、不均衡性、反応性、非日常性、戦争・対立、不完全性、鏡像関係、凸凹関係、性質の対立的分離・分化・分解・分岐性、反対・反転、不充足、過不足有り、《性質の顕現》、不平等、保存則の破れ、知・情報・意味・機能・記号の発生、俗など。
【中和状態】	：中性、ゼロ、無、空性、虚空、太虚、無分別世界、無差異世界、不変性、不遍性、一様性、等質性、対称性の回復、無反応性、平等、恒常性、平和・友好、完全性、起源への帰還、共存、統一・統合性、未分化、充足、過不足無し、《性質の消滅》、保存則の貫徹、平均、知・情報・意味・機能・記号の消滅、聖など。

となります。これらの語義を見ていると、全体的な大ざっぱなイメージが心に浮かんでくると思います。この［分極状態］と［中和状

態］間の相互への流れの向きとその運動の原因は、問題となっている現象のさまざまな周辺条件に依存します。例えば、物質世界ではエネルギー（温度、圧力なども含む）の高低、物理化学的対称性や保存量の関係などが、そして精神世界では価値観、目的設定、機能設定、意味関係や宗教的感情などが単独で関係したり、相互に微妙に絡み合ったりしています。また上の多くの語義から分かるように、中和状態という場合には、常に何に関してかという基準を前提にしなければなりません。したがって、ある現象が１つの基準に関して中和状態にあるとしても、他の基準では中和状態にない場合（即ち分極状態）が多くあります。

宇宙創世時の超高エネルギー真空においては物理的に非常に高い対称性（中和状態）にありますが、宇宙に安定した反物質の集団が存在していないことを考慮すると、我々の宇宙は、物質・反物質という基準に関して対称性が破れていて分極状態にあることが分かります。

そこで問題になるのが、分別（分極）世界の象徴であるその対称性の破れはいつから始まったのかということです。宇宙誕生と同時か、まだ未完成の力の大統一領域か、それともややエネルギーが下がって電弱（電磁力と放射性崩壊などの弱い力の）統一領域かは今のところ未解明となっています。この問題は中和概念との関わりで後の章で考察されます。では少し前置きが長くなりましたが、一般化した中和現象の具体例として表２の項目の凸凹関係と中和から見てみましょう。

[1] 形態的中和と分極

形態と知

まず中和の基本概念は、対極関係にある性質が結合により消滅するということですから、形態的中和ということは形態が対極関係にあることになります。これを分かりやすく表現すると、凸凹関係になります。最初に述べた化学反応における中和は、正確に言えば(陰イオンと陽イオンの結合による) 電荷的中和であり、それにより水H_2Oが生成されることですが、形態的中和はその目的によってさまざまなものが生成されます。そしてその応用では分極形態のうちの一方を鋳型とするケースが多く見られます。普通私たちが直観的に分かるのは一次元の直線形態から三次元の空間的形態までですが、高次元でも常に凸凹関係は成立します。また形態的中和によって消滅する性質は次のようになります。

> n次元立体の外的形態はn－1次元の面であり、対極関係にあるn次元立体との形態的中和により、その接合面であるn－1次元面が見かけ上消滅する。したがって、対極関係にある性質や知はその接面（境界領域）に宿っている。ただし、n≧2である。

先ほど直観的に分かるのは一次元の直線形態からと述べたのに、なぜn≧2なのかというと、実は目に見える針金や糸の形は近似的なもので、正確には微少で細長い二次元面をなしているから二次元問題になっているからです。したがって幾何学的には直線の張る面は0次元の点であり、陰陽関係が存在しません。素粒子論で点粒子に陰陽の電荷を与えるのは近似的なものです。三次元の凸凹関係を図示して説明すると分かりづらくなるので、ここではまさに字形通り、凸凹関係の二次元で説明します。

図2において、①に一様な白紙があり、これは中和状態です。この紙に②のような仮想分極線を頭にイメージしてハサミでカットす

ると、③のような分極状態になります。形態的にデコ（凸）のほうは陽であり、ボコ（凹）のほうは陰となります。そしてこの両者を元に戻すと④の状態から①と同じ⑤の中和状態に戻ります。ハサミで切ったものが⑤でノリも使わずにつくのは変だと思う読者もいるかもしれませんが、ここではあくまでも幾何学的な二次元平面の、形態的な中和と分極の話であり、そのことは気にする必要はありません。なぜならハサミで切るとかノリで付けるとかいう行為は、紙の成分である化学分子を切断したり、ノリの化学分子で付けたりする訳ですから中和状態に関する基準が異なるからです。ですからここではエネルギーの高低関係も上昇・下降過程も考慮していません。

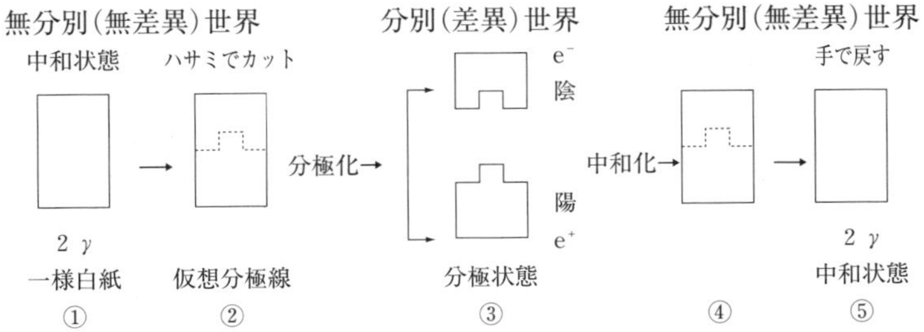

図2　二次元の形態的中和

図2の中の①、③、⑤に付記してある光子2 γと電子e^-と陽電子e^+は(4)式との類比であり、それによりイメージがつかみやすくなります。図2の形態的イメージと(4)式の物理的イメージを合成すると、真空偏極による仮想光子の電子対$e^{\pm}$生成に関するファインマン図が浮上してきます。（図3）。

電気的に中性である真空とは宇宙の時空場のことであり、偏極とはその場が瞬間的（～10^{-21}sec）に分極することです。このことを場の量子的揺らぎと言います。このファインマン図は、量子力学において素粒子間の相互作用を経路積分によって計算するときの重要な

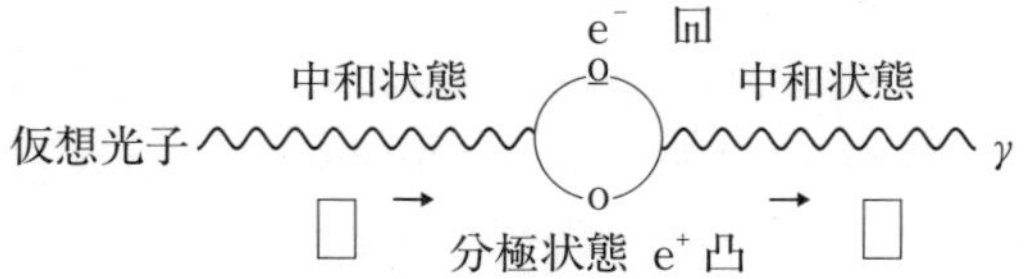

図３　真空偏極

図形ですが、本書では何も難しく考える必要はなく、時間進行（矢印方向）における中和と分極状態の図形的なパターンとして理解すれば十分です。後の章においても、いろいろな分野で使用することになります。

鋳型、版型による大量生産

さて③の二次元平面の接合ラインは明らかに一次元の┘┌┐└型であり、それは対極的性質である凸形と凹形の接合により消失します。この過程は純粋な幾何学的仮想過程ですから、実際には┘┌┐└型は残って見えるわけです。この形態的中和過程を応用しているのが、多くの工業分野で使われる鋳型による部品の大量生産です。この場合は図２の③から話が始まります。まず凸型のプラスチック部品を大量生産したいとき、凹型の三次元金型を作ることになります。それには凸型の寸法を直に測り、製図してその型枠を作り、そこに金属を流し込むか、直接に金属を旋盤で彫り込むかするので、ここに間接的な形態的中和過程が入り込みます。できあがった金型を自動成型機械に組み込むと、自動的に離形剤（部品をはがしやすくするもの）を噴霧してその後に柔らかいプラスチックを流し込み、冷やして製品としての凸型を離形させることを何回も繰り返し行います。したがって、鋳型による大量生産は分極（鋳型）→中和（溶液を注入）→分極（製品離形）過程となっています。この過程は石膏像の複製や印刷物、版画の量産などでも同じです。

立体的な金型と違って、二次元問題である凸版印刷、凹版印刷とか版画というのも、図の③の双極形のうちのどちらか一方を鋳型にします。その鋳型は、平版に二次元の文字や画像という陽の形態を下版を介して反転し、陰形を手や腐蝕剤などで彫り込むことにより作られます。そしてその陰版にインクを塗布して印刷紙をあてる過程が中和過程であり、次にその紙を剥がした段階で分極状態に戻り、陽版としての印刷物ができあがります。

最近までの写真技術は、被写体の二次元の陽画像を光と化学的溶剤を媒介とする化学的鋳型（光と感光剤分子の反応によりできるネガフィルム）に反転変換し、そのフィルムに光を通すという中和過程と分極過程を経て光の情報を再度反転して、印画紙に陽画像を焼き付け再現する過程をとります。化学的鋳型になるフィルムと製品になる印画紙は、感光分子の電荷に関するイオン価や、その構成原子の立体的空間配位が関係していますから、この過程は正確には電荷的中和と形態的中和の混合形と言えます。また鋳型となるネガフィルムの作成には、被写体の二次元面と光を介するフィルムとの間接的接触がありますが、光速を考慮すれば直接接触による中和過程とみなせます。このように何らかの形式で鋳型を作る場合は、二次元でも三次元でもそこに直接的または間接的中和過程を内在させています。

現在の製版（陰版）技術では、印刷、写真、電子プリンターから電子回路のプリント基盤まで、二次元形態である文字や画像情報（凸）を光を媒介にして光電素子から直接電子記憶チップ（陰版）に刷り込む電子的鋳型形式をとり、必要なときにフィルム化するか、印画紙でプリントアウトしたりディスプレー機に表示する形式が多くなっています。いずれにしても、分極状態にある陽型（凸）をモデルとした場合、その陽型との中和過程により対極の陰型（凹）を鋳型として作り、それを何らかの形式で中和化し、それを分極化することにより陽型（凸）としての製品が産み出される形式はどの場合も同じです。

鋳型は、三次元の場合、昔から少しずつ方法を変えながら木や石や粘土焼き、砂や金属などで作られてきましたが、二次元の場合は、昔はおそらく手書きによる転写か、型紙または型木（印章も含む）転写のみと考えられます。手書き転写の場合は、人間の脳の中の記憶細胞集団連携が陰型の電気化学的鋳型として、その役割を果たしています。

型紙転写の鋳型作りには２通りあります。一様な厚紙に直接モデルである陽型をあてて、モデルの形に沿ってカッターナイフで陽型をくり抜き、それを直接型紙として使う場合（図４：A）と、くり抜かれた残りの厚紙の陰型（B）を使う場合です。普通は型紙といえば、くり抜いた陽型Aを使いますが、実際はどちらでも型紙になります。

鋳型は基本的に陰型であるはずなのに、中和過程なしにいきなり陽型の型紙Aが出てくるのは一見矛盾のようですが、実は、ナイフでくり抜く際に陽型のモデルの裏側を一様な厚紙にあてた時が中和状態になっているのです。なぜならモデルの裏がもう１つの陰型であるからです。したがって、できた型紙を一様白紙にあててモデルを量産する場合、あてた時が中和過程であり、くり抜いた時が分極過程になります。また三次元から見た場合、二次元モデルの形態が左右対称でかつ面に曲率がなければ、そのモデルの裏を陰型とする場合、陰陽同一体となります。そしてさらに曲率の有無にかかわらず陽型の左右反転（180度回転）である陰型は鏡像反転と同等です。

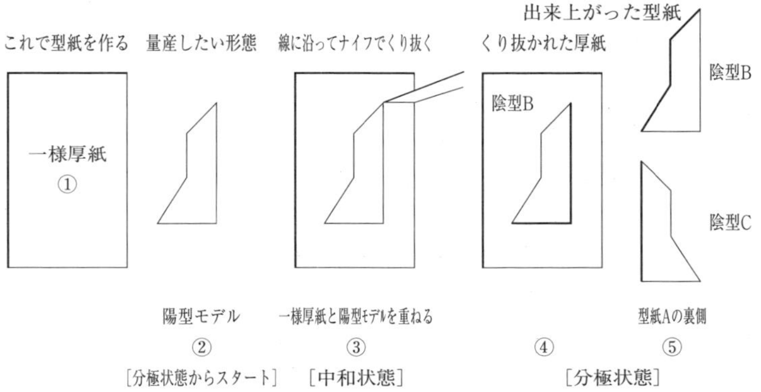

図４　型紙製作の過程

写真とネガフィルム

このように二次元では、量産したい陽型形態の裏側が陰型形態の１つになっており、かつそれは光を介する鏡像反転の関係と同等です。したがって不透明な一様厚紙ではなく透明な感光フィルムに陽型から反射してきた光の情報（図４では②の裏側の形態）をあてると、③の段階のフィルムに陰型Ｃと同じ画像が焼付きます。不透明な厚紙なら、それをナイフで切り抜き、製品となる用紙に反転して重ね、再度切り抜くことになりますが、光を介する場合、陰画像のフィルムを反転して光を通すことが切り抜きに相当しているので、製品となる印画紙に②と同じ陽型が写ります。それを切り抜けば型紙であり、そのままの場合は写真になります。もちろんフィルムの場合は、光による形態情報だけでなく色彩情報、すなわち色相の補色関係も反転して焼付いています。陰画フィルムにはそのようになる感光剤が蒸着してあります。このように透明なネガフィルムは、二次元形態に関しては表裏一体で中和状態にあり、光をどちら側からあてるかによって印画紙の分極像は変わります。

しかしフィルムの色彩に関しては、モデルである陽像に対してフィルムには常に陰像（補色）しかなく、光があたった瞬間に光とフィルム上の補色物質との相互作用により、その補色が反転されて印画紙にモデルの陽像が写ります。したがって光がネガフィルムにあたった瞬間が中和状態となります（図５－③）。鏡は左右と鏡に直角な前後関係を反転しますが、色相は保存するので反転しません。そして鏡面を境にして対称の位置にある分極像は、鏡面に接したときに消失して仮想的に中和状態（図5－①）になります。しかし実際には鏡のガラスに厚さがあるので、丁度、厚さのある型紙の表裏関係とその中和状態（図５－②）と同様な関係になります。

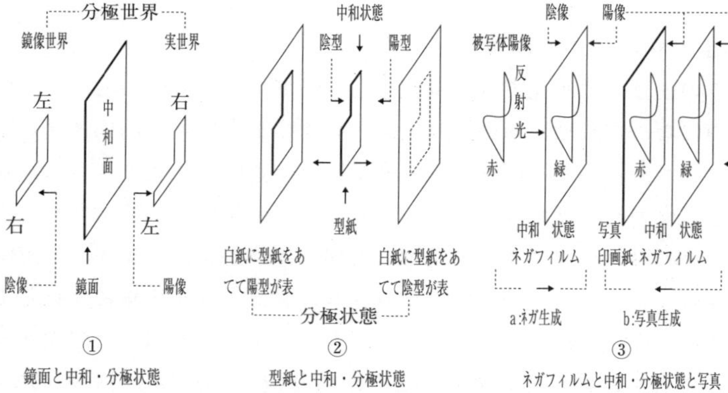

図５　鏡像と型紙と写真フィルムの情報と中和・分極の関係

このように被写体（陽像）の反射光には、二次元形態と色彩情報が含まれています。これを［フィルム・光］相互作用（陰・陽像）という中和状態を介して印画紙に転写し、写真（陽像）になりますが、大切なことは、分極状態にある実在には情報が何らかの形式で必ず含まれていることであり、それを転写・コピー・量産する場合は、常に１つ以上の基準に関する中和過程を経なければなりません。情報を記憶してそれを再度出力するには、いかなるシステムにおいてもそのプロセスを踏まなければなりません。鏡の中の世界にある像（虚像）は実像の左右と時間を反転したものですが、実際にこの実世界でも虚像と同一の構造を持つものが存在します。例えば、電子ｅ－はスピンという回転に関する物理量を持っていますが、その鏡像体は実在し、それは逆回転のスピンを持つ陽電子ｅ＋と呼ばれています（図６－①）。したがって電子の鏡像反転では電荷とスピンを反転していることになります。もう１つの例に化学分子（乳酸など）の光学異性体があります。これは物理的化学的性質は同じで光に関する旋光性と幾何構造が共に鏡像反転になっているものです。しかし、狂牛病と関係しているプリオンのような蛋白質高分子になってくると、その光学異性体の化学的性質も反転して生命に危険な存在となりうるものもあります（図６－②）。

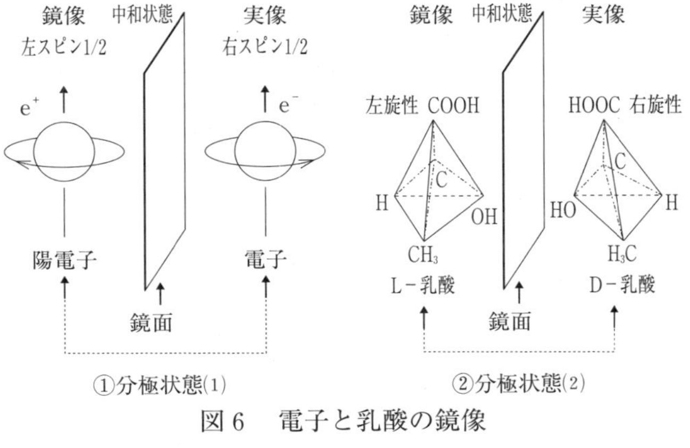

図６　電子と乳酸の鏡像

[2] 光の色彩的中和と分極

互いに独立な対極的性質が、結合することにより消滅するという中和の概念を前提にすると、光の波長と関係した補色関係も重要な中和と分極の例となります。この場合、中和状態が無彩色である白色と灰色または黒になり、分極状態が補色関係にある2色です。白色は、カクテル光などの加法混色からできる補色環で、対面位置にある2色が混合するときにできます。灰色または黒色は、色料（絵の具、インキ、顔料など）の減法混色からできる補色環（色名は光の場合と同じ）で、補色同士が混合するとできます（図7補色環）。

私たちが強い黄色の太陽光を見て、すぐに目をそらしたときに、その補色である青紫色が目にぼんやりと浮かんでくる残像色を経験した人は多いと思います。これは脳の視覚神経系に、統合すると写真のネガカラーフィルムと同じような役割分担をするシステムがあることを示しています。しかし正確には、光の加法混色の補色対と残像色が一致するのは緑—赤紫、紫—黄緑、赤—青緑のみなので、少しずれている他の残像色には色覚ニューロン細胞の中の感光化学分子とニューロンリンクが複雑に関係していると考えられます。この問題は、網膜上にどのような色覚分布があるのかにも関係しています。カラーテレビのモニターと同じように、赤・青・緑が近接並置しているという3色説と、補色対に近い白・黒、赤・緑、黄・青なる色対化学分子が並置しているという4色説があります。3色説は混色をうまく説明しますが、補色関係や色対比を説明するには4色説のほうが有利なようです。実際のところ、人間の色覚システムについては、今でも未解明な部分が多くありますが、陰・陽の2極概念から見れば4色説のほうが自然です。しかし、その高度な色覚システムが外的条件に合わせて3色説に切り換える柔軟性を備えて

［加法混色］		R		G	W
☆光の３原色	：	赤	＋青紫＋	緑 ＝	白
★色料の３原色	：	青緑＋	黄	＋赤紫＝	黒
［減法混色］		C	Y	M	K

光と色料の３原色の対応色および白と黒はすべて補色関係にあり、混色すると灰色になります。
C：シアン（青緑）、Y：イエロー（黄）、M：マゼンダ（赤紫）、K：ブラック（黒）
加法混色：黒地に光の３原色の赤から順に色を重ねると、白さが加わっていき、最後に白色になる。
減法混色：白地に色の３原色の青緑から順に色を重ねると、白さが減って、最後に黒色になる。
白色度：酸化マグネシウムの光の反射率を100%とする。

図７　補色環および光と色料の３原色の関係

いる可能性は考えられます。また可視光範囲にしても色覚感度にしても個人差があり、絶対的ではありません。あくまでも平均値です。さらに生物種によって基本原色の数も異なり、５原色の生物もいるので、すべては生物の色別光受容器の基本数で決まります。ちなみにプリズムによる分光で７色を人間は識別しますが、その両端の赤外線か紫外線が見える昆虫もいるので、人間が最高の色覚を持っているとは言えません。

モデルから反射してきた色彩に関する陽像の光が、誕生後間もない幼児の視覚経験を通じて脳の中のネットワーク的な化学的中和フィルムに記憶されたその補色（陰像）を透過することにより、脳の画像システムに陽像として感知されます。したがって、乳幼児期に色彩経験を、まったくしないで成人すると、焼付けられたネガフィルムが脳にないので色を感じることができなくなります。これは精神世界における自我意識の確立についても同様であり、最初の外的環境が非常に重要になります。

光の色彩はあくまでも物質との相互作用による現象ですから、そのような補色関係を感知できる物理的化学的装置を備えてなければ、現れない現象です。霊長類や鳥類は色彩感覚を持っていますが、哺乳類の犬や猫にはそれがありません。2節で述べた光の物理的分極である電子対生成の感知も、結局そのような変換装置を人間が外的に持っているから可能なのであり、このような能力は地球上の生命では人類だけです。すべての現象において、ある分極状態の1つを再現するには、中和状態を経る変換装置が必要になるということです。

初期の白黒写真の技術開発では、光が明るい（光子の数が多い）部分はそのまま明るく、光の暗い（光子の数が少ない）部分は暗く写るような明暗反転なしの直接的な印画紙の開発を考えていましたが、黒色の色材で光の明るさに比例して短時間に白くなるものを見つけるのが困難だったようです。もしこの方法が可能であったら、モデルの陽像は、左右反転さえすればそのままネガフィルムなしに印画紙で陽像を得ることができます。これもまた一見、中和過程がないようですが、実はモデルからの左右反転させた二次元反射光面は、モデルの二次元形態に関する陰像と陽像を無限小の厚みで持っているので、中和状態にあります。そして図5の厚みのある型紙が陽像を表にして左側の白紙（印画紙に相当）に移動して張り付いたのと同様に、その陽像の光面が印画紙に達して焼付くことになります。したがって、この方法による写真は形態だけの分極と中和過程であり、画像の明暗は保存されたままの転写過程となります。

いままでの分極という言葉は、光の補色関係も含めて二者間の対極関係でしたが、〈光の3原色〉で述べたように、光の色彩には3色の独立な色彩（赤、青または青紫、緑）があり、これがまた分極状態となっています。自然現象の場合には２極分化と中和過程が多いのですが、３極分化と中和過程という例としては、素粒子論でのクォークの色荷（３極ある）や光の３原色、また原子価やイオン価数が異なる３つの原子、分子が結合して、電気的に中性の分子または高分子を生成するケースなどがあります。この光の３原色が混色すると無彩色の中和状態である白色光（無性質）にもどります。人間の目が持つ光の多様な色彩はこの３原色の混ざり具合で決まります。また白色材は光をほとんど反射し、黒色材はほとんど吸収するという対極的な化学的性質を持っていて補色関係にあります。またどの色にもかかわらず、吸収と反射は陰・陽関係にあり、赤なら、赤色の波長が反射されて（陽）他のすべての波長が吸収（陰）される関係により赤だけが目に見えるわけです。

３原色を混色することにより、中和状態である白色光になったものを逆に３つに分極させる方法は、テレビカメラなどに内蔵されている光分解プリズムの使用があります。それを３原色に機能分化した３本のビジコン管または光電素子（ＣＣＤ）によって受光し、電子回路により混合信号にまとめられて送信するようになっています。最近急速に普及しているデジタルカメラでは、３原色に分けたカラーフィルターを巧みに並置して被写体からの光情報を３色に分解し、やはり光電素子との組み合わせで電子回路による情報統合（中和過程）から結像するシステムを採用しています。印刷などでも、白色光を電子カラースキャナーにより基本原色分解し、色別のフィルムをつくり、それに基づいてシリンダー状の刷版を同じ本数製版して、色別の原色インキで白色印刷紙に順に塗り重ねて結像するプロセスを踏みます。

以上の例から分かるように、さまざまな画像情報を含んでいて中和状態にある白色光に関しては、分極化基準が３種あります。

表3　光と色材の中和と分極化

	分極の種類	中和化状態	分極化の方法
(1)	形態的表裏分極 ［左右反転］	ネガフィルムの像形に関する表と裏の関係	ネガフィルムの表か裏に光をあてる。
(2)	光の補色分極 色材の補色分極	加法混色…反射白色光 減法混色…灰色	ネガフィルム（3層感光乳剤）に光をあてる。 混色された色材の分極は困難。 ［反射光を分極する］
(3)	光の3原色分極 色材の3原色分極	加法混色…反射白色光 減法混色…黒色	プリズムか3色のカラーフィルター、ネガフィルム、電子カラースキャナーの使用。 混色された色材の分極は困難。 ［反射光を分極する］

情報を含む反射白色光の中和状態というのは、図2の②で仮想分極線がある状態に類似しています。そして反射光による画像再現過

画像(陽像)→反射光→
- ネガフィルム → 露光
- カラーフィルター
- プリズム
- カラースキャナー

（カラーフィルター・プリズム・カラースキャナー）→情報統合

（露光・情報統合）→画像再生

中和状態　⇨　分極状態　⇨　中和状態

程は図2と同様に、中和状態⇨分極状態⇨中和状態となります。

プラスチック部品の量産過程では図2の③から始まる、分極状態⇨中和状態⇨分極状態という流れでしたが、上の光の場合と同様の、中和状態⇨分極状態⇨中和状態、になる過程で、かつ最後の中和状態が2倍になる過程の例を次の節で見ることにします。

［3］細胞の分極と中和化

細胞の場合は分極という語ではなく分裂という語が使われますが、ここでは同じ意味として適宜使い分けます。本来、二重螺旋構造のＤＮＡ分裂は基本的に、蛋白質等の巨大高分子化合物が関係する塩基対水素結合での極性の偏りが関わっているで、分極という語にも内在的意味があるわけです。まず、体細胞分裂の核心部の基本プロセスを分かりやすくするために、２節の図２における基本パターンの変形から始めます。

実際のＤＮＡ二重鎖の分裂と再生はそう単純ではなく、再生のために保存される単鎖と情報機能を担う分裂部単鎖に分かれ、かつ再生にも複雑な方向性があります。ここでは、あくまでも鋳型関係の視点から見ているので、そこまでは立ち入りません。体細胞の単純な核内ＤＮＡを例にして図２にあてはめると、図８①は二重螺旋ＤＮＡの、これからほどける前の先端部abの略式図です。ヌクレチオドの二重鎖abは、

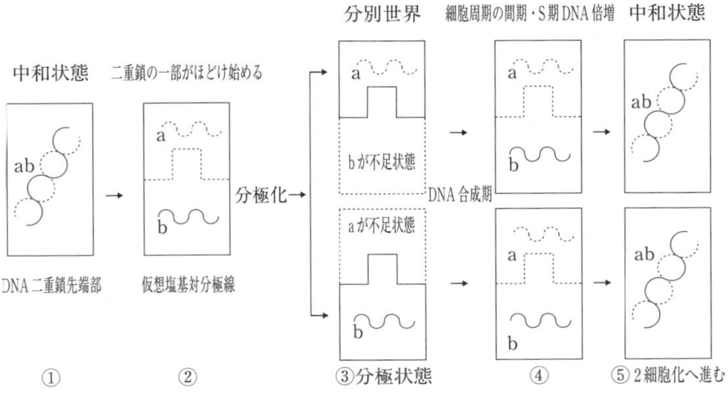

図８　ＤＮＡ二重鎖の分極・中和と凸凹関係

塩基対水素結合により静電気的に中和状態にあり、その一部が順次ほどけて②から③の電気的に偏極している分極状態になる。１本鎖ａ上にある塩基配列をＡＣＴＣＡＧ（凹型）とすると、対極にある１本鎖ｂの塩基配列はＴＧＡＧＴＣ（凸型）と決まっており、分極状態にある単独の鋳型ａとｂが、静電的分子間力により相補的に両者の不足対極コードを複製し始めます。ＤＮＡ複製の材料は、４種の基本塩基（アデニンＡ、チミンＴ、グアニンＧ、シトシンＣ）のそれぞれに三リン酸が結合した４種のものです。それらが自らの分子運動により③の、ほどけて分極しているａやｂに接近して、閉まるジッパーのように順次互いの不足塩基配列を形成して、④から⑤にいたる。⑤の中和状態にあるＤＮＡは、①の中和状態ＤＮＡの倍になっています。図８の長方形は細胞膜ではなく、図２の形態的中和と分極に対応した概念イメージです。実際の親体細胞は、⑤のＤＮＡ倍増化の後から徐々に５段階位を経て２細胞に分裂します。図８の①〜⑤の実際的なイメージは、図９のようになります。

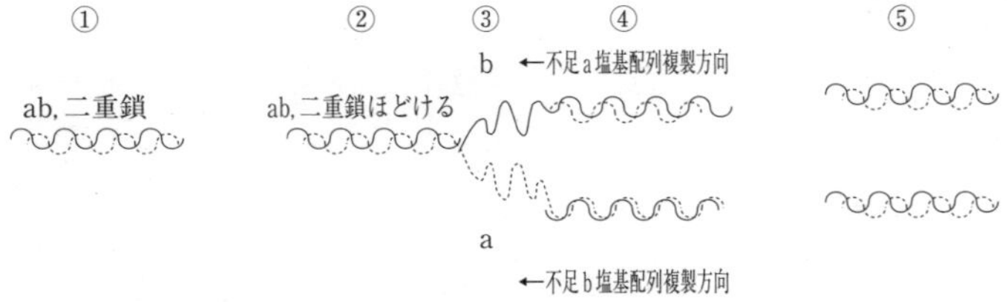

［中和状態］　［中和状態］⇨［ほどけて分極化］⇨［分極コードの複製中和化］　［中和状態］

図９　ＤＮＡ二重鎖の中和・分極・中和過程

図９の②〜④のＤＮＡの長さは、分かりやすくするために①の長さを拡大したものです。ここでのＤＮＡ二重鎖の水素結合による中和状態は、電気的偏極による静電的中和のみに焦点をあてましたが、

実際には、巨大な蛋白質高分子の極めて複雑な立体構造の形態的中和や、他の高分子との関わりでイオン結合や共有結合などの電荷的中和なども絡んでいます。前にも触れた中和の基準がいくつも重なっている例です。そのような複雑性のために、生命現象には高度な機能性が付随してくると言えます。次章では、この機能性と中和現象の関係について述べることにします。

第 2 章

機能性と中和現象

1：機能と性質と意味

一般的に〈機能〉という言葉の語義を上げると、もののはたらき、作用、目的のあるはたらき、用途のために果たす役割、役目、などがありますが、それらからまた実用性、利便性、能力、腕前なる語義も派生してきます。したがって、もののはたらき、作用ぐらいまでの語義なら中立的意味合い（つまりプラスにもマイナスにも成りうる）をみてとれますが、目的とか用途とか能力、利便性となってくると功利性（プラス面）が前面に出てきます。英語表現で見れば、functionからfacility，facultyへの移行です。

しかし機能の大前提は、常にある全体の中で相互に関連し合う部分や個々の固有な役割にあります。またその構成部分もさらに下位の部分からなる場合や、逆に全体そのものがさらに大きな上位の全体に関係している場合も多々あります。このような意味で機能という言葉は階層性と密接に関係しており、ある機能を担っている社会的組織体を機関といい、また生命的組織体を器官というように、その典型例に生命現象や社会における機能階層があります。機関や器官という語は英語でorganでまとめられますが、生命現象とまったく無関係な構成部分の組織体であるならmachineとなり、どれも必ず何かとの関わりで何らかの機能を果たすために存在しています。

この機能という言葉と関係が深いものとして〈性質〉という語があります。これは他の存在との相互関係がない単独存在物の固有の物理的性質とか化学的性質という形で使われている場合です。元素の物理的性質や資材の物性とか材質または有機化合物の化学的性質などをうまく組み合せて利用すると、ある全体の中で機能として作用するからです。人間の資質とか性格とかも一般に人の性質と言いますが、上司が部下の性質を的確に把握して適した職務に配置するとき、その部下の職務も、上司が担当する組織において機能として作用します。ある存在の性質が、ある目的に沿った文脈の中で適材であり、かつ適所に組み入れられた時、その性質は機能として光り輝きます。

機能は人間にとって常に善として作用することを大前提としており、そのために試行錯誤と選択が実行されるのです。その過程は、機能としてはたらく適正な性質を持つ存在を探したり、あるいは将来の利用価値を目的として、存在そのものの性質を知るためのものです。したがって、ある組織体において、構成子である存在の性質に対する知が不足している場合や、思わぬ性質の不明な存在が侵入してきた場合には、機能不全を引き起こすことになります。

つまり性質というのは善（利益）にも悪（不利益）にもなりうるということです。機能というのは一種のある目的に沿った文脈の中での役割ですから、機能を果たすとは意味が通っていることであり、機能不全または病とは意味の乱れに対応していると言えます。そしてすべての存在に付随する性質というのは、ある意味で、言語とそれに付随する語義の関係に相当します。その言葉は、語られている分野や文章の前後関係（これは一種の空間配位、またはさらに拡張して環境と言える）で、その語義や意味内容を微妙に変えるように、性質とそれに関係した機能も、組織体、環境、構造や空間配位で変わります。人間の甲状腺ホルモンとなっているヨウ素を含んだ化学分子であるチロキシンは基礎代謝量を増加させる機能がありますが、両生類では変態促進機能を果たしているのが、その好例の１つです。

また、たいてい言葉に複数の語義があるように、ある存在に付随する機能も多機能である場合が普通です。例えば、薬が人間の体内に入って効能として機能するときにも、たいてい何らかの他の機能、すなわち副作用があるようにです。副作用と言うとき、普通は悪い意味にとりますが、もちろん思わぬプラスの効能をもたらす場合もあります。

以上のように機能がある構造（環境）の中で果たされる状況は、〈意味〉という言葉の語義と重なるところがあります。意味は表現のねらいとしての文章や芸術的表現の中に限らず、個人と家族や社会生活から、果ては宗教的な関わりにおける個人と宇宙との有機的連関性の中で生ずる価値、重要さ、有意義、目的などの語義も含むからです。この意味の、ものごとが他との連関において持つ意義とか価値という語義は機能という言葉に非常に類似しています。また常にではないのですが、意味は機能と同様に言語空間や意識空間の中で階層構造をとっていることがあります。

例えば言語空間では、音声文字をいくつか並べてできた単語だけで意味が通じる場合もあれば、単語から短文を構成し、さらに、文節、文章、文体にいたって初めて作者の表現したい意味目的が把握されたり、また意識空間では、脳の機能分化と連動した意味の優先順位や、その意識空間を持つ個人と何らかの他者および集団との関係性における意味順位や階層があるようにです。そしてそれらの意味の階層はたいてい固定的ではなく、外部環境に応じて時とともに変動するものです。

元来、意味世界は高度な階層構造を持つ神経細胞相関から生ずる精神世界において語られるものですが、意味を意義、目的、価値として見ると、単細胞にも何らかの目的や物理化学的条件に対する価値や重要さの選択があるわけですから、意味の形成とその深度は機能進化と密接な関係にあると言えます。そしてそのような視点に立つとき、非生命的機能から生命的機能への相転位と同時に意味世界の原初的創発が起きたと見なすこともできます。また非生命的機能に関し、たとえそれが生命体の外部環境に存在するものでも、何らかの形式で生命との関係を保持しなければ意味を持たないものは、広義の生命界機能と解釈することができます。

例えば細胞核にあるＤＮＡは、生命が生命として活動するために必要なあらゆる情報を持っている内的な遺伝子ですが、人類社会における知的文化の歴史的蓄積と伝承は外的遺伝子としての機能を持っていると解釈でき、それによって生産されたシステム存在は広義の生命界に属する機能体と言えるようにです。ここでは一般的に言う言語空間での意味論にこだわらず、言語の有無に依存しない生命の意識空間での意味世界と、ある単独の存在に付帯する性質が他の存在との相関で機能化するときの、機能と性質との関係に焦点を当てています。そしてその底流で重要な役割を果たしているのが性質の理解、認識、すなわち知の構造との関わりです。次の節ではその点について考えてみたいと思います。

２：記憶機能と知ること、分かること

情報の記録と再生

私たちがものごとを認識したり経験したり知ったりすることは、記憶機能と密接に関係しており、これなしには何も語れません。その記憶機能の普遍的な原理とは何かというと、結局、これも何らかの形式で前章で述べた鋳型の原理に従っているものと考えられます。人間の記憶機能に関する本質的なメカニズムと再現原理に関してはまだ未知の部分が非常に多いのですが、概略的には、ある多元的情報をさまざまな特性に合わせて分解し、機能分散したニューロン細胞群がその情報源に固有のネットワークを保持しながら自分の持ち分を電気的化学的に記憶する形式をとっているようです。その時の

担当細胞内では、恐らく情報刺激に対応した何らかの可塑的高分子体変位が生じている可能性もあります。また記憶の再現性を考慮すれば、そのネットワークには何らかの共通の位相共振的なマーキングがなければならないと言えるでしょう。前節で述べたように機能性に関して特に脳内細胞が単機能である可能性は小さく、1つの言語の語義が対象としている分野によって変わるのと同じように、その同じ記憶細胞も認知や意識作用にも関係するという多機能性が充分考えられます。いずれにしても、高度な情報処理を遂行する脳内の記憶系の鋳型は、前章で述べたような単一系ではなく、ニューロンネットワークという三次元幾何形態や細胞自身の何らかの可塑性や同期連想システムなどの複合的な鋳型であると推測できます。

記憶の単純な形式である記録機能を持つ人工機器の鋳型は幾何学的溝であったり、磁気コードであったり、ＣＤなら音源をデジタル化したものを平面ディスク上のピット（凸型）形に変換したものなど、時代によって色々進化していますが、その元の情報の再生には必ず直接的または光などの間接的な接触を通しての中和化（ディスクの情報鋳型に光を充てんして反射分離する瞬間）があり、その後に再生が果たされます。ＬＰレコードなら針が溝をなぞる時であり、カセットテープなら再生ヘッドに磁気テープが接触している時であり、そしてＣＤならレーザー光がディスクに当たっている時が中和化に相当します。特にＣＤの場合は光を指に代えれば、視覚障害者が指で点字をなぞって文字認識をする行為に類似していると言えます。

アナログ方式にしろデジタル方式にしろ、どのように記録システムが高度化しようと基本原理は変わらず、一様、等質なフラットな中和空間（無差異の記録媒体）に何らかの物理的、化学的差異を刻み込むことにより分極化させ、それを情報、知または記号として読み取るという再度の中和化を通して再生（再分極化）するシステムを構成しています。一見難解に思えるコンピューターでさえ、それは変わりません。

現在ではコンピューターは０，１という２進法を使っていますが、０状態は電圧０ボルト（OFF状態）であり、１状態は電圧があり(ON状態)、様式により3.3か5ボルトになっています。私たちが黒ペンで白紙に文字を書く、つまり情報を刻み込むとき、まず何もしない白紙状態はコンピューターのメモリアドレスがどこも０状態で埋めつくされている状態に類似し、黒ペンで白紙を黒一色に塗りつぶした状態が、そのアドレスが１状態で埋めつくされている状態に類比でき、ともに無差異の中和状態にあります。しかし、その両極端状態は白と黒として比較できる（差異がある）ので、両者を比較するときにのみ情報になります。

２進法ではなくて０（白色のみ）だけか１（黒色のみ）だけの世界になると情報にはなりません。このような意味で２進法は意味化、情報化の原型と言えますが、実際にクロード・シャノン（1948年）によって情報はすべて０，１信号により記述できることが数学的に証明されています。そして白紙の一部に文字を書き込むとき、白・黒対比による有用な分極化が始まり、コンピューター言語によるプログラミングを経たソースコードから、変換ソフトであるコンパイラを通して、それに対応したオブジェクトコード（例えば、001011000101などの機械語）がメモリアドレスに書き込まれます。あとは同様に読み出しと再生になります。もちろんコンピューターの機能はワープロ機能だけではなく、その命は論理回路による高度な演算機能とその高速性にありますが、記憶機能に関して簡単な例で説明したわけであります。

免疫システムの記憶と再生機能

存在そのものもや、文字や記号、色、音、温度などの客観的情報源というのは、認識主体（人工機器または生命）にとって常に何らかの形で分極状態にあり、その情報源との直接的または間接的接触という中和化を介して、無差異の中和状態にある記録媒体を内蔵する認識主体は、その反像（反分極状態）である鋳型を何らかの形式で内部に形成します。この“初めての鋳型の形成”が“初めて知る”という過程であり、その“鋳型をすでに持っていて、かつ再生できる状態”が“知っていること”に相当します。

したがって、人間を介さなければならないという点は確かにありますが、ある意味でミロのビーナスの石膏鋳型（陰像）はミロのビーナス像を立体的に知っていると言え、またそれ故に、その鋳型への石膏の流し込みという中和化を通してビーナス像のレプリカが再生産できるわけです。もちろん知っているのは人間ですが、知の原型を説明するための比喩としてそう表現したわけです。“鋳型が変形したり壊れたりするか、あっても中和化と分離がどうしてもできないとき”は“忘れたという状態”にあり、機器なら故障状態になります。

広義の記憶機能に免疫システムというのがありますが、これも典型的な分極と中和現象となっています。その仕組みを概説すると、まず外的異物としての、高分子の特有な蛋白質や多糖類からなる１つの抗原分子Ｘ（ウイルスや細菌）には、一般に１つ以上の抗原となる抗原決定基があります。それらの１つ１つが人体にとって有害となるため、その決定基が持つ固有の複雑な高分子鋳型を中和化（それによって毒という性質が消失）する鋳型情報を、最初に抗原Ｘを攻撃捕食するマクロファージが読み取ります。その抗原情報をヘルパーＴ細胞に伝えると、Ｔ細胞はＢ細胞を刺激して、Ｂ細胞は抗体産生細胞に分化し、抗原決定基に対応した抗体Ｙ（免疫グロブリン）を生産します。したがって、１つの抗原に対して何種類かの抗体が生産されることになります。

抗体であるＹ字形高分子の両最上部（ここだけがおよそ110個のアミノ酸からなる可変部で最も重要な部分）には抗原決定基を中和化する高分子鋳型が形成されています。この過程が体液性免疫と言われるもので、“初めて抗原Ｘを知る”過程でもあります。また別のＢ細胞が、その抗体情報を比較的長期にわたって保持する記憶細胞に分化することによって、再びその抗原Ｘが侵入してきたとき、その記憶細胞が抗体産生細胞に同型の抗体Ｙを生産する司令を出すことが可能になります。そして、この記憶細胞が反応可能な期間は“免疫系は抗原Ｘを知っている”ことになります。

こうしてみると、免疫系のＢ細胞の分化は脳の記憶細胞のはしりと何か関係があるかも知れません。また“反応すること、または反応できること”と“知っていること”は密接な関係にあります。前章で述べた中性子は、電荷という性質がない状態、すなわち電荷的に中和状態にあるため、ある意味で電荷という言葉を知らないといえます。

したがって、電荷という言葉を知っている陽子や電子が電場を介して電荷という言葉を発しても、中性子が無反応であるのは上の例の逆の場合にあたります。それは、外国人にstupid（まぬけ）と言われても、その意味が分からなければ、きょとんとして無反応でいるのと同じです。もし知っていれば、胸にグサッときて落ち込むか、逆にカァーっと頭にきて怒るかどちらかの反応を示すわけです。“猫に小判”という諺がありますが、別に“電子にチョコレート”でもいいわけです。電子にチョコレートを与えても何の反応も示しませんが、電磁場を与えると飛んで喜ぶ（？）という具合に。著者はここで、自然界の唯物論的現象にも生命的霊性があるというアニミズムを展開しようとしているのではなく、あくまでも性質、機能と知、意味の関係についての源流を分極と中和という関係を羅針盤にしてたどろうとしていることを理解して下さい。

鍵と鍵穴の関係

素粒子論における電子や陽子に対する実験と観測とは、ある意味でさまざまな物理的条件や環境を一種の物理的言葉として投げかけて、その言葉に対してそれらの素粒子がどのように反応してくるかを調べて性質を知ろうとする過程であり、その調書が実験データに相当します。これは結局、会社の面接担当者が応募者に色々な角度から質問をしてその人の性質、適正、能力を知ろうとすることと同じなのです。

普通、知るとか知っているという表現は人間の意識と関係しているものですが、その知または情報の原型は鋳型（分極状態）と中和の関係の中にあると言えます。このような意味で、分極状態は分別世界、反応性の世界にあり、中和状態は無分別世界、無反応性の世界にあると、前章の３節で分類したわけであります。ですから、前章で考察した中和状態にあるＤＮＡの二重螺旋自体には情報図書館的意味合いが強く、生命的機能作用はまだ発揮していません。その一部がほどけた分極状態において初めて、知または情報、意味としての機能を果たし、種々のＲＮＡなどを通して重要な機能蛋白質などが生産されます。上の免疫系の例を単純に前章の凸凹関係で見てみると、図10のようになります。私たちが何度も反復しながら苦労して英単語（陽像）を記憶するのも、結局この鋳型（陰像）作りの過程であり、それに脳の記憶細胞ネットワークが関わることになります。抗原Ｘにいつでも抗体Ｙが反応できるとき、抗原Ｘ（凸）は知られている存在であり、抗体Ｙ（凹）は知っている存在の関係になります。

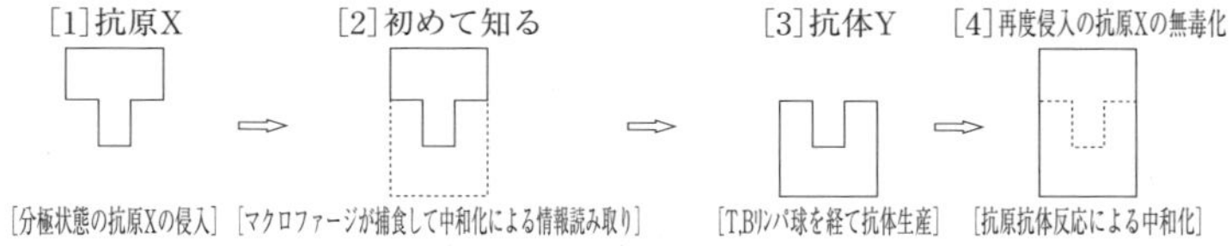

図10　免疫系の抗原抗体関係

次に図10の凸型に付属物を付けて図11のようにすると、今度は凸凹関係が鍵の問題になります。鍵の命は鍵穴内の２次元的刻み（凹型）と鍵自身の刻みの形（凸型）にあり、陰陽関係にあって一致すること、すなわち中和化したときにのみ鍵が回転できるので鍵が開き、一致しないときに鍵が開かないということが、その本来の機能です。

図11　鍵と鍵穴内の刻みの関係

鍵関係における中和化の意味は、互いに分極状態にある図11の［1］と［2］の関係において開かないという性質が中和化によって消失することです。この開かないという状態は、ある意味で“分からない状態”に対応し、“開くということ”は“分かるということ”に対応します。そして鍵［1］は、その鍵が壊れない限り、鍵穴［2］を知っていると言え、鍵穴［2］は鍵［1］に知られているという関係になります。私たちが、数学に限らずさまざまな分野である問題に直面したとき、その問題というのが図11の［2］に対応します。その問題を解くとき、頭の中で［2］の鋳型に対応した鋳型［1］を、自分が持っているさまざまな鋳型を組み合せることにより形成できたら分かったということになり、その問題は消失することになります。つまり分かるということは問題が解けた、消失したということであり、それは中和化に相当します。したがって問題を解く場合は、問題の鋳型を正確に把握することが重要になります。免疫系のマクロファージは、問題である抗原鋳型そのものにとりついて鋳型をなぞる（中和化）わけですから、すぐに抗体鋳型を形成できますが、一般的には、問題としての鍵穴内部の刻み形はまったく分からないのです。その場合の問題解決の手法は、手元にある既製の鋳型（手掛かり、経験）に直観による、まったく新しい概念（鋳型）を導入してモデルを作り、逐一実験してみるしかありません。それは実験用マウスが試行錯誤して失敗と学習を繰り返しながら、問題となっている迷路を抜けることや、ハッカーがコンピューターの自動処理を利用して、辞書に登録されているすべての単語入力（鋳型）の組み合わせから暗号迷路を抜けるという辞書攻撃なる手口と同じです。

鍵は開くことと開かないことの両方を機能として利用していますが、この幾何学的鋳型の分極問題を電子的鋳型の分極問題に変換したものが、電子ロックとか電子暗号になります。私たちの身近な例としては暗証番号があります。最近社会問題になっているスキミング（かすめ取るの意）のプロセスは、図10で見るとよく分かります。[1] の抗原Ｘが暗証番号凸に相当し、[2] はマクロファージ（この場合は善玉ではなく悪玉です）がスキマーなる機器を使って接触スキミングしているところであり、[3] で暗証番号を読み取った偽造カード凸ができます。あちこちにあるＡＴＭは銀行のメインコンピューターとつながっており、そこには暗証番号凸に対応した電子鋳型の凹情報があります。悪玉の仲間であるヘルパーＴ細胞やＢ細胞が関与して偽造カードをＡＴＭに差し込むと、[4] における中和化により電子ロックが解除され、貴重な現金が引き出されてしまうわけです。このような類比の例を見ると、ミクロ世界もマクロ世界も似たような入れ子構造、すなわち自己相似形になっていることが分かります。相似形という言葉は幾何学の分野に属していますが、意味世界でもそのようなパターンを取ることがあります。自然現象との幾何学的関わりで自己相似形の概念にフラクタルという名称を与えて大いに発展させたのはマンデルブローという人です。

生命系になると分極状態の鋳型と中和化の条件は、非常に複雑な有機高分子系が絡んでくるので単一ではなく、その高分子自体の化学的性質とその環境であるイオン濃度勾配や電気的スイッチ、そしてさらに温度やきわめて複雑な幾何構造（蛋白質の折り畳み）など複数の中和基準に依存しているのが普通です。また、そのような高度な基準性ゆえに高度で複雑な機能性が生まれてくると考えられます。実際、低分子からなる有機体は、ほとんどの場合、抗原にはならないのです。ホルモンや酵素系もみな高分子蛋白質系からなり、生体系で重要な機能をになっています。薬物受容体や阻害剤研究とか創薬研究などでは、どうしても高分子蛋白質の構造（鋳型）解析が必要となるので、スーパーコンピューターが中心的役割を果たします。

3：表現機能と中和現象

[1] 意識世界と表現行為

意識の自己モニタリング作用

表現機能とは、秘められている内面的（精神的、主体的）なもの、すなわち内蔵世界を表情、身振り、言語、芸術作品などにより表に現象化することですが、厳密に言うと、真の内蔵世界とは意識世界に昇る前の無意識界や記憶系ということになります。なぜなら主体性とか精神活動のある意識世界ではもうすでに、記憶と関連した凹鋳型や無意識界での情報を中和化を通して分極再生させた種々の凸鋳型製品で黙して言葉を語り、音や形態とか色彩をイメージしているからです。そのような意味で意識の世界は準表現世界（凸型）と言えます。そしてさらに特異なのは、そこにはほとんどの場合、常にモニタリングが機能している自己監視系があって、“知っている：凹鋳型”と“知られている：凸鋳型”、また“見ている：凹鋳型”と“見られている：凸鋳型”状態が共存しています。このモニタリング系は、またある意味で準内蔵世界（凹型）とも言えます。そのようにとらえると意識世界は類比的に、中和状態にあるＤＮＡの二重構造に近いものと言えます。ただし、意識世界はＤＮＡとは異なり固定的情報ではなく、内因性または外因性、その他の複数の条件に左右されながらも時間的にある方向を志向する流動的で自由な世界となっています。この関係の骨組を１つのモデルとしてチャートで示すと図12のようになります。

図12における各系をつなぐ経路は、矢印→が付いていない限り可逆的です。また実線と交錯してしまう経路はそれを避けるために点線で示してあります。

日常生活における意識世界の監視系と意識作用（心の動き）系との心理的にやや距離感のある共存関係は、ＤＮＡのように凸型と凹型がかっちり組み合わさった、長い二重鎖の固定的で静的な中和状態にあるのではなく、それは意識がある限り常に動的です。そして記憶系における記憶の引き出しと内因性や外因性の意識経験の入力は随時可能です。その両系における瞬間々は、丁度、録画中のビデオカメラテープと録画・録音ヘッド・ドラムとの接触部の関係にや

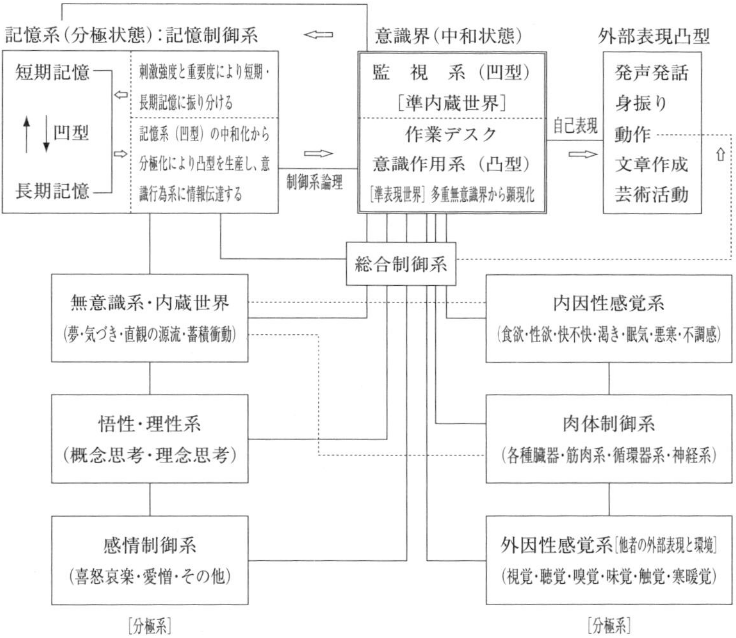

図12　表現機能の脳内関連系と中和

や近く、一時的でかつ部分的ではあるが、やや距離感のあるような中和状態にあると考えられます。

この共存関係には、左右の視覚系がわずかなズレによって立体視できるように、左脳・右脳の二重構造による何らかの位相差も関係しているはずです。もちろん、脳の情報入力は外因性と内因性のダブルトラックであり、内因性の意識経験は、多重内蔵世界のネットワークパターンによって機能分化した多重モジュール群と関係しています。また、記憶系と意識作用系の入力相対速度はビデオカメラ（約10m／秒）ほどではなく、個人差（暗算の達人や動体視力に優れたスポーツ選手は一般人よりかなり速い）があるものの、きわめてのんびりとしています。またそれゆえに、心の内でいろいろなことがゆっくり自由に考えられ、深い意味世界の生成が可能になるものと言えます。さらに、ビデオカメラは入ってくる情報を、記憶媒体の物理化学的劣化許容範囲内ですべて恒久的に記録しますが、情報入力の意識監視系での記録強度や寿命は、意識の集中度や情報の重要度とか反復度に依存していて、ある臨界強度よりも低い場合は、短期の間に記憶素子が無記録状態に復帰するのです。

この意識作用系の意味世界や分別世界を消失させる方向とは、互いに心理的に動的で自由な距離感のある“見るもの（監視系）”と“見られるもの（意識作用系）”という関係が互いに接近することによって完全に消えて、静的で密着した固定的中和状態になることです。これは完全な無意識状態に対応し、薬物による麻酔などで可能になります。この完全密着ではなく、瞑想修行などによって達することが可能となる、きわめて微妙に微少距離を保つ擬似中和状態には意識があり、悟りや悟達、空観の境地となります。おそらく坐禅や真の瞑想は、そのような準無分別世界の境地に達することを可能にするものと考えられます。この場合の漸近的接近とは、ニューロンモジュール間に関する何らかの時間周期の同期現象とか、物理化学的な基底状態における位相状態のコヒーレント（可干渉）性を指します。

この“見るもの”と“見られるもの”との心理的距離感のある関係は分極世界にあります。その関係が接近して消失するときが中和状態なのですが、これを分かりやすく鏡の世界で例えると、鏡の前立つ人（凸型）とその鏡像（凹型）が分極状態であり、その人が鏡に接近して仮想的に鏡面そのものになった（そのとき鏡像も鏡面になる）ときが中和状態と言えます。鏡の世界における実像と虚像の凸凹関係は左右反転と、未来と過去の時間反転にあります。こうしてみると、無分別世界の瞑想的境地というのは鏡面そのものになることとも解せます。また監視系と意識作用系の対極関係は脇役と主役の関係としてみることもできます。脇役（背景）である監視系に目をやると意識作用系である主役（モチーフ）はぼやけ、主役に意識を集中し過ぎて無我夢中になると、監視系である脇役がぼやけて、何を自分がしていたのか思い出せません。

意識のハードプロブレム

単純なモデルである図12に絡めたここまでの意識の説明は、何も意識の本質的な問題であるハードプロブレムに切り込んだものではなく、ただ視点を変えて、知の基本原理である対極関係の中和という過程から漠然とした意識というものをとらえ直したに過ぎません。意識のハードプロブレムとは、カルフォルニア大学のデヴィット・チャーマーズが名付けたもので、“脳のすべての意識作用系にはなぜ主観的な精神活動や意識的経験を伴うのか、そしてなぜコンピューターと違って自分が今何をしているのかが分かるのか”というきわめて解明困難な問題のことです。

この問題に対する科学者の態度はだいたい２つに分かれ、１つは、いかなる問題もいずれは物理化学的過程に付随した現象として説明されるという一元論的還元主義（IdentityTheory）の立場と、もう一方は、物理化学的過程とは無縁な、まだ人類には知られていない新しい原理が絡んでいるという二元論の立場です。生命大系の根幹であるＤＮＡとその周辺の関係性についての知は、還元主義によりかなりの部分まで解明されましたが、その知によりＤＮＡ操作という生命大系にとっては根本的な危険性を秘めた問題が浮上してきます。これはどういうことかと言うと、ある存在に関わる究極的な知の獲得は、その存在系にきわめて致命的な擾乱《じょうらん》を与える可能性が高いという自然の傾向性と関係しています。

この問題に初めて触れた人は、量子力学の基礎的な建設に多大な貢献をしたドイツの基礎物理学者ウェルナー・ハイゼンベルグです。物質世界の究極的な問題は素粒子の物理的性質とその運動様式の解明なのですが、それを知るために実験で電子などに強い光子をあてると、電子は根本的な擾乱を受け、電子の位置と運動量の情報のうち、どちらか一方しか正確な値は得られないという不確定性原理との関わりで触れています。したがって、還元主義による脳の意識の解明という問題は、人類存在にとって究極的な知の解明であり、それを手にしたときの人類への擾乱は予測のつかない問題を秘めているからです。なぜならそれは、物理化学的に人の意識作用が読めるようになる道を開き、また意識の操作も可能になることを意味しているからです。脳の意識の問題が二元論で決着すれば、その道は閉ざされることになります。

もっとも還元主義の世界でも、１つの普通の細胞における核と細胞質の相互関係についてさえ、まだ多くの未知の問題があります。さらに、脳のたった１つのニューロン細胞のはたらきにも、あたかも意識があるように見えるときがあるので、ましてやそれが各自１万本近くもの連携配線を持って、１千億近くも集まってできている大規模ネットワーク系をなす脳の意識の解明は、はるか彼方にあると言えるでしょう。したがって、目下のところは地球環境の大変動による人類への驚異の方が差し迫った問題と言えます。

しかしこれもよく考えてみると、人類が自然から獲得した驚異的な知の応用に由来した自然環境の擾乱ですから、知の暴走という問題はあらゆる分野に関係しており、これからの人類には自然環境との調和と適正許容循環という知が課題になります。なぜなら、分極状態にある人類は、意味世界と正しい知を頼りに存続していくしか道がないからです。

人間意識の情報表現行為

少し、話の筋がそれましたので元に戻ると、図12の意識作用系における準表現（凸’型）行為は、文章や旋律、映像の構想であったり、哲学的思考であったりいろいろですが、他者にはその内容は分かりません。もちろん、将来においても意識内容を読み取る装置が開発されることはないとしての話ですが。

それらが肉体的器官を通して表現されたものが、字義通り表に現れたリアルな正表現情報体であり、何らかの形式で凸型分極状態にあります。例えば、それが白紙に書かれた１つの文字である場合、正確にはそれはインク分子の集合体からなる、きわめて薄いが確実に厚みのある三次元幾何形態を持つ静的な物質存在であり、厚みを無視した二次元表面のみを白紙との相対的差異情報として付帯しています。ですから基本的な意味において、文字は何ら機能記号を担っている蛋白質分子と変わりはなく、ただ中和条件の複雑さの違いしかありません。

この形態的分極体は、光の反射を介して脳内視覚系との準直接的接触を果たし、中和化・分極過程を経て、意識界の意識作用系と監視系との連携で“凸を見ている”という意識を生じさせます。そしてそれと同時に監視系の凹型情報は記憶系に伝えられます。したがって厳密に言うと、ものを直接見るのにも、光という電磁場での情報変換があります。また発声された音声情報（凸型）の場合は、文字のような中間的な静的表現体ではなく、空気分子の疎密のあり方を情報として付帯する、輪郭のない時間的に変動する物質集団存在です。

これは光のようには情報として見ることができないので、直接的に自己か他者の聴覚という情報変換器を通して意識作用系で表現が再生されます。これが“凸を聞いている”という状態です。

中和状態にある二重鎖のＤＮＡが細胞分裂過程で分極化して、さらなる中和化により２つの細胞コピー製品ができたり、逆に前章で述べたプラスチック製品のように、人間が分極状態を中和化させ、その後に再分極させてコピー製品を作る例を見ると、生命の意味世界では常に表現されたものは、もちろん時間の長短はありますが、何らかの形式を持つ対極によって再中和化される傾向にあります。読めない古代文字を生涯をかけて解読しようとする行為やハッカーが電脳コードを突破しようとする行為、広告などで気になっている小説（文字配列の意味コード）を読みたいとか、ある画家の作品（色彩と幾何学の意味コード）を鑑賞したいなど、その例はいくつもあります。

人間の表現行為は分極化過程であり、それを見たり、読んだり、知ったりすることは中和化過程を経なければなりません。分極状態にあるウィルスは生命の体内に入って、ちゃっかりとそこにある部品を使って中和化と分極により自己コピーを大量生産します。その構造をできるだけ早く知って対抗戦略を立てるために、体内の情報戦略隊であるマクロファージが補食中和化して抗体のもとになる情報を知らせます。あるいは人間のハッカーと同じように最初から抗体可変部の可能な組み合わせを百万種以上も作っておき、抗原鋳型に合う抗体が選択されて中和可される場合もあります。売れている小説は印刷という中和化と分極過程を経て大量にコピー生産されます。再中和化されるということは結局、情報のコピー生産につながるので、情報も時間の長短に依存しながらも何らかの形式で量産され拡散していく傾向にあります。

では、宇宙という実存に対する人間の表現行為とは何かと言うと、それには大きく分けて２つほどあります。第１番目は、客観的な表現としての最終的な自然法則の公理系と数式系の確立です。実存としての、時空と物質集団からなる宇宙について今のところ確実に言えることは、物質・反物質という中和基準に関して分極状態にあるということです。さらに現在の宇宙は、いくつかの内的対称性（中和基準）の破れを経て物質間の相互作用力が４つ（重力、電磁力、放射能崩壊に関する弱い力、陽子・中性子間の核力）に分岐したために、多様な階層構造を持つようになりました。

これらは宇宙の内的分極化による表現形であり、知的生命に投げかけている謎や問題なのです。これらの凸鋳型を探究して知り尽くしたいという人類の何千年にもわたる行為は、その謎を解決して消滅（中和化）させることであり、知的生命の中和化に対する内的衝動です。自然と中和化するということは、直接的または間接的に自然存在という凸鋳型に接触することであり、それが自然をなぞるという実験、観察に相当します。その中和化に対する自然存在の応答表現が分極化であり、それを観測機器を介してデータ化し、人類の表現機能に特有な記号を使って法則化します。

人類が自然世界との中和化によって獲得した多くの法則や原理や知は、自然世界のさまざまな細菌やウイルスが投げかけてきた抗原という問題を解決し、消滅させるために、免疫系が中和化により獲得した多様な抗体と本質的に何ら変わるところはないのです。人間によるその法則の表現は凸鋳型ですが、自然存在（凸型）にとっては凹鋳型になります。凸凹関係は常に相対的な関係です。そして自然法則の情報は学会や出版物を通して人類に拡散していきます。この探究の道程における終着点は近いと言われながらも、ここにきてそんなに甘くないことを示す兆候がいろいろ出てきています。第２

番目は、人間の主観的な表現としての宗教精神世界であります。これについては宇宙存在と生命と意味に関連して後の章で述べます。

[2] 中和化の衝動とは何か？

差異から無差異への自然の流れ

普通、衝動という言葉は心理的な世界で使われ、訳の分からない突き上げによって、無意識的に何かをしてしまうような意味合いがありますが、それでもやはり分からない何らかの原因があるわけです。ですから英語では心理的な衝動と物理的な衝撃を同じ単語であるインパルス（impulse）で表わしているわけです。

では、中和（無差異）化を促す背後の原因は何かというと、それは自然の流れとしての大きな2つの傾向にあります。1つは物理的世界において、あらゆる現象は最終的にはエネルギーの高いほうから低いほうに流れていくという下降的傾向です。それを巨大分子数レベルでの無差異の程度または無秩序の程度を表わすエントロピーという統計量でみると、閉鎖系ではエントロピーは増大する方向になります。これは秩序、差異の消失の方向であり、知や情報の視点で見れば、知や情報の差異の喪失過程と言えます。図1の山と里・町と海の関係で喩《たと》えて言えば、差異世界である里・町から無差異世界の海に流れていく傾向です。

人類が何百万年前かに誕生した時点では、宇宙に固有な物理的知と人類の宇宙に対するほとんど無知に近い知にはきわめて大きな差異があったのですが、人類の宇宙に対する長年の相互作用（実験）により、宇宙の原理的知が人類の知の方向に流れていき、近い将来に知の平衡状態が訪れようとしています。つまり、宇宙に固有の知と人類の知の落差、差異が長年の時間を要する中和化を介して消失していく過程は、自然の理に従った流れなのです。

一方、素粒子レベルの世界と宇宙の歴史との関わりで言うと、前にも述べたように初期宇宙（エネルギーが高い）ほど無秩序で差異がない中和状態にあり、時間とともに物質や力の相互作用に分極化、差異化、秩序、階層化が進んでいきます。これは無差異の山の頂上から裾野の里、町という差異世界への流れです。表１で喩えて言えば、中性子の自然崩壊に相当します。

宇宙のインフレーションに基づく標準的なビッグバン膨張宇宙論では、宇宙は全エネルギー的に閉鎖系であると仮定しています。その仮定のもとで、真空のエネルギーと対称性がきわめて高い初期宇宙時空場の小さな揺らぎが重力との関わりでどのように成長して、現在の宇宙に見られる階層化が進んだのかをいろいろ理論的に研究していますが、まだ明確な答は得られていません。閉鎖系での階層化の問題を解明することはきわめて困難なのです。

生命現象は、自然の高いほうから低いほうへのエネルギー流（大元は太陽から地球への光エネルギー）の落差の中でエネルギーを吸収し、局所的な一様性の破れから生じた、高分子集団の連携揺らぎが自己創発的に成長した、ある種の渦現象と見なされます。渦とか回転とかは対立関係の解消、共存のための常套手段で、長い存続を可能にします。あるいは分かりやすく、小川の流れの中で回転する水車が自己発展的に進化するような存在でもいいでしょう。したがって生命現象の場合は、自然の普通の流れと逆行する、エネルギーを吸収して知的に上昇しようとする傾向があります。その過程で知や情報を内的ＤＮＡや外的文化遺産としてせっせと蓄積しているわけです。

しかし、環境世界を含めた人類生命全体の系では、先ほど説明したようにエントロピーは増大しているのです。このように中和化は勾配、差異を解消しようとする方向にはたらきます。そして、中和化はエネルギーの高い方向と低い方向の両方で起きますが、自然になる場合は低い方向でしか起こりません。この自然に起きる流れが中和化衝動の１つの原因です。

さてもう１つの自然の傾向は何かと言うと、それは保存則です。物理の世界では粒子の直線運動に関する運動量や回転に関する角運動量、さらには電磁荷の量子数やその他多くの保存法則があります。また２粒子間の作用・反作用も保存則と関係しています。保存とは、ある一定の物理量や状態を時間の経過に関わらず常に保とうとする傾向のことですから、この一様性の保持は中和の概念と密接な関係にあります。なぜなら中和の基本概念は、差異的、対極的関係にある二者の何らかの性質が、結合または融合することにより消失することですから、中和状態とは広い意味で何らかの対極的差異、変位が起こらないように、常に保つ傾向とつながってくるからです。細胞核中の中和状態にある遺伝子ＤＮＡも情報の保存と深く関わっています。

狭義の中和とは、空間的には同じ座標で時間的に同時に対極的性質が消失するのですが、広義の場合は、時間的には対極関係が交互に振動していたり、回転したりしていて、空間的平均または時間的平均において中和状態にある場合も含まれます。これはまた安定性ということとも関係してくるので、エネルギーの低い状態での中和状態と保存則と安定性は親戚関係にあります。例えば陽子の周りを回転している電子と陽子の関係は、電荷に関して対極関係にあり、ミクロのスケールでは完全にその対極的電荷の性質は消滅していませんが、マクロの視点からは中性・中和状態にあり、安定した水素原子を構成しているようにです。

実は分子間の中和とはすべてこの広義の中和状態に相当しています。生命の重要な機能であるホメオスタシス（homeostasis）、すなわち恒常性維持機能も結局は常なる中和化保存欲求なのです。体温を例にすると、中和状態としての適正体温値に対する上昇と下降が対極関係にあり、上昇時の場合は脳を介して分子循環系が上昇を下げる中和化の方向にはたらき、下降時の場合はその逆作用となります。そして時間平均において常に一定の体温を維持するように機能します。

健康と病

中和点とはある系にとっての適正な状態、つまり安定で正常な状態であり、物理現象ではその適正値基準も普遍的です。複雑系としての生命現象では中和点は系によっていろいろですが、物理世界での保存則である慣性の法則は、ホメオスタシスのように高分子化学系でも平均的な形式で生かされていることになります。人に「健康の反対は何だと思いますか？」と問うと、だいたい「病気」と答えてきます。もちろんそれでも間違いではないのですが、厳密に中和の概念からみると、健康状態そのものが中和状態であり、分極状態としての病気状態（凹鋳型：体内有機高分子変性、循環系の乱れなど）の対極は、それを消失させる薬剤（凸型製品）もしくは広く治療行為にあたります。誰でも病気は不安であり、いつも健康でありたいという欲求がありますが、それも一種の中和衝動であり、安定化と現状保存の志向です。今度は逆に病気の凹型に対して薬の凸型が過剰であれば、適正な中和点を通り過ぎて別の病としての分極状態に陥ってしまいます。また、細胞分裂による自己コピー現象もＤＮＡの分極と中和化を介した生命系全体の保存則の現れとなっています。次に、図13の直線の例でいろいろみて見ましょう。

まず点ｏからｐまでの状態は中和状態にあり一定で安定しており、粒子の運動ならば等速度運動に相当し、人間の体調ならば健康状態

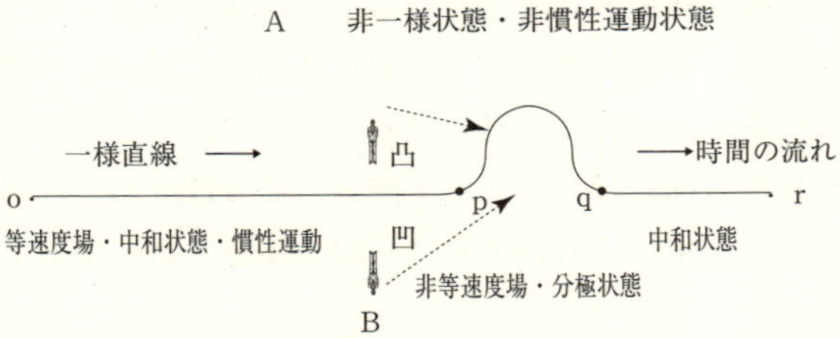

図13　直線の状態と中和・分極状態のアナロジー

にあります。意味世界で言えば、一貫した意味の整合性が保たれている状態です。そして点ｐから急に直線が曲がりはじめ、点ｑまでそれは続きます。このとき粒子の運動には加速度がかかり、車の後部座席に乗っている人なら左右に振られて不安になります。体の調子からみると異常、病の状態に対応し、ソシュール流に言えば文脈における意味の乱れとなっている状態です。この非等速度場がなぜ分極状態にあるかというと、線分ｏからｒまでを含む二次元平面に仮想的な平面人間Ａと反転したＢがいるとすると、Ａ側の世界から線分ｏｒを見た場合は凸型に見え、小山があると思うでしょう。そして平面人間Ａはさしずめ医者か薬屋さんか免疫チェーン店の社員といったところです。

一方、反対側の世界にいる平面人間Ｂから見た場合には線分ｏｒは凹型に見え、何か大きな穴があると思い不安にかられるからです。平面人間Ｂはと言うと、肉体か精神に意味の乱れという病を持つ患者さんです。そして点ｑで病は治り、元の健康状態に戻ります。

以上の考察は大ざっぱなアナロジーに過ぎませんが、現実のいろいろな局面を統一的に理解するのに有効です。そして実際に大病などを患ったとき、それまではきれいな爪に妙な歪みができていることがあり、その病気が治ると、その後から再び一様できれいな爪の成長にもどり、病気の痕跡としての歪みは時間とともに爪先のほうに移動していき、最後は爪切りで切ってなくなるということを経験したことがある読者もいると思います。このように、一般的に分極状態の凸凹、陰陽関係は常に相対的であり、主体、範疇、世界、意味目的が変わると反転することも忘れてはなりません。

また［病気］と［治療］の関係は、［故障、破損や災害、不便］と［修理、修復や復興、改善（発明）］の関係と同じで、すべて時間的にズレのある分極状態に対する中和化現象（問題の解消）であり、安定、正常状態への復帰、帰還現象と言えます。そして生命の場合は、ただ単に元の状態に戻るだけでなく、次からは同じようなトラブルが起きないよう肉体と脳の思考によるシステム的な工夫をして改善する方向に進みます。

こうしてみると、保存則とつながっている広義の中和化の衝動とは原点、始源帰還への憧れでもあります。中和と分極の単純な繰り返しである物理現象の場合と違って、複雑な有機高分子系からなる生命の場合は、中和・分極過程の繰り返し（螺旋移動）の中で少しずつ中和基準が上昇していく傾向にあります。ですから逆に、人間に特有の精神世界から見ると、個人がこの中和基準をどこに設定するかで人生観や世界観が大きく違ってくることになります。つまり、個人にとっての精神的安定状態とは何なのか、そしてそのために何を求めて日々行動するのかということです。自己の意志で新たなる中和基準を目標にする場合、あえて自ら新たなる分極状態（自らに課す負荷凹とそれによる精神的または経済的上昇凸）に突入することになり、それが表現としての行動になります。

かわいい子には旅をさせよとよく言いますが、大店の主人が自分の息子を温かい安定した家庭（中和状態）から丁稚奉公に出したり、あるいは息子が長い旅路に自ら出ることは勇気がいるものです。社会でさまざまな試練（凹）に合い、もまれて精神的に大きく成長

(凸) していく中でも、ふと望郷の想い（始源帰還への憧れ）にかられるときがあります。そして奉公を勤め上げて帰郷したとき、その成長した息子は新たなる上位の中和基準を目指して人生の航海に出ることになります。

自己保存と生殖過程

生命系の根幹である生殖のプロセスも物理的な慣性の法則が生命的に発展した形式と言え、自己保存を宿命としています。特に無性生殖の場合（ゾウリムシ、ヒドラ、カビ類、キノコ類、コケ類など）は、ごく少数の何らかの突然変異やコピーエラー体を除けば遺伝子的に親とまったく同じコピー生命であり、昨今のクーロン人間の騒ぎを知ったら笑うかも知れません。無性生殖は自己保存または種族保存の観点からみれば、比較的短期に莫大な数のコピー化が可能なので有利な点もあるのですが、遺伝子の強い固定性ゆえに環境変化に対する適応度がやや低いと言えます。

しかしやはり、数に優るものはないでしょう。無性生殖より進化した形式の有性生殖でも最初から突然分極化して雌雄の両性が成立したのではなく、遺伝的にはあくまでも雌の卵原細胞が基本であり、その流れの中に受精を行わないで個体へと成長する単性生殖（ミジンコなど）があります。これは母性遺伝ですが、受精後に雄原細胞ができても分解酵素（ヌクレースC）で分解されて、そのまま母性遺伝が続く場合もあります。

また、受精卵から雌ばかりが生まれていたのが、季節の変わり目にその雌達が体内の未受精卵を受精なしで孵化して雄を産み、その後にそれらの雌雄の受精が行われるアリマキ（俗にいう緑色のアブラムシのこと）など、環境に応じて単性期（雌だけ）と両性期（雌と雄がいる）があったりするものもあります。このような生殖形式の混在は無性生殖から有性生殖への移り変わりにもみられます。実際アオミドロやミズクラゲ、そして根茎類のユリやダリアなどは無性生殖と有性生殖の両方に関わっています。

有性生殖では発生学的な進化から見ると、もとは内胚葉由来の始原生殖細胞がそのまま卵原細胞から卵細胞へと進んでいった単性生殖であり、受精というものがありませんでした。ある時期に何らかの原因によるＤＮＡ変位により、中性の始原生殖細胞が卵原細胞と精原細胞に分極化するようになり、それらが卵（雌凹）と精子（雄凸）に成長して雌雄の両性生殖が固定化したようです。しかし、私たちの大元である真核細胞よりもさらに古い原核細胞から分化した、真正細菌である大腸菌でさえＦプラスミドなる環状ＤＮＡがあれば性差ができることがあるので、両性の起源は一筋縄ではいきません。

ただ一般的に言えることは、単性の母性遺伝（遺伝子完全保存）は基本的に、やっと獲得した、環境に理想的な機能を安定に維持するための本流システムであり、環境変化により適応が厳しい条件下では、遺伝子の一部が組み換え可能となる両性生殖に移行するようです。

このように進化史的には有性生殖の卵原細胞が本流であることを考えると、始源的存在の後継者である現在の大きな、たった１個の卵細胞（凹）に向かって何億もの微小精子（凸）の群れが競争しながらまい進していく様子は、まさに母なる始源への帰還現象であり、中和化の衝動と言えるでしょう。この聖なる中和化が遂行されなければ、次の創造的復活新生がありえないのです。両性生殖の場合はＤＮＡの多様性が生じるので環境変位による適応度は高まりますが、必ず配偶子との合体が必要なので増殖率はあまりよくありません。

人類の祖先は女性か男性か、日本人のルーツはどこから来たのかなどから、果ては宇宙はどのようにして存在するようになったのかまで、どれも興味深いテーマでありますが、これらは存在の起源を知りたいという知的願望から来ています。その背後には仮想的な始源への帰還、中和化の衝動が秘められています。

ちなみに細胞内のミトコンドリアＤＮＡは母性遺伝しかしないので、ある個人の血統的ルーツはミトコンドリアＤＮＡをたどっていくと分かるそうです。人類の祖先はアフリカのイブと命名された一女性だそうで、男性は女性の大元から分極化して発生してきたのです。そして女性にとって環境が長く安定しているときは、男性は必要なく、不安定で激変してきたりすると必要になるという、まことに都合勝手のよい存在のようです。経済力がついてきた主婦が増えている中で、昨今の熟年離婚の激増も何かこのような原理に起因しているのではないかと気になるところです。

ある生命のＤＮＡをたどるということは、人間の脳の外に刻まれた、はるか昔の記憶（凹）をたどり、引き出して知る（凸）という中和過程になっています。人間は他の動物と違って自分の脳の記憶だけでなく、その外の記憶にまで興味津々で、化石考古学、遺跡考古学、遺伝考古学から地球史、宇宙史に至るまで外的記憶探しに忙しい宿命にあるようです。

今までに中和化の衝動の背後にある原因をいくつかの例で、エネルギーの低い方向への流れ、保存則、安定性という相互に関係しあっている３点にまとめましたが、やはりこの３点とつながりのあるもう１つの要素、一様性に関してもう少し述べます。

対極的性質を消滅させていく中和化が一様化でもあるということは、前にも述べた自然の傾向としてのエネルギーの低い方向への流れと差異をなくす平均化、無秩序化につながっています。それは中和状態をまったく何の特徴も差異もない真っ白でフラットな紙として見ると分かりやすいでしょう。つまり、エントロピーが増大しきった状態です。

ちなみに、重力場は逆の作用をして、差異化、非一様化を促進します。一様化が中和化としても捉えられる例として、お湯の混合を上げてみます。同量のお湯の温度ＡとＢの間に差異（Ａ＞Ｂ）があるとき、それらは普通対極的関係にある量とは言いませんが、ＡとＢを足して２で割って平均値Ｃを求めると、ＣはＡとＢの中間値になり、それを中和点と見なせば対極関係が生まれてきます。

なぜなら中和点Ｃから見ると温度Ａは（Ａ－Ｂ）／２だけ高く、温度Ｂは（Ａ－Ｂ）／２だけ低いからであり、等量の反対量こそが対極関係にある性質だからです。周囲を完全断熱材にして、中間仕切りだけ熱を通す容器に、お湯ＡとＢを別々に入れると、ある時間の経過後温度Ａは下がり温度Ｂは上がり、両方とも同じ中和点の温度（Ａ＋Ｂ）／２になり、温度差異はなくなって一様化が完了します。

[3] 中和状態の分類

対極関係にある性質を消失させる中和化という過程を基本にして、その範疇に入るいろいろな例を展開してきましたが、分かりやすくするために、この節で中和状態の諸例を整理するとともに、精神世界ではどのような例がそれに近いのかを付加したいと思います。

⑴**完全結合消滅型中和状態**……陰（凹）陽（凸）完全消滅型………
……同時同空間

[自然界]：電子e^-と陽電子e^+が完全に結合して対極的性質である電荷とそれをになう物質そのものも消滅し、新しい中性の存在である光子γが発生する場合など。対極的性質は無になるが、存在は新たな光子という形式で引き続く。

[精神界]：禅の瞑想などで、肉体的にはまったく新たな存在になることは不可能だが、精神的に限りなくこの形式に近づこうとする試

み。

⑵**結合共存型準中和状態**………陰（凹）陽（凸）共存による平均的消滅型…空間的差

［自然界］：陽子 p^+ のまわりを電子 e^- が回転しながら共存し、物質そのものは消滅することなく、対極的性質である電荷のみがミクロのある距離あたりから平均的に消滅して中性になり、新しい階層である水素原子を構成している場合など。この形式が発展してさまざまな物質階層が構成されており、分子のイオン結合や金属の共有結合、ＤＮＡの水素結合などもこのタイプに入る。これを拡大解釈すれば、夫婦（雌雄共存）もこの形式です。

［精神界］：脳の意識界での監視系（凹）と意識活動作用系（凸）の動的共存形式。

⑶**振動共存型準中和状態**……陰（凹）陽（凸）が時間的に交互に入れ代わり時間的平均で中性を維持している型…時間的差

［自然界］：電磁波が進行していくとき、直行する電場と磁場の強さが進行直線を中和軸にして交互に、即ち正（山、凸）と負（谷、凹）に振動していく形式や水面の波が理想的な正弦波で伝搬していく形式。これらの現象はバネに錘をつるしたときの上下振動と変わりはなく、錘が静止しているときの位置が中和点であり、その点から等距離の上下振動が分極状態です。中和点から伸びるときが凸で縮むときが凹に対応します。バネを最初に手で引っ張ったときの中和点への復元力が運動エネルギーに変わり、理想的にエネルギー散逸がなければ常に中和点に回帰しようとして永久に振動を続けます。これもエネルギー保存則、作用・反作用、同じ状態を維持しようとする慣性の法則などが関係しています。

生命系なら、規則性は粗くなりますが、先程のホメオスタシスが入ります。また、ほぼ不死性を持つ無性生殖ならＤＮＡの分極と中和の繰り返しと、死ぬべき運命にある両性生殖なら雌雄の分極化と結合による種族の保存など。神経系では興奮と抑制があり、身近な例の空腹（凹）と食事（凸）の関係はかなり正確なほうの振動系であり、それにより生命の維持（健康という中和状態の）、保存が可能となっています。また病気と治療、故障と修復関係、投資におけるハイリスク（凹）ハイリターン（凸）の原理など、例は多くあります。

[精神界]：生命代謝系と同様に、心理的な世界でも自然現象ほど厳密に規則正しく陰陽が交互にくるわけではなく、あくまでも大ざっぱに見て、そして時間的にも長いスパンでそのような波があり、相手や社会環境との関わりにもかなり依存しています。例えば、愛情と憎悪、躁状態と鬱《うつ》状態、上昇志向と下降志向、悲観と楽観、積極性と消極性、勇敢と臆病、謙虚と傲慢、希望と絶望、尊敬の念と軽蔑心、善意と悪意、成功と挫折、自信と不安、好感と嫌悪、受容性と排他性などです。

　これらの分極状態は精神世界のリアルな表現行為であり、この分極により人生が彩られ、感動的な映画や小説が生まれるのです。あまり苦しみの多い人生もなんですが、人は贅沢なもので、無味乾燥な安定した起伏のない中和状態が続く人生もつまらないものと思い、刺激を求めるものなのです。どうも知識欲と刺激欲求は大脳の性のようです。中和の神様は退屈するので分極化するのでしょうか？

⑷統計平均的中和状態……差異のある孤立系が内的相互作用により、時間とともに差異の平均値（中和点）に収束して差異が消滅する。

[自然界]：断熱系において温度差異のある等質等量の２液体が混ざることにより、その２種の温度の平均値に自然収束する。圧力差の

ある気体混合問題でも同様です。これは乱雑さの度合い、無秩序さの程度を表わす統計量であるエントロピーの増大という自然の流れの傾向性の一例です。秩序とは情報や知に関し何らかの差異がある状態であり、無秩序とは知や情報になるものがまったくないフラットでのっぺらな無差異の状態で、このときエントロピーは最大値をとります。秩序から無秩序への自然な流れは、出現する確率の小さい状態から確率の大きい状態への自然な移行でもあります。

ですから、この自然な流れに逆行するのにはエネルギーと時間が必要になるわけです。等量の焦げ茶色のブラックコーヒーと等量のミルクを中間仕切りのある容器に分けて入れ、さっと間仕切りをはずすと、最終的に焦げ茶と白の中和状態である中間色に落ち着きます。俗にいうカフェオレです。もちろんミクロスケールにどんどん接近していくと差異が出てくるところがあるので、以上の平均的中和状態に関しては常に粗視化のレベルをどこに置くかに依存していることを留意しておく必要があります。

[精神世界]：生命系の一員である人間とって、差異の関係性である知や情報は非常に大切なものですが、情報量に差異のある２人が仮想的に情報の孤立系で長い間相互作用すると、これも同様に２人の情報量の中和点である平均値に収束します。

例えばその２人が夫婦の場合、もちろん人間のことですから、絶対に言わない、または言えないこともあるでしょうが、長い日々の生活の中でお互いの生い立ちや癖、性格や知性に関し知らないことはほとんどなくなり、会話も少なくなり中和状態である倦怠期に突入します。幸い夫婦で孤立系という環境はほとんどなく、会社や地域サークル、友人、メディアなど、外部との人的情報的交流が自由にできるので、精神的欝結状態は免れます。また30年も40年も長い間連れ添っていると、似たもの夫婦なんて言われるようになるのですが、これも差異の消失という情報の平衡状態の表われと言えるでしょう。

人間の場合はいろいろ複雑ですから、もちろん自然現象ほどには正確ではありませんが、それでもやはりそのような傾向があります。

⑸**上昇型中和状態**……自然の流れに逆行してエルギー吸収により高い中和状態に到達し、対極的性質が消失する。

［自然界］：高温、高圧、高密度状態で陽子ｐ$^+$、電子ｅ$^-$、ニュートリノ対 ν_e、$\bar{\nu}_e$が結合して中性子になる場合や家庭のエアコンで希望温度設定値（これが中和点）を維持するために冷暖房をかける場合など。これは⑷の自然の流れ（下降型）に逆らっている例の典型です。生命系での魚類の流線形は速く泳いで移動する際に、なるべく不要なエネルギー消耗をなくすために長年かかって環境適応したものです。

これを速度の相対性から見ると、高速流体中に静止物体があり、その物体への抵抗が最小になるように変形していくのと同じです。これは高速流体という環境に特有の流体的鋳型凹（これは流体の質と速度、および変形する前の物体の原型などに依存します）があり、これに合わせるために、何世代にもわたって世代交代をしながらエネルギーを消費して、ＤＮＡ蓄積という形で上昇していき、環境の鋳型凹に合う理想的な製品としての凸型を作り上げる過程です。

この魚の流線形としての凸型が魚の環境（凹）に対する表現行為であり、その凸型の完成が中和状態への到達となり、それはまたその環境を理解したという状態でもあるわけです。高速飛行体の理想モデルを風洞実験（もっとも、現在ではスーパーコンピューターでのシュミレーション実験で可能）で作り上げるのもまったく同様な過程ですが、魚のようにはのんびりやっているわけにはいかないので、莫大な資本というエネルギーの投下と知力を動員してきわめて短時間に開発してしまうのです。
[精神界]：私たちが社会環境である職場などに適応するときなども、その職場の雰囲気と仕事には固有の凹鋳型があります。新入社員に対して上司は「早く職場と仕事に慣れて下さいね」と声をかけますが、これも会社の凹鋳型があくまでも中和基準であり、これに向かって精神的にも肉体的にも負荷をかけてエネルギーを消費し、上昇到達することを望んでいるわけです。

そして、夢中で頑張って気がつくと、いつのまにか会社の鋳型に合った凸型製品としての自分が完成していることになります。それは仕事を理解し職場の雰囲気にも慣れたという状態であり、また会社の鋳型に合うということは、会社というシステム体の目的に対する機能体として作用することを意味します。そしてそれはまた本人（合わせている振りをしている人は別）にとっての喜びにもなります。

やがて、3、4年そうこうしているうちに、会社の欠点に気づきはじめ、一念発起してこの点を改革しようと意志決定したとき、今度は自分側に中和基準を設定して会社側をその鋳型に合わせるようにするわけです。この場合は自分が合わせるときと違って、「平社員が何をほざいてるの」が落ちで、その何十倍もの精神的エネルギーが必要となるでしょう。もちろん役員が早く気づいて、その社員の前に改革に乗り出してくれれば改革も早く進むのですが、いつもそうとは限りません。そして努力の甲斐があってめでたく改革が達成されると、その会社の中和基準は以前より上昇し、営業利益も上がり、会社は発展したということになります。

生命系での下等なアリなどの動物でも、体の運動と行動というのは必ずあるのであり、精神世界があるとは言えない（ただし、記憶機能があれば何らかの意識活動はある可能性は否定できない）までも、そこには常に何かの目的が背後にあります。それに対して脳の運動とは何かと言うと、思考、精神活動ですから、知的生命にとって目的、目標設定は非常に重要であり、その目標設定は上昇型中和点の設定に相当します。そして精神的肉体的負荷（凸）をバネにして人生の目標（凹）を達成することは高く掲げた中和点に到達することを意味します。

画家や彫刻家やデザイナーが脳裡に抱いている究極的な美のイメージは、その本人に与えられた先天的な才能です。その高い理想的な中和基準に向かって、苦闘と試行錯誤の中で多くの作品を生み出し、人々は絶賛しますが、当の本人にはまだその高い中和点に達してないことが分かるのです。人は不思議がりますが、本人はその作品群が気に入らないのです。こうしてみると、おそらくこの宇宙にいるであろう多くの生命という作品群は、ある背後の〈存在〉がその精神世界に抱いている、究極のイメージを実現させるための道程で生まれた芸術作品なのかも知れません。人類は高度な知的生命であることを自画自賛していますが、おそらく背後の〈存在〉にとってはまだまだ気に入らない作品だと思っているに違いありません。

宇宙内の森羅万象の物理現象を説明する究極のものを万物の理論と呼び、現在も世界中の多くの基礎物理学者が血眼になってそれを打ち立てようと研究しています。コンピューターの世界で言えば、これは多くの学者による問題解決のための並列計算過程と同じです。宇宙という環境の最高峰の凹鋳型に、その究極の理論としての凸型製品がピッタリ合えば、人類は宇宙の完全なる法則を理解したことになります。

その目標が物質理論に関する最高峰の中和基準です。その理論がピッタリ合っているかどうかは、前にも述べたように、その理論が予言する現象と、実験という宇宙の鋳型の直接的なぞりが一致するかで判明します。もしそう遠くないうちにその理論を手にしたとき、さも人間自身の力によってのみ為し得た、とてつもない偉業と自画自賛するでしょうが、本当にそうなのでしょうか？　私たちの脳はあくまでも与えられたものです。

この地球あるいは宇宙に初めて誕生した、分裂増殖、代謝成長、反射運動などが可能になった真の第一号生命が無数のコピー細胞を誕生させて以来、それらの子孫がまた何世代にもわたってさまざまな場所で自然との相互作用を繰り広げてきました。その自然との無数の直接接触過程の中で約35億年の時間と莫大なエネルギーが費やされ、少しずつＤＮＡ情報を蓄積し、今日の人類にまで上昇してきたわけです。宇宙という鋳型に電磁波の目（電子と陽子）が彫られているから、多くの確率過程の中で、その鋳型の製品である生命に高度に複雑な目が備わったのであり、音波の耳（海水という媒質中の疎密波）が彫られているから耳が備わってきました。

今までに誕生した無数の生命の自然との相互作用は、自然という問題についての生命の無数の並列計算過程でもあり、その計算結果の回答として多くのＤＮＡ表現があります。そして生命にとっての画期的ないくつもの中和基準を乗り越えて、生命自体も含めた宇宙という計算問題が人類に引き継がれているのです。なぜなら宇宙自体の問題と、その問題を計算しようとしている当の生命自身の完璧なアルゴリズム（ＤＮＡプログラム）の解明がまだまだ未完であるからです。

完成した暁には人工生命も可能となります。生命の問題はおそらく宇宙問題以上に難問となるでしょう。生命が生命の問題を解こうとすることは、脳が脳のことを完璧に知れるのかという問題と関係してくるからです。

これらの問題はいずれも最高峰の究極的な中和基準です。生命が何十億年もかけてそこまで上昇して、生命と宇宙の凹鋳型原理を解明することは、凸型としての法則を表現することであり、その時点で中和化は完了し、対極的な性質である“知る（凸型法則）”と“知られる（凹鋳型）”関係が消失します。その後は、凹鋳型を元にして応用としての凸製品をいろいろな形式で量産し、さらに操作技術をあみ出していくことになります。

⑹**共鳴型中和状態**……同じ２つの凹鋳型がそれに固有の凸型を相互に送受するときの瞬間状態（図14）。

［**自然界**］：幾何学的または電気（回路系）的に同じ鋳型を持つ、空間的に送受可能な程度に離れた２つの装置のうち、どちらか一方が振動したら、ある時間後に他方が共鳴振動する場合など。幾何学的凹鋳型の例としては、音叉の共鳴箱（まさに凹型）があります。箱の上の音叉を叩いて振動させると、その音叉に固有の振動数が共鳴箱Ａの気柱を振動させ、その開端から空気の疎密振動（縦波）が発生します。

この時の箱の形が固有の凹鋳型であり、その箱が振動した瞬間に、その箱に固有な形式で一様等方な空気が分極して、凸型としての縦波を製品として生産したことになります。その固有な凸型縦波が空間を移動して、もう一方のまったく同じ共鳴箱Ｂに到達した時、互いに対極的な鋳型がピッタリ合うので、その箱も共鳴します。この共鳴の瞬間が、箱Ａが振動して凸型製品を送信したことを箱Ｂが知った状態であり、“あることが分かる”という中和状態の典型となり

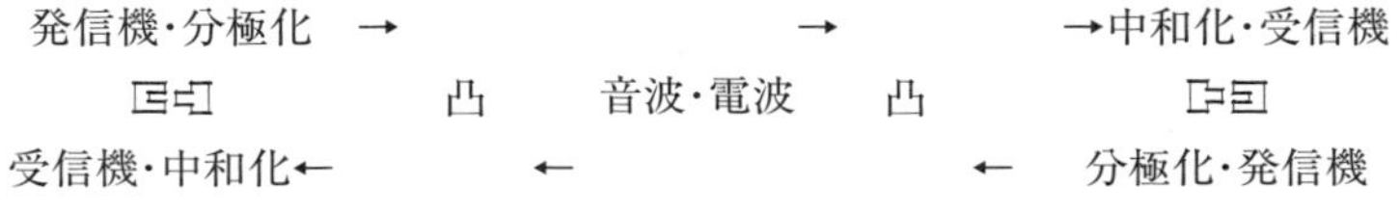

図14　送受信機による共鳴型中和状態

ます。もちろん箱Ｂから箱Ａへの逆送信も可能です。

この幾何学的鋳型問題を電気回路系に変換したものがトランシーバーや携帯電話などの送受信機です。原理的には、電源とコンデンサーとコイルのある電気振動回路系（これが音叉の振動と共鳴箱に対応する固有振動の凹型）にアンテナがついたものが発信機であり、それに受信用増幅器と同調器（チューナー）がついてるものが送受信機となります。これが２つ以上あれば誰とでも送受信が可能です。そして送信機が発信した瞬間に、今度は空気ではなく空間の電磁場がその凹型に対応して分極し、その凸型信号（横波）が空間を伝搬していき相手方に受信されます。受信時の同調器の役目は送信機の電子振動数（凹鋳型）に合わせる機能です。またその凸型信号を差異の関係性に変換すれば、人間世界の意味情報（音声、画像）の送受信となります。ラジオやテレビは送信が一方通行ですが、原理は同じです。

以上のように物理的信号を受信する場合には、物理的な発信システム（凹型）とその予想される強度を正確に知っていないと、その現象にふさわしい受信装置（凹型）を作ることができません。凸型としての重力波（時空の歪み波）が長年の努力にもかかわらず受信できないのは、そのあたりに問題があることになります。

生命系でも送信したり、受信するときには、その階層にふさわしい凹鋳型を作り、それに対応した凸信号を送ります。例えば細胞内では、核内のＤＮＡ司令により生産された機能蛋白質が細胞質内の所定の小器官に届くよう、シグナルペプチド（凸型）というアドレスが製品についています。これは私たちが、中元などで贈答品が相手先にきちんと届くように住所を書くのとまったく同じです。これも１つの意味世界におけるフラクタル（自己相似）現象でしょう。

［精神界］：人間も立派な送受信体であり、脳と、それに直結した

口、目、耳に手がその役割を果たしています。信号は、肉体を使用したボディーランゲージか手による肉筆文章、または音声による発話行為であり、前二者は光の反射を利用し、後者は音波を利用しています。そして発信が分極状態であり、受信理解が中和状態になります。もちろん両者の脳に共通の意味世界（凹鋳型）がなければ、発信された意味信号（凸型）を受信しても鋳型が合わず、どちらかが理解できないことになります。例えば、母国語が互いに違えば、言語翻訳機を介してチューニングするしかありません。

したがって、言語にかかわらず、さまざまな分野に関してチューニングのチャンネル（凹型）を多数持っている人は、多くの人々と心の交流ができることになります。共鳴型中和状態という言葉にピッタリの精神界における事例は、やはり音楽や映画、絵画や彫刻、文芸作品などの芸術作品に触れて、心が震えて感動した状態でしょう。人間の場合、平均的に芸術的分野の受信能力はある程度まではあるのですが、発信能力はかなり個人差があり、さらに才能があっても大変な努力が必要になります。ベートーベンやモーツァルトなどの発信者としての天才も、後期の作品では並々ならぬ苦闘をしていたようです。それだけに、それらの作品における深みも半端ではないようです。

ここまでの例は、分かりやすい個人と他者との送受信関係ですが、共鳴型中和状態で問題になるのは、個人と個人内部の、本人にも分からない別人格者との送受信関係です。この場合、脳内神経細胞ネットワーク間の電気化学的回路の共鳴現象になります。一般的に心理学では、無意識界への長年のストレス蓄積による、閾値の精神決壊現象とか、強度の精神的外傷による無意識層の人格分岐として、幻覚、幻聴、多重人格などが理解されていますが、もちろん脳の生理学的病変によっても起こります。

ドラッグによる意識の病的変容というものは、画面の映っているテレビ画面（人間でいえば意識のある状態）に磁石を近づけると、その近辺がいきなりサイケデリックな画面に変容するのとまったく同じです。それは中和状態である、意味文脈の正常で一様な画面が磁石により分極化し、破られたわけです。そして強い磁石をテレビ画面に長く当てていると、もう画面はサイケ調のままで元には戻りません。これはドラッグの常用によってきたす慢性病変と同じです。腫瘍や化学分子としてのドラッグも調和状態にある意識活動場にとっては、調和の破壊者であり、頭痛や目眩や幻覚その他は、脳の文脈、意味の乱れを表現しています。重力場の世界で言えば、一様等方な時空場にブラックホールが出来て、時空に巨大な歪み（分極化）が発生したのと同じです。重力場における対極的関係とは質量（正のエネルギー）と場の歪み（負のエネルギー）です。質量が消えると場の歪みも消え、一様等方な中和状態の時空に戻ります。その調和性の破られた場では、光は直進できず曲がってしまいます。つまり光の文脈が歪んでしまったわけです。ここで簡単に重力のことを書いていますが、この基礎を発信したＡ．アインシュタインにも並々ならぬ苦闘があったわけです。

巨大質量のせいで少し話がそれましたので、元に戻します。個人の内部における意識界と無意識界との送受信関係は、なにも脳の病的変容によるものだけではなく、ベンゼンのように夢で化学分子の構造を発見したり、高度な瞑想により至高体験をしたりすることもあります。

もちろん、このような健全な、夢による大発見とか瞑想による至高体験は、かなりの正しい修行と努力の結果であり、誰でも容易に起こるものではありません。無意識界は個人が関わっているさまざまな対人的関係性や分野別関係性で機能分化していますが、普通の場合は、個人内部での意識界と無意識界での鋳型の相違というものはなく、自然な相互の情報の流れがあります。

したがって、研究がスランプ状態に陥ったとき、しばらくその研究からまったく離れてスポーツに打ち込んでいたとしても、無意識界のその分野のモジュールネットは暗黙のうちに思考しているようで、一時停止状態にあるにもかかわらず、ある時にふとひらめいて、再度研究に戻る場合もよくあるのです。

外界から意識界を通して無意識界に入ってきた、負の情報に対する無意識界の耐性強度には個人差があるようで、何か他の無意識の精神的疲労を吐き出す窓口がない状況に陥ってしまった場合は、限界金属疲労と同じように無意識界でのクラック現象から意識界の変容表現がみられるようになります。

そしてまた、その意味の乱れは身体症状にも表われます。この負の歪みを中和化するには、忙しい日々の時間の漸近的癒しによるときもあれば、正しい治療によって治ることもあります。そのためには治療者が当事者との交流を通して歪みの鋳型をきちんと知る必要があります。

また個人が、未来に大きな夢や目的という正の仮想歪みを対極的に設定して、夢中でその目標に向かって中和化する方法もあれば、深い信仰により新たなる自己を見い出し中和化されることもあり、中和化への道は人によりさまざまと言えるでしょう。

[4] 系統樹と上昇型分極・下降型分極

機能分化と系統樹

前説での中和の(1)から(6)までの分類において、下降型中和状態は(1)の電子対完全結合消滅型や(2)の結合共存型であり、自然に放っておいても、近づけばエネルギーを放出しながら反応が進む例であり、

⑵の場合は化学的中和反応がその好例です。この下降型中和の逆の過程は、エネルギーを吸収して分極（分岐）していく上昇型分極過程になります。また、上昇型中和状態は⑸の中性子の例のように、強制的にエネルギーを与えないと到達できないものでした。この上昇型中和の逆の過程は、エネルギーを放出して分極していく下降型分極過程になります。

したがって、中和過程にしても分極過程にしても、上昇は常にエネルギーを吸収する過程であり、降下はエネルギーを放出する過程であることを念頭において下さい。そしてその両方の型は、あくまでも２つの対極的性質が消滅するという中和概念に忠実でした。それを分かりやすくまとめたのが、第１章２節の表１になっています。

しかし、自然の中には常に、陰・陽の２極だけでは収まらないものがあります。例えば、前に述べた光の３原色や自然の潜在的な根元的物質である３つの色荷を持つ基本クォークなどがあり、共にそれら３極の結合により中和状態にいたります。もちろん、目の場合は人間の視覚細胞内の受光蛋白質関係に依存した個別的理由なのですが、クォークの場合は宇宙の根本原理です。さらに中性子でさえも、厳密に言うと、陽子・電子とニュートリノとの関係は対極関係にはなく、それでも中性子を構成する場合は、物理的相互作用を通じて関係し合っています。

そこで２極の「極」という概念を一般化して、互いに性質的に独立な関係にある特徴的属性、特化した機能、または機能的存在という意味にまで拡張することにします。そして相互関係を維持している、いくつかの属性または機能を合わせ持って統合的に機能している１個の実存があるとき、その存在は内在的諸機能の共存型中和状態にあると見なせます。この場合、機能分極（分岐、分化）の数に制限はなくなります。もちろんこの場合でも対極的性質があれば、共存により見かけ上、その性質は消滅したり、あるいは完全に結合して存在自体が消滅することもあります。

このように多くの属性または機能分化を内在させて、統一された１個の実存を形成する場合にも２つの流れがあり、１つはエネルギー吸収・消費による上昇過程を経て中和状態にいたる道であり、他方は、エネルギーを開放しながら下降過程を経て中和状態にいたる道です。

図15の左図は、実際に地上に立っている立木を想定しています。したがって、重力に逆らってエネルギーを消費しながら、１本の幹をたどって少しずつ地上から離れていくにつれて、いろいろな枝の分岐点が現れ、さらに上昇していきます。この分岐点が機能分化、分極点であり、また進化論における種の分化を表わす系統樹に相当

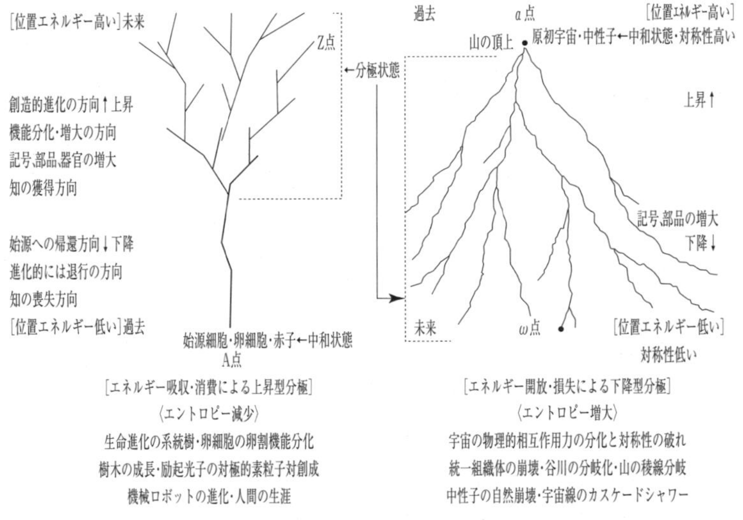

図15　上昇（立木）型分極と下降（山）型分極のモデル図と現象世界の分類

します。

この場合の両方向の機能分岐は同時ではなく、本流に対する支流という形式で分岐していきます。そして一般的には内在する特徴的な機能の数は、その生命体がたどってきた分岐点の数に等しいか、または一部消失する場合もあるので、だいたいにおいて比例することになります。生命の進化においては、点Aが地球上での最初の細胞分裂可能な始源生命に対応します。発生学上では、ミクロ的には内在的機能分化を持ち、マクロ的に無差異の未分割状態にある１個の卵細胞にあたり、それは内在統合的中和状態にあります。進化の系統樹では、Ｚ点は種の絶滅を意味します。

人生系統樹

個人の人生においては、Ａ点はこの世に誕生した瞬間となります。そのときの肉体は、受精卵のときから比べたらかなりの機能分化が進んでいて、その後の機能分化というものはあまりないのですが、成人状態から比べると機能は非常に未熟であり、各機能の発達のほうにエネルギーが消費されます。脳の機能も基本的な分化は遂げてますが、大脳における精神的世界は未分化状態にあります。

それから常にエネルギー補給を続けながら、さまざまな環境（自然、家族、社会）との相互作用を通して精神的経験と知を蓄積して、人生の岐路をいくつも経ていきます。したがって、個人の人生における系統樹とは、時代と地域によって異なる経済社会的機能分化（職業分野）と文化社会的機能分化（スポーツ、文芸、芸術、哲学、宗教）という２つの要素が縮退している状態です。

人生を歩む中で、その２要素の影響を受けながら、それぞれの岐路をへて特化していきます。機能分化との関係で中和状態を考えるときは、個人の人生のスタートは未受精卵とするべきですが、そこから受精、卵割、機能分化、発達を経て誕生するまでは個人差はあまりないので、あえてスタート地点を誕生時としています。

個人の人生系統樹では図15の点Ｚは死に相当します。この場合、Ｚ点から右図の山のモデルに流れが移行します。山の頂上αは下降崩壊による解体的差異化を控えていますが、まだ内在的には機能的に統一された自己、または存在を表わしています。また、図15の左図での上昇は創造的進化の方向でもあり、それは機能的複雑性の増大、すなわちエントロピー（無秩序の程度）の減少方向でもあり、知・情報の獲得方向にもなっています。

そして、分子進化も含めた創造的進化には差異の共生がキーポイントになります。したがって、細胞や種の進化においても、人生の分岐点においても、系統樹の分岐点には何らかの差異（情報体）の取り込みがあったと考えられます。よく天賦の才という表現がありますが、これも実際はその時代や人的環境にも大きく依存します。もし世界にピアノという楽器が誕生していなければ、天才ピアニストの人生系統樹は存在せず、普通の人生を送った可能性も否定できません。またピアノが存在していたにしても、その人の才能を発芽させる人的環境が整っているかにもよります。

人間の場合、社会で機能特化しても、意志の力があればいつでも他の分野に移ることはできるので、能力の高低はあるものの、基本的には多機能性を潜在的に持っています。しかしそれにも、ある程度の平均的な年齢制限はもちろんあります。そして自己意志と環境との相互作用により、たまたまある社会機能に特化しているわけです。動物細胞の場合は、卵割により機能特化した細胞は他の機能に“とらばーゆ”することはできません。

ところが、植物細胞は機能特化したどの細胞でも基本的に受精卵と同じような未分化な中和状態に戻れて、そこから新たなる発芽成長が可能です。この意味で植物の機能構成体の各細胞はいつでも全能性を秘めていると言えるのです。この全能性を高度に進化した人間の生殖細胞から獲得できないかと、日夜、世界中の生命科学研究機関が、ヒトクローン胚を作って、そこからどの臓器や器官組織にもなれる全能の胚性幹細胞（ＥＳ細胞）を培養増殖させる研究に鎬を削っています。クローン胚は核を取り除いた卵子にヒトの皮膚などの体細胞核を移植して作ります。

図15左図で大切なことは、初期（Ａ点）の始源状態にある細胞や赤子の方が、前者は組織器官に関して、後者は対社会に関して、機能分化に対する内在的可能性が高く、未分化、無差異状態に近いということです。そして、その後の環境との相互作用を通じて、その内在的可能性が減少していき、ある時点で機能特化するということです。

植物も動物も、その最初の受精卵は機能分化に関する全能性を秘めていますが、成長した細胞集団個体から見ると、エネルギー的には最低レベルにあり、そこからエネルギーと資材の補給・消費により、分裂増殖と機能分化を経て生体にまで上昇するわけです。人生の場合は、絶えずエネルギー補給をしながら肉体の発達と精神、人格の分化と上昇を遂げ、ピークに達したとき、肉体は落下していき、死（ｚ点）を迎えます。このエネルギー的にも機能連携的にも衰退して行く方向が下降型中和状態への移行（山の頂上 α からの下降）を意味します。

精神のほうはどうかと言うと、それは主観的には個人の世界観、宗教観によって異なります。臨死体験などもすべての人が経験するものではなく、個人差がかなりあります。自然葬の場合、客観的には肉体は微生物の分解エネルギー吸収により最終的には、受精卵のときの機能的差異よりもずっと中和基準の低い、分子、原子レベルの差異性の世界に帰還します。

人生の始まりの前には、遺伝子ＤＮＡが35億年以上かけて作り上げた、文脈、物語、私小説の基本プロットがあります。その意味世界を構成している言葉は、４つの基本塩基（アデニンＡ、グアニンＧ、シトシンＣ、ウラシルＵ）のうちの３つ組を１つのコドン（暗号単位）とし、それは、一般の蛋白質を構成する限定的な20種類のアミノ酸のうちのどれかに対応しています。それらの組み合わせによってできた、膨大な有機塩類国語辞典から引っ張り出されてきて、ＤＮＡの意味文脈が展開されます。

そしてさらに、その基本プロットを有効に使って誕生後に、現実世界という舞台で斬新な演出ができるように、生後２、３年までに自我意識を準備し、後は環境との関わりで人生という物語展開を本人任せてしまうという仕組みになっています。ですから、個人が状況に応じてアドリブを効かせながら生きている限り、すべての人は素晴らしい“私小説家”であり、“舞台俳優”でもあると言えます。

先程、個人の人生における死（ｚ点）のところで少し触れましたが、図15の右図の山の頂上αは、統一された個人の死を迎える前の状態であり、また誕生した瞬間の、物理的にきわめて対称性の高い中和状態（ただし、内在的可能性として差異、分化をきわめている状態）にある宇宙にも相当します。宇宙がエネルギー的に孤立系であると仮定したとき、宇宙の膨張により宇宙内部の温度や圧力、エネルギー密度などが減少していきます。その意味において宇宙は下降型になるわけです。この説明は第１章の図１においても村・里、海との関わりで述べています。

高エネルギー宇宙線のカスケードシャワー（１次宇宙線から生じた２次、３次粒子群の飛跡痕）と呼ばれている現象も、この山のモデル図の喩えによく類似しています。最初は１粒子である宇宙線

(その内の90%以上は素粒子の陽子です) と大気中の原子や分子との衝突により2次素粒子が発生し、それらがまた大気と衝突して連鎖的に反応分岐が進みます。

その多数に分岐降下していく過程でエネルギーを損失していく現象です。エマルジョンチェンバーという一種の写真乾板みたいなもので、その粒子群の反応軌跡が記録できます。この場合、山の頂上が大気と衝突する寸前の1次宇宙線の中和状態であり、山を下るにつれて稜線の分岐が増え、位置エネルギーも下がっていきます。

結局、何らかの励起形式をとる分化、分岐、分極の原因というのは、当事者の持つ固有状態と外因となる環境との相互作用にあります。これは物理的現象や生命現象、個人の人生岐路においてもまったく同じです。

個人が生涯を終えて、最終的にエネルギーの低い、無秩序に満ちた分子、原子のω点に帰還したとき、山の頂上の、精神的にも肉体的にも統一された同一自己に戻ることは、一般的に不可能です。仮にクローン人間が可能になったとしても、それは原子分子のレベルの無秩序世界からはるかに上昇したクローン胚からのスタートであり、意味が異なります。また、クローン人間として生まれても、時代や国土や社会環境は必ず異なるので、肉体は別にしても、精神の発達と人格や因果律の選択志向も前の自己存在とは異なってきます。またクーロン人間は遺伝子的多様性の放棄であり、種の保存に取ってきわめてマイナスとなります。自己の我執に捕われるよりも、多様性を認め、調和と発展に希望を託すほうがより賢い選択と言えるでしょう。

雄を必要としない単性生殖にしろ、雌雄交接による両性生殖にしろ、卵細胞の凄いところは、食物連鎖を介した母胎を通してエネルギーと資材補給を確保しながら、35億年近くかかって到達した仕組みを、たったの11カ月位でクリアしてしまう点です。もちろん人間の場合は、α 点の同一人物が再生されるわけではなく、両親の肉体的、性格的特徴のいくつかを合わせ持って生まれてきますが、それでも別人格として見なしたほうが無難です。なぜならば両親の代では発現しなかったロックされた性格因子ＤＮＡが、微妙なＤＮＡ発現蛋白質キーとの関わりで、子供の代で発現するケースや、何代にもわたってロックされていたものが発現することも間々あるからです。

この何十億年というスケールではないにしても、人間には同じようなことをして、ＤＮＡならぬ知的蓄積の伝達をしていることがあります。それは何千年にもわたる人類と環境との関わりで獲得した自然科学や社会文化の知識を、たかだか二十数年前後の教育で伝達する仕組みです。学者が生涯をかけて見い出した原理を、何もなかったかのようにサラッと授業で通り過ぎてしまうのも何か気が引けるものがあります。

しかし、人類のこの伝達方式は、ＤＮＡのコピー精度（約100億塩基対に１個の塩基配列エラー）に比べたら、非効率きわまりないものです。その原因は個人差があるものの、基本的には平均的な脳の記憶効率の悪さにあります。恐らくそのことは、脳の記憶機能もある程度は大切だが、それ以上に脳の創造的機能のほうがはるかに重要であることを意味しているのかも知れません。

実際、外的遺伝子である、人類のあらゆる分野の有益な知的文化的記憶は、世界共通のマザーコンピューターを作って、そこに網羅して収蔵すれば、必要なとき、いつどこでも誰でもが引き出せるようになるからです。したがって、最も大切なことは、知（鋳型）の量ではなく、いかに知を組み合わせて意味文脈、意味世界を構築するかなのです。

第3章

対極的意味世界とファインマン図

この章では、第１章３節の［1］で論じた物理世界における、電磁場の真空偏極による仮想光子と電子対のファインマン図３をアナロジーとして、意味世界での対極概念の中和状態と分極関係に応用して考察することにします。

これは前節［3］の中和状態の分類に入るものですが、その中の意味世界の事例を広げて、直観的に分かりやすいファインマン図でいろいろ説明する試みです。まずおさらいとして図16を簡単に説明すると、波線が電気的に中和状態にある光子γの進行を表わしており、途中の円輪が場の揺らぎによる仮想的な電子対生成という分極状態であり、物質・反物質、陰電子e^-・陽電子e^+という２つの中和基準で対極関係にあります。

したがって、瞬間的ですが、電位差も生じます。またe^-とe^+の時間tの進む方向は互いに逆方向になります。これは物質・反物質の関係が鏡像関係になっていることを思い出すといいでしょう。ここで大切なことは、電荷に限らず一般的に、分極という差異化には必ず何らかの勾配を生じるということであり、またその勾配には何かが交換（相互物流）されるということです。

この場合は電位勾配であり、勾配方向で相互の光子交換があります。前にも述べたように、この電子対生成は真空偏極だけでなく、実際に光子が励起されても起こります。ちなみに勾配とは中和化に

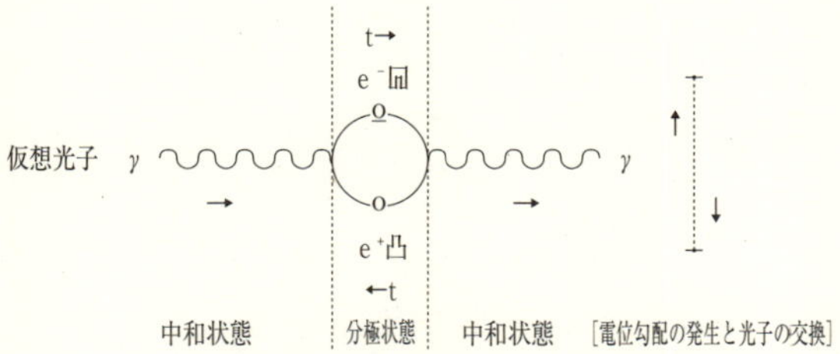

図16　真空偏極

向かわせる潜在的衝動力（ポテンシャル）を意味します。
　では、これより意味世界でのいくつかの事例について述べます。

１：貨幣経済社会の基本構造

　中国人が考えた漢字というものには、誠にいつも感心させられるのですが、「貨」という漢字は、原始的な集団社会でやりとりしていた物々交換から、共通の通貨として「貝」に「化」けたことを示しています。もちろんその通貨は時代や地域によっていろいろ変わっているのであり、獣皮だったり、翡翠などの宝石から、貴金属といろいろです。
　この貨幣を交換する存在者は、時代と地域のいかんにかかわらず、常に「実生産者凸」と「実消費者凹」という対極関係に分かれます。実際には生産も消費もしないで、その中間業者として仕入れと販売をする仲買人や商人も、地域経済が発展してくると発生してきますが、仕入れ時は仮想消費者であり、販売時は仮想生産者として、同一者が同時に両方を兼ねていることになります。あるいはサービスを実生産して販売しているとも言えます。
　経済史からみれば、元々は貨幣などなく、自作自給が基本であり、実際的な生産と消費を同一小集団（家族など）が兼ねていたわけです。現在でも山や海の近くで自給自足している独居人は必ずどこかにいるわけですが、他者との関係がない限り通貨は必要ありません。では貨幣とまったく関係がないかというと、実はそうではなく、ある意味でその独居人の肉体と頭脳が資本であり貨幣でもあるといえるわけです。そしていかなる場合でも生産と消費の間には、その長短はあるものの時間的なズレがあります。
　自然現象の中にも、このように同一存在者が対極的な性質を共存させて、ある距離から中性に見えるものがあります。その好例がポジトロニウムという水素原子に類似した結合系で、電子 e^- と陽電子 e^+ が、かなりの近距離で相互に高速回転している存在です。その存在寿命は、両者のスピン状態によって異なりますが、図16の真空偏極による仮想電子対の $\sim10^{-23}$ 秒よりはかなり長く、両者のスピンが平行で１の場合、$\sim10^{-7}$ 秒前後でかなり安定です。このポジトロニウムも大ざっぱに言えば、スピン１の仮想光子とも見なせます。この安定的な間の陰電子、陽電子の回転状態は、自給自足者が生産と消費を交互に繰り返しているのと同じ状態です。その後にポジトロニウムは対消滅して光子になります。

この例で言おうとしていることは、電磁場の社会での共通の交換通貨が光子 γ であるのと同じように、経済社会の場では貨幣Mが同じような役割を果たしているということです。そして両者はともに中性的、中和的存在であり、その貨幣の威力により生産者と消費者に分極します（図17）。この対極関係は絶対的ではなく、常に相対的で回転するように何らかの形式で消費者側であったり、生産者側であったりします。

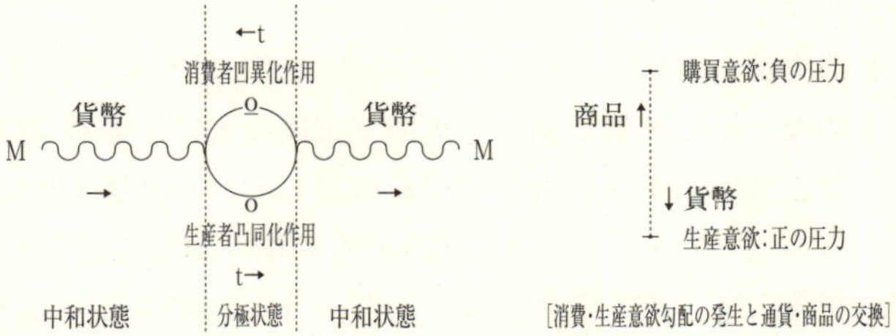

図17　経済市場での貨幣分極

生命系と同様に、経済市場でも流入としての消費行動は時間の長短はありますが、最終的には異化作用（消耗・分解過程）であり、流出としての生産行動は同化作用（合成・創造過程）に対応します。人体の通貨である血液の循環でみれば、前者が静脈であり、後者が動脈にあたります。そして消費と生産がバランスよく脈動している状態が、経済活動の安定化をもたらします。上の図17では輪円部が脈動する心臓（ポジトロニウム）に対応します。消費としての分解過程は時間的には過去の状態に戻る過程であり、生産としての異化過程は未来方向の創造的な流れとなります。

また、貨幣はあらゆる製品、商品、サービスに転化する可能性を潜在的に秘めている点において中性、中和状態にあります。そして生産者と消費者が直接的または間接的に商談成立（対極者の結合・中和化）の時、貨幣が発生します。その時に交換される貨幣と商品は対極関係ではなく、商品は自然価値（総生産費）と等価格ですから、電子・陽電子対の電位差間で光子の交換があるように、仮想的な通貨の交換になります。通貨の威力により消費者と生産者に分極するとは、何らかの形式で経済市場に関わっている人々は、貨幣の力により生産者になる者もいれば、消費者になる者もいるということです。

以上のような消費者と生産者の関係と意味論的につながっているのが前２章３節の［２］の中和の衝動とは何か？　で述べた、病気と治療関係などであり、これらは２章３節［３］の中和状態の分類⑵の結合共存型準中和状態に入ります。これらの関係を分かりやすくまとめたものが表４です。

少し余談となりますが、血液が人体の通貨と喩えましたが、その血液細胞も基本的には、エネルギー源であるＡＴＰ（アデノシン三燐酸）により生きているわけですから、人間に限らず、全生命系の共通通貨はＡＴＰであると言えます。このように自然界や生体組織系から人間の経済現象においても、勾配設定による体系的な循環が

表4　自然界と意味世界における差異の勾配と共通交換子

異化作用・消耗・分解過程 ［←t］下降過程・過去方向	差異・勾配 共通交換子	同化作用・合成・創発過程 ［t→］上昇過程・未来方向
電子 e^-［凹］	電位勾配・光子	陽電子 e^+［凸］
消費者［負の圧力・空虚感］ 病気・故障・破損・被災者 不具合・不便・非効率感	欲求勾配・通貨 （利害関係による共存）	生産者［正の圧力・横溢感］ 治療・修理・修復・復興者 改善・発明・開発者

あるところには何らかの共通の交換子があり、それはエネルギーと物質の供給源となっています。そして光子がエネルギー最小化のために最短距離を進み、生体組織系は活動のための無駄のない最適温度を設定し、経済活動は不要なコストを削減すべく努力の日々を送る宿命にあります。

さて、ここで１つの興味ある問題が浮上してきます。それは、「歴然とした分極体である宇宙という製品の生産者（創造主）は誰なのか？」であり、もしそれが神であるならば、その消費者は宇宙内の全生命系としてとらえるのが妥当と言えるでしょう。そして消費者と生産者が常に相対的で相互に変わりうることを考慮するとき、宇宙と生命と信仰の関わりが重要な意味を持つ可能性を秘めています。あるいは、神は地上の孤高の独居人と同じく、宇宙の生産と消費を自給自足する存在者であるかも知れません。この問題は最終章で考察することになります。

2：個人史における意識の発生と消滅

人の１日のサイクルと生死流転

仮想光子の真空偏極におけるモデル図は、中和→分極→中和の瞬間的（$\sim10^{-23}$秒）なワンサイクルだけですが、実際はそれを可能な

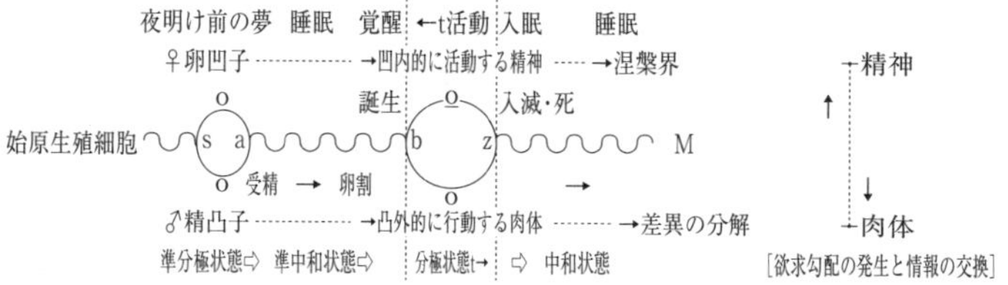

図18　人の１日の活動サイクルと一生のサイクルの相似性

限り繰り返しています。それは２重螺旋のＤＮＡも同様で、細胞生命の分裂が続く限り、中和→分極→中和を繰り返しますが、真空偏極に比べたら、きわめて長い時間間隔（数時間〜１週間位かそれ以上も）になります。このＤＮＡの脈動の起源は、原始地球の交互にくる昼と夜との激しい温度差（勾配脈動）から来たのではないかと考えられています。実際、塩基系高分子の結合分離には温度も重要であり、十分に納得させるものがあります。

人間の場合の中和→分極→中和過程で最初に考えられるのは、もちろん時間的な個人差はいろいろありますが、日々の生活で繰り返している睡眠→活動→睡眠のサイクルです。睡眠状態は、図12の表現機能と中和の関係でみれば、監視系（凹）と意識作用（活動凸）系が擬似的に結合して消滅しているような準中和状態と考えられ、目覚め前に見る夢などは、光子場の揺らぎ偏極のように一時的な分極状態と見なせます。そして日中の活動状態が、監視系と意識作用系の明確な分極状態に相当します。この一日のサイクルをスケール変換すると人間の誕生から死までの一生の問題になります（図18）。

図18の覚醒・誕生点ｂは「母胎からの自立」、入眠・入滅点ｚは「母胎帰還」をも意味する。また死後、精神界は涅槃界へ至るとしていますが、ここでは宗教的意味合いはなく、涅槃の梵語であるニルバーナ（nir‐va‐na＝消す‐吹く‐状態）の原義に従っています。

その意味は、ロウソクの火が吹き消された状態です。逆に言うと、生きているとは、喩えとして、ロウソクの火が灯り続けている状態になります。実際、生きている生命は、燃焼しているロウソクと同じように酸素O_2を吸って、二酸化炭素CO_2を吐き出すことを継続しているのです。

骨組として、図18のように人の１日と一生という時間計量の変換でも、その基本パターンが変わらないような関係を、物理現象の世界ではスケーリング則と言っています。これも大ざっぱではありますが、ある種のフラクタル（自己相似性）現象です。

また図18において、まず左側最初の点ｓは、中性である始原生殖細胞の両性化への進化史的分極点であり、その後の長い進化を経て個体別に性の分極化が固定化し、人間の精子と卵子がａ点での受精により中和状態になります。その刺激により卵細胞が卵割と呼ばれている細胞分裂を開始し、約290日前後で基本的な機能分化をすまして体外に出てきます。もちろん受精時の中和状態とは、卵子（凹）と精子（凸）の結合による中和と、精神と肉体の未分化状態での中和を意味します。その受精卵の染色体のごく一部である性の中和基準では、受精時点の性染色体の組み合わせ、ＸＸ（♀）かＸＹ（♂）で既に性の分極化は決定しています。

したがって本来なら、その時点が新たなる人としての誕生となるのでしょう。そしてまたその後の卵割による機能器官分化も進み、外胚葉由来の脳の原形である神経管が発生し、胎生６カ月前後で意識界と肉体の分極化も始まっているのですが、臍の尾が切れて完全に胎外へ出た瞬間点ｂを人生の始まりと見なすことにします。そのために受精点ａから誕生点ｂまでを準中和状態としているわけです。

１日のサイクルでは、卵子に精子が向かっている時が夜明け前の夢状態で、受精後から誕生までが夢の後のまどろみ睡眠状態に対応します。生後しばらくしてから自己意識も明確になり、精神と肉体は上昇の一途をたどり、ピークを過ぎた後、徐々に降下し始め、点ｚで入滅を迎えます。そして誕生点ｂの近傍では神経ネットワークの未熟性のために、また入滅点ｚの近傍では神経系の老化病変により、精神と肉体の分化は曖昧化しています。入滅後、精神は宗教的世界では無分別世界（涅槃）である中和状態になり、同じく生化学的には肉体も構造分解されてマクロレベルで平均的に無差異、無構造の原子や低分子の中和状態になります。

１日のサイクルでは、ｂからｚまでが活動期ですが、やはりｂ点の目覚め後は少し意識がボヤーッとしており、ｚ点の入眠前後も精神と肉体は、まどろんだ未分化状態で曖昧です。また朝起きてハッキリしてから元気になり、その後体調的に最高点を迎えて、夕方あたりから疲れが出てきて、入眠前が疲れのたまった状態になります。そして睡眠中は意識と肉体の感覚はなく、夜明け前の意識場での、わずかな揺らぎ（分極状）状態である夢を除けば中和状態にあります。大切なことは、無分別世界である睡眠中という中和状態の時に脳と肉体の疲労が回復するということです。宗教の要諦もここにあります。

このような１日と一生のパターンの相似性をみると、太陽が沈み、長い睡眠の後に夜明けを迎えるという太陽の復活と、人が朝の目覚めから活動に入ることとの類似性から、人の一生の最後に来る死という入滅も、ある種の睡眠状態であり、その癒しと再生を司る中和状態を経て、いずれこの地球か宇宙内の他の惑星で復活再誕するのではないかと考える信仰が出てくるのもうなづけます。中和→分極→中和は、眠り（癒し）→目覚め（復活）→眠り（癒し）でもあり、その根源に太陽と地球の自転との相関で生まれる夜→昼→夜の脈動があります。そしてその脈動は生命の根幹である原初ＤＮＡの中和

→分極→中和と密接につながっていると考えられます。

仏教哲学の世界には、森羅万象が空→生・住・壊→空というサイクルに従っているという考えがありますが、空は無分別世界における眠りの中和状態であり、生・住・壊は目覚め・活動・疲労の分極状態にあたります。そして分極状態において初めて意味世界が開示されます。さすがに仏教の3000年近い歴史には感嘆せざるをえません。このような見方からすれば、どんな企業にも、どのような生命系にも、そして目覚めて活動状態にある宇宙にも眠りの時が訪れることになります。もちろん、時間の長短があるものの、それは相対的な関係であり、基本的な文脈は普遍です。仏教の根幹である空観と中和の関係については、後の章で述べることにします。

人類の知性と精神性

人類の発生から消滅までを個人の生涯で見てみると、今の人類は知的には青年期に入りかけているようですが、人格的にはまだいろいろな面で未熟と見なさざるを得ません。一方の顔では、多くの企業の中で情熱を捧げて人類の福利を向上させ、苦しみや病を癒そうと努力し、他方の顔では、いかに大量に人を抹殺できるかを、世界の優秀な人材を募って日夜研究に励んでいます。「もちろんその矛盾は分かるが、現実の世界はそう甘くはないよ」と言う人も多いでしょう。

実際、企業も人種と国家間の対立も、その根底の作動原理はすべて利益競争であり、倫理や道徳を基礎にしてすべて動いているわけではないのですから。どこの組織でも身内を守ることが何よりも優先されるのであり、倫理や道徳は余裕のある企業や国家の、表向きの高貴な言葉に過ぎないと内心思っている人々も少なくはありません。

利益競争原理の世界では、常にスピードと利益効率が要求されるのであり、いかなる利益敵対者をも排除しなければ滅びがあるのみだからです。人類が続く限り利益対立がなくなることはないと思うのは、ごく普通のことで、太く短くが人類の宿命であり、先の子孫のことにまで気配りする余裕も暇もない程、大量生産と消費に日々忙しいのが現代人の証しなのです。しかし、それも人類史におけるある段階の意味世界平面に過ぎないものです。そして正直にも、地球のあちこちのさまざまな自然現象で発信されているサインは、その両方の顔の過剰行為が、地球環境に固有の適正許容循環から逸脱していることを示しています。

このサインは明らかに、生命の母なる女神ガイアが、知恵の果実を中途半端にかじった放蕩息子である人類に訴えている、地球の意味の乱れであり、心身症の表われと言えるでしょう。人類の"太く短く"路線は的中しているようです。

本当にいつまでも同じことをこのまま繰り返していてもいいのでしょうか。つまり、知的生命である人類の可能な意味世界平面（中和基準）の上昇は、種として限界にきているのでしょうか。そして人類には社会主義と資本主義に代わる、本当に新たな、自然と共存する調和型経済原理と精神的なステージに通じる門がないのでしょうか。知的生命が真に自己創発するシステムなら、必ずやその門にたどりつけるはずです。まさに人類は神に試されていると言えるのです。

肉体と精神の関係

さて、図18における、明確に分極化した個人の精神と肉体の間に発生する勾配は、中和基準によって異なります。そして分極といっても、この場合は空間的に離れた対極的な性質ではなく、物質集団としての肉体の関係性に付随したものとして精神・意識界があるという特殊な例です。ただし、物質集団の関係性だけなら機械にもあるわけですが、意識界はそれを常に自己監視し、かつ創発性を備えているところが大きく異なります。

それ故に、また唯物的一元論か、精神と物質の二元論かでもめるわけです。そしてさらに物質からなる肉体と言っても、実はその中間に細胞集団という階層があり、機械と細胞の間のギャップ自体にも、どうしても埋めることのできない溝があります。その溝とは、１つの細胞（例えばニューロン）にも原初的な自己監視系があるのか、そして、もしない場合、なぜ細胞が集団化すると意識界が創発するのかという問題です。自然のフラクタル（自己相似性）現象からみると、細胞にも意識の原型みたいなものがあるのではないかと考えられます。

さらに、この考えを宇宙の時空点にまで押し進めて、各点に意識があるとしたのが哲学者のライプニッツであり、そのことは単子（モナド）論で詳しく述べています。いずれにしろ、デイヴィット・チャーマーズが言うように意識の問題で確かなことは、

意識＝物質の関係性＋未知のソフト原理＝差異の関係性の感知・創発・表現・行動系

［物理化学法則］　［精神法則］　［内的外的物質相関］

ということであり、明らかに物質的存在そのものではないということです。その意味において、精神が物質的存在としての肉体（もちろん肉体も機能分化した細胞生命集団ですが、明確な意識がないという点で）と対極関係にあります。

チャーマーズは、意識は常に物質現象（物理化学法則）を通して生じるが、その範疇には含まれない、新たなる自然法則も関与して

いるはずであると考えている点で、自然主義的二元論者と見なされています。つまり、物理法則以外の何かが物質相関に関与して精神が現象しているとする立場です。この視点は著者も同意しますが、常にこの“何か”が問題になるのであり、ここからいろいろな立場の人々が分岐していきます。

精神と肉体は、前章3節［3］中和状態の分類の⑶振動共存型準中和状態にあり、両者は平均的に交互に相互作用をして共存しています。そして精神と肉体の当事者の主観の世界において、精神（意識）が消失すると同時に肉体も消失します。しかしこの場合、他者である客観世界からみると肉体は消失していません。この対極関係にある精神と肉体が完全に結合して、主観的にも客観的にも消滅する場合は、精神の意味の乱れである自殺と肉体の意味の乱れである病によるときです。

もちろん振動型ですから、精神が消えても肉体はすぐには消えず、時間的なズレがあります。この2つの方向により、精神と肉体が完全結合して消滅することは、もちろん生命の本義ではなく、両者が相互に振動、または回転している準中和状態が健全な形です。精神が肉体に接近して結合消滅する方向は、精神にとっての苦悩から脱出するという利害による接近であり、肉体にとっては本意に沿わない流れです。逆に肉体が精神に接近して結合消滅する方向は肉体的病であり、精神の自然科学的、生化学的無知と我欲に対する反作用や偶然または不注意による肉体的事故に起因しています。

この意識（監視系と意識活動系の共存）と肉体の関係をスケール変換して、1つの真核細胞で見るならば、おおよそ司令系としての細胞核（記憶系と部分分裂活動系の準中和的共存）と、司令を受けて機能する細胞質の関係になるでしょう。もちろん両者は相互関係にあるので、細胞核を細胞から抜き取れば、細胞質はある時間後に死滅し、逆に細胞質に病変があったり、細胞の電源の役目を果たしているミトコンドリアを抜き取れば、細胞核も死滅します。厳密に言うと、動物細胞には細胞核以外にもミトコンドリアの核があり、さらに植物細胞では、黒岩常祥の細胞３核説の通りに、細胞核の他に細胞質にはミトコンドリア核と葉緑体核があります。この両者は主人である細胞核に対して従属的に共生しているのであり、細胞の外では自立して生きることはできません。したがって、あくまでも細胞の主人は細胞核であり、その他は、細胞核との相互関係を維持しながらも、従属的な細胞質小器官ということになります。

活動している精神と肉体の間にある、中和状態へ向かわせる勾配は、中和基準によって違うということに前に少し触れましたが、そのことは精神の病と肉体の病の関係でも理解できたと思います。一般的な相互作用可能な自己と他者という明確な分極の場合は、利害関係（等価なギブ・アンド・テイク関係とエネルギー最小化）という勾配は、他方が拒絶すると成立せず、中和状態には至りません。しかし人間における精神と肉体の分極関係は同一体の二側面ですから、話が複雑になるわけです。健全な関係にある精神と肉体は、イメージ的に、一定の距離を置いて相互に回転しているような関係であり、準中和状態にあると前に触れましたが、その微小分極状態にも当然勾配があります。

精神の肉体に対する勾配は、精神の主体的な意思決定による肉体への行動欲求であり、そのとき相互の神経場を通じて情報信号（神経インパルスとそれを可能にするＡＴＰ）が交換されます。主体的な意志決定とは、意味・目的設定による一貫した志向性です。肉体は精神のよき道具となります。

一方、肉体の精神に対する利害・欲求（食欲、性欲、睡眠欲、渇き、冷暖調節その他）は、代謝循環が日々スムーズに進行するための意識系への信号伝達と、身体自身と精神の意味の乱れを警告する反応などになります。この肉体からの欲求情報による精神の反応は、その時の環境と精神的状況によっていろいろです。すぐに反応して行動する場合もあれば、留保して都合のいいときに反応行動する場合もあります。いずれにしろ、この場合は逆に、精神は肉体のよき道具になります。

また、もちろん不随意系の情報交換もありますが、これは余程の身体的危機以外、意識系には上りません。社会が安定していて経済環境が普通ならば、空腹、飢餓による肉体の精神への突き上げで犯罪に走ることはまれですが、性欲に絡む肉体の精神支配は時代と地理と経済環境を問わず、精神の普遍的な課題となっていて、精神が肉体的突き上げの奴隷と化す場合が多々あります。それは、種族保存という肉体的深層意味階層の、社会規範という上層意味階層に従う精神世界への侵略行為なのです。

スピノザと実体に関する思惟と延長

ここまできて、誰もが心のうちに抱く問いかけは、恐らく「どのようにして意識としての精神と、物質としての肉体は分極したのか？」ということでしょう。この場合の分極を、電子と陽電子のように時空間的にまったく別々に離れることができる、２つの対極的存在に分かれるとした場合は、二元論になってしまいます。

むしろ、この問いかけにおける分極とは、脳を構成している構造的物質相関からどのようにして精神活動が現象するのかということを意味しているはずです。つまり、いかなることがあっても、脳という肉体的臓器を離れて単独に精神現象があるのではなく、脳の構造的物質相関に付随した現象を前提にして問いかけているのです。

この唯物的一元論から問いかける視点は、一見、最も妥当のように思われますが、前にも触れたように、その視点だけではただの機械であり、自己監視系を持つ意識現象自体の相互に自由な分極化を説明することはできないのです。

そこで、その高度な難問は脇に置いといて、物質相関から精神世界が現象してくることを可能にする起源について考えてみましょう。この問いに対する答えの１つは、根元的な視点から見た場合、素粒子レベルの物質自体に、もうすでに原型的な意味世界を開く差異の記号（電荷、磁化、スピン、質量など）が付帯しているということです。この付帯がなければ決して意味世界は開示されないのです。

チャーマーズは、このことをもう少し高い物質レベルでの物質現象に付随するものとして表現していますが、仏教の世界でも既に「色心不二」という形で表現しています。「色」は肉体を含む物質世界であり、「心」は精神世界であり、両者は独立に切り離すことのできない、単一存在の二側面であることを意味しています。しかしこの表現は今一つ曖昧なところがあります。中和の概念からみると、この対極的な両性質が完全に結合すれば、精神も肉体も共に消滅するのですが、準中和状態であれば両性質は内在共存（付随）型になります。

汎神論に立つ中世オランダの哲学者スピノザは、神は宇宙全体の自然そのものであるという視点から、神なる実体の属性、すなわち自然実体の属性は「思惟（cogitatio）」と「延長（extentio）」に尽きると述べています。これは神なる「同一の絶対者」としての実体が宇宙の自然と生命精神に現れることを意味しています。この関係を図２で使用した二次元平面の白紙の中和と分極の例で見ると図19のようになります。思惟は精神、延長は物質存在の幾何学的（構造的）広がりを意味します。

つまり、スピノザの考えは、神という言葉がなくともきわめて真理をついたものと言えます。特に際立つのは、物質存在そのものを延長として把握している点です。神としての実体に関する思惟と延長という立て分けはデカルトあたりからですが、明確な関係性はスピノザからと言えます。

このスピノザの実体から神概念を抜き取って、現実世界の中性基本物質と捉え、それが分極化するときに発生する陰陽の２粒子それぞれに付随する物理的性質、すなわち電磁荷やスピンや質量などを思惟の原基（精神の始まりの元）とし、その空間的（幾何学的）広がりを延長とすると非常に分かりやすくなります。精神現象は思惟の原基から構成される差異の記号系の動的相関と言えるからです。そして空間的広がりこそ、不可視なミクロ世界から目に見えるマクロ世界の階層的構造世界だからです。

図19の場合、右図の分極して生成した２つの白紙において、その空間的広がりが延長であり、凸凹型の二重線（境界領域）のところが知（電磁荷、スピン、質量）の原基であり、それが他のさまざま

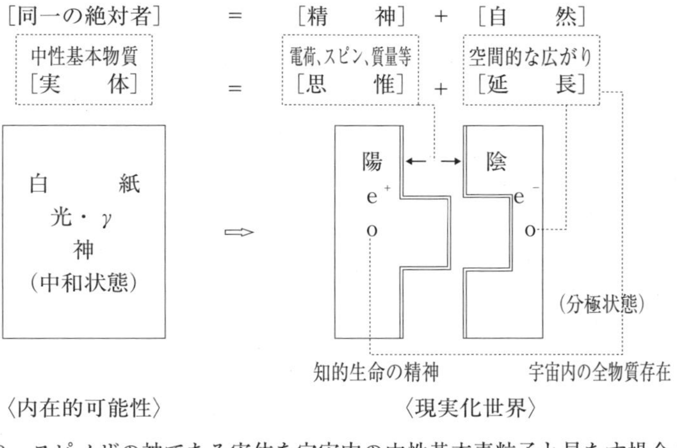

図19　スピノザの神である実体を宇宙内の中性基本素粒子と見なす場合

な物質との創造的共生と動的相関によって思惟、精神をもたらすのです。中和状態にあり、一切の知がない無差異の二次元平面が分極化した場合、知は次元が１つ下がって、一次元の分極境界に宿ることは前に述べました。チャーマーズや仏教やスピノザのいう精神と物質の関係の見方は、真理に近い周縁を互いにランダムウォークしていると言えるでしょう。そして問題は精神の始まりを、どのスケールからにするかの違いにあります。これは統計力学における粗視化や数学の公理系の問題と類似しており、どこから切断して話を展開するかということです。

こうしてみると、本当は物質と精神として分けるのは適切ではなく、そしてスピノザの思惟と延長を分かりやすくするためにも、“基本的中性「実体」は分極化してはじめて何らかの「差異の記号」と「固有な空間的広がり」という２つの属性を付帯する”とすべきです。なぜなら一般的にいう物質そのものがすでに何らかの中和基準において分極化しており、その二属性があるからです。そして、白紙状態の中和という神が自己否定しない限り、思惟と延長は顕現化しないということです。

さてこれで「めでたし」と言いたいところですが、実は重要なことを見逃しているのです。それは基本実体である素粒子がこの二属性を備えていても、空間での振舞や他の実体との相互作用の仕方が誕生した瞬間に与えられていなければ、どう反応していいのか分からなくなります。それは付帯している差異の記号条件にも依存しますが、課せられた物理条件に反応するには、宇宙の物理法則をも誕生した瞬間に熟知している必要があります。素粒子に対して、このような擬人化した表現を使うことに違和感を感じる読者もいるかも知れませんが、前にも述べたように、“知っている”とか“反応できる”とかいうのは、法則としての鋳型凹に対する素粒子の凸型がぴ

（ソフト面）
基本的実体（素粒子・言語）
┬思惟…「差異の記号」+「物理法則+ α、文法」→ 複雑系 →意識現象
└延長…「分割不可の固有な空間的広がり」 → 複雑系 →脳空間構造体［小説の構造］
（ハード面）

ったり合って、中和化した状態だからです。

スピノザは、そのことも含めて「思惟」としているのかは不明ですが、明確にするために「差異の記号」＋「物理法則＋ α 、論理回路、文法など」と表記します。＋ α は自然主義的二元論に立つ場合であり、 $\alpha = 0$ の場合は唯物的一元論になります。文法とは言語論でみた場合です。

ここで中和の概念を徹底すると、基本実体の「固有な空間的広がり」も中和状態にある一様等方な宇宙の真空という無差異の空間から見れば、時空場の歪みという差異の知らせです。しかし、これが現実の現象で関わってくるのは重力場の問題ですから、固有時空の歪みという差異の知らせが、何らかの複雑系との関わりで、意味世界である意識の問題に関与してくるのかは、微妙な問題です。

あのS.ホーキングと一緒に一般相対論の発展に貢献したイギリスの物理学者R.ペンローズはS.ハメロフと組んで、量子重力の干渉効果が神経細胞の骨格である微小管を介して意識活動にも関与している可能性を主張していますが、これはまだきわめて困難な問題です。なぜなら重力場の量子化は未解決であり、さらに電磁場に関わる差異の記号系による意識問題さえも手つかずだからです。そして、多くの意識問題に関心のある物理学者は、電磁量子的な関与の可能性については興味を持っていますが、量子重力理論の関与に関しては気が進まないようです。

単細胞の内的機能分化と多細胞化による機能特化

さて精神と肉体の分極化は、素粒子などの単独の基本的実体に付随する二重性が、潜在的可能性になっているということです。そして基本的実体は精神と肉体という対極的性質において準（付随的）中和状態にあります。しかし、いくら潜在的可能性を秘めていても、分極化する物理化学的条件が必要になります。電荷的に、あるいは物質・反物質関係において中和状態にある光子が分極する場合も、物理的条件である光子と他の素粒子との反応形式やエネルギーレベルによって異なり、ニュートリノ・反ニュートリノ対や電子・陽電子対、あるいは中性子・反中性子対であったりと、いろいろな形式が可能です。光子の場合は、その条件さえ整えば、ほぼ瞬間的に分極する上昇過程ですが、それはエネルギー的にも複雑性においても、きわめて低いレベルにあるからです。

脳という肉体臓器内の物質相関により精神が現象化するまでには、恐らく40億年近い途方もない年月を要していると考えられます。それは無機塩類から各種アミノ酸を経て巨大分子量蛋白質になる化学進化だけでも、何億年という単位ですから察しがつきます。さらにやっと初期のＤＮＡにたどり着いたとしても、逆にＤＮＡの複製精度はきわめて高いので、ＤＮＡ変異の確率は低く、生物進化史における重要な分岐点までの期間が平均的に何百万年単位となるわけです。したがって、人類までの複雑性にまで上昇するには、それ相応のエネルギー消費と時間が必要になります。

人類の旧石器時代における洞窟独居人は、生産者と消費者を１人で兼ねている準中和状態にありますが、分極化する可能性が潜在的にあります。そして明確に分極化した生産者と消費者という関係を経済システムに持つ初期文明に至るまでにも何十万年を要しています。もちろん生命進化とは時間スケールが違いますが、基本概念は同じと言えます。なぜなら、どちらも最初は対極的な性質を内在する準中和的単独者が点在している状態であり、環境との関わりにおける必然的または偶然的な何らかの利益勾配により、集団化とネットワーク的構造化が進行し、そこに流動的な共通の交換子が導入されているからです。

これは何も、対極的な性質だけではなく、単独存在が合わせ持つ機能的性質に関しても、同様なことが言えます。例えば、細胞進化の過程で、今から約18億年前頃に誕生したという、単独生活をする真核細胞（細胞内の核に核膜がついている）は、基本的な生活機能である、捕食、消化吸収、排泄、運動、呼吸、膜感覚などをすべてこなしているわけです。

この諸機能が、人間においては、真核細胞集団の機能特化により各種の臓器として機能分化しているようにです。そして分化した各臓器の共存連携により、単独者としての人間を構成しています。つまり機能的に共存型中和状態にある単独の真核細胞が多集団化の過程で機能分化し、約18億年かけて階層の高い基準において各機能体の共存的中和状態を実現し、単独の人間に到達したということです。

町の小さな商店でも最初は、仕入れ、製造、販売、宣伝、接客、清掃、経理その他、やらなければならないことは山ほどあるわけですが、月日を重ねて資本蓄積するにしたがって、少しずつ従業員を増やして多細胞化による機能分化が進み、英知と経済環境と構成員に恵まれれば、大企業への道をひた走るわけです。

真核細胞が町の商店なら、大企業はさしずめ人間というところでしょうか。商店が、のれん分け（細胞分裂）により大型チェーン企業になったり、大企業が世界中に支店を持っていても、グループ内部に人員（細胞）、情報（神経インパルス）とエネルギー（通貨、ＡＴＰ）循環があり、分裂増殖していけば、地理的距離がいくら離れていようとも、それは間違いなく１つの立派な生命類似体と言えるものです。

この原始的な単一細胞に内在する多機能性が他集団化による機能特化を遂げて、人間という精神世界を持つ生命にまで進化したとするならば、逆に、単一細胞レベルにも高分子記号系に基づく知や情報のリレーとコントロール系があると見なすことは自然なのであり、実際、分子細胞生物学でも、その存在は認知されています。

しかし、意識現象のような、“見る”と“見られる”関係が同時進行している精神世界もどきの原型システムが存在するかどうかについては著者も含めて一般的に肯定も否定的もできないのです。なぜならば、確かに原始細胞内の情報コントロール系の機能は、細胞多集団化の機能特化過程で、初期の多細胞生物の神経系ネットワークで現実化していますが、果たしてその生物自体が今行動していることを同時に認知しているかと言えば、何とも言えないのが実情なのです。浜の貝がチョッピリ殻を開けて、斧足で移動しているとき、何らかの外的勾配原因でただ機械のように移動しているのか、それとも動いていることを知りながら動いているのかという問題です。

このように、どの生物的（または細胞的）段階から共存中和型の意識の原型が発生したのかという問題は難問中の難問なのです。さらに機能というのは、常に自発的に創成するわけでもなく、往々にして外部原始細胞やその破材の取り込みにより分化する場合もあるので、一筋縄ではいかないのです。

ここで少し注意しなければならないことは、どの真核細胞もが多細胞化の過程で機能分化していくのではなく、自然と他の生命系も含めた時間的空間的環境の多様性と、莫大な数の当該生命体との相互作用により確率的に進行していきます。特に単細胞が群体化する条件で大きいのが捕食（エネルギー補給）環境の劣化であり、このとき一個体あたりのエネルギー消費効率を上げるために集団化します。この例は粘菌に見られますが、山猿の群れが極寒の地で寒さを凌ぐために寄り添ったりするのも同じです。

平均的にみれば、元来、生命というのは何らかの利害勾配がないと集団化しない傾向にあり、自由気ままが好きなのです。食物資源の豊富な森の中では機能分化した社会化は基本的にはあまり進みません。環境激変とか何らかの理由で森を出ざるをえなかった、知能の高い人類の祖先が、殺伐とした平原でエネルギー補給効率を上げるために、社会化の方向に進んだのは自然の流れなのです。食物資源が豊富ということは、一個体あたりの含みエネルギーが高いということであり、そのときには自由分子のように拡散的になり、資源が乏しく、かつ寒いと含みエネルギーは大きく下がります。

自然現象においても、一分子あたりの含みエネルギーの高低は構造体の関係（物質の相変化における三状態）に大きく影響します。温度と状態変化の関係は個々の物質に固有のものですが、基本的には、温度が高い時は自由気ままな「気体状態」であり、温度が下がってくると、やや自由な「液体状態」、そして温度がきわめて低い時は不自由な「個体状態」になります。今から16、７年前のバブル絶頂期にあった時の、沢山の銀行がバブル崩壊後、次々に合併吸収されていったのも、生存をかけたエネルギー戦略であったわけです。一個体の集団化による機能分化を経て新たなる一個体に上昇する過程は、エネルギーの消費と生産の効率を共に引き上げるのです。

３：動物から植物への分岐

細胞膜と認識

精神の最大の特性は機械と違って、いくつかの情報が前後してほぼ同時に意識系に到達したとしても、内的外的因果律を留保することができることであり、またそれ故に因果律を選択して優先順位を決めるという精神の自由性が保障されているわけです。おそらくこの「因果律の留保」の源は、脳神経ネットワークにおけるニューロン接合がシナプス間隙（これにより、情報信号がある閾値《いきち》を超えないと伝わらない）という特異な形式を実現していることにあると思われます。もちろんこれは因果の遮断だけですが、それでも情報の選択というシステムの走りであるという意味で、そのようにとらえることができます。

さらにもっと奥深く精神現象を生じる脳の起源をたどれば、生体表皮の走りともいえる細胞膜の刺激（光、温度、圧力、濃度、水中音波など）という差異の知らせの感知機能と興奮伝導が重要です。初期の機能共生その他の多細胞化の過程で簡単な機能分化が進行し、その中で平衡覚細胞（きわめて軽く、形態的に球対称に近い単細胞には重力場に対する位置覚は必要とされない）なども発生してくるわけです。

やがて、６億年前のカンブリア紀あたりから、脳の原型である外胚葉由来の神経管に近い形の、簡単な感覚機能分化を遂げている脊索動物などが出現し、本格的な脳化への進化が始まります。つまり脳の故郷である知や感覚、認識の原型は細胞膜にあると考えられます。もちろん、細胞膜自体が細胞生命化したと言っているのではなく、その膜の機能が、他の微生物（ウイルス、細菌など）や細胞破片（ＤＮＡチップなど）の取り込み過程で内化されて、その細胞膜を持つ細胞が機能特化する可能性から、そのように見なしているわけです。

真核細胞膜は刺激感知能力だけでなく、内部物質や外部環境物質の出入りを識別選択する半透過性もあります。さらに蛋白質や多糖類などの巨大分子の場合は、細胞膜自身の内部陥没による取り込みや吐き出し、または陥没の逆である発芽形式の吐き出しなどの機能があります。分子そのものや刺激は情報でもあるわけですから、それらの感知と出入りの識別選択は価値判断であり、脳の認知行為の原型と言えるでしょう。この過程で取り込んだ微生物や細胞破片が分解可能であれば食べられ、不可なら吐き出されますが、中には分解できないけれど部品として使えそうだということも確率的にありえます。

また原核細胞が取り込んだ細菌が、細胞共生説（1967年）で有名なリン・マーギュリスの言うように、食べられずに共生してしまうことも実際に起き得るわけです。進化史的に一番古い原核細胞の細胞膜でさえ、種類によっていろいろな機能を備えており、例えば、全生命のエネルギー通貨であるＡＴＰの生産や呼吸、光合成機能から細胞膜自体の細胞質内への陥入と内包体化などがあります。これは取り込みによる機能発達を想定するとき、重要な機能と考えられます。その外側の細胞壁には特異チャンネル蛋白質、多糖類その他が付帯していて、環境物質の出入り監視をしています。

このように外部環境と細胞膜と細胞質（核と小器官）の相関で機能進化し、多細胞化の過程で生殖機能を備え、卵細胞の卵割発生における進化で、脳の系譜は外胚葉へと引き継がれます。そこから先程述べた脳の原型と見なされている、ホヤ（脊索動物）の幼生形態に類似した神経管が発生してきます。重要なことは外胚葉（つまり環境と接している外側）が表皮や神経系や感覚器官に分化し、その神経系から脳化が達成されたことです。つまり脳は皮膚と感覚器官と親戚関係にあり、その直系の子孫（もちろんＤＮＡ的ではなく機能的に）が細胞膜なのです。表皮も細胞膜も常に外部環境にさらされており、内部保護と生存のために様々な機能が要求されるわけであり、ある意味で、その最たる高度化が脳と言えるでしょう。

人体において、外敵識別能力の典型である免疫反応が一番強いのが体表皮であることも納得がいきます。これは中世ヨーロッパで言えば、さしずめ王国（細胞質）とその城（細胞核）を守るための城郭（細胞膜）であり、城郭が外敵に対するさまざまな装備をして外部を監視し、城門で出入りをチェックするのと同じです。このように認知機能の源流をたどれば、細胞膜に行き着くのですが、原核や真核単細胞の城郭機能が多様な内的外的相関を経て、二十数億年後に真核多細胞合衆国の大統領（脳）になるとは誰も予想がつかなかったはずです。電子の内部と外部の境界領域に電荷という知があるように、細胞の内部と環境という外部との境界領域にある細胞膜の知こそが脳化したものと言えるのです。

なぜ植物に神経がないのか

ではなぜ植物細胞にも立派な細胞膜があるのに、さまざまな過程を経て神経細胞から脳化への道を進まなかったのでしょうか。元々、約20億年前に発生した始原真核細胞が、18億年前くらいにミトコンドリアを取り込んで共生し、好気性真核細胞になってから、ひたすら動物多細胞化への道を進んでいくわけですが、その好気性真核細胞になってから数億年して、動物多細胞化への道から離脱した細胞が出てきました。

それこそが、後に多細胞植物になるわけです。離脱した大きな原因は、光合成機能を最初に獲得した藍色細菌を取り込んで、約27億年前に共生進化した葉緑体細胞にあると言えるでしょう。エネルギーと有機物質を同時に貯蔵できる光合成サイクルほど、生命にとってよだれの出る機能はないのです。

さらに、葉緑体光合成の凄いところは明反応だけでなく、暗くてもある程度の二酸化炭素（CO_2）濃度と温度があれば、反応が安定に進行する暗反応があることです。この葉緑体をおよそ17億年前に取り込んで、うまいことをした好気性真核細胞が植物の元祖になります。これらが群体化（種の保存とエネルギー効率の点で有利）して、その後に浅い海底で固着するものが出てきて藻類になったり、またより強い光を求めて海面近くから約5億年くらい前に陸上植物へと一気に進化していきます。光合成で生きられる植物は動く必要が基本的になく、動体メカニズムにとって必須の制御回路系が不要ですから、神経細胞なる機能分化が起こらなかったと考えられます。

もちろん、植物進化のごく初期には、植物プランクトンから分かるように原始的で動的な過渡期的な存在もいるので、多細胞化した大きな流れからそのように見た場合の話です。地上で光合成をして根づいている植物にとって、残された重要なことは、重力と風力耐性に水分、無機塩類補給と乾燥耐性ですから、セルロースを主成分とする細胞壁は三重に強化され、葉は気孔を備え、根冠、根毛が発達することになります。それでも機能分化は大したことはありません。

植物と動物の機能分化を比べてみると、歴然として植物のほうが簡素であることが分かります。その最大の原因は「静」と「動」にあります。そして「静」でいられる余裕は藻類と植物が独立栄養生物であることからきています。ちなみに細菌類と地衣類は独立型と従属型に分かれていて、悲しいかな、動物界と菌類だけがすべて従属栄養生物なのです。静的な世界には安定性が背後にあり、分極化とはあまり縁がなく、ロボットを作る場合を想定すると分かるように、動には絶えず不安定性がつきまといます。不安定性の回復には分極化（機能分化）が必要になります。

つまり、静的な世界は動的な世界より中和状態に近いので、それだけ分極化が少なくて済みます。例えば、「静止」している（中和状態）電車が「動き」出すと、その作用の反作用として「加速度」を体に感じ、足で踏みとどまりますが、この加速度は「差異の知らせ」であり、分極（静止という一様性の破れ）しはじめたことを示しているようにです（図20）。中和基準から遠い程、そこに至るまでに多くの分極化を経ています。

この「動（外場の作用）」が分極化の起因になる好例は、卵割による機能分化が始まっていない中和状態にあるといえる卵細胞です。これはある意味で慣性場状態であり、この卵細胞に精子または何らかの外部刺激（非慣性場）が加えられてはじめて卵割という分極化がスタートするからです。心の動きも物の流れもすべてて差異、勾配がスイッチを入れるのです。

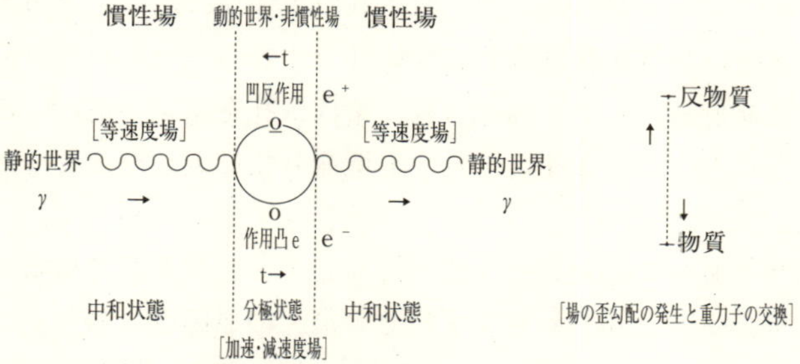

図20　静－動－静と慣性場の分極による非慣性場の発生

図20で「静」とは速度がゼロだけではなく、それも含めた等速度場（慣性場）のことを指し、「動」とは何らかの形で常に速度変化がある場（非慣性場）を指します。そして植物は平均的に慣性場に近い世界で生活し、動物は頻繁に自発的非慣性運動と関わるので機能分化は著しく進行する運命にあります。

単細胞レベルで真核細胞の進化からみると、明らかに細胞核とミトコンドリア核を中心にしている好気性２核単細胞（多細胞動物化へ）と、その後それから葉緑体を取り込んで分岐した好気性３核単細胞（多細胞植物化へ）とでは、後者の植物性単細胞のほうが機能的分化が高いのですが、逆にその分だけ多細胞化したときに多細胞動物より機能分化が簡素に済んだとも言えます。何しろそのおかげで、植物は炭酸同化（炭水化物合成）と窒素同化（アミノ酸合成）の両方が自前でできるのですが、動物はどちらもできません。

植物は資源国家、動物は技術立国

植物（生産者）が絶滅したら、食性エネルギー循環において動物(消費者)は絶滅せざるをえません。海中にしても地上にしても常に光合成をする植物が第一生産者だからです。それ故、植物は独立栄養生物と呼ばれ、他のほとんどの生物が従属栄養生物に分類されるわけです。静的存在である植物は、種の拡散を風とか動物の運動に依存しています。植物の実りや果実、蜜は「静」と「動」という分極化の勾配で発生した商品です。そして第一生産者である植物から順次食物連鎖が始まり、相対的に消費者、生産者を繰り返します。この地球上の生命経済循環において交換される基本交換子がエネルギー通貨であるＡＴＰになります（図21)。

こうしてみると、植物は広大な地主の、資源国家であり、動物は小さな土地を借りて何とか生活する小作人か、あるいは土地も資源もなく、あくせく効率追求して技術立国（高度機能分極化）を目指すサラリーマン国家と言えるでしょう。そしてその代表が人類であると。その究極の果てに脳という甘いもの好きの化学電脳帝国が出現したと考えられます。この人類の脳までに至る大河には多くの偶然も関与しているでしょうが、動物という系統樹の枝を昇っていった宿命でもあります。

原核細胞の細菌類や真核細胞の植物や動物にも、それなりの大変な生涯があるのですが、地球体系から見れば、やはり全生命は無機塩類などの分子変換系（ある種の広域総合プラント工場）であり、大気や海水の組成や温度に重要な関与をします。地球誌においては普通、そのような寄与はだいたい数億年単位で関係してくるのですが、人類の営みだけは飛び抜けて異常であり、イギリスの産業革命（1760年〜）から見ても、たかだかこの250年くらいで、もうCO_2による地球温暖化が危惧されています。

この地球温暖化の問題は学者間でも異論があるのですが、人類の短期間での過剰エネルギー消費による環境破壊は着実に進行しています。環境抵抗（食物・エネルギー資源、活動領土などの不足と病、自然災害による死亡率の増大、出生率の低下など）と生物の繁栄能力が平衡状態であるときが、生物繁栄に対する自然の許容限界ですから、この許容限界内で環境と調和循環していくことが必要となります。

しかし、人間の場合は、環境抵抗限界ラインを過剰な知力により突破してしまったため、雪崩現象のように一気に人口過剰増大と環境破壊を招いてしまっています。21世紀はまさに人類の真なる知恵と精神が問われる世紀となるのです。そして、いずれ確実に分極化した植物と動物は遺伝合成的に合体して、より高度な中和的生命体として宇宙に旅立つでしょう。

植物と動物の関係を静と動という関係で見てきましたが、ここでフラクタルの視点から、両者の細胞に共に存在するＤＮＡとＲＮＡの関係に少し触れたいと思います。ＤＮＡは中和状態にある二重鎖状の有機塩基配列を持つ安定で静的な核酸ですが、その原因は酸素原子が１つ少ないことに関係していて、化学的に安定でブレがきわめて少ないためです。

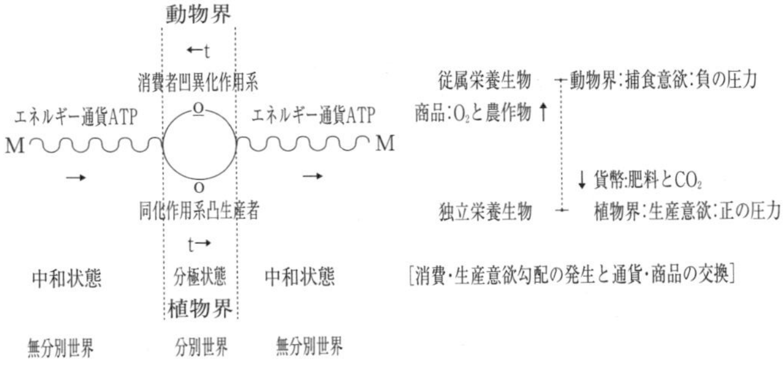

図21　植物界と動物界の分極による流通経済での勾配交換子

一方、ＲＮＡの多くは分極状態にある１本鎖の比較的短い有機塩基配列を持ち、さらに酸素が１つ多くて反応性が高く、化学的に不安定であるため、非常に動的で変異性に富みます。またそれ故にＲＮＡの三大機能を担った、伝令ＲＮＡ、運搬ＲＮＡ、蛋白質合成に関わるリボソームＲＮＡなどが細胞内に存在しています。そしてまたウイルスＲＮＡという存在こそは、奔放性と変異性を信条にして他の生物のＤＮＡ変異にまで関わっています。この「静」としての細胞核内ＤＮＡと、「動」としての細胞質内ＲＮＡの関係が、丁度、植物と動物の関係に類似しており、細胞という１つの生態系において相互の理想的な循環関係を維持しています。

４：陰・陽分極と統合の数式表現

陰陽道とド・ブロイ波

中国由来の陰陽道における象徴図形（図22右）は、「対立概念は互いに対極的、相補的な関係にある」という古代中国思想の表現であり、常に陰の内に陽をはらみ、陽の内に陰をはらむことを意味しています。前節の「静」としての植物と「動」としての動物の関係で言えば、中和基準を下げて植物と動物の内部関係で見ると、動物には「動」としての血液（エネルギー、資源、免疫、老廃物）循環・神経系（情報）循環があり、「静」として各機能臓器があり、植物にも「動」としての栄養・資源循環と「静」としての根・幹・葉の機能器官があることを示しています。

この象徴図は静的平衡構造を象徴しているのではなく、「動的非平衡関係の中で平均的に平衡状態を維持する系」を象徴化したものであり、その過程で自己組織化して進化発展していく生命のシンボルでもあります。

また対極する巴紋の内部にそれぞれに相反する小円を含んでいるのは、巴紋が「確立化」された世界を示し、小円がそれに対極する「ゆらぎ現象、新奇性」をもはらんでいるからです。それは生態系における種の間の両側面、すなわち「競争、闘争、捕食、破壊」と「統合性、共同性、棲み分け」の関係にも見られます。両者は共に対極を内包しています。陰陽道では「気」が上昇・下降により、分極すると考え、陽が上昇・清であり、陰が下降・濁と見ています。そして、その気を太極・一気とし、陰陽の中間（ちゅうげん）、すなわち両性具有体としています。

これは内在的中和状態です。対極的性質が結合により消滅しても、その気は両極を常にはらんでいます。つまり内在的可能性として両性をはらむということです。図22の左図は、光子γが励起により陽子と反陽子に分極した場合と陰陽道の気の分極を重ね合わしています。したがって、左図の分極状態を示す中心円は右図の太極シンボルが入っていると見なして下さい。電子・陽電子対の場合、陰・陽関係が逆になるので陽子・反陽子対にしています。

古代における陰陽道の起源はきわめて単純であり、日々の天候と

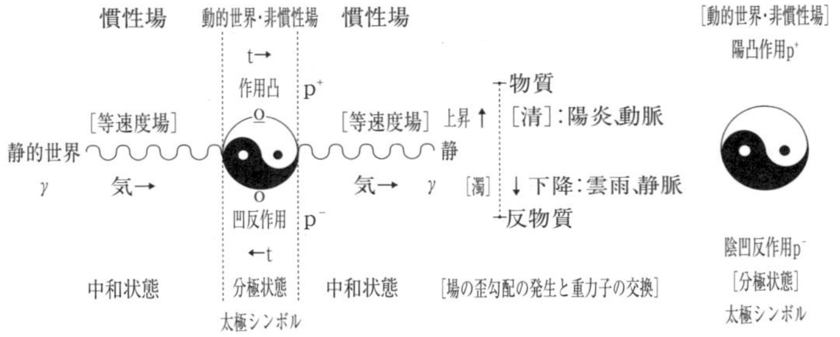

図22　中和・分極と太極シンボル

の関わりで、晴れを陽で上昇・陽炎、曇りを陰で下降・雨とし、そこに天候占いが始まり、やがて天体現象から日常の人々の事象にまで占いとして広まっていったようです。その過程で五行説など細かな原理化も進められました。ただし、この場合の陰陽分極は電子対のような同時分極ではなく、折に触れて陰になったり、陽になったりする不規則交互（振動型）分極です。つまり女心と秋の空タイプです。しかし、陰陽道のエッセンスが太極・気の分極であり、その初期の素朴な概念分類も非常に的を得たものであることは確かです。

この対極的な陰・陽概念の一例に、フランスの物理学者ルイ・ド・ブローイ（1892年～1987年）の公式表現があります。ドイツのアルバート・アインシュタイン（1879年～1955年）が提出した光の光量子論（1905年）により、それまで断然有力であった波動性としての光が、実は粒子性も備えていることが示されました。この光の、一見対立する波動性（陰）と粒子性（陽）を合わせ持つ二重性にヒントを得て、ドゥ・ブローイは電子などの物質粒子にも逆に波動性があるのではないかと考え、物質波理論（1924年）を発表しました。その中で素粒子の「粒子性」を、その粒子の静止質量mと速度vの積からなる運動量p＝mvに込め、「波動性」を波長λに込めて、その両者の積は宇宙の普遍定数h（プランク定数）になるとしたのです。

この関係式は、電子が物理的状況に依存して、すなわちテレビのブラウン管の中では粒子性を現わしたり、低速電子線結晶回折では波動性を現わしたりするという、まさに天候と同じように、折に触れて対極的性質の内の片方を現わすことを示しています。

λ（波長）	×	p（運動量）	=	h（プランク定数、角運動量）
波動性（陰）	×	粒子性（陽）	=	普遍定数
［対極的性質］				［統合］

そしてさらに重要なことは、陰陽道の太極シンボルが表現している、「対立するものは相補的である」という原理を数式の関係で表現していることです。オランダの物理学者ニールス・ボーア（1885年～1962年）が、この量子的振舞の特質である二重性に対して、初めて「相補性」という陰陽道からの概念を導入しました。当時ボーアが量子力学の物理的解釈に関して主導したコペンハーゲン解釈は、その後60年近く世界をリードしましたが、現在ではE．ネルソンに始まる、ややブラウン運動的な確率過程的解釈（1966年）が有力のようです。

日本では長澤正雄や保江邦夫などが、その方面で大いに貢献しています。やはり宇宙の時空には、そのような確率過程性を素粒子の運動に与える、新たなる物性を持ったエーテルが必要のようです。

しかし、陰陽道における相補性の概念は物理の世界においても生きており、実際、陽電子は決して単独では生まれてくることはなく、その背後に陰電子とのつながりを秘めています。陰の内にも陽を秘め、陽の内にも陰を秘めている関係式は、対立的２項をXとYとすると、X・Y＝c（ゼロでない定数）となります。この式は中学あたりで習う簡単な反比例式であり、グラフ表現すると図23のようになります。

ただし、領域はX≧０，Y≧０のみで示し、また、ドゥ・ブローイの式はきちっとした数量関係を示していますが、X・Y＝ｃは陰陽道の意味内容関係（太極、中和状態と陰陽、分極状態）を明確に把握するための表現であるため、数量的な関係を扱っているのではないことを付け加えておきます。

図23の説明をする前に、まずここで少し一般論に触れておきます。図のX・Y＝ｃという反比例曲線上の点に存在する実体は、宇宙内に存在する基本物質から高度な精神活動を持つ生命体までいろいろです。そしてさまざまな対極的性質をXとY軸に割り当てると、その両極性に固有の世界が明確に見えるようになります。その曲線上の位置は素粒子、原子、無機分子、石ころ、機械、コンピューター、有機分子、生命そして人間などによって異なります。

ただその実在に至るまでに要した時間と総エネルギーと複雑性を指標にして、順にY軸方向に上昇していきます。つまり、複雑性が高い程、Y軸方向の位置エネルギーが高いことになります。そしてその多くの実在のうちのどれを選んで考察の対象にするかで、その

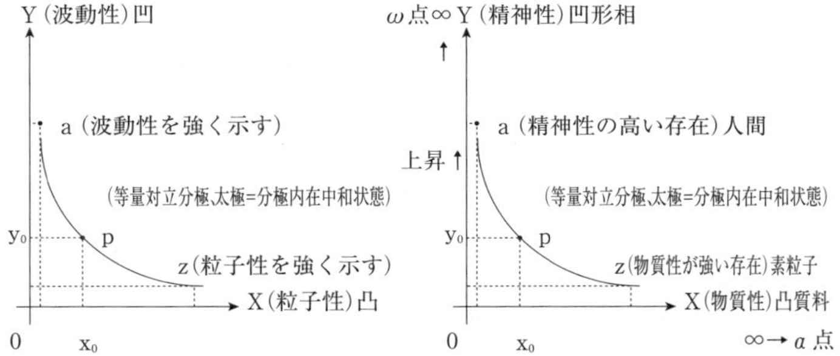

X・Y=c,　点p（$x_0=y_0$:等量分極または太極・中和状態），　Y=0のときX→∞，　X=0のときY→∞

図23　陰陽道における対極概念のグラフ表現

実在に対するＸ軸とＹ軸の対極的性質が決定します。

もちろん同一実体でも、中和基準がいろいろある場合があるので、それに応じて決定することになります。例えば、電子なら陰陽電荷、波動性と粒子性、思惟と延長などいろいろな中和基準があり、人間なら精神と肉体、またそのうちの脳だけを選んだら、自己監視系（記憶系）と意識活動系、さらにその意識活動系に注目した場合には喜び（陽）と悲しみ（陰）、その他多数あるようにです。

図23の左図の場合は、基本素粒子（光子、電子、その他）の持つ対極的性質に関するものです。光子が曲線上に存在する場合なら、点ａが光の干渉実験のときで、点ｚが光電効果実験のときです。電子の場合は、前にも触れたように点ａが結晶回折実験のときであり、点ｚがブラウン管内の運動に相当します。また曲線上の中間点である点ｐは、素粒子が何も実験を受けていない平常状態です。つまり、実験によって上下したりするわけです。

そして共に、現実的には波動性が完全にゼロになるとか、粒子性がゼロになることがないことを示しています。なぜならば両属性のうち、片方が無限大にならないと他方がゼロにならないからです。

哲学世界の二項対立

次に図23の右図ですが、これは哲学の世界で数千年にわたって常に問題となっている二項対立、すなわち精神と物質、主観と客観、そしてアリストテレスなら形相と質料の関係などが当てはまります。前にも述べたスピノザ流に言えば、基本的実体の二属性である思惟と延長の関係とも言えます。あるいは唯心論と唯物論の関係にもなっています。

そして、西洋哲学では、これらの二項対立概念に神の問題が絡んでくるのです。哲学と言うと、何か厳めしく堅苦しい感じを受ける読者もいるかも知れませんが、ざっくばらんに言えば、一神、多神は別にして、西洋哲学は基本的に神と宇宙と自己の存在についての考察の歴史であり、インドで始まった東洋哲学も初期は西洋と同じでしたが、途中でお釈迦様の仏（自己実存の探究）についての考察も加わり、大きく２つの流れになっています。その２つの本流の関わりで、主観と客観とか、認識論とか、救済と実存の問題、その他多くのことが派生してきています。

図23右図の点ａは、機能分化を多く含み、複雑性のきわめて高い精神性を持つ人間であり、点ｚは、きわめて単純な物質性の強い素粒子になります。しかし、その素粒子にも精神活動のもとになる何かがわずかにあることを示しています。それが差異の知らせである、質量や電荷などの記号と物理法則なのです。これなしでは前にも述べたように意味世界は開かれませんが、だからといってその記号が単独でも困ります。意味世界の文脈を構成するには多数の言語記号と文法が必要になるからです。

さまざまな単独の素粒子が法則に従って集団化する中で、さまざまな組み合わせによる意味階層の上昇が始まり、有機高分子からＤＮＡへの道をのぼって上昇するわけです。複雑性が徐々に増大するにつれて中和基準も多様化し、そこにそれに対応した意味・機能が付加されていきます。点ｚにおける非常に低い精神性とは、差異の知らせとしての記号と法則と言えます。これはまた、スピノザの延長としての物質とも密接につながっているものです。質量、電磁荷、スピンのどれも持たないまったく無差異の物質は、結局、精神性が完全にゼロ（Y=0）で物質性が無限大（X→∞）の存在（純粋質料）となりますが、これは創造されたこの宇宙の現実世界には存在しません。

もちろん観測も不可能です。読者の中には「時空そのものなのではないか」と思う人もいるかも知れませんが、時空そのものは電磁場と重力場の差異に満ちています。なぜなら真空には差異の記号である透磁率μ_0や誘電率ε_0、さらに重力場による時空場の歪みがあるからです。

古代ギリシャのアリストテレス（BC384年〜322年）は「実体」を次のように規定しました。

［生成場としての基体］
実体＝┌質料（ヒュレー）…「無規定的な潜在的可能態」…木材、大理石などの資材
　　　└形相（エイドス）…「目的、意味、価値、機能　…椅子、彫刻作品などを
　　　　秘めている現実態」　［特徴・性質・属性］

そして、何らかの形式（この起動因は電位、温度、圧力、濃度、歪み、価値などの勾配であり、その背後に物理法則がある）で質料が形相に向かうとすると、「質料→形相→質料→形相→…」なる上昇的循環が繰り返されるとしました。これはある意味で「中和→分極→中和→…」という循環でもあります。

なぜなら、彫刻する前の質料である大理石は無差異の世界であり、一様等方性が高い中和状態にあるからです。それは一枚の白紙にも喩えられます。そして彫刻作品（凸）は特化した分極状態であり、意味世界を担っているからです。彫刻作業の過程でたくさん出た石の破片を厳密に組み合わせれば、それは丁度、彫刻作品の凹型になるはずです。

つまり、新たなる機能、意味が付与されるときは、その１ステップ前が何らかの中和状態としてスタートするのです。しかし、この循環は系統樹と同じように「質料（大理石）→形相（彫刻作品）」の１回で終わるものもあれば、３、４回の上昇循環で終わるものなど

いろいろです。また細菌類のように「質料→形相」の循環を繰り返しても、ある形相から何十億年の間、ほとんど上昇しないものもあります。それは細菌として完成された形相を中和状態の質料として長期に維持している状態です。そして図23の曲線上にあるいかなる階層においても、質料は形相を付随します。それは曲線上の任意の点が（X:質料，y:形相）座標で表わされるからです。またそれが、この宇宙内の全存在の本質となっているのです。

人間の場合は、クォーク→素粒子→原子→分子→有機分子→ＤＮＡなる上昇から高いレベルの形相として人間精神にまでいたりました。そしてこのアリストテレスの規定においても、素粒子のはるか下方にある、形相性をまったく秘めていない根元的「第一質料」は何なのかという問いと、逆に人間精神よりはるか上方にある、質料性をまったく秘めていない形相は何かという２つの根本的な問題が浮上してきます。

前者の、形相がまったくない第一質料こそ図23の右図における、精神性（形相）が完全にゼロ（Y=0）で物質性が無限大の存在となり、後者の、質料がまったくない形相、すなわち「純粋形相」こそ物質性（質料）が完全にゼロ（X=0）で精神性が無限大の存在となります。

α ┌ 精神性：［形相］＝０
α └ 物質性：［質料］→∞
のとき［精神性がまったくなく物質性が無限の存在］　第一質料／絶対基体／純粋質料

ω ┌ 物質性：［質料］＝０
ω └ 精神性：［形相］→∞
のとき［物質性がまったくなく精神性が無限の存在］　純粋形相／純粋精神／絶対精神

形相の始まりは差異・分極の始まりでもあるので、その形相（精神性）をまったく秘めていない無限質料存在であるα点は完全中和状態にあります。これをアリストテレスは第一質料、純粋質料としました。しかし、これは「無」ではなく無限なる有であり、インドのバラモン哲学にある基体場（ダルミン）に非常に類似しています。ヴェーダーンタ学者のシャンカラ（700〜750頃）の教えでも、この宇宙内の一般の「存在」に対して、

［無分別世界］

「存在」─┬─基体（実体）…これ自体には生ずるという運動はない……有法（ダルミン）
　　　　　└─属性（性質）…付随概念、運動性あり………………………法（ダルマ）

［分別世界］

という規定があり、α点は存在から属性を完全に除去した状態です。

次に図23のω点（Y→∞）は、もはやいかなる質料（物質性）とも結びつかない形相（精神性）であり、これをアリストテレスは神（純粋精神）と見なしたわけですが、結局これは、師であるプラトンの「イデア（純粋に非物質的存在、善、真、絶対一者）」にたどり着いたことを意味します。元々、プラトン（BC427〜347）のイデア論には否定的であったのにです。

インド六派哲学のサーンキャ派（開祖、カピラ、BC350年〜347年）哲学はプラトンより遅れて生まれていますが、その基本的な骨組みは次のようになります。私達の宇宙の誕生にも関係する背後の根元的なものを二元論的に、

自性：根本原質（プラクリティー）：女性原理凹　α点：ダルミン
神我：純粋精神（プルシャ）　　　：男性原理凸　ω点：ダルマ

と規定し、それらは互いに静寂の中で独立に存在しているが、そのさらに上位に最高梵（ブラフマン）を設定して、この最高梵の関わりで両極が結合（中和化）して、宇宙が誕生し、その後また分離

（分極）するとしています。シャンカラが、この二元論を知っていたかどうかは分かりません。

しかし、プラトンに始まる、物質性と精神性の両極性問題は、神と宇宙と存在を考察するときに必ず直面する究極的問題であり、三千年に近い古代から、世界中のさまざまな哲学者によって議論されてきました。太枠としては、両極のどちらか一方を一元論的根源として、他方がその従属変数的存在であるとする唯物論と唯心論があり、さらに両極が互いに独立な関係にあるとする二元論と、さらにその上に最高梵のような一元論を付加するものなど、四巴になっている状況です。哲学者や宗教家によってそれらの相互関係は細かい点でいろいろ異なりますが、だいたいこの４つのタイプのどれかに入ります。

陰陽道とコンピューター

陰陽道の最初の開祖は定かではありませんが、紀元前３世紀頃には『呂子春秋』で陰陽五行説まで述べられているので、二元論としてはプラトンよりもっと早いかもしれません。しかし、純粋精神という哲学的な深さと体系性からみると、インド哲学やプラトンには及びません。しかし、この宇宙内のすべての存在が２つの対極的な性質を持ち、それらは互いに相補的であるという思想は厳として生きています。そして、実際に精神は物質に影響を与え、物質は精神に影響を与えるのです。物理学の世界では、数学的積の形で表現される式は、その両者が相互に作用を及ぼし合っていることを示していますが、それがＸ・Ｙ＝ｃという表現式であり、相補性の表現にもなっています。

中国人が墨ひと色の世界に無数の色を発見し、陰（墨跡）と陽（余白）の見事な相互作用により生まれる、精神世界を表現した書や墨画の中にも教えられることが多くあります。「黒」は、その内に無数の色（存在、人生、心の綾）を摂受して秘めながらも、その色を知り尽くした内包（中和化）の極まりである完全知として、一色のみの黒（精神性のω点、神）を呈し、己身の魂を熱く震わし、他方、「白」はすべての色を離脱、分岐、出生（分極化）させて、その極まりの果てである完全非知として、一色のみの白（物質性のα点、絶対基体）を呈し、己身の胎は冷めているものの、透明な喜びに満ちています。

墨跡は必要最小限のぎりぎりの精神の言葉、響きの軌跡であり、余白は瞑想、観想としての深い沈黙となります。墨画や書の墨跡（響き）と余白（沈黙）は視覚系を介した空間的相互作用であり、その相互作用関係を時間的に展開したものが音楽世界となります。この世界でも、まったくの沈黙は白地であり、そこに響きとしての黒の軌跡が入りはじめ、あらゆる響きを内包している状態が黒一色となります。そして、心地よい響きは余白と響きとしての無数の色相を持つ黒との調和比に秘められ、両者の時間的接続系列の中で上昇的精神性が表出されます。

あの偉大なる作曲家のバッハが神に捧げたあまたの作品も、実は逆に純粋精神（神）から贈られた賜物とも言えるのです。神への無為自然の能動的行為は、同時に神からの受動的恩寵をもたらすのです。言葉、響き、墨跡、行動は生であり、精神的上昇化の道を歩む過程です。そして不立文字、沈黙、余白、瞑想は涅槃であり、純粋基胎への帰還の道を歩む過程です。

余白と墨跡、沈黙と響き、白と黒をデジタルコード化したものが、［０，１］信号系のコンピューターであり、ＣＤなどの記録媒体です。そのとき、０の無限集合がＸ軸で、１の無限集合がＹ軸であり、その両極の中から任意個数取り出した０と１の可能な組合せが図23

の反比例曲線上に無限個存在します。その線上の一点、一点に意味や画像、音響が対応します。

これもコード変換を除けば墨画の世界と何ら変わりがありません。アナログとデジタルの違いだけです。面白いことに、このコンピューターのデジタル世界である［０：無、１：有］信号系に、０と１の間の「にじみ」を入れようとすることが世界中で研究されています。この未来型コンピューターは量子コンピューターと呼ばれていますが、その「にじみ」は量子干渉という効果によるものです。マクロ世界の墨画の「にじみ」が超ミクロの世界にまで、にじみ出してくるのですから不思議です。

ちなみに普通のコンピューターが一定時間にｎ回演算するのに対して、量子コンピューターはおよそ２の2^{n}乗回になるそうですから、まったく夢のような高速性です。

書や墨画や宗教音楽の幽玄は明るい暗さであり、暗さの中に明るさがあります。この明るさは黒への上昇過程であり、創造的進化、新生復活を内包しており、壮大な宇宙の法理に秘められた精神化の予兆です。黒は白をはらみ、白は黒をはらみ、相互に相補的であり、余白としての白は沈黙から涅槃を経て、万物生成の根元としての、道家思想のα点である「玄」に帰着します。

この純粋基体は「道（Ｔａｏ）」とも言われ、仏教でいう「空」や、肯定と否定が同時的である、ドイツの実存主義哲学者ハイデッカー（1889年～1976年）の「放下」や龍樹（150～250頃）の「中」にもつながるものがあります。道家思想も元を正せば、老荘、神仙の思想に儒教や仏教を同化させて発展してきたものですから、そのようなつながりがあることは驚くことではないのですが。

中世に入る前の素朴なキリスト教が、最大の教父といわれるアウグスティヌス（354～430）によるギリシャ哲学の導入により、神学を確立していったのと同じです。

「道」も概念的思考のない深奥無尽の無限者であり、あらゆる差異世界が出胎《しゅったい》する源です。その無限者は老子（BC5世紀後半の頃の思想家）の、「有」に対立する無限定な「もの」としての「無」よりは、むしろ荘子（BC4世紀後半頃の思想家）の「無極」、「無限」、つまりα点としての「無」に近いものです。そして道枢の境地とは、対立する性質を滅却させる、まさに中和化成就の瞬間となります。如何なる分別、精神性、差異世界、意味世界（凸）をも滅却することに目覚めて、充当に至る（凹型に中和化する）無思惟こそ真の体験的瞑想となり、老子の無為、妙一、玄への直観としての帰還となります。

ここで再び第１章の図１に立ち返り、読者が人里や町という分別世界にいると想定して下さい。そのとき、はるか遠くに見える美しい山の頂上を目指したいと思えば、それは精神性の上昇過程を経る道となります。それは実際、見かけとは大違いで、そこまで至る間にはいろいろな地形的、気象的困難が待ち構えています。

そして少し判断を間違えると、滑落や転落の危険もあります。そのためにさまざまな知的装備を詰めたリュックサックを背負い、登山ルートを登ります。そして登るにつれて周囲の景観はどんどん開けて、いままで見えなかった精神世界が見えはじめます。そして多くの分岐していた山脚が頂近くに寄せ集まり（分岐からの中和化が進む）、やっと受肉の力でたどり着いたその頂上は、人間に可能な最もω点に近い精神的位置となります。この頂上にたどり着いたときの達成感は何物にも変えられないものです。

しかし、真のω点は頂上のはるか上空にあります。その頂上からさらに上昇していくには、精神的に飛翔するしかないことになります。恐らく、このときの精神的飛翔を支える力が真の信仰となるのです。なぜなら、知的装備が有効なのは、あくまで頂上の一点までであり、その一点からはるか上空へ上昇するにつれて分別、差異、意味世界は小さくぼやけて消失していき、やがては漆黒の虚空の中の一点の輝きと化すからです。

一方、分別世界の町からはるか下方にある海を目指したいと思えば、それは純粋基胎への降下、帰還過程への道となります。その道は近くの川沿の道からがいいでしょう。河から川へと下るにつれて、少しずつ精神性の身を軽くし、浜辺に近づいたら、いよいよいかなる分別、思惟や差異、知の世界などの衣を脱ぎ捨てて、生まれたままの無垢の精神的姿に戻らなければなりません。そして静かに寄せるさざ波に足を濡らして、少し慣れてから広大な海に入水していきます。

これは洗礼であり、沐浴でもあります。しかし、少しでも恐れや思念、目的などがあると、海と自己は解離したままで、ただ寒く、下手をすると沈むこともあります。そして何とか精神的静寂状態にまでたどり着いたとき、静かで穏やかな海面の揺れに抱かれて、至福感に浮遊します。周囲はまったくのがらんとした虚空であり、差異の世界は見当たりません。不思議なことに、それ故にいろいろなことが見えてくるようになります。しかし、真の α 点はまだまだ遠く、肉体と精神の分極状態が消滅した瞬間に海全体に溶け込み、その後に広大な海面とともに揮発する過程があります。恐らくそれは、真に正しい瞑想状態に入る瞬間と関係があるのでしょう。

瞑想という行は、対極的な自己の真我と、ある絶対存在が冥合・中和化するまでの作務行為であり、冥合時に、神秘的な感情（法悦、至高感など）が光のように開放されます。そして陰陽道の太極シンボルのごとく、上昇は下降を秘め、下降は上昇を秘め、その橋渡しをするのが青く透きとおった「大いなる空」であることに気づくのです。そしてその果てに玄穹が極まりなく広がっているのです。

人は、必ず最初に肉体の誕生日を迎えますが、次に迎えるのが真の精神の誕生日であり、それは山の頂上の一点（ω）のときもあれば、広大な海面上の一点（α）の場合もあります。そして、その両点α（海）とω（頂上）は高次の精神世界で統合されているのです。顕現世界として私達に見える世界は図23のグラフの範囲までであり、その両軸の無限の果てでどうなっているのかは、思義を超越したものとなっています。

5：心理時空間の陰陽対極構造

動物の本能と人間社会

人間の心の多様性は、不思議な機能である意識というものがあるので、誰でも感じ取れるのですが、プラトンの言うように、「心」にも普遍的で完全な存在であるイデア的世界があるのでしょうか。その普遍的な心のイデア（純粋形相）なるものは、無限の可能性を秘めている多様な心をすべて内包して、かつ現実世界ではたどり着けない最高位に位置する中和状態にあるものですが、それは唯名論者が言うように、単に類概念としての総称名詞に過ぎないのでしょうか。

今から40億年近く前に発生した、始源生命の未分化で未熟な、あるような、ないような心は、長い時とエネルギー吸収による上昇過程を支えにして、環境との相互作用により多様化した生命に付随して、多様に上昇分岐しました。そして実際、人間の新生児の心模様も純白に近い未分化で未熟な状態から出発し、さまざまな環境との相互作用を経て分極していきます。今現在の、この地球上、あるいは宇宙内に存在するすべての知的生命に付随しているさまざまな階層の心の現れは、宇宙の歴史時間軸上に系列的に並んでいるものが、宇宙の空間座標上にばらまかれたものです。もちろん系統樹のように途中で消滅した心もあります。そしてそれらの心はすべて前節の図23右図の反比例曲線上にあります。

しかし、その多様な心は一点に近く、かつあまり機能分化していない中和状態に近い、宇宙の始源細胞生命にすべて潜在的に内在していたのではありません。その細胞生命はあくまでも曲線上の右寄り下方に位置します。意味世界としての心の起源をたどるとき、基本的実体に付随する分極的差異としての記号と法則が必要であり、さらにその実体が多数存在することが前提です。例えば電子・陽電子対の２個だけでも、確かに心の大前提である相対的な“見る”と“見られる”関係は電磁場を介して存在しますが、心の多様化と階層的上昇には必ず差異の多様化を担う基本的実体の最小限の多様化と、同種基本実体の多数存在が必要になります。つまり心の起源を考察すると、対極的分極と集団としての社会性が大前提になるということです。

読者の体を構成している無数の細胞のうちの１つを取り出して、シャーレでうまく培養すると、特化した機能性は消失して異なる振舞をするように、元々、心は内的外的にも集団的、社会的産物なのです。特に人間の生まれたての赤ちゃんの周囲に、分極者としての他者が存在しなければ、たとえ栄養が機械的に与えられ続けても、自己意識としての自我は形成されません。それは潜在的可能性があるにも関わらずです。

神経細胞生理学からみると、まるで何か意識のようなものがあるのではないかと思わせるような振る舞いをする、意識素子としての１個のニューロン細胞は、脳の中で１千億近くも集団化して見事な連携のもとに機能分化し、統一された脳というニューロン社会組織を構成しています。その脳の代表取締役社長である意識は、またフラクタル的に人間社会を構成しています。その人間社会の精神的レベルというものは多くの問題を秘めていますが、ニューロン社会の責任などではありません。意味世界の階層が違うからです。

もちろん、はるか昔のアフリカの森が豊かで、かつ環境的に何の問題もなければ、数百万年以上前の人類の祖先も森から平原に出る必要もなく、社会性が希薄な単独行動性の強いオランウータンや、小さな群れをなすチンパンジーやゴリラ程度のミニ社会ですみ、今の人類社会よりはずっと、自由気ままな生活を森の中で送っていたはずです。あるいは逆に、人類の祖先がチンパンジーから分岐した励起力としての環境変動とか遺伝子的変異がなければ、今の人類も出現していなかったかも知れません。

しかし、期間の差はあるものの類人猿でも家族的つながりはあるのであり、仲間内の遊びもあります。また棲み分けによる縄張りもあれば、天敵もいます。繁殖期における同種競合も大きいでしょう。何百万年以上もの間のそのような営みの繰り返しの中で、心理空間は多様化の道をたどったと想像できます。そして実際、ここ30年以上の霊長類の生態研究からも、もう既に類人猿の心理空間の基本的な構成は、人間に近いことが確認されています。

人間としての私達の心模様の多様性は、自然や社会環境と密接に関係しているのですが、長い年月の間に少しずつ自然との関わりから社会という環境のほうに比重がシフトしていき、人類史的時間からみると、初期文明を築くようになってからは、あっという間に現代にまで進展してしまいます。人間の場合は特に、脳の発達、機能分化過程における外的環境が重要になります。それは他の本能系の強い動物と違って、人間の脳の本能系は限られており、その他の多くのプログラムは未完成のままで誕生して外部環境世界に放り出されるからです。

このことから、人間は本能が壊れた動物であるとも言われています。しかし壊れたというより、付加ソフト依存が異常なくらいに強くなっていると表現したほうが適切です。

動物の本能とは、ある現実に直面しているときの行動が基本的に生得的生存行動に由来していて、迷わず悩まず、その場その時で自然に行動決着をつけることが可能な能力と言えます。生得的とは、前もって遺伝子に組み込まれているということであり、その極端な例が仕組まれたプログラム通りに完璧に動く機械になるので、本能系の強い動物の位置は、若干の自由性はあるものの、やや機械寄りであると見てもいいでしょう。野生の動物は、生まれた時からすぐに敵からの攻撃にさらされるので、短期間に自立することが要求されているため、そのようなシステムを備えていると言われています。

しかし、この本能という定義も大筋での話であり、野性の動物でも、生まれてすぐに人間に飼われて、人間の場合の成人に達してしまえば、ほとんど野性の暮らしはできないのですから、生後の何年かの環境も非常に重要です。つまり大枠の脳の機能分化が人間と同じようであれば、そのような要素も秘めていると言えるのです。

誕生後、いきあたりばったり的に、その場その場でプログラムを組みながら行動様式を決めていく人間は、確かに動物よりは硬直的な遺伝子支配からかなり自由なのですが、その分だけ大変なわけで、生後から少なくとも15年以上かけて学習と経験を積み、自立するようになります。

この関係を例のファイマン図で示すと、図24のようになります。分極状態を示す円の左側波線は本能系の動物世界を示しています。それは鋳型としての自然環境（凹）と製品としての遺伝子ＤＮＡの（凸）とが、完全結合状態ではなく、きわめて近接関係にある準中和状態にあり、両者が交互に影響を受けながら相互作用が微小に振動しています。そしてａ点で人類の祖先が分岐せざるを得ない大きな何らかの変動があり、自然環境から徐々に社会環境にシフトしていき、その分極と同時に内的遺伝子であるＤＮＡから、外的遺伝子である文化に依存する比重が増大してきます。

社会は、人間集団が相互作用を通じて統合されている実体的存在であり、文化は、自然科学的知や社会の法律、慣習、生活様式、階層構造、文学芸術、スポーツ、宗教などで、書物その他の記録媒体に刻み込まれた、これまたＤＮＡと同じような実体的存在です。そして［文化と社会］という分極は、ある意味で［精神性と物質性］の分極に対応しており、この付随性分極がフラクタル的に発展した形式と言えます。

次に、この文化と社会という分極によって生じる勾配では、両極ともに人間が関わっているので、あらゆる形式の文化情報（書物、ＣＤ、映画、芸術、職能、その他）入手のために通貨エネルギーが交換されます。

この分極状態が非慣性場で不安定であるとしているのは、環境現実に則した生得の行動様式を取る、準中和状態にある本能系の動物のほうが、進化史的時間スケールでみると安定していると見なしているからです。そして実際、人間の高度文化社会においては、この２、３百年くらいの活動で地球規模の環境変動をきたしそうになっているからです。もちろん社会化現象がすべてそうなるのではなく、本能に則した（つまりＤＮＡに組み込まれた）社会性昆虫や哺乳類社会では、そのようなことは起きません。

しかし、スタンリー・キューブリック監督の傑作ＳＦ映画『2001年宇宙の旅』の中で、類人猿が動物の屍の骨を武器として道具使用することに気付き、敵との戦いの後で勝ち誇って、その骨を空高く

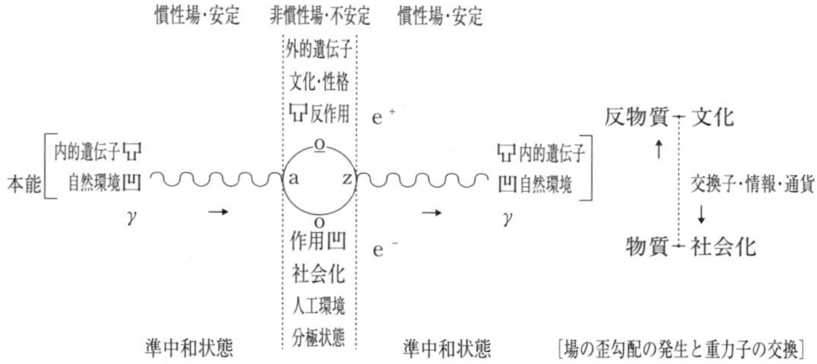

図24　本能の、社会（人工環境）と文化（外的遺伝子）への分極

投げ上げ、落下する瞬間にジェミニ型宇宙船に代わるシーンが象徴しているように、今の人間以外の霊長類社会にもそのような可能性を十分に秘めていることは否めません。

さて、図24のｚ点は精神的に上昇しない人類社会が滅びて、そのごく少数の生存者が自然環境に帰還するか、あるいは逆に目覚めて正しい知を駆使し、自然との調和循環社会に変容させ、現実自然環境に密着した生命的社会機構を構築するかの転位点を示しています。いずれにしろ恐らく、これから迎えようとしているＤＮＡ操作と地球環境問題に関する人類の試練は、この宇宙内でいわゆる主観・客観問題を論ずるような知的生命体なら、いかなる存在でも必ず通らなければならない門です。その中には、とうの昔にクリアして新たなるステージで、人類には考えが及びもしない精神世界と経済システムや有機生命的社会機構を築いているかも知れません。

そして忙しく小賢しいチンパンジーの親戚にあたる人類が、直面している問題に頭を悩ましているのを見て、細胞レベルで我々人類より進化している植物は笑っているかも知れません。まったく正直なところ、私達人類も植物とのＤＮＡ融合により、光合成超人類なるものになりたいものです。仕事に疲れたら、３、４年、光合成で暮らし、またそれに飽きたら仕事に復帰するのもいいじゃないですか。今流行りのハイブリッドカーならぬハイブリッド人間というやつです。そして老後は光合成ライフでのんびりと。

構造と作動原理と意味情報

いやはや少し空想し過ぎのところで、舵を切り直しましょう。図24の分極状態にある社会と文化の円のところで、文化・性格としていますが、これは社会環境の多様な心模様が文化であることを示しています。そして同様に社会を構成している人間の心理空間も社会の性格を反映しています。元々、社会というものはきわめて現実的な自然環境からの離脱により実体化してきた人工環境ですから、そこから発生する心理的な文化というものも当然、自然世界から照らすと虚構になります。

つまりこれは、階層構造に内在する物理的な意味もあれば心理的な意味もあるという、意味世界に特有の宿命です。人間の文化の中で自然世界の鋳型を忠実に型取ろうとしているのは、生物科学も含めた自然科学に関係している分野のみです。ではアナロジーとして、人間諸文化の心模様に対して、地球生態系を含めた自然環境の多様な心模様は何かというと、それは地球上表面の全体的地形、景観の多様性とＤＮＡの多様性、すなわち、この地球上の生命の多彩さと言えます。その意味でまた、自然という現実環境の鋳型（凹）と、それに合わせて形成されたＤＮＡ鋳型（凸）とが本能という形で接近（準中和状態）していることを示しています（図24）。これらの意味階層関係を、前に折に触れて述べたものも含めてまとめると表５のようになります。

表５の相似三角形の関係は次のことを意味しています。まず最初

の倍率1のコピー原本が完全に物理法則に忠実な世界を示し、少しずつ階層を上昇して（倍率を上げて）いくにつれて、さまざまな他集団の関与による確率的要素が増してきて、現象が線型的に進まなくなる（コピー画像が少しずつぼやけてくる）のですが、それでも大枠で物理法則の基本である、作用・反作用、保存則、エネルギーの最小化、陰・陽分極と中和（これらを三角形という形で表現、コピーで言えば全体的な画像）などが何らかの形式で守られていることを示しています。

したがって表5の意味情報の項目を見ると、全体的に各階層がそれなりに相似関係にあることが分かると思います。意味情報はハードウエアである基本実体の関係性に付随した表現型であり、パソコンならディスプレー（液晶画面）に表示されている模様全体になります。そして基本実体の作動関係を決めるのがソフトウエアとしての作動原理になります。差異の知らせとしての意味情報模様と、それを付随する実体と、それらの集団化における各因子の作動原理という3点セットを原型として世界内現象が展開されています。

心理空間の粒子サイトロン

いろいろな階層の表現形態を心模様と表現しているのは、あくま

表5　差異記号を付随する実体の集団化と意味階層上昇

意味階層	素粒子界	遺伝子界	脳の世界	人間界
意味情報	基本差異記号模様(電磁荷・質量・スピン)	DNA模様	心理空間模様	文化模様
集合体(ハード)	基本素粒子セット	自然環境・生態系	ニューロン社会	人間社会環境
作動原理(ソフト)	物理法則	物理化学法則	未知の基本OSシステム	法律・規範・慣習
相似階層(倍率n)	コピー原本　1	n_1	n_2	n_3
	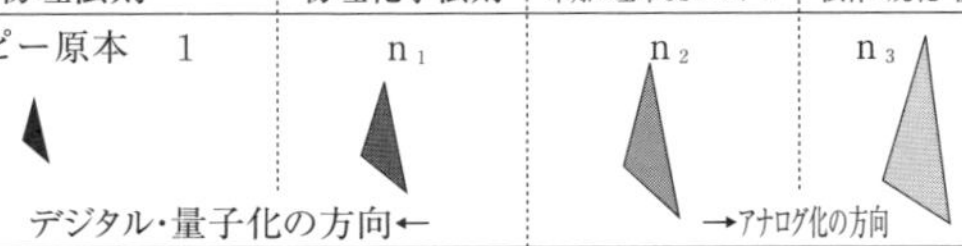 デジタル・量子化の方向←		→アナログ化の方向	

でもイメージとしての表現ですが、真の心模様は自己意識があり、かつ自己監視している意識の世界です。そして心模様というものは、一時的なイメージとして心に浮かぶ、二次元平面的で静的な絵模様のようなものだけではなく、常に時間に則して流動的です。何かに夢中になっているときは、心にほとんど起伏はなく、澄んだ真っすぐな時間が流れていきます。生理的信号が送られてくれば、ただちに今までの行為を停止して生理的目的行動に移ります。また大きな外的環境因や、急に思い出したような精神的内因があれば、心の起伏は大きく揺れます。

デスクに向かって何か仕事をしながら無意識に手や足を動かしたり、あるいは“ながら族”の人で、仕事中にテレビからのコーヒーのコマーシャルを耳にして、急にコーヒーが飲みたくなったり、また仕事の手を止めて音楽だけにジィーッと聴き入ったりと、例を上げれば切りがない程、時間に則してさまざまな心の動きがあります。しかし、このようにちょこちょこ細かく動いている心も、平均的にはある目的設定に従った志向的行動を取っています。

もう１つの大きな心の特徴として、機械や数学の関数の場合なら、一定の入力値に対して必ず線型的に同じ出力（製品または回答）を出すのですが、心の場合は、一定の外的内的入力情報に対する出力としての応答は、人によって異なるのはもちろんのこと、同一人物でも、時と場合によって異なります。その理由は簡単で、機械内部や関数そのものは時間とともに変動したりしないのに、人間の心理空間は睡眠時以外は常に外因的、または内因的刺激情報に揺れ動き、かつそれらの入力情報すべてが、心と相互作用した後でサラッと外へ通り過ぎてくれればいいのですが、そのうちのいくつかは心に固着（強く記憶される）するからです。

心の特性である、俗にいうこの“心のひっかかり”というのは、帯電と除電関係がサラリとしている静電気的帯電現象と違って、帯磁的性格があり、中々ねちっこくて記憶から離れません。つまり心理空間は残留した時間的経験履歴因子にも大きく影響を受け、その帯磁的性格により場が歪みます。

したがって、良きにつけ悪しきにつけ、前はいつも同じような反応をしていた人が急に違う反応をしたりするようになります。これは心の広がりには時間的な広がりも含まれていることを示しています。それは脳が、現象情報の重要度に応じて現実現象の時間展開をニューロンのネットワークという空間展開にしまっていることを示しています。

以上のような心の描像をとらえやすくするために、アナロジーとして心理時空間というものを考えます。まず空間座標には、知的分野情報、感覚器官系・内蔵系情報、記憶系、感情的心情的分野、運動系、性格性分野、その他の、いわゆる脳そのものの空間ネットワークによる機能分化から出てくる、無数の心のありようを抽象的に座標化したものです。無意識下の多くの縮退した心理状態も含まれています。そのうちの自己監視系とつながった記憶系が時間座標系の広がりを担っています。

そして、その時空間の中にたった１つの素粒子があるとし、それが心のありようそのものです。つまりその粒子が心理時空間座標のどこにいるかで、その人の心のありようが決まります。そこで以後その心理時空間内にいる粒子をサイトロン（Psytron）と呼ぶことにします。

その空間場は当然生まれたときは、ほぼ純白で一様等方なのですが、初期対人環境や自然環境との関わりで、徐々に歪みが生じ分極しはじめます。分かりやすく二次元でイメージした場合、大きく山型（凸）に歪んだ場合は拒否的座標となり、サイトロンはそこを避けて進みます。しかし、その山の頂上までの位置エネルギーに相当する意志力があれば、その山の心理的位置座標にまで達します。また逆に、場がスリ鉢型（凹）に歪んだ場合、サイトロンはその心理的位置座標に自然に引き込まれて常にそこに滞留するようになります。

もちろんこの場合もエネルギーさえあれば、外部環境刺激や内的意志の力で鉢底から平坦な場所に出ることは常に可能です。また山が陽で善とか、谷が陰で悪とは言い切れなく、相対的です。ただし、本能系とつながっている代謝系の欲求や報償系の快感欲求などは、サイトロンが自然に落下していくスリ鉢のへこみに対応しているとは言えます。

この抽象的心理空間は、もちろん無限空間ではなく、有限で閉じたゴムボールの二次元表面みたいなものです。その表面にデコボコ（凸凹）ができるのは、丁度、地球の表面に外因性隕石（外部情報刺激）が衝突したり、内因性の地殻変動（肉体的または無意識界的情報刺激）によりできるものとして喩えることができます。この表面にはある程度の弾性があり復元力がありますが、インパクトが強すぎると弾性破壊により可塑的な歪みを表面に残してしまいます。その歪みは心のブラックホールのような作用を持つので、その後、事あるごとに、その心理時空のサイトロンはこの重力場に引き込まれそうになります。

そして、地球誌的時間で変動している、その凸凹の変動を高速化すると、私たちにも表面が見事にゆっくり揺らいでいることが分かるでしょう。その表面上をサイトロンが運動していると見なします。この閉じた二次元球面の凸凹模様は、本能系の座標に関しては人類に大体共通であり、性格形成の座標に関しては個人差はあるものの、少なくとも成人するまでには完成し、模様が固定化します。

しかし、何らかの形の熱エネルギー的なものをその座標に与えると、可塑性を取り戻します。例えば、人生にとって分岐点となる友人や本や精神的指導者に巡り会った場合などです。全体的な大枠の模様が決まってからは、後は日々の生活の中で、表面が小刻みに揺らいでいるだけで、大きな事象（心理的事件、主体的な目的設定による仮想的な山、アルコールや薬物による慢性的なへこみが生ずること）がない限り凸凹模様は変わりません。

この心理的位置座標の凸凹関係は、同じ座標でも人によって逆転していたり、歪みの程度も千差万別です。つまり平面板金の表から見た膨らみは、裏から見た人にはへこみになるという相対的なものです。陰・陽は表裏一体で常に相対的です。誰かが儲かれば誰かが損をします。同じ食べ物でも人によって好き嫌いが分かれるようにです。野球や将棋などの勝負事も試合開始時点は原点対称的で中和状態にあり、時間の経過とともに微妙に陰陽に振れながら最終的に勝負ありで分極が決定します。

こうしてみると、勝負事は陰と陽、０と１という両極の中間にある、「にじみ」や干渉を味わう世界であり、それにまた非常に興奮するわけです。そしてその後の最終的分極状態で悲喜交々があるわけです。そういう意味で見ると、イメージ的に人間の心理的側面は非常に量子力学的世界に近いことが分かります。

ちなみに０と１の中間の状態さえも集合論を使って数値化し、その中間の曖昧さをデジタル表現する理論（ファジィ制御）をL.ザーデンが確立（1965年）し、手書き文字や音声のコンピューター認識に応用されています。

先程にも触れたように、常に何らかの形で、心のありようを心理時空間の座標位置で示すサイトロンは、内的外的因子による心理場の揺らぎにより、ギザギザ運動をしています。このサイトロンの運動は、水の分子運動による水面上の花粉のブラウン運動に類似しています。しかも、心にはある一定の未来への目的設定や周期的予定などでの運動の志向性があります。これもネルソンの確率（量子）力学における確率過程見本経路に類似しています。元来、実数空間でのブラウン運動形式が、複素数空間での経路積分形式に接近することを考えると、やはりサイトロンのブラウン運動的な見方の一部は、量子力学の本質とつながっているかも知れません。

抽象的な心理時空間での心の動きであるサイトロンの運動が、ただ単にアナロジーとして確率過程的量子力学に類似しているのか、それとも脳のニューロン細胞におけるシナプス間隙に関して実際に量子力学的効果がはたらいていることによるのかは不明です。意識の世界を考察していくには、中和と分極の関係のみからではとても不十分であり、いろいろな心の特性には確率過程抜きでは考えられません。

そして実際、ニューロン細胞には、外部刺激がなくても自発的に発火する、基本発火率という一定の確率があるのであり、たとえそれがなくても、外部情報は確率的な問題です。前にも触れたペンローズをはじめとして、結構、物理学者が意識論に挑戦するケースが増えてきているのも理解できます。本書ではもちろん数学的にどうこうするわけではなく、あくまでもイメージ的な話で進めています。

心理空間のトンネル効果と相転位

量子力学の典型的な効果にトンネル効果というのがあります。これは簡単に説明すると、スリ鉢の底にあるサイトロンが、古典力学的に見ると絶対にスリ鉢から出られない運動エネルギー（意志の力）しか持っていないのに、量子効果によりスリ鉢の外に出られてしまうという現象です。それは波動関数としての粒子の存在確率波がスリ鉢型のポテンシャルの壁を通り抜けて外へにじみ出ていくためなのです。そしてその効果の物理的因果関係は長い間、不問に付していたのです。

しかし、これもネルソン流に考えれば、ある意味で古典力学の範疇に近いものであり、背後のエーテルによるある種のブラウン運動に起因していると理解できます。これをスリ鉢に当てはめれば、スリ鉢の底自体も揺らいでいるということを意味します。この背後のエーテルの揺らぎを心理時空間の場そのものと考えれば、明らかに原因が分かる代謝感覚器官系の情報は別にして、無意識下の心理世界が、場の揺らぎとしてサイトロンの運動に影響を与えて、ふと突然意識界に表出してくるということがあり得ることになり、実際にそのような経験は誰にでもあるのです。一瞬のひらめきもそのタイプに入ります。

意識問題での謎である自己監視以外に、大変興味がある問題は、他人のひょっとしたある言葉（禅の世界では転語と言い、その言葉によって心理世界がガラッと変わり、聞いたその人にとってのみ、きわめて意味深い言葉）や極限的体験、または信仰における悟りや至高体験によって、それまでの人生観や生き方がまったく変わってしまって、まるで違う世界観が開け、新たなる人生を歩み出す現象に隠された謎です。

もちろん、まったく無宗教の人でも実際に起きることであり、そのことを評論家でノンフィクション作家の立花隆氏が、宇宙飛行士の体験として、『宇宙からの帰還』で報告しています。この現象は、おそらく心理時空間場に何らかの形式の相転位が起きて、場の歪みの全体的な形がガラッと変わり、サイトロンの運動様式が変わってしまったことによるものと考えられます。特に、虚空がらんとした玄寂なる悟りや解脱の心理状態というのは、心理空間場が一様等方な中和状態に帰還した瞬間に訪れるようなものなのです。

相転位というのは、身近な例では、空間の温度が下がっていくにつれて、水分子などが気体から液体や固体（氷）になったりすることですが、あくまでも喩えとして、その水分子全体が構成している空間が心理空間であると想像するといいでしょう。そのような時空の相状態が変わることで、その内部で運動する心理的粒子の振る舞いが変わってしまうとみるのです。

基本的に物質の三状態（気体、液体、固体）は、構成原子または分子間の微妙な分極的引力と、熱エネルギーに起因する１粒子あたりの運動エネルギーの相関で決まるので、自由気ままで騒がしそうな気体や液体状態に比べて、きわめて静寂な個体状態というのは、極力、粒子間の結合関係を密度の高い準中和状態に近づけようとしている共存関係となっています。神との神秘的な合一感や仏界の境地に到達する悟りというものは、このようなきわめて中和状態に近い時空間内でのサイトロンが、その場の状態に共鳴するようなものです。

そして、化学的中和反応のときに放出される中和熱と同様に、凝固のさいに放出される熱エネルギーは、全身全霊の精神的至高感に満たされるときのエネルギーとなるものです。

物理学の世界と心理的な世界とでは階層的な意味世界がまったく異なるのですが、フラクタルな視点からみると、結構、太枠で相似なところがあります。今の水の例で言うと、過熱と過冷却という現象も心の相転位現象と類比的な関係にあります。一般的に、液体を加熱したり冷却したりするとき、その「液体がきわめて純粋である」と、その液体に固有の沸点温度や凝固点温度では相変化が起きず、その温度よりやや高かったり、低かったりします。前者を過熱状態といい、後者を過冷却状態と言います。そして、その状態に達している液体は一般的に不安定であり、何らかの刺激情報（微小結晶片や不純物の投入）によって突然、沸騰したり、凝固したりします。

この身近で簡単な相転位の例を宇宙の誕生から現在に至るまでの真空（宇宙の時空間）の相状態変化に量子論的に応用したのが、宇宙の進化論における相転位と相互作用力場の対称性（中和状態）の破れ（分岐・分極）の概念です。正確に言うと宇宙論の場合は、宇宙誕生のビッグバン時におけるインフレーション（宇宙時空の指数関数的急激膨張）が、液体の過熱状態にある突沸現象に対応しており、莫大な潜熱エネルギーが開放されます。そしてその後の相互作用力の分岐が金属導体における温度変化と電気抵抗の関係で、極低温において抵抗がゼロになるという超伝導理論とつながっています。

これも金属導体格子場の温度降下による相転位と見なせるので、同じ物理的意味世界となっています。また実際、この超伝導現象においても、金属内部の電子集団の個々の電子が、波数ベクトルとスピンに関し、互いに分極関係にある電子とペアを組むという中和状態が関係しています。つまり「場の物理的相の変化」には「中和と分極」が常に絡んでいます。電気抵抗がある分極状態の金属内自由電子の状態は、日常のサイトロンの精神世界であり、超伝導状態を可能にする「準中和状態の電子対（クーパーペア）」は超越的な精神世界に類比しています。

禅の転語は、長い修行を経て、やっと悟りにたどり着く漸悟《ぜんご》とは違って、ある何かの光景や自然の音や導師の言葉で、突然、瞬間的に大悟する頓悟《とんご》に近いものです。しかし、その転語による悟りも、常に意識的または無意識的に何かを追究している姿勢はあるのであり、それが心理的相転位における過熱または過冷却状態に対応します。そして、ある外因的または内因的刺激により一気に相転位が起こるものと考えられます。

山の修行僧ではない在野の人々に関しても、日常生活における無意識の世界では、その人がある問題意識を抱いていて、長きにわたって普通の生活または修行をしているうちに、あるいは無意識のうちにストレスが蓄積していて過熱状態や過冷却状態にあると、何らかのちょっとした外部刺激情報により突然、心理的に爆発したり、逆に閃きや悟り状態になることがあります。善くも悪くも、長い間の無意識界への蓄積が加熱（熱の吸収過程－上昇）または冷却過程（熱の放出過程－降下）であり、心理空間の固有相転位点を超えた状態にあるとき、何かのひょっとした言葉や、場面という刺激情報により心理空間の相転位が起こります。

人の心のありようを表わす心理空間を地球の凸凹（分極）した表面と、その面上を運動するサイトロンという粒子で喩えたのですが、このアナロジーの最大の目的は、心理的状態というものが平均的に常に陰の方向に落下、下降する傾向にあるということを地球の重力場との類比で示そうとしたためです。つまり心理場では常に精神的重力が作用していると見なすためです。そして心理的に中和状態にあるとき、平常心で時間が一様に淡々と過ぎていき、平面に凸凹がなく滑らかで、サイトロンの運動状態は等速度の慣性運動をしています。

また、外的内的刺激情報により、平面に揺らぎ（凸凹）が生じたとき、心理空間は分極状態になり、粒子の運動は非慣性運動に移ります。中和状態にある滑らかな一様な平面からみて山の形（凸）は位置エネルギーが高いので、サイトロンは避けて通り、溝の形は位置エネルギーが低いので自然と落ち込んでいきます。そしてサイトロンにエネルギー（つまり意志の力）さえあれば、溝から出ることも山に登ることもできます。何かをやり遂げようと決めたりしても、なかなか続かず諦めてしまうのを「三日坊主」と言ったり、普通の生活の中でも、突然思わぬ誘惑に負けて「魔がさした」などと表現するのも、心には常に重力が作用しているために意志の力が弱かったり、油断したりすると、サイトロンはスリ鉢の底に落下してしまいます。

マイナスな面ばかりが溝を表わしているのではなく、その人にとって自然にできる、居心地の良い心理状態（絵を描いたり、人前で歌を歌ったり、何かを研究したりして夢中になることなど）はサイトロンが常にそこに引き込まれるので、プラス面の溝となります。しかし、そのようなことをするのが苦手な人にとっては山となり、それを続けるのには大変なエネルギーが必要となります。

また、共鳴的中和の原理から、自己の心理空間にある固有の、ある凸鋳型と類似しているものを他者が持っているとき、または情報刺激として入力されてきたときには、すぐに共鳴して引き合います。もちろんそれは凹型でも同様であり、陰（凹）の世界は陰（凹）に響き、陰を引き寄せ、陽（凸）の世界は陽（凸）に響き、陽を引き寄せる傾向があります。この「類は友を呼ぶ」型の共鳴的中和は、鋳型形態にもとづくものであり、電磁気的な要因の場合は、同種関係にある二者は反発し合い、決して中和状態にいたることはありません。鋳型共鳴的中和は、常々の感謝は幸福を招き、常々の不満は不幸を招くという条理をも導きます。

今までは、個人によって異なる心理空間の陰と陽の相対的な側面を見てきましたが、この節の最後に、人類に比較的共通と思われる心理感情について説明します。この場合、ほとんど個人差はなく、山（凸）である陽は明るい世界であり、溝（凹）である陰は暗い世界に相当します。ドイツの医学者やスイスの心理学者が最初に、提唱したものですが、身体生理学的な周期だけではなく、心の時間的変動にも１日の変化、１週間や１カ月、１年単位でそれぞれにバイオリズムなるものがあるという考えが世界に広まり、バイオリズムのことは日本でも大抵の人は知っています。これは丁度、心理空間の山と谷をサイトロンが通過したときの軌跡に相当しています。

しかし結局、これは平均的な話であり、周期変化の単位変換（例えば、１日から１カ月への変換）も、山にいるときと谷にいるときの時間を集積してグラフ化したものです。このような実際的記録ではなく、占いなどで未来予言に使っているものもありますが、それはあてにはなりません。

図22の右図の陰陽道の象徴である太極シンボルは、最も数学的なバイオリズム曲線（正弦波曲線）を含んでいます（図25）。図25の左図の単位円は半径１の円で、その円上を点ｐが回転しています。そのときの回転角θに対するｓｉｎθの値の関係をグラフにしたものが中央の正弦波曲線です。

点ｐの回転は、ｓｉｎθの値がゼロである中和点ライン（a・z−0−s）のａ点（位相角度ゼロ）から分極上昇がスタートし、陽の極点である山の頂上ｆ点（$\pi/2$）を通って下降に転じ、陰陽の中間（ちゅうげん）であり、かつ中和点であるｓ点（π）に達し、さらに下降して陰の極点であるｒ点（$3\pi/2$）に至ります。この下降の極点

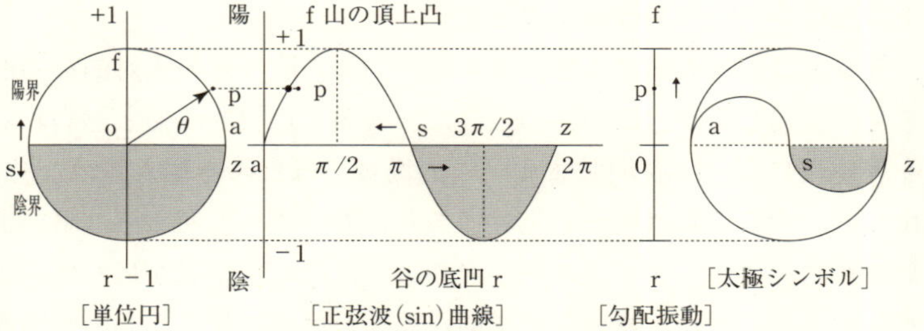

図25　陰陽道太極シンボルと正弦波曲線

から今度は上昇に転じ、中和点であるｚ点（2π）に帰還します。陰陽の中間点であるｓは陰陽道でも最も重要な点で、太極点になり、図25右図の太極シンボル円の中央点ｓでもあります。左図の単位円のｓ点が同時に上下に分極した場合は、中央の正弦波曲線の中央のｓ点が左右に分極した場合であり、それは丁度、中和状態にある光子γが陰・陽電子に分極した場合に相当します。

図25の左の勾配振動ラインで見ると、中和点Ｏはバネなどの振動変位がゼロ状態（つまり振動・分極していない状態）であり、ｆ点がバネ振動の最大値であり、ｒ点が最小値になります。この振動の因子である勾配力の起源は、バネの弾性ポテンシャルを生む、共有金属結合における電磁的なポテンシャルですから、やはり光子の交換によるものです。

この図25を心理空間に適用すると、点ｐそのものがサイトロンになり、正弦波曲線そのものが心理空間である二次元球面上の山と谷を移動していくときの軌跡になります。そして中和点は感情的に陰界か陽界かに振れていない平静、平常心の状態です。しかし、このバイオリズム曲線は理想的な曲線であり、実際の心の変動曲線は変則的で近似的なものとなります。ただその変則曲線も、基準（振動）理想曲線の重ね合わせとしてフーリエ展開することができます。大切なことは、心理空間でのサイトロンの運動（心の移り変わりの）様式の背後に、図25左図の単位円のような位相回転空間があるということです。

そして、サイトロンｐの位相回転における角速度ωと時間ｔの関係は$\theta = \omega t$ですから、正弦波曲線のａ－ｓ－ｚラインは日常の時間軸ｔにもなっています。量子力学的視点からみると、恐らくこの実数位相θを複素数化したものが確率過程的なサイトロン（心）の変動様式を記述するのでしょう。

以上のように、心理空間の分極は、時間的ズレのある振動型準中和状態に分類されるものです。そして太極シンボル図のａ－ｓ－ｚ点を通る波形そのものこそ、中和という陰・陽交接の〈道・Ｔａｏ〉になります。本書の補遺に、陰陽分極している心理世界の言葉を分類してありますので、興味のある読者は目を通していただければ、何かの参考になるかと思います。そして、それらの心理的座標が、この宇宙のいかなる生命においてもいずれ通過する、普遍的なものなのかを考えてみるのも無駄ではないでしょう。

文学の世界における詩は、一つの言葉自体に意味のにじみがあることにより、選ばれた言葉同士が簡潔に並んだときに、言葉同士が微妙に響き合って深い精神世界を表現することができます。これは絵画の色彩の配置による色同士の干渉と同じであり、相互に影響を及ぼします。

また視覚系は色だけでなく幾何学的な形態に関しても、視覚的干渉効果があり、いわゆる錯視現象（図26）を生じます。図26の［a］と［b］を比べると、同じ半径なのに［a］の中心円のほうが［b］の中心円より小さく見え、［c］は黒い中心円（ブラックホール）から発散している放射状の線（重力線）との干渉効果により、２本の平行線（遠方からの光線）が曲がって見える典型的なものです。

このように、錯視現象は量子的な干渉現象ときわめて相似的な関係にあります。言語、色彩、音響、幾何学的形態の干渉効果は、脳自体の各機能神経ネットワーク場が一様に量子力学的干渉に相似な構造を持っていることを示しています。この脳という共通の場を介して言語同士の意味世界が微妙な干渉現象を引き起こすという事実は、逆にみると、量子力学的世界における粒子同士の波動的干渉効果の原因が、その共通の場である真空という時空場にあるということです。

このような視点においても、ネルソン派の確率過程的量子力学の解釈が重要なのです。量子力学における干渉とは、簡単に言うと、基本実体の周りに付随する物理量の確率的な、波のにじみがあるために、他の実体との相互作用のときに生ずる、存在確率の波動的干渉効果です。

しかし、本来から言うと、脳というのは視聴覚世界や言語世界を消化して世界現象を味わうための臓器ですから、以上のように心理世界や感覚世界を量子力学的な世界観のイメージで分析するよりも、ありのままの現象世界を真に味わう人のほうがはるかに賢いと思います。ただその味がいつもおいしいとは限らないことも事実なのですが。

そのような時に、心の本質的なメカニズムにおける傾向と長所短所を理解していると、少しは何かの支えになることもあります。そして今、心理感覚世界を味わっていることを知っている脳の構造は、世界鋳型（凸凹）関係が動的形式で脳の中に実現したものと言えます。

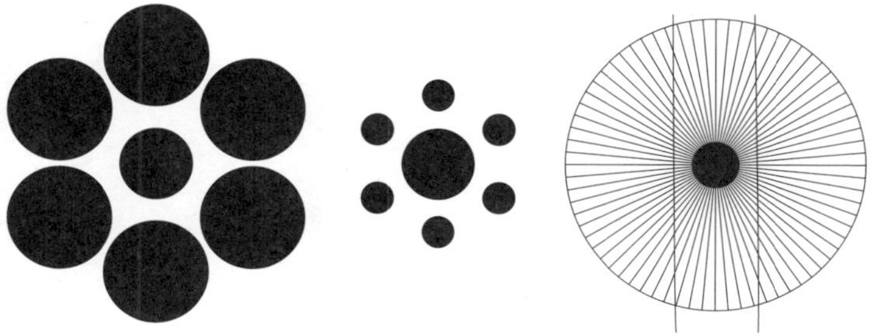

［a］　［b］　［c］

図26　幾何学的相互干渉による錯視現象

第 4 章

認識論と中和

1：知の起源

知の境界領域

これまでの鋳型モデル（凸凹）を使ったさまざまな例で、“分かる”、“知る”という過程は、陰・陽の中和過程を介してはじめて実際化することであり、“知っている”ということは、その中和過程を経て確立した自己の鋳型と、入ってきた情報刺激の型を照合して、ピッタリ合っていることを確認している状態であることを示しました。そしてまた、“知っている”状態、つまり“知の鋳型を持っている状態”、あるいはより一般的に、分極状態にある実在はその対極の外的作用に対して反応・応答ができるということです。なぜ分極状態にあるのかというと、1つは、情報（凸）と知（凹）の鋳型関係が対極的であるということと、もう1つは、一様な局所的記憶野（例えるならカセットテープかCDディスク）に知が刻印（凹）されて、その局所的記憶野自体が分極しているからです。

一方、意識の世界におけるあらゆる経験というものは、外的内的現象という作用（凸）に対する反作用（凹）と言えます。それらは時間系列における刺激情報（凸）を記憶系（凹鋳型系）という、空間的なニューロンネットワークに振り分けて仕舞い込まれ、条件次第でいつでも引き出し可能であり、意識活動の中に表象（凸）されます。つまり、脳の中で同時進行的にさまざまな鋳型からプラスチック製品を抜き取り、意味コードに並べて、その意味や画像や音響を味わっている状態が心なのです。そしてこの心の内の“見る”と“見られる”関係を常に動的、流動的に遂行しているシステムこそが脳の未解明のハードプロブレムとなっています。

しかし生命世界では、その相似的形式は、やや固定的ではあるものの、既に遺伝子であるＤＮＡ二重（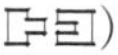）鎖の中に秘められているのであり、さらに緩やかなネットワーク系をなす動的な免疫システム系があり、脳は、それらの中枢化による高度な動的形式に発展したものと見なせます。

では、将来において脳までに発展する可能性を秘めていた、生命系における認識（知）の体系的な原型はどこから始まったのかというと、それは、勾配または差異の知らせと常に関わりを持つ、境界世界である始源細胞膜からと言えるでしょう。前にも少し触れましたが細胞膜は、境界膜の内と外のさまざまな勾配（イオン濃度、温度、電位、浸透圧、その他）の感知と分子の出入り検閲、興奮伝達などの機能を、センサーである膜蛋白質とそれに付着した多糖類の衣などと連携しながら遂行しています。

卵細胞の発生過程における外胚葉が、後に脳化の道を歩むことも、そのことと関係しています。対極的差異の境界領域こそが『知の拠点』と言えるのです。ある物理量に関し、まったくの一様等方な中和世界に知は存在しないのであり、そのような世界におけるその物理量の微分値は常にゼロ、すなわちどこまでいっても勾配が存在しない平坦な世界です。その世界を物理的な慣性場として見ると、慣性座標で等速度運動している乗物の中では、その乗物の運動を体で感知することがまったくできないのと同様です。非慣性場である加速度運動になってはじめて運動を体に感じる（知る）のです。つまり、慣性運動と非慣性運動の境界領域で知が発生するのです。対極的差異の境界領域を最もシンプルに表現したものが、第１章でも頻繁に使われた図27の左図となります。

この左図［1］は、一様な白紙がａ－ｚラインにより陰陽（凹凸）に分極しているのであり、この分極における幾何学的差異の知らせとしての「知の領域」は、陰陽の境界領域である一次元のａ－ｚラ

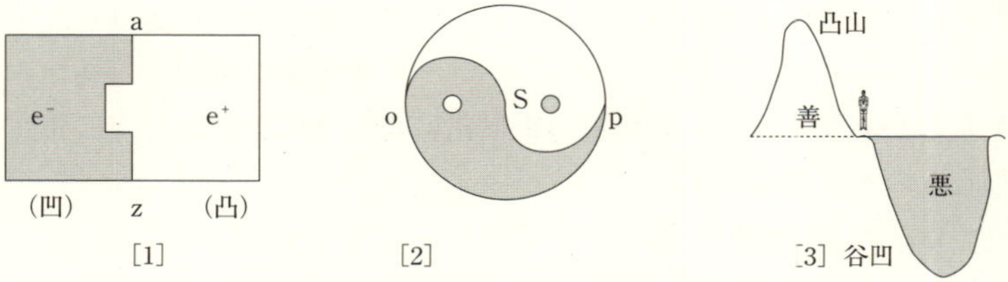

図27　陰陽の境界領域と知の領域

インにあります。しかしもちろん、この知の領域には陰・陽の連携がないので自己意識はありません。ちなみに太極シンボルである中央図［2］の波型ラインであるｏ－ｓ－ｐは陰陽という差異の知らせではありません。なぜなら波型に両者を切り離し、重ねると同じものとなるからです。

このシンボルの対極的な性質は幾何学的なものではなく、白と黒という色彩的な差異の知らせです。もし太極シンボルに幾何学的対極性を入れるとするなら、切り離した巴紋のうちのどちらかを裏返して、鏡像対称にするか、中心点ｓを原点にしてｏ－ｓ－ｐラインに対する直交座標系を導入して、点ｓに対する原点対称性を取るかのどちらかになります。そして白と黒に関して、ｏ－ｓ－ｐラインは、前にも述べた白でも黒でもない、陰陽が交切する中和の道です。ここは知が存在しない無知の領域です。

そして、この陰陽交切の中和の、広がりのまったくない道（o－s－pライン）に少しにじみのような幅ができると、その境界領域は、例えば善と悪というような心理空間における知の葛藤領域（右図［3］）になります。左図［1］における無知の領域は、ａ－ｚラインが消えた、一様な白紙全体です。

細胞膜の場合は、知の領域である幾何学的境界が三次元であり、かつイオン関係とかその他の複雑な差異の知らせがあり、それ故に機能が高度化します。人間世界における対極的性質の境界領域が知の世界である好例に、「聖」と「俗」の関係があります。この境界世界に真の聖人や、預言者、僧侶が存在し、対極的な関係にある「聖」と「俗」との連携を保ちながらロゴスや般若智を司っているからです。そして地域や国土、さらに地球から宇宙に至るまでの客観としての環境と、生命細胞の集団である人間の肉体との境界領域こそ「知の領域」である脳とその意識世界と言えます。つまり、知と自己意識を司る主観は、客観世界と肉体世界との高度な境界世界なのです。

では、さらに降下して自然現象で陰陽の交切の例をみると、温暖前線と寒冷前線が接触している境界領域があります。この湿度や温度と気圧の勾配という境界領域現場では、突風が吹いたり、局地的豪雨になったり、雹が降るという差異の知らせがあります。まさにそこは対極的世界の境界領域で、自己意識のない自然が過酷な思考をしている現場そのものと言えます。そして面白いことに、その自然の過酷な思考が乗り移ったかのように、その地域にいる人間の主観は重い陰欝な気分になります。まるでそれは、自然が人間の脳を借りて自己意識しているようにも見えます。この自然の過酷な思考をはるかに複雑で醜くした残酷な思考の現場が、人間界における人種的、政治的、経済的、宗教的差異の知らせである紛争となります。

これらの対極的差異を消失させる道（Ｔａｏ）が中和、共生の概念です。私たちの肉体の中にも、外敵であるウイルスと味方である肉体との境界領域で、肉体を守るために思考している免疫系という「知の領域」があります。これはある意味で肉体の、内的で動的な分散的細胞膜として喩えることができます。確かにこれもミクロ世界における過酷な紛争という思考の現場ですが、ウイルスと共生できる道を正しい智慧により探りあてれば、生命は進化さえできることになるのです。

意識の起源

アリストテレスやスピノザは、自己の精神世界というものを前提として、実体の二属性である質料・形相、延長・思惟関係を導入したと思われます。その精神世界にまで発展する可能性を秘めた形相や思惟の原型として、素粒子などの基本実体である質料や延長に付随する記号（電磁荷、質量、スピン）を差異の知らせと見なすとき、それは単独の知の起源そのものと言えます。なぜ単独かというと、それらの物理的差異記号は、文章（有機高分子の流動）を例にとれば、まだ文章を構成するための単語以前の単なるアルファベットに近い存在だからです。

例えば、図27の［1］で見ると、一様な白紙が光子γであり、ａ－ｚラインで白紙を二分割したとき、それぞれが陰電子（凹）、陽電子（凸）に対応し、知の領域であるａ－ｚ境界ラインという幾何形がそれぞれの電荷記号になります。そして［1］図の切り離した両者の面積が等しいとき、それは質量に対応します。ここでは簡易化のために、二次元問題で比喩しているのですが、三次元問題においても、素粒子の固有体積が質量とつながっていることは、水中の浮力の問題から類推すると、実際にありうることなのです。一次元問題ならば、凸型と凹型を針金で閉じて作り、それぞれの幾何形が電荷であり、同じ針金の長さが質量に対応するでしょう。実際の電子が何次元を選択しているのかは不明ですが、スピノザが実体の属性として、空間的広がりとしての延長を規定したことには、いつも驚かされます。なぜなら固有延長そのもの自体にも、既に差異記号としての質量が対応している可能性があるからです。

いずれにしろ、これらの知の原型としての基本差異記号群と、それらの相互作用の仕方を秩序づけている作動原理としての物理法則は常にセットになっていますが、もちろん、自己意識関係はありません。この記号群と作動法則の関係は精神世界でも生きているのですが、精神世界は高度な意味階層であるがゆえに、差異記号は言語や数学、音符記号、イメージ画などとなり、それらを演算する作動システムは、自己意識の原理も含めて未知の精神法則となっています。

この問題で忘れてならないことは、これらの演算をする基本素子そのものが既に、ニューロンという生命体であることです。ニューロン神経細胞の基本作動原理を表わした、有名なホジキン＝ハックスリの方程式自体が、物理化学的法則とはまったく独立のものであることは、生命世界に独自の新たな法則がある可能性を示唆しています。

知識としての「知」は、アルファベットの単語や数字から、長いセリフや文章、音響まで幅が広く、かつポスターのような静的なものから、流動的な会話や色彩のある映像などいろいろです。たとえそのように幅があっても、基本は情報（凸）に対応した鋳型（凹）として何かに刻印されたものがあり、その鋳型に基づいて製品の再生産がいつでも可能なら、それはプラスチックの単品でも、壮大な叙事詩でも、立派な「知」なのです。

そして、その刻印に関与しているのが、基本的実体の階層的集団が持つ固有の差異記号となっています。精神世界は、多数の鋳型と製品を同時処理して棚にしまったり、随時脳の中で演算して、再生産して表現したり、脳内の手持ちの情報部品を自由に組み合わせて、今までにはない鋳型を作り、製品として創造したりします。この最後の機能が知的生命にとって最も重要なものとなっています。

「何かをしていることを知っている」という、その“知っている”

系列が自己行為（凸）に対する脳内の流動的鋳型（凹）生産システムであり、行為と認知が平行関係を維持しながら、かつ相互に演算が連携しあっている関係です。その後に強度、重要度、反復性などに依存して記憶系にしまわれます。このような“知っている”機能の基本システムは、対極的性質の並列連携演算と見なせます。

ことわざに、「一寸の虫にも五分の魂」というものがありますが、ここで、「生命の意識の原型をどの段階にみるのか」という問題が浮上してきます。意識の発生装置である脳の基本原理にも、きわめて複雑な蛋白質相関から生まれる「知の境界領域」が関係してくるので、この難問に対する手掛かりを探すには、まずは、「知の境界領域」の段階的発展の中で考察していくことが必要と思われます。その主役である神経細胞系で段階的発展をまとめると、次のようになります。

［第１段階］：神経系のない単細胞生物である原生動物と海綿動物

情報刺激の出入りが可能な閉じたシステムにおいて、外的内的条件によって引き出し自由な、作動プログラム（法則）も含めた記憶系があること。例えばＤＮＡ（凹凸）のように、書き込み不可で読み出しのみの機能記憶系（凹）と表現系（凸）がセットになっていて、引き出しは細胞質との連携で自由である（ＲＯＭ型情報系）。この記憶系は先天的でほぼ固定的であり、後天的な行動は記憶されないので細胞には自己が何をしているのかは当然分からない。つまり経験という現象がないのです。この場合の表現系は捕食行動、蛋白質の生産や細胞自身の走性運動などです。とにかく意識という頂上への第一歩は書き込み、読み出しが自由な記憶系（ＲＡＭ型情報系）の存在が大前提となりますが、この段階では機能分化したそのようなシステムは備えていません。

しかし、アメーバなどからも分かるように、単細胞全体としては、刺激情報に対する興奮と、その伝達および反応の3点セットを備えているので、分子レベルでの反応回路は確立していると言えます。次に繊毛虫類であるゾウリムシになると、体表面近く全体に神経繊維にやや近い繊維状の構造（ニューロネーム）があり、繊毛《せんもう》の根元の基粒が連結し、繊毛全体の規則的な運動を統御しています。繊毛とかべん毛は、常に動的で柔軟性に富んだ微小管やアクチンフィラメントからなる細胞骨格の親戚であり、アクチンフィラメントは機能特化した筋肉細胞繊維にも使われています。

ここで大切なことは、情報刺激を細胞で感じたときに、その情報系と繊毛という運動駆動系との間に、繊維状構造の非常に原始的な前神経様の運動統御系が存在することです。これは、生命系における知の境界領域が情報刺激系と肉体的運動駆動系との狭間からスタートしていることを示しています。つまり静→動→静という単細胞の運動的分極・中和過程に知の体系の原点があるということです。この過程での分極とは、例のファインマン図で言うと、刺激情報（凸）に対する反作用（凹）としての作動体の動のことを指します。

［第2段階］：多細胞生物である腔腸動物（ヒドラ）の網状散在神経系の出現

神経細胞はヒドラの表皮面全体に散在して連携している神経系に初めて出現します。もちろんゾウリムシの曖昧な機能系からいきなりこの神経細胞の段階に至るのは不自然であり、まだいくつかの不明の中間段階があると思われます。この散在神経系は人の抹消神経系と基本的に同じです。

この段階は機能分化と知の境界領域が明確であり、感覚細胞（情報系）と筋細胞（肉体運動系）の境界領域で発達しているものが神経系に相当し、両極を仲介しています。単細胞であるゾウリムシでの、やや曖昧な機能分化が同じ論理に沿った多細胞化により明確化したものです。１個体にある内在的諸機能の多細胞化による特化的分化は、何も細胞だけでなく、人間の１個人が持つ、ある程度の諸能力の、社会における職業分化としても相似的に現れています。まず情報系と肉体運動系が両極にあり、その勾配で知の境界領域（神経系）が拡大していく図式です。

静的な例としては、異なる誘電性を持った物質を近接させて、情報入力により静電分極させたものを記憶媒体（カードメモリーなど）として利用するのも、境界領域には知が絡む好例と言えるでしょう。ロボットを作る時にも、当然この外部情報とロボット動作の間にプログラミングという知の領域が介在します。

同じく腔腸動物のクラゲになるとやや発達して、外傘面の散在神経系のほかに内傘面の眼点や平衡胞などの感覚器官系の近辺や運動器官系の環状筋の付近に、多少集中している集網神経系が出てきます。腔腸動物は無脊椎動物系と脊索動物系の分岐点でもあります。

［第３段階］：扁形動物（プラナリアなど）に至ると、高等動物の基本である集中神経系（中枢神経＋抹消神経）の初歩的なものが確立される

プラナリアの神経網は、ほぼ左右対称な細長いかご形になっており、頭部に連結した一対の小さな脳と眼も一対あります。中枢神経では興奮の増幅・抑制が行われ、感覚細胞と筋細胞との間の情報制御を司っています。この大枠で左右対象な神経系の並列構造と脳の対構造の発生（凸凹関係）に何か意識の根元的なヒントが秘められているのではないかと考えられます。

[第４段階]：無脊椎動物系では環形動物（ミミズなど）に至って初めて、細胞体と樹状突起と軸索突起の３点セットからなるニューロンが出現する

ミミズの神経網は梯子形神経系であり、中枢神経は脳と２本の神経索体節ごとの神経節が中心であり、各神経節から全身に抹消神経が分布しています。梯子形神経形は環形動物から節足動物の昆虫類や甲殻類などが含まれます。ただし、軟体動物（貝、ナメクジ、イカ、タコなど）は不定形が多いのですが、脳はあり、各器官の神経節とつながっています。

[第５段階]：脊索動物系の神経系は、胚発生における神経管由来の管状神経系

その内の原索動物（ホヤ類、ナメクジウオなど）では初期的な神経管か神経節程度のものです。その果てに人類の中枢神経系（脳と脊髄）と末梢神経系があります。

脳という中枢系がある多細胞動物での知の境界領域の図式（図28）をパソコンとの比較でまとめると、以下のようになります。

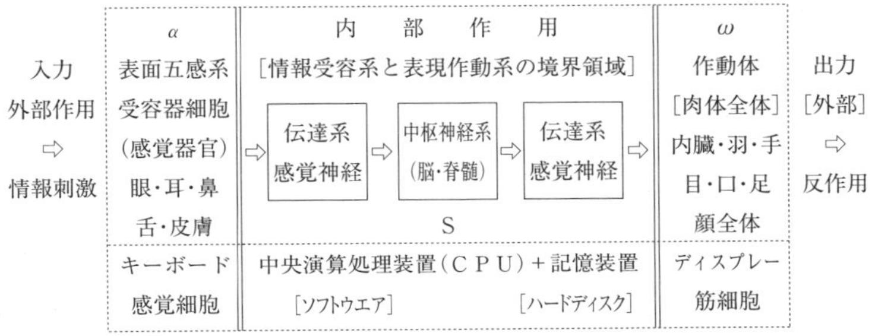

図28　感覚受容器系と肉体作動系との境界領域

最初の単細胞では各領域 α（情報入力系）・S（神経系）・ω

（情報出力作動体）は、ほぼ細胞膜・微小管フィラメント・べん毛に対応しますが、多細胞化と進化により各領域とも機能分化して増えていき、特にＳ領域の中心にある脳の機能分化がきわめて複雑になっていきます。

記憶系と意識

「意識という現象はどこから始まったのか」という問題のスタートは、脳が出現してから、どの生物あたりで脳もどきの記憶系が確立されたのかという点から始まります。なぜならば、記憶系が確立されないことには、今している自己行為の同時認知は不可能だからです。そして次に「その記憶系が、意識的（内的には精神活動、外的には肉体活動）行為（凸）と同時に作動しながら記憶鋳型系列（凹）を製版し、かつその意識的行為と同時に記憶系の製版から印刷（凸）しているので、意識は常にその自己行為を認識しながら行為を継続することができる」という、機械やパソコンにはない機能をどの段階で獲得したのかが問題になります。

記憶機能自体は、もともと部分的に、一細胞中のＤＮＡと諸種のＲＮＡや蛋白質との関わりで、細胞自体に何らかの形式で備えているので、それが多細胞化の過程で記憶細胞として機能特化することは十分考えられます。問題の第１点は、その機能特化と同時に全く新しい生命機能として自己監視系も確立されていったのか、それとも記憶系確立後からなのかということと、第２点は、フラクタル（自己相似性）の視点からみて、記憶系がそうであったように、もともと単細胞の中のＤＮＡと細胞質との関係のどこかに動的な自己監視系的要素も秘められているのかということです。

この困難な問題は別にしても、無脊椎動物に属する昆虫類のアリやハチの行動や脊椎動物の行動を調べてみると、何を今しているのかが分からずに機械のように行動しているとはとても思えないのです。著者はこの段階では自己行為の同時認知はあると予想しています。しかし外見的な行動が人間とまったく変わらないような高度な仮想ゾンビロボットを想定することは可能なので、外見行動だけから自己行為の同時認知システムの有無を判定することはできません。それをチェックする論理的な検査法自体さえも確立できないことは、意識問題の根がきわめて深いことを示しています。

ただ１つ言えることは、そのようなゾンビロボットが生命を介さないで自然に発生することはないであろうということです。いかに優れたコンピューターでも自分が何を知っているのか、今何をしているのかについては分からないし、また人間にはまったく及びもつかないコンピューター自身の天文学的な記憶内容と計算能力を生かし、自分から目的を持ってキーボードを打ち込み始めて、宇宙の大統一理論を完成させるということはないのです。本音を吐露すれば、そのような論理回路を開発してコンピューターにお任せしたいところなのですが。ロボットやコンピューターはあくまでも人間のオルガネラ（小器官）なのです。デカルト（1596年〜1650年）が人間の脳の中の意識の座問題で悩み、松果腺あたりにホムンクルスという意識体の小人を導入してしまったのも分かるような気がします。

いずれにしろ、神経系の出現とその発展は外部情報刺激と肉体運動との境界領域で要求されたものであると言えます。その意味で中枢神経系の本来の役目は、肉体の動的思考（現在の脳のうちの大脳の一部と間脳・中脳・小脳・延髄系が持つ肉体の内的代謝と外的運動中枢）を支える機能を果たすことなのです。

なぜ植物が神経系という道を歩まなかったのかについては、前にも触れたように光合成機能の獲得により「動」ではなく「静」を選択したためだと考えられます。多細胞集団のエネルギー補給のために必要な捕食運動を制御するために発達していった神経系の機能に、自己行為の同時認知システムと記憶機能がなければ、当然、危険回避や捕食行動の効率はきわめて低くなります。ヒドラは恐らくそのタイプでしょう。そして環境が豊かであれば、それでも十分に生きていけます。しかし環境が厳しい世界では、危険回避と捕食の効率化のための学習と工夫がどうしても必要であり、その環境勾配で自己行為の同時認知システムと記憶系の連携機能が発生したものと考えられます。この危険回避能と捕食の効率化のための学習と工夫の起源が、長い時間による進化過程を経て大脳の知的精神野へと発展していくことになります。

精神世界のうちの感情的な活動の起源も、ゾウリムシなどの原生単細胞の走性という細胞（肉体）運動を誘起させる環境勾配（分極状態）にあると言えます。この習性は陰・陽、正・負、嫌・好、引力・斥力がはっきりしている行動であり、多細胞化の過程で自己相似的に複雑化し、その上に性の分化も加わって多様化し、時には走性と反射と本能が曖昧になることさえあります。そして大枠の形式において私たちの複雑な感情世界も、結局は陰・陽に分けることができることを補遺１で示しました。

このようにしてみると、生命活動の意味目的に関する基本命題は、第一に

> ［1］種の保存.［2］安定したエネルギー確保.［3］安全な生活のための危険回避能.

という３点にあり、その目的の第１番目である種の保存に沿ってまず遺伝子という知の領域を確立します。そしてその後の多細胞化の過程で『動』の世界を選択した動物系は、［2］と［3］の目的に沿

うために必要な肉体系の運動と外部環境の情報刺激との境界に知の領域である神経系を発展させていったと考えられます。また、その神経系の発展過程で、肉体運動の引き金となる情報刺激に対する陰・陽、正・負、嫌・好反応から中枢神経系に感情活動の世界が開かれ、それと同時に外的な肉体運動による危険回避と捕食効率を上げていくための学習と工夫の必要性から知的活動の世界も発達します。

つまり、きわめて現実的な外的肉体運動から精神世界の大きな柱である感情的活動と知的活動が派生し、その後の脳の機能分化と発展過程で肉体から離脱して大脳新皮質の世界で共に独り歩きを始めたと考えられます。

脳の機能分化に対応したニューロンネットワークの空間配位は、時間史的（進化史的）展開を空間化したものです。ですから、個人差はあるものの、今現在においても、私たちは誰でも過去の獣性を背負っていることになります。また逆に、個人の脳にある進化史的な精神性の空間配位は、必ずその人の生活的時間史の中で縁に応じて引き出されます。

生命活動の基本命題［1］、［2］、［3］と関係している代謝系という内的肉体活動から、食欲、性欲、渇き、生理的行動などの古典的な欲望の世界も開かれ、そこから社会化の過程でさまざまな欲望世界が派生していきます。野心、野望、独占欲、支配欲、征服欲、金銭欲、出世欲、名声欲、親和欲求、孤独欲求、権力欲、知識欲、物欲、私利私欲などです。欲望とか欲求というものは、肉体的または精神的世界において、徐々に無意識的に陰（凹、真空、負の圧力状態）または陽（凸、横溢、正の圧力状態）の分極状態が設定されてきて、その鋳型を中和化する勾配衝動力がはたらいている状態です。この中和化過程は圧力勾配のように徐々に進む場合もあれば、圧力限界に達して衝撃的に達成されることもあります。後者の場合は、肉体的、精神的毀損をはらんでいます。

生命活動の基本命題はどれも一様で安定した状態の維持と関係しており、結局、中和状態にある慣性系の世界を目的としているのですが、現実の環境世界は絶えず非慣性的な分極的世界、すなわち差異の知らせ（凸）を突きつけてくるので、中和を保持するための反作用として、現実の肉体を介して精神世界（凹）が出現したと言えます。つまり精神の起源は肉体活動の意味化にあるのです。この生命の中和→分極→中和過程における分極は常に同じではなく、新たに変動していくので、このワンサイクルの繰り返しの過程で進化的に螺旋上昇していくことになります。もちろん時には下降退行して絶滅することもありますが、それは新たなる環境分極に対する中和化に失敗したことを意味します。

2：“分かる”ということの分析

今までのさまざまな具体例で“分かる”ということは、自己の持っている記憶鋳型（凹）と外部情報（凸）が合致、すなわち中和化するか、または同種鋳型が波動的に共鳴・共振する場合であることを示しました。そして前節で知は対極的な性質の境界領域で発達することを見てきました。この節ではもう少し抽象的な知の構造について述べて、中和の概念をさらに広げたいと思います。

[1] 平衡概念と方程式

重さを測る過程

天秤の右側に重さが“分からない”物体Xがあるとき（図29［a］）、この物体Xの重さを“分かる”または“知る”ために、いくつかの基準分銅を何回かの試行を繰り返す過程で適切に組み合わせて、天秤が平衡状態になれば、その分銅の全重量Mが物体Xの重さになります。このとき、その基準分銅の全体が“分かっている”鋳型M（凹）となり、客観的な物体の“分からない”重さが未知の情報型X（凸）になります。

そして手持ちの分かっている鋳型である分銅を組み合わせて天秤が平衡になるまでに繰り返す試行過程が、正しい認識（すなわち分かった状態）に至るまでの知の発達上昇する領域であり、求めている正しい鋳型凹を完成して平衡状態になった（凹凸）とき、図29［b］が中和化のなしとげられた状態になります。

では天秤における対極的性質とは何かというと、それは天秤軸の中心点に対する左右の物体の回転方向の逆行性にあり、平衡（静止）状態においてその対極的性質が消滅します。中和状態にある一様等方な時空は何らかの物理量に関して、いたるところで平衡状態にあるとも言えるのです。平衡状態にある物体Mと物体Xは相互に分かっている状態であり、どちらかが分かっていないとき非平衡（分極）状態に移行し、意味関係の相互理解が成立してない状態になります。この差異の境界に相互理解を可能（中和状態）にするための知の世界が開かれるわけです。

これは化学反応における正反応（→）と逆反応（←）における化学平衡論でも同じです。

$$A + B \rightleftarrows C + D$$

非平衡状態では仕事エネルギーを内包するので、左右の分子モル濃度の差が左右の天秤皿の上下変位に対応し、モル濃度が等しいとき（エントロピー最大）化学平衡に達します。ただし、化学平衡の場合は平衡状態でも左右への揺らぎ現象があります。

利害関係の対立する異国間の政治的境界領域には外交交渉という知の世界が開かれ、そして中和化である交渉の成立時点において対極関係にある利害の対立という性質が消滅し、中和の証しである条約宣言書が発生します。

それは電子・陽電子対の場合にその知の境界が陰・陽の電荷となり、両者が中和化すると中和の証である中性の光子γが発生するのと相似関係にあります。

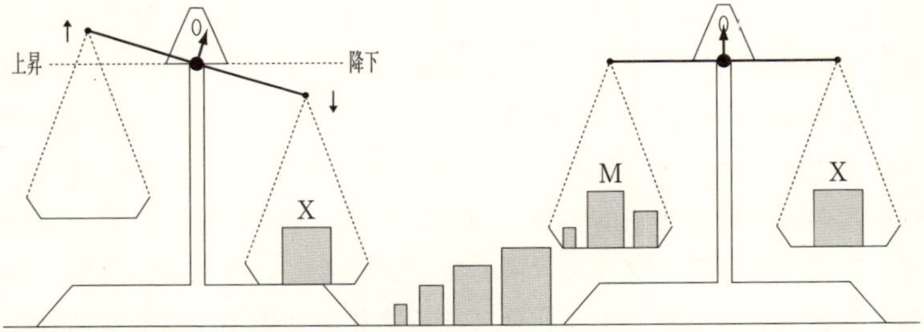

［a］分極状態・差異の知らせ　［b］中和・平衡状態

図29　天秤計と中和・分極

実は中和化のための天秤操作における、手持ちの基本鋳型を組み合わせるという一連の過程が、生命の感覚器官やさまざまな分子レベルの受容体が機能体として完成するまでに経てきた過程なのです。そして私たち自身が未解決問題に取り組む際にも、まったく同じような過程を脳の思考の中で経ているのです。この知の過程で最も大切なことは、天秤計の例で分かるように、必ず基準となる客観的な実体（今の場合は基準分銅）を決定する必要があり、それに対して何倍なのか、または何分の一なのかが分かるということです。そして、客観的な基準鋳型が複数ある場合は、それらの組み合わせ方が創造的知そのものとなります。

物理学における単位系というのも、結局、長さ・時間・質量・電流に関する客観的な原器というものを定義して話を展開しています。現在では、メートル原器は1秒間に光が進む距離分の1、時間原器はセシウム原子核の周りの電子の振動周期、キログラム原器はフランスで作られている白金イリジウム合金1kg、アンペアの場合は、無限に長い平行電線を1m離したときに電線間にはたらく力から定義しています。しかし、実際の測定は円形コイルと天秤を組み合せたレイリーの電流秤で行い、定義に換算しています。これらの定義を見ると、質量や電流の定義の精度は時間や長さの定義に比べて少しアンバランスな状態にあります。いずれこの問題も改善される方向にあります。

知を構成する場合のこのような手続きは、何も物理化学の世界だけではなく、初歩的で基本的な言語やサインを習得するときにも、言語と客観物または客観物の動作・しぐさとの一対一対応から始まります。もちろん、この場合は精度などは要求されませんが、客観とつながった基準設定は必ず行われます。数学の世界も、最初の自然数的な世界では客観物の個数という形で客観とつながっていましたが、後に徐々に数の世界は拡張されていき、客観から離れた抽象世界にまで広がっていきます。純粋数学には物理学のような単位系といものがありませんが、似たような枠組みとして、公理系という基準設定があります。数学世界はすべてこの枠組みで展開されます。公理系という概念を人類史上初めて『幾何学原論』で確立した、今から約2千3百年前の大数学者ユークリッドも客観との直観的対応からその公理の妥当性を得ていたのです。

宗教精神世界での平衡問題

人間の知の世界では、精神世界や数学の発展からも分かるように、初期の素朴な客観との対応から決めた基準鋳型を自由に組み合わせることが可能なのです。しかし、それによりできあがった意味概念が常に客観と対応しているかどうかは定かではありません。そこで前にも触れたように自然科学の場合は、客観との直接接触という実験（中和化過程）により、自然の鋳型を探り当てて、脳の中で研究者が組み上げた鋳型と合うかどうかをチェックして仮説的理論を修正しながら完成させていきます。精神世界の場合は、単細胞から始まった肉体の動的メカニズムという、客観世界と密着していた本能系的意味世界から中枢神経系の大脳化の過程で人類にいたり、客観世界から飛翔し始め、純粋意味自体の思考的運動へと舵を切り始めました。

この進路変更の要因の１つに、森から出て巨大な社会化の道を歩み始めたことがあることは、前にも触れました。しかし原因が何であるにせよ、宇宙の知的生命は早晩、必ずこのようなステージに行きつくのかは、かなり興味のある問題です。精神世界における文芸や芸術関係も、最初はやはり客観世界とのつながりが強い、古典派的、自然主義的傾向から始まり、その後にさまざまな表現様式へと分岐して私的幻想化が進みます。

音楽芸術の場合は、歌謡を除けばはじめから抽象表現ですが、現在に至るまで常に本能的な音響快感原則と密着しています。それ故に共同性を秘めており、作品密度の濃い深い音楽には何か真理性みたいな漠然としたものを感じるときがあります。自然科学の真理性とは明らかに異なるのですが、きわめて優れた芸術作品一般から嗅ぎ取れる真理感覚ほど不思議なものはありません。

精神世界の最たる宗教世界においては、西欧世界における絶対他者としての、きわめて重い存在である『神』と軽い存在である『人間』が、分極状態である「聖」と「俗」の関係にあり、それは図29

［a］の状態に対応します。そしてその差異の知らせである精神的境界領域に知の世界が発生し、預言者や聖人を介して契約宣言書である聖書が神との中和化成立の証しとして誕生します。そして多くの信仰者は、神との精神的平衡状態へ向かうことをその人生の目標とし日々の修養に努めます。不思議なことに、物理的世界だけでなく精神的な世界でも、修養をつむとその深さや重さが直観的に分かるようで、古代エジプトの壁画にも善なる精神を竿秤《さおばかり》で計量する図があるほどです。

古代インド正統バラモン思想における最高神ブラフマンとアートマン（真我）との一如説（梵我一如）も西欧世界に類似の精神的平衡化の思想です。いやむしろインド思想が古代において西欧に伝搬した可能性のほうが高いでしょう。

一方、仏教世界における「聖」と「俗」の関係は、覚者としての仏が、宇宙に内在する神としたスピノザの神に類似した宇宙の当体そのものにまで発展し、凡夫である信仰者は肉体的、精神的修養をつむ過程で仏との瞑合を目指します。しかし興味深いことに、図29の天秤の関係でみると、［a］の物体Xは煩雑な知に塗れた心の重い凡夫の状態であり、分極状態の差異・分別世界に溺れており、聖なる仏は天秤の左皿の「空」なる無分別状態にあります。そして、長い修養をつんだ果ての漸悟により、または、ある日突然の直観的な頓悟により、仏との瞑合を遂げたとき、中和・平衡の世界である中観の境地に至ります。

仏との瞑合とは、心の物体Xを肉体と共に放棄することではなく、厳然とした実存としての肉体を踏まえて、精神的な昇華過程を経て精神的に完全に揮発する過程と言えます。本書の最初のほうで述べた仏界という大海に入るときの喩えを思い出された読者もいるかと思いますが、まさに心の衣を少しずつ脱いでいく過程なのです。したがって、その過程を経て平衡に達したとき、［b］図の天秤では物体Xも分銅Mもまったくない空の状態で平衡を保っています。

もっとも、これらの喩えはあくまでも言葉による知の世界での喩えであり、真なるものそのものを表現しているものではなく、その１つの単なる射影《しゃえい》に過ぎません。しかし、片方に重さのある物が載っている傾いた天秤を平衡にする道は、正しい精神的積み増しによるか、積み減らしによるかのどちらかであることは決して変わりません。〈世界・宇宙〉や〈私〉は常に欠如、分極として立ち現れ、しかる後に意味が充足されて中和・平衡に至る道を歩むのです。そして積み増しの道には客観と対応した基準鋳型の組み合せが必要であり、それは究極の“分かる”世界、すなわち徐々に全知全能性へと導きます。

しかし、生命体である我々が、アリストテレスの言うところの質料のない無限形相者（純粋精神体）、あるいはプラトンのイデアになることはありません。もし西洋世界でいう、神に全知全能性を求めるのなら、神といえども何らかの形式で分極世界に住していることになります。それはスピノザの汎神論的な神です。なぜなら、知と機能は最高基準の完全なる中和世界、すなわち絶対無には立ち現れないからです。宇宙を含めた実存そのものは、なんらかの基準で分極状態にあり、もうそれは既に「知の原型」なのです。

一方、積み減らしの道は一切の客観的基準を必要とせず、ひたすら意味世界を解体し、その果てに、知とはまったく無縁の完全中和の絶対無差異世界へと導きますが、同じように我々は形相のない無限質料・無限基体になることもありません。共に漸近的近似状態までなのです。そして、積み増しの道と積み減らしの道は、その精神的難易度においては同じであり、何も変わるところはないのです。

方程式に内在する知と中和

以上の天秤に関する議論での平衡状態とは、物理学や数学の世界では方程式における等号（イコール記号＝）を表わし、その等号の左辺が天秤の左皿にあるもので、右辺が右皿にあるものとなります。そして、左右どちらかの皿が下がっているとき、方程式は不等号（＜、＞）でその関係が示されます。この場合、どちらかが欠如か過剰の状態にあります。この欠如が「物」や「意味」によって充足されて、天秤は平衡（広義の中和）状態に達するのです。これが「分かった」という状態であり、その分かった量（ここでは分銅）を基準にし、さらに他の分かっている基準と組み合わせて未知の存在や問題を分かろうとすることが、技術や応用になります。生命は絶えずこの過程を多様な意味階層において繰り返しているのです。

そして常に、「分かる」の第１歩は、説明不可能な第１基準を認めてからしか始まらないということです。それは数学の公理系や物理学の世界でも同じです。最初に最小限の普遍定数ありきであり、この第１基準を決めたのは誰なのかに答えることはできません。ニーチェが言ったように、世界は既に第１テキストとして提示されているのであり、私たち人類はそれを再解釈しているに過ぎないのです。

方程式の等号で結ばれた左辺と右辺には一見、何も対極的な性質はないように見えますが、実は等号という境界の橋を変数記号が渡ると、相対的に陰・陽と積・商関係が逆転するのです。つまり方程式の左辺と右辺の境界である橋を渡ると世界はまったく逆転することを意味します。そしてその等号は対立世界が結合した中和状態を実現しているので、その境界領域に知を秘めています。方程式の等号も陰陽交切の道（Ｔａｏ）なのです。

図29［a］の左皿に分銅を組み合わせて載せて、天秤が平衡状態になったときの方程式がＸ＝Ｍであり、それは知の積み増しの世界

(宇宙における統一理論の追求) の表現となります。天秤の右皿から物体Xの積み減らしをして平衡状態になったときの方程式がX−M＝0となり、知・意味世界の解体の方向の極限を示しています。前者は上昇による中和過程であり、自然世界では中性子がそれに対応しており、後者は下降による中和過程であり、同じく自然世界では、歴然たる受肉である電子・陽電子対が消滅して光子として再誕する場合に対応しています。

陰・陽の対極的鋳型が中和化によりピッタリ合って、鍵が開いたり、暗号が解けたりすることが“分かった”状態であり、私たちの記憶とか経験とかがその中和過程の原理に従っていることを度々いろいろな例で述べましたが、その“分かった”状態を数学的に表現したのが方程式なのです。ですから当然、その境界領域に知が隠されているわけなのです。例えば、“分からない”変数Xを含む簡単な一次方程式、2X＋8＝2が成立、または立てられた時点で天秤は平衡状態になったのであり、もう既に“分かった”ことになるのです。なぜなら中和状態に達したからからです。そして実際、“分からない”変数に関して、この方程式を解くとX＝−3となります。

物理学の方程式では未知変数関係の等式以外に橋である等号の左右の次元量も同じように等しく揃えます。そして物理学の重要な基本方程式の場合は、エネルギー保存則の関係から方程式を立てることが多いと言えます。どんなに高度で複雑な微分方程式や積分方程式でも、基本はまったく変わりません。正しい方程式が確立されれば、そこには必ず真理の答え (知) が秘められています。問題になるのは、その方程式が数学的に解けるかどうかなのですが、最近はコンピューターによる精度の高い漸近的数値解法が可能になってきたので、その問題もだいぶ軽減されてきています。

1つの方程式に秘められた未知変数が2つ、3つに増えても、常にそれらに対する知は境界領域に秘められています。未知変数の数に応じた連立方程式をグラフ化して、その各グラフが交切する点（境界領域）に、その未知変数の答えがあるからです。また１つの未知変数Ｘの高次方程式でも同様であり、例えば２次関数曲線グラフとＹ＝０の交切点がその２次関数方程式の解になります。いつの時代にも人気のあるクロスワードパズルは、ある意味で言葉の連立方程式とも言えるでしょう。その十字路の交点に知があるからです。

組織構造化と知の喪失

自由電子の量子力学的方程式であるシュレーディンガー方程式は自由電子の古典的なエネルギー式から出発しています。それから量子化の手続きを経ます。そして最も大切なことは、その自由電子が環境の違うところ、例えば陽子と組んで水素原子を共同で構成するとき、自由電子のシュレーディンガー方程式に陽子と電子間のクーロンポテンシャル式が付加されるということです。このことが物理的意味することは、今までの自由気ままな生活を送っていた電子（人間）が、環境の変化により階層化（社会）の道を一歩踏み始めたときに、電子の生活・行動様式が大きく変わってくることを示しています。

つまり、環境の変化による階層化の過程で、自由電子が従う方程式に秘められた電子の行動様式の知が、その基本方程式の変化により変わってしまうのです。そして元の知の体系は失われて、新たなる方程式に従った知の体系で行動するようになります。それはまた電子にとっての意味世界が階層化により新たなる意味世界に変わってきたことをも示しています。生命非生命のいかんを問わず、この原理はこの宇宙内のいかなる存在にも貫かれています。もちろん精神世界においても普遍的な原理であり、独りで静かに絵を描いているとき、先生が近づいてきて傍らでジーッと見つめられると、心理空間のサイトロンの運動は落ち着かず乱れます。これは独りで描いている時の心の知の方程式に、先生という外場のポテンシャル項が付加されたためなのです。このような意味で精神世界でも自己が置かれる環境というものがいかに重要かが分かります。

自由電子は、ほとんどの物理的条件に反応できるので、ある意味で全知性が高いと言えます。しかし、階層化の道を歩むにつれて以前の知を喪失して、新たなる知に従うようになり、さらに自由度も以前より制限されてきます。この筋書きは生命の進化でも同様であり、原生単細胞生命は、細胞１つでいろいろな機能を果たしている“なんでも屋”さんなのですが、多細胞化の過程で進化するにつれて各細胞は機能特化していき、はるか昔の単細胞の時に持っていた多くの知を失い、専門家の道を歩みます。この過程が植物より動物のほうで著しく進行したことについては前に触れました。

結局、基本実体である素粒子が持っている全知性の高い知が、原子、分子、有機分子から単細胞生命、多細胞生命という階層化の過程で失われていき、その知の喪失の反作用として、機能特化した多細胞連携による全知性の回復現象が徐々に出現してきたと考えられます。そしてその知の回復現象の渦中にいる存在そのものが人類の脳といえます。元々、肉体の細胞間のミクロレベルでは、発電機構やイオンモーターや物流・情報の高速輸送、記憶素子、防御システム、その他のハイテク技術はかなりの部分で何億年も前に開発済であり、それは遺伝子に基本ＯＳソフトとして組み込まれています。分からなかった当事者は脳だけだったのです。

できることなら、細胞レベルで開発したさまざまな技術仕様書をすべて、脳に関する使用していない遺伝子部位にでも組み込んでもらいたかったのですが、どうやらその道は選択せず、その機能は文化という、人間自身の自力開発による外的遺伝子に託してしまいました。恐らく、それは人類にとっては理解し得ない深い自然の知に基づいての選択なのでしょう。

しかしいずれ、人類が獲得した全知的情報を数ミリの読み出し可能なバイオ記憶素子にして、脳に埋め込まれる時代が来る可能性があります。そして神様や仏様は、「そんなに沢山のことを知ってどうするの」と笑うかも知れません。なぜならば神や仏は、この上なく崇高な究極の「不知」でしょうから。

実際、現代人の行動様式は、ほんの２、３百年前の人々から比べると、空間的広がりや時間的密度と情報量に関し、何十人分いや何百人分もの人生に相当し、まったく忙しい日々をこなしています。

著者が子供の頃、池袋の三の日の縁日で、小さな赤い鳥かごの中に白いハツカネズミが入っている売り物に、夢中になったことがあります。そのかごの中には梯子状のものを円形に閉じた回り車があり、ネズミがその回り車の中で果てしなく車を回し続けていました。その姿を見ながら、「もっとゆっくり回せば楽なのに」と思っていたのですが、本能的習性で回転は速まるばかりです。そしてまさかのことに、そのネズミのことを笑っていた本人が、現代社会の回り車に巻き込まれる羽目に落ち入ってしまいました。

これからの人類が、この“ハツカネズミのくるくる回り”に巻き込まれないことを望むばかりです。なぜなら、それは自分で自分の首を締めることになるからです。そして人類は効率、効率と脅迫観念のように言いながらも、全くつまらないところでその何千、何万倍もの浪費をしているからです。それは正しい知の道ではなく、歯止めの効かない偏った知の使い方によるものなのです。

恐竜は、少なくとも１億年以上繁栄していたのに、人類は繁栄し始めて１万年にも満たないで全地球的規模の環境危機を迎えようとしています。その原因は何なのでしょうか。今や「科学技術」は、その多大な現世ご利益から、地上で最も信仰者の多い無神論的宗教となっています。その宗教は現実社会で知を尊び、無知を排除し、有能な人材を求めます。そして、まさにそれ故に人類が次なるステージの門に入る資格があるのかどうかが試されているのです。

恐らくある背後の存在は、人類が絶滅すれば、この宇宙の他の可能性のある生命に何かを託すことになるのでしょう。その託すものが何なのかが分からないときには、それをXとして中和条件を心のうちに設定することが必要になります。無神論的宗教団体（唯物論）の会長である数理科学知こそが、実は「聖なる中和の神」であることに気づくとき、人類は「傲慢から謙虚へ」という精神的シフトを遂げることができるようになります。

仏教世界における挨拶の「挨」は導師が修行僧にかける「問い」であり、それは弓道でいえば、修行僧の立ち位置から遠くに投げ上げられた「的」でもあり、鋳型で見るならば負の圧力の凹型に相当します。そして「拶」は導師の問いに対する修行僧の「答え」となり、その答えは放たれた「矢」となります。もし勢いのよいその矢が導師の投げ上げた的のど真ん中に吸い込まれて的中すれば、その修行僧のピッタリの答え（矢）は、鋳型でみるならば正の圧力の凸型に相当します。矢が外れたときには、答えの型が問いの凹鋳型に合わなかったのであり、まさに的中という中和化に失敗したことになります。しかし導師には、的のど真ん中を外したものの、中心近くに当たったのかどうかが分かります。つまり導師は0である外れと1である中心への的中との間のにじみ、揺らぎの世界をも見通すことができます。

また「問い」の状態は受精直前の卵子（凹受動・負の圧力）の状態であり、鍵穴に対応します。そして精子の情報は鍵そのものであり、その鍵が合えば、精子の情報は「答え」となり、その中和化を果たした受精卵の扉から生命が発生してきます。「不知・無差異」である［０状態］は、知的生命にとっては不定性、不安定性、恐れなのですが、自由性、神秘性、好奇心をも秘めています。「知・情報」である［１状態］は決定性、安定性、固着性への収束となりますが、その裏に不自由性をはらんでいます。そして不知であることの深さを知る前に、その不安を知により埋めてしまいたがるのが知的生命の性です。

中和の「和」は、元は古代中国の楽器と関係しており、他者が加わる際の音響的調和を意味し、そこから「さまざまな思惑に揺れる人の心を合わせてやわらぐ」という字義が派生してきました。それは征服の知より調和の知を指し示しています。和音、和声は各音の個性を生かしながら調和することであり、それこそが、神に捧げる聖なるおとないの証しなのです。自然に和して溶け込み、自然を謳歌している時代には知の体系である科学などが出てくることはないのです。客観である自然と主観である自己を、見られる物と見る者との関係において分極化するときに産声を上げる科学は、その境界領域に発生する知の世界なのです。

しかし、漢字「知」の本来の字義は預言者や巫女を介して神のロゴスを告げることなのであり、同質性に満たされた異界からの分離があったことの証しでもあります。和は対立の消失による加法であり、個性を活かした創造的共生を伴う無分別化の道です。知は差分・分離による分別化の道を歩み、差異の発生を促すものなのです。

［2］ 知と記憶の痕跡

一般的に“記憶がある”というと、今現在までに覚えている経験、事項などを思い出せる状態を指し、人間の脳の中の記憶に限定していますが、実際は書物などの印刷物やＣＤ－ＲＯＭ、その他の情報記録体も人間と関わっている限り、人間の外的オルガネラ（小器官）と見なせます。つまり、人間が記憶として利用できる物は、すべて記憶を担っているものと言えるのです。考古学での遺跡や化石、岩石の放射性核種の成分、磁気履歴、地層、隕石クレーターの痕跡、花粉成分、ＤＮＡ系統解析など、過去の記憶を知る手掛かりとなるものはすべて私たちの記憶なのです。

そして、宇宙の記憶である宇宙内の水素原子やヘリウム原子の存在量や2.7Kマイクロ波背景放射の痕跡などから、人類は宇宙が今から約140億年前にビックバンにより誕生したことを知ることができるのです。分極化としての記憶痕跡は知の刻印であり、この宇宙には、まだ引き出されていない多くの記憶が眠っています。その記憶コードと接続しはじめた知的生命の出現の意味とは何なのでしょうか。そしてそれは宇宙という実存とどう関わってくるのでしょうか。

もちろん刻印された記憶のすべてが鮮明な痕跡として残されていることは少なく、長い年月とともに移ろい色褪せ衰退していきます。それは人間の記憶野にしても同様であり、反復頻度の少ないものやインパクトの弱いものは記憶から消えていきます。人の噂も七十五日と言いますが、これは記憶という秩序としての情報が、時間とともに徐々に変容していき、無秩序化していくという自然のエントロピー増大法則からくるものなのです。

記憶現状保存のためには絶えず外部からの物理的相互作用を極力最小化するか、または逆に一定の期間を置いてほぼ同じものを再生、再建し続けない限り避けることのできない自然現象なのです。そして、どちらの手段を選ぶにしても、エネルギーの補給なしには不可能なことです。そして両方の道を選んでいるのが、人間をはじめとする生命体であり、人間の意識における自己同一感もそれにより維持されています。しかしそのコピー復元能力も常に百パーセントではなく、わずかずつ変容していきます。

記憶の刻印は、なにも脳の記憶野の蛋白質変性や記憶媒体の物理的変質によるものだけではなく、新築された建物、完成された芸術作品、商業製品なども立派な記憶の刻印と言えるのです。そして、それらの１つ１つが新たなる知（分極化）の表現として息づいているのですが、遅かれ早かれ時間の中で色褪せ衰退していきます。これは、元の何も生まれ出ていない無変化状態（中和）である、慣性場に戻ろうとする傾向性でもあります。

この情報、知、記憶の衰退、下降、解体、落下の過程は物理的化学的階層が高いほど強く、それはバネの引っ張り（分極化・場の歪み）に対する反動力に類似しています。知の階層の高い意味世界である、人間精神世界のサイトロンが、常に場の歪みである重力場にさらされていて落下しやすいと喩えるのも、そのような意味においてです。高い知の階層や意味世界から、知の解体や意味の解体が進行していくと、歪みの反動力も小さくなり、その進行の終点近くにいる基本実体の素粒子などではきわめて安定な存在となっています。意味開示の起源となる物理的記号を付随する、それら基本素粒子の最終的な中和基準は、物質に対する反物質との相互作用による光子への転化しか残されていないのです。

しかし、この宇宙では今のところ反物質集団は存在していません。記憶はある現象作用に対する反作用としての刻印ですから、その解釈を広げると色々なケースが考えられることになります。単純な場合として例えば、質量と半径の等しい２つの完全弾性球体Ａ，Ｂがあり、速度ｖで運動する球Ａは静止している球Ｂに衝突すると仮定します（図30）。

この場合、差異の知らせとしての情報・知は速度（速さの大きさ

図30　完全弾性体衝突と記憶情報の交換

と運動の方向）に関するものしかなく、球体Ａの速度情報ｖは静止している球体Ｂに刻印されます。そして現象としての球体Ａの作用に対する記憶（反作用）として、球体Ｂは速度ｖで運動し続けます。もちろん作用・反作用の相対性から、逆に球体Ｂの静止状態の情報が球体Ａにも刻印されます。したがって、球体ＡとＢの衝突により、相互の知・情報が交換されたことにもなります。球体Ａは動を失って静を得、球体Ｂは静を失い動を得ます。この例は運動量保存の法則の簡単な例ですが、自然現象の中にはもともと、保存則を通して、このような記憶の原型的なものを内在しているがゆえに、全生命における遺伝子や私たちの心の中の経験という形の記憶世界が現実化していると言えるのです。

そして私たちは、長い年月を通して沢山の知や情報をどんどん学習・獲得していくと、知が貯まる一方で果てしなく利巧になるのではないかと誤解しがちなのですが、ここでの衝突の例のように、実はある１つの知を獲得すると必ずある一つの知を失うことを忘れがちなのです。

それが自然の摂理なのです。それは自由電子が水素原子の中で獲得した新たなる知・意味世界の代償として自由電子の知を喪失したのと同じです。最も身近な例を上げると、真っ白な無垢の白紙に「知」という漢字を捺印すると、無垢という知が失われるということです。電車の車窓から見る景色も同様であり、新たに見えるものが出てくれば、同時に見えなくなるものもあります。

得るものがあれば必ず失うものがあり、失うものがあれば必ず得るものがあります。化学肥料や農薬と水耕法などの機械化農法により、きわめて短期の間に効率的な利潤を獲得する代わりに多くの貴重な生態系と人間の健康の喪失を招き、土や水が荒廃します。そして物にあふれ生活が便利になればなるほど、厚みのある人間的なものが軽薄化していきます。１つの物のありがたさ、深さを感じている暇がなくなるのです。それは外なる充満が内なる空虚を引き起こすという理の典型と言えるのです。

知の世界が絡む対極的な性質の境界領域では知・情報の交換も行われます。球体ＡとＢの問題では、衝突した瞬間の領域がそれにあたります。科学者が観察対象物に対して何らかの直接的接触を試みるのも、実験・観察という衝突過程（一瞬の中和過程）であり、その過程を経て初めて知を得ることができるからです。

そしてその知を得るために何らかの形のエネルギー（労働、実験費用、その他）を失っています。つまり自然にエネルギーを渡して知・情報を獲得するのです。ですから、科学実験というものは自然界を相手にした人類の商行為と見なすことができます。人類は、短期に獲得した知を現実の世界で応用するとき、常にそれが何億年もかけて築き上げた自然生態系の英知よりも本当に優れているものなのかを、常に熟慮しなければならないのです。つまり、ある知を獲得したとしても、使ってはならない知や技術も必ずあるということです。

確かに、自然科学は宇宙の物理法則という真理性と関係はしているのですが、その応用である技術は、常に功利性、利便性に直結したものであり、人間の意味世界における精神性、思惟の発達とは無縁のものなのです。

何の過不足のない充足に満ちた、永遠性と対称性のきわめて高いエデンの園でのアダムとイブは、まだ明確には分極化していない潜在する対極性の象徴となります。エデンの園での内因的な励起現象と見なせる蛇の誘惑により、分極化の象徴である善・悪の「知識の木」の実を口にしたイブは、その美味しさゆえに夫であるアダムにもすすめます。共にその実を口にしたアダムとイブは、知の目を開くことによりお互いを“見るもの”と“見られるもの”との関係に変え、羞恥という文化に類似したものが芽生えます。

そして、無知の中和世界であるエデンの園（光γの世界）から知の象徴である差異・分極世界（物質・反物質世界）に追放され、生命に死が与えられます。光子は物質・反物質という対極的性質が一致する唯一の存在であり、ドイツの神秘主義的思想家ニコラウス・クサーヌス（1401年～1464年）のいう、知解を超越した「反対の一致」そのものである神にもつながっています。そして分極化としての知恵（Sophia）は常に物質化である受肉としてのロゴス（言葉、精神の始まり）に接続します。そのロゴスには自然の完全な物理法則も含まれます。エデンの園からの追放は、あらゆる受肉体に長い遍歴の旅を課したものであり、深い謎である宇宙の誕生という分極化そのものは、知的生命体に対する神（導師）の「問いかけ」でもあります。そしてある知的生命（修行僧）の正悟は、受肉体でありながら真の中和化を達成した、神の「問いかけ」に対する「答え」となるのです。

人類の多くの祖先が残した記憶の媒体である古代の書物、記録文献、遺跡などの凄いところは、何千年もの未来の人類を含めた知的生命と語り合うことができる点です。人類は、今現在の地球上の空間的広がりに対する人類との知的コミュニケーションだけでなく、過去という時間的広がりの上にいる祖先の人々の話を聞くことができるのであり、さらにその話を聞く現在の人が、記憶の痕跡としての新たなる記録を残せば、また未来方向での多くの子孫に語りかけることが可能になります。

つまり知の痕跡は、四次元空間全体に広がる可能性を常に秘めているのです。そして、今この地球上のどこかで未だ眠っている知の痕跡は、未来の私達に語りかけることができる日を待っているのです。あたかも、地球の無意識界から意識界に浮上してくるように。

３：主観－客観問題

［1］精神と存在

哲学の世界を大きく二分すると、アリストテレス以来の存在論と認識論になり、前者は「在るということは一体どういうことなのか」とか「ものはなぜ、また何のために在るのか」という、ものの性質とは異なる概念の分析学であり、対象とする分野によって、論理的存在、数理的存在、物理的存在、自然的存在、社会的存在、宗教的存在などのように変わり、またその各分野内でも、可能的存在、現実的存在、必然的存在、偶然的存在などが考えられています。そして、デカルトからカントに至る系譜の中で、存在が明確に主観性（思惟）に対する客観的存在という対立項として位置付けられようになります。

また、この存在論の根底には常に、［宇宙・世界］と［生命・人間］との間の意味に対する問いかけが横たわっています。一方、後者の認識論は、いわゆる知識の学であり、知覚、記憶、経験、思考、内省などが対象になります。認識行為は、意識世界における基本的な機能である「意志の力・意欲」と「情緒・感情」世界に並ぶ大きな柱を構成しており、主観の立場から見た世界記述になります。その認識行為は既に、千年以上前のスコラ哲学において、実質的認識、包括的認識、直感的認識、抽象的認識に立て分けられています。そして実は、二分されている存在論と認識論は、認識行為が存在の関係性と密接につながっているという点で深い関係にあります。つまり、認識論では世界や人間の実在を問うとともにその関係性も問うからです。

このように存在と認識にはもともと、主観－客観という対極図式が潜在していたのですが、なぜこの関係が哲学の世界で何百年にもわたって問題になっているのかについて、少し触れたいと思います。まず分かりやすくするために主観－客観関係をいろいろな表現でまとめると次のようになります。

［知る側］ 〈認識行為［主観凸］A≠A〉	［知られる側］ 〈認識対象［客観凹］A＝A〉
自己了解的・見る側・人間存在	目的論的・見られる側・事物存在
対象化する本性・精神・現存在	対象化される本性・自然・存在者
反定立・対象化しつつある存在	定立・常に対象化される存在
心的なもの・関心・志向性・対自	物的なもの・道具連関・用在・即自

これらの2極構造の中にある言葉の内で、定立・即自（客観）は、それ自身に即した未発展の段階を示し、それが常にAはAである（A＝A）、すなわち静的な固定・拘束性・平衡状態、絶対的同一性を意味します。また反定立・対自（主観）は、即自の状態から発展して即自としての自己の対立物が現れる段階を示し、それがA≠Aを意味します。それは現にある存在のあり方を否定し、それを超えていこうとする企てでもあり、ある状況を超える人間の自由性・非平衡状態につながります。

この対極的存在の規定は、ヘーゲル（1770年～1831年）が認識の発展における弁証法的揚起の説明で導入したものです。ヘーゲルは、この即自かつ対自がその対立を止揚して統一を回復した一段高まった状態、すなわち総合に至るとしたのですが、その揚起の核が矛盾の克服であり、それは何らかの形式の勾配から発生する力によるものです。この認識論における定立→反定立→総合は中和（矛盾のない状態）→分極（矛盾・勾配発生）化→上昇した中和（矛盾の克服）化に対応しています。

ところで、主観－客観の二極の語群をよく吟味すると、人間には精神だけでなく肉体もあるし、自然存在だって変化はあります。客観としての世界・宇宙は常に世界・宇宙であるとして、同一性原理（A＝A）に従う客観性を主張しても、その中には宇宙史的な進化が秘められています。逆に、主観としての〈私〉は非同一（A≠A）であるとしながらも、常に〈私〉は子供の時からの〈私〉であるという、記憶機能に支えられた自己同一感をともなっています。したがって陰陽太極シンボルのように両極はわずかながらも各対極を秘めているのですが、基本的な骨組みとしてそのような二極に分けられるということです。

さて、主観―客観問題に横たわる認識論の問題とは、「私たちの思惟（主観・弓矢）はいかにして存在（客観・的）を正しく言い当てることができるのか」ということであり、それは、また「人間の知という鋳型の組み合わせ方、すなわち言語・記号過程が客観的存在とどのようにしたら完全に中和化することができるのか」ということでもあります。矢が的のど真ん中に当たったときは、主観と客観が完全に一致した状態であり、完全に分かった、知った状態になります。

しかし、この議論で大切なことは、まず認識主体が存在しようがしなかろうが「世界は客観的に存在する」ということが暗黙の大前提であり、デカルト、カント、ヘーゲルもその立場にあります。そして多くの読者もこの立場を支持すると思います。ただ、世界・宇宙に関する哲学的存在論には、現代宇宙物理学者のジョン・ウィラーが唱えた強い人間原理説と呼ばれているものがあり、それは「世界・宇宙は観測者、認識行為をする者が存在するときにのみ存在する」という、量子力学の観測問題を拡張したものであることも、頭の隅に入れておいて下さい。ここではもちろん、主観・認識主体の存在、非存在に関わらず、独立に客観的世界は存在することを前提にして話を進めます。

次に主観－客観問題を認識行為との関わりで論ずる際に問題になることは、客観的存在に対する主観の認識行為の焦点化にはいろいろあるということです。例えば視覚、触覚、その他の感覚系や科学実験・観測による認識装置から思惟（悟性や理性）によるはたらきまでいろいろあり、また客観と一言で言っても身近な世界から極大、極小の世界まで範囲が広いようにです。つまり、主観の何を基準にして客観のどの範囲を認識しようとしているのかということも主観と客観の一致の議論には大切な要件なのです。

哲学の分野では感覚系と思惟との統合による主観を基準にし、認識主体の身近な世界の客観存在からスタートしています。その上で「主観としての認識と、実在そのものとしての客観との一致をどう確かめればいいのか、何がその一致を保障してくれるのか？」と問うのです。なぜかと言うと、客観に対する認識行為によって主観世界に生じたものが本当に正しいものなのかを、その当の主観は判定できないからです。

結論から言えば、人間の認識能力では完全な一致はありえないというのが哲学者の大勢ですが、経験論哲学のロックやヒュームなどは、人間の認識能力はどんぶり勘定に近いものだとさえ言っています。この問題を最初に考えたデカルトは神の主観においてなら一致するはずだと考え、神の存在証明にとりかかります。カントは間主観性（他者との共同確認）において主観と客観との対応が妥当であると考えます。ヘーゲルは、今のところは一致しないが、時間とエネルギーが十分に与えられれば、認識主体としての人間も最終的に、世界の客観的存在をあらゆる範疇において、すべて知り尽くした絶対知に到達できると考えました。デカルトはいきなり神に直行し、ヘーゲルはゆっくり神に近づいて行くという感じですが、ともに神において主観と客観が完全一致（中和化）する点は同じです。これは絶対中和が神であることをも意味します。神の概念は、哲学における認識論だけでなく客観的事物の存在論とも関わってくる問題ですが、ここではとりあえず立ち入らないことにします。

この主観－客観問題においてもう１つの興味ある論議は、世界の存在論との関わりで、根元的なものは主観なのか客観なのかという問題です。この問題は前に陰陽道のグラフ表現（図23）との関連で少し触れましたが、まず主観・精神世界のみで世界現象をすべて説明しつくせるとする立場が、形而上学的視点から見た唯心論的一元論です。

これは、精神は完全に非物質的なもの（純粋形相・絶対精神）とし、物体的存在とは精神的なものの所産であるとしています。つまり、精神が唯一の独立変数であり、物的存在はその従属変数であるということです。認識論的視点では観念論に相当しています。哲学史の大雑把な系譜ではプラトンからプロティノス（204年～269年）、ライプニッツ、ヘーゲルに至る流れです。それからキルケゴール（1831年～1855年）の有神論的実存主義からフッサール（1859年～1938年）の現象学を経て現象学的実存主義のハイデッガーやサルトルが出てきます。

しかし、フッサールからサルトルの流れは、絶対唯心論というより人間主観主義的世界観と言うべきでしょう。弁証法的観念論と言われるヘーゲル哲学の精神現象学を簡潔に表現すると、人間の精神によって人間世界に客観的なさまざまな実体や法律が現象しているように、世界・宇宙という実在とその内部のさまざまな生命を含めた客観的存在、並びに自然法則などは、神という純粋な絶対精神・ロゴスの弁証法的自己展開によって現象しているものだとするものです。

これは主観（精神）が客観（世界）に現象する流れですが、神と宇宙の関係は別にしても、実際に人間精神と人間社会内部の関係や対自然との関係はこの流れになっています。また、絶対知に至るかどうかは別にして、定立（問題になる差異がない中和状態）——反定立（問題の発生という分極状態）——総合（その問題の解決による止揚された中和状態）という弁証法的発展によって物質が構造的に進化したり、人類が知をつみ増していくことも事実となっています。つまり、人間の主観的世界観の範疇では、そのようになっているのです。

次に、客観的な物質存在の関係性のみで世界現象と、主観である精神や心の動きも説明できるとし、神とか霊魂は非現実的な観念に過ぎず、存在しないとする立場が唯物論的、実在論的一元論になります。これはまず客観（世界・存在）がまずありきであり、その客観的世界が主観（精神・意識）に現象しているという流れです。その素朴な源流はターレス、デモクリトスにあり、エピクロスの自然学から近代のブルーノ、トーランド、ディドロを経てフォイエルバッハ、マルクスに至る系譜です。

そしてその後に、形而上学的主知主義に対する反動としてレヴィ・ストロースの構造主義などが出てきます。マルクスは、唯心論派であるヘーゲルの歴史観における弁証法的止揚に注目して、経済学に史的唯物論を導入したのですが、その資本論の弁証法は、ある意味でヘーゲル的な絶対精神を絶対物質と絶対構造に裏返したものとも言えるので、極端に人間の精神性が置き去りにされた感があります。しかし、当のマルクス本人に資本論を書かせる動機となったものは、マルクスの民衆に対する深い慈愛にあったことも事実であり、それを汲みとれなかった後継者にも問題があったことも確かです。

主観主義と違って客観主義は、確率過程を別にすれば誰が同じことをしても同じ結果が出ることが基本なので、実証主義的世界観に多くの自然科学者が与するのはよく理解できるのですが、その当の客観主義者も「世界存在と自然法則（アルゴリズム）」の究極の起源と意味を問わないのも事実です。客観主義的世界観においても必ず言葉では言いつくせない領域があります。

そして、フッサールの現象学をきっかけにして出てきた、ハイデッーガーの人間実存のあり方にも関わる存在論において、「存在」という言葉を「神」という言葉に置換しても、ほとんど話の筋に矛盾を起こさないとい事実は、客観の根底である「存在」そのものを問うと何らかの形式で神概念と交錯してくることになることを示しています。つまり、主観世界の極致である絶対精神＝神の問題と客観世界の根元的問題である存在論が表裏一体であるということです。前にも述べたように、デカルトは精神と物質は相互にまったく独立な存在であるとする二元論を唱えました。つまり主観と客観のどちらからも他方を説明することはできないとする立場です。

ここではきわめて大ざっぱに主観主義（心に物質が踊らされている）と客観主義（物質に心が踊らされている）という、世界観に関する大きな２本の思想の木に触れましたが、そのどちらも系統樹のように枝分かれしており、それぞれに深い真理をついている部分があるのも確かです。なぜなら、まさに人間こそが、この両側面を際立ったかたちで備えているからです。そしてまた独りの人間に大なり小なり内在する諸観念、思想は個人史の中で揺らめき、また盛衰があるものの、時間的にも空間的にも揺らめきながら、多集団化において特化した思想グループへと枝分かれするのも自然の理だからです。

丁度それは、植物界と動物界という大きな２本の系統樹の末端に存在するさまざまな生命が、ＤＮＡという知識学・思想の表現形であり、そのどれもが尊い現前と言えるようなものです。

[2] 前主観の段階的分類と基本実体

以上の主観（凸）―客観（凹）問題の関係性を鋳型に関する中和と分極概念から考察する場合は、環境としての客観から主観が分離していくと考えます。しかし、この表現は、今までの一般的で漠然とした客観というものに対する認識によるものから出てくるものであり、正確には客観自体に既に主観を生む要素を内在しているということです。ただ、いきなり私達が意識している主観が客観から出てくることはないので、そこまでに至る前主観的な段階的要素を、主観としての意識現象の基本的な最低限の機能である“見る”と“見られる”関係から枠付けしておく必要があります。

[前主観的要素への段階的発展]

(1)客観的存在である素粒子のような基本的実体には、分極により生まれる構造的広がりとしての延長と意味記号（電磁荷、スピン、質量など）としての思惟が同時に相互付帯している。基本実体を幾何学で喩えると、次元的容量（線の長さ、面積、体積、量など）が延長であり、次元的形態（曲線、三角形とか球体、質など）が思惟に対応する。そして、どのような幾何学的実体も常にその両属性を同時付帯している。したがって、ある実体の延長と思惟そのものは凸凹関係にあるのではなく、両者が合体して実体そのものが消失することはない。単一実体にある延長と、思惟という両属性は、多集団（高分子）化の過程で機能特化し、延長は空間的集団構造となり、思惟は三次元的構造体の形態としての知・情報・機能となる。単一基本分極実体が消滅するときは、その分極実体（凸）の対極的実体（凹）との合体にのみよる。また当然、実体と反実体の延長と思惟同士は相互に対極関係にある。

⑵客観とも主観とも言えない、初期の相対的で対等な分子レベル（蛋白質など）での鋳型関係［巨⊐］の形態的境界領域に知（認識）の起源がある。

⑶何らかの原始的な記憶機能（例えば、読み出し書き込み自由のＲＡＭ型）高分子が出現し、そこから読み出されて表現されたり、逆に体験として蛋白質から短鎖ＲＮＡ（リボ核酸）に書き込み蓄積される。

⑷客観的他者を鋳型（凹）にして、製品としての自己（凸）を生み出すのではなく、自己自身を鋳型にして自己複製する自己触媒型ＲＮＡの出現。これは自己自身が認識の対象であり、その認識のための受容装置も自己自身であることを意味します。つまり、自己（意識）を見て自己（意識）を複製する能力を備えた段階です。これを、意識の特徴である“見る”と“見られる”関係の前段階と見なし、「前主観」の定義とします。このようなＲＮＡの場合の“見る”と“見られる”関係は、情報図書館として知をしまい込んでいるＤＮＡ（同時的）とは違って、時間的に振動しているタイプとなります。上の自己に（意識）を付加したのは、意識自体が、“見る”と“見られる”関係にあるので、自己触媒型ＲＮＡは意識

と相似関係にあるからです。意識とは動的な自己意識活動の同時認知につきるからです。

(5)さまざまな知・情報を取り込み、それらを組み合わせたり、共存させたりして新たな表現形を創造する。例としては、遺伝子進化と原核細胞から真核細胞への進化、そして動物から植物の分岐関係における取り込み共生進化。

(6)客観的刺激情報を感覚機能系として確立し、受容が可能。これは、客観（環境）と前主観（細胞質全体）との境界領域である細胞膜が知（認識）の領域として発達したもの。

(7)細胞内機能体間の相互コミュニケーションがあり、ある目的に対する行為現象が同期して統合（細胞内コミュニケーション）されている。

これらの前主観的段階を、環境における分子進化の過程で少しずつ確立して上昇し、多細胞という集団化の過程で機能特化し、鋳型関係システムの最上位の段階である「自らの行為を知りながら行為を続ける、“見る—見られる”関係の動的共存」段階で意識としての主観が大枠として確立されます。

そこでまず、宇宙を含めた客観自体の存在の起源と意味は留保して、最初に一般的な意味での客観（原始地球の海あるいはその他の環境）ありきからスタートすることにします。そして一般的に、主観とは異なる客観的存在と見なされている素粒子のような基本的実体そのものに、すでにその後の多集団化による主観、すなわち意味記号系を静的・動的関係性において認識・創造・表現する意識世界へと導く要素が内在していると見なします。それは基本的実体（存在・素粒子）は必ず何らかの形式の中和状態が破れた分極状態にあり、その分極化のときに意味世界形成に必須の記号（電磁荷、質量荷、スピンなど）と広がり・構造性を付帯するからです。

そして、前にも述べたように、記号があっても、その記号系がどのような関係性で運動し組み合わさっていくのかを決めるルール（文法・法律）がなければまったく意味がありません。その記号に関係する場とその記号を持つ基本実体の相関に内在するルールが自然法則です。それは実在（ハード）ではなく関係性規定（ソフト・プログラム・アルゴリズム）であり、意味世界・精神性につながる源流でもあります。つまり、客観的な基本的実体そのものに内在する属性は多集団化の過程で、確率的に属性特化する可能性が潜在的に秘められているということです。基本実体の「延長」という属性で特化したものが、私達の目に見える物質存在や肉体構造、さらに惑星や太陽系、恒星や銀河などの瞬間的な静的広がり・構造性であり、今まで、私達はそれを客観的存在と見なしていたのです。

そして、「思惟」という属性で特化したものが、それら物質集団の外的形態、運動性や、生命の刺激信号、映像、身ぶり、言語その他の記号系を、光子や重力子を媒体とする自然法則にもとづいて意味化して進化する動的精神の存在です。運動性の起源は思惟（電磁荷、質量荷など）間の勾配により誘起される現象であり、銀河の回転や太陽の発光現象は、それらの延長としての存在が表現している素朴な意味世界です。生命の精神性は思惟勾配から生じる運動性の最も高度な意味世界表現となっています。

哲学の世界においては、基本実体は神であり、神の二属性として客観と主観があるとしています。同一体・絶対者としての神概念を留保すれば、スピノザ以外にもＪ．フィヒテ（1762年～1814年）哲学の後継者であるＦ．シェリング（1775年～1854年）も大枠で同様な立場にあります。シェリングの同一性とは客観と主観が絶対者・神において一致するというもので、同一体＝神です。これはデカルトの主観－客観に対する考えとも同じです。シェリングは精神の中にも自然的要素があり、自然の中にも精神的要素があると考え、同一の絶対者からの分離・堕落により現象世界（宇宙）は生じたと見なしたのです。これは先に述べた視点とほぼ同様な流れです。そして「あらゆる存在の最高法則は同一の法則である」と言います。これは結局、最高峰の中和基準（絶対同一・神）とその破れとしての分極（分離・堕落）により世界が誕生したということを意味しています。

ここで注意しなければならない点は、前にも触れたように、基本実体（同一体）の二属性の延長と思惟はそもそも、対極的な分極関係にはなく、相互に結合して消滅するものではないということです。そして、基本実体の多集団化により生まれている、その二属性の属性特化である客観と主観という立て分けと、哲学者（思想家・人間精神）の視点で見た、やや曖昧な立て分けとでは意味が異なってきます。そして、どちらにしても、主観と客観の一致という結合は、理解という基準において、完全なる中和（理解）が達せられることを意味しています。つまり、主観と客観という分極関係の完全な一致結合により消滅するものは、「客観というものを主観（精神活動）によっては完全に理解できるものではないという課題」そのものなのです。

さらに、全知全能という肯定的定義を神に与えた場合にのみ、神において主観と客観が一致するという視点が生まれてくるということです。分極関係にある主観（精神）と客観（自然存在と肉体）そのものが消滅するのではないのです。消滅するものは、常に対極的性質としての中和基準に依存します。平衡関係なら、上下とか左右、大小という対極関係が中和により消滅するようにです。この「主観・客観の一致」問題と「主観（精神）は客観（存在の関係性）によって説明できるか」という問題は、別です。

また、本節の視点から見ると、哲学者の「主観（精神）は客観（存在）から派生したものか、あるいはその逆の、客観は主観から派生したものか」という唯物、唯心論的立て分け自体には問題が潜んでいます。それは、客観と主観の源流である、素粒子のような基本実体の延長と思惟の関係において、「延長は思惟から派生したものか、あるいはその逆なのか」と問うことと同じです。つまり、延長である長さによって思惟である曲線形が決定されるのかとか、またその逆を問うようなものだからです。

そもそも、このような主観と客観に対するどちらかの主従関係の視点が哲学者の間で生じたのは、客観に対する規定が曖昧であったからなのです。したがって、真に正しい問いかけは、「基本的実体の二属性である延長と思惟のうち、思惟はどのようにして多集団化の過程で主観となったのか」になるのです。そして、主観の原点とは内的外的行為の自己認知能力そのものであり、記憶知の組み合わせによる創造性はその後の精神能力です。

シェリングは哲学を次のような自然哲学と先験哲学に分けています。

［客観ありき］	［主観ありき］
□自然を純粋な思考規定へ変えようとするもの。	□自然がいかにして主観から出現するのかを問う道。
□自然から知性を説明する流れ。	□知性から自然を作る。
□観念を実在から説明しようとする。	□実在を観念から説明しようとする。

そして、歴史とは、主観的なものと客観的なものとの相互調和がますます完全に実現されていくものと述べています。シェリングの哲学は、師であるフィヒテの主観的観念論（我々の認識作用を離れて何ものも独立には存在しないという思想）と違って、主観と客観

が同じように共に真実であり、それは絶対者（神）の現れであるとする、客観的観念論と言われています。その絶対者を留保しても、既に基本的実体に思惟（主観）と延長（客観）という属性が記号性と広がりという形で内在しているのです。したがって、主観―客観という対極関係はあくまでも、基本的実体の多集団化によって分極・属性特化した人間の主観から見ての対立であり、そもそも基本的実体においては、そのような対立はなく調和した内在となっているのです。

しかし、属性特化した人間主観（見るもの）にとって客観世界全体（見られるもの）との認識的一致は常に追求されるべき課題となるのです。なぜならばその欲求は、元々、基本的実体として一体である思惟（主観）・延長（客観）が多集団化による分極によって生じた勾配からくるのであり、分極以前の起源に回帰・合体するという無意識の中和化の衝動だからです。

シェリングの知的直観・絶対認識とは、［思考・思惟（主観）＝存在・延長（客観）］という方程式、平衡関係、中和、真の自体が成立することであり、東洋哲学では、それを梵我一如［梵（ブラフマン）＝我（アートマン）］なる関係で表現しています。そしてそのことは、正しい瞑想による解脱（正悟・絶対直観）でしか可能ではないことを説いています。一切了解（分かる）とは中和そのものを介すからです。だが不思議なことに、脳という静的構造体の中で生じている動的意識こそ“見るもの”と“見られるもの”とが見事に調和して存在している関係性そのものなのです。

シェリングの「普遍」とは無差別・中和であり、シェリングの困難とは、本書の文脈で言い換えると、「なぜまったくの無分別な絶対者の中和状態から差別・分極が生じたのか？」ということです。なぜではなく、どのようにして生じたのかについては、日夜、世界中の物理学者が説明しようとしていることなのですが、それも結局、新たなる仮定を導入するのであり、常に説明できない領域は後退していくばかりなのです。

基本的実体の物理量としての電磁荷や質量荷その他を差異の知らせとしての記号と表現しているのは、これらの量が単独に決められたものではなく、「宇宙全体という構造関係によって決められている」という広義のマッハの原理（ただし、アインシュタインの努力にもかかわらず、物理的にはまだ理論的に具体化されていません）に基づいています。そしてこれは、記号としての言語が構造関係の中で初めて意味関係を形成するという記号論のソシュール（1859年〜1913年）や構造主義のレヴィ・ストロース（1908年〜）の流れに対応しています。記号としての言葉や人間実存においては、ともにいくつかの意味構造が縮退しており、それらが位置する構造関係で、それらの多重な意味世界のうちの１つが選択されるからです。しかし、言葉や人間実存も最初は絶対的与えられからスタートしているのです。

［3］自己触媒型ＲＮＡと前主観

以上の第一段階の認識論的基盤に基づいて、次の段階に進むことにします。素粒子から原子、分子へと上昇し、次なる分子進化の過程で炭素源分子や窒素源分子から各種アミノ酸、脂質、糖類、蛋白質、塩基などが非生物過程で蓄積され、たとえ分子量が若干少なくとも鋳型と製品という分極関係の安定な分子が発生した段階を知・情報の起源と考えます。

この場合の客観とは、そのような分極関係を生むことが可能な限られた環境ということになります。その環境による鋳型関係の製品が宇宙からの隕石や彗星からのものでも何の問題もありません。ただ他の客観的環境で産まれただけの相違です。おそらくそれはアミノ酸重合によるポリペプチドから、その高分子である蛋白質あたりから始まります。さらに、この分極関係の多様化の過程で異なる製品同士の連鎖が可能となり、さらに分子進化は発展し酵素的要素を持つ特異な蛋白質やプリオン様のものなど、いろいろと生まれてきます。

ここで大切なことは、異なる環境としての鋳型によってできた異なる製品同士が長い時間の中で組み合わさる過程こそ知の組合せ過程であり、前思考の起源だということです。この知の組合せの進化は、遭遇確率密度に寄与する時間の長さと分子存在総量と各分子が拡散しない適正ニッチに依存します。また、確率過程による偶然性も前思考過程として組み入れられます。

人間の思考も基本は知の組み合わせであり、それによってできた新たな鋳型系列が新たな意味や仮説の表現に対応するからです。私達は現代のさまざまなメディア情報の海の中にいて、漂う情報のスープから自己の関心（鋳型）に沿う情報を種々選択して知や意味を構成しているのです。その構成場が原始地球の場合では広大な海の中であり、人間の場合ではちっぽけな脳の中ということです。

しかし当然まだ、その海の中の蛋白質段階では組み合わせをしていることを知りながら表現するような段階ではありません。この一連の過程で単鎖高分子のＲＮＡ様の製品（ＲＮＡ前駆体）や袋状の蛋白質高分子体などが相互に影響し合いながら生成されると仮定します。そのうちにＲＮＡも長くなり、折畳式の二重鎖状になり、さらに発展して自己触媒能を持つリボザイムのようなＲＮＡも出てきて、酵素のはたらきをしてＲＮＡの自己複製が可能となります。この不安定なＲＮＡの自己複製能が裸の状態で可能になったのか、袋状の中で可能（ＲＮＡウイルスの前駆体）になったのかは不明ですが、不安定なＲＮＡの加水分解から守る意味で、常に何らかの形で蛋白質がまとわりついていたと見なすほうが無難です。

まずＲＮＡ前駆体と蛋白質のセット（真核細胞の核質にあるｓｎＲＮＡという、底分子ＲＮＡと蛋白質との複合体にも見られる）が基本になって、その後の進化過程で複製能のあるものと、ないものなどのＲＮＡウイルスが出てきたり、さらには原始細胞へと分岐するものが出現するというシナリオです。一般的にはＲＮＡウイルスやＤＮＡウイルスは、細胞内での活発なＲＮＡや遺伝子ＤＮＡの動的な要素である転移ＤＮＡ（トランスポソン）などの存在から、細胞からの脱藩侍か素浪人のような存在と見なされていました。しかし、それだけではなく、独自に進化した可能性もあることが言われ出しています。

いずれにしろ、自己複製能（自己を鋳型にして自己製品を生産する能力）の完成が環境からの離脱のきわめて大きな第一歩になり、それこそが客観からの原型的前主観の分離の起源と言えます。ＲＮＡの自己複製の場合の自己は、親製品（凸）としてのＲＮＡであり、レプリカーゼ（複製酵素）により作られたものがその鋳型（凹）になり、その鋳型から子製品としての自己ＲＮＡが複製される仕組みです。

以上の分子進化に関するシナリオは、フランシス・クリックのＲＮＡワールド説（1968年）やその他の諸説を組合わせたものです。このシナリオが分子進化の真の過程かどうかは別にしても、その過程のどこかの段階に客観というものに対する認識というものの起源が秘められているのではないかと考えているわけです。主観―客観問題における認識行為というものの起源を考察する場合、分子進化の真のプロセスまでにはまだ多くの曖昧な点が残されていることは事実ですが、「有機高分子の自己複製能を獲得した段階が環境としての客観からの分離・自立の真の始まり」と見なすのです。

自己複製ができない段階の鋳型関係では、相互にどちらが環境でどちらがそれに対立するものなのかは曖昧で混沌（対等な関係）とした関係になっています。ケアンズ・スミスの粘土鋳型説ならば、環境としての粘土が凹鋳型で、それからできた製品が凸となり、対極関係は明確なのですが、それでも自己複製能がない限り、環境からの自立とは言えません。

いずれにしろ、他の存在ではなく、製品としてのＲＮＡ自身から鋳型を作り、その鋳型から自己を複製する段階は、明らかに環境と何らかの関係を持つ鋳型関係の段階とは異なります。これは喩えて見れば、大理石の彫刻そのものが自分で石膏を練って、それを頭からかけて鋳型を作り、さらに離型してから、その鋳型に石膏を流し込んで複製石膏像を作るようなものなのです。

もちろん、複雑性と再生プロセスにおいてはレベルもシステムもまったく異なりますが、実は意識の自己監視も文脈的にはまったく同じ過程なのです。自己触媒能を持つＲＮＡの自己複製には、ある一定の時間がかかりますが、ＲＮＡの関与は別にしても、このような自己触媒複製過程を蛋白質との関わりで短時間に行えるシステムは記憶の取り出し機能とも部分的に関連してきます。なぜなら自己触媒複製能があるＲＮＡそのものが、もう既に海という環境からの長い時間を経た経験蓄積（記憶）の塊そのものであり、それを複製することが経験という記憶を取り出す行為だからです。

しかし、環境（客観）から自立したからと言っても、環境との相互作用はあるのであり、安定した自己複製による自己保存が可能という意味での自立です。自己複製には、ある確率のエラーがつきものであり、それ故に環境との関わりで新たな機能を獲得したりすることもあります。エラーやミスも１つの新しい組み合わせであり、機能として生き残るケースもあり、実際、人間の発見や発明などでもこのような事例があるのです。エラーの組み合わせの多数化は長い時間と自己複製数を通して達成されます。生命の免疫系は複製エラーとは言えないのですが、組み合わせの多様性という意味で、自己複製能を持つＲＮＡの進化に類似しています。免疫系は、あらかじめ蛋白質の可能な組み合わせによる何百万種類もの抗体を準備しておくという手段を取り、生命体に侵入してきた抗原（環境）鋳型に合う抗体が中和化（無毒化）の救世主として選択され、その有益な抗体を機能として記憶させるパターンを取るからです。もちろん、新たに学習することもあります。

そしてさらに、さまざまな教育研究環境から脳内に形成された固有の知的組合せを通して発表される、世界に広がる多数の自然科学者の仮説群が多様な免疫抗体に対応しています。そして自然という客観との実験を通した中和化により、その仮説群から正しい仮説が選択されて科学理論として確立されます。この場合の中和化は毒の消去ではなく、謎（難問）の消去です。その中和化を通して人類の知が蓄積されていきます。そして免疫系と同様に選択された理論（抗体）は応用の段階に入ります。

自然選択とは、客観としての環境鋳型（凹）に合う知の組み合わせ表現（凸）が選択されるということです。また、環境から新しい高分子（情報）を取り込んだりする、環境との相互作用も常にあるのであり、その過程の中で自然選択という環境鋳型に合うものを振るい分ける作用もあれば、偶然に生き残る場合もあります。その浮遊している高分子チップは、自立した異なる機能を持つＲＮＡの破片や蛋白質殻を持つウイルス様のＲＮＡであることも十分に考えられるので、各種のＲＮＡ自体も進化過程にある当のＲＮＡにとっては環境に相当します。つまり、ＲＮＡ社会における網目状の空間的相互作用もあり得るということです。

これは人間の社会集団化過程での社会内相互作用により、知や言語が発達していくのに類似しています。機能性高分子の進化とは結局、何らかの形式の知の発達と言えるので、私達個人の知の発達に照らして見ると分かるように、１つの原理（例えば学校教育）だけでなくさまざまな要因が作用していると見なすほうが自然です。自己増殖可能な多数の母集団を持つ各種ＲＮＡ世界での相互作用では、自然選択だけでなく、確率に基づく偶然の出合いによる存続も大きいのです。ジャック・モノー（1910年～1976年）の言う、必然と偶然の絡み合いです。

しかし、それでも根底に内在する思惟という属性要素は、時間（垂直伝搬）と空間（水平伝搬）という多数化の確率の中でわずかながらも現実化するのです。たった一個の特殊な自己触媒能を持つＲＮＡでも、増殖しはじめたら、それはあっという間に一般と化すのです。

［4］ＤＮＡを持つ最初の分裂増殖可能な細胞

非生物生成分子から原始細胞まで

さて、やっと自己増殖型の単鎖ＲＮＡ世界から二重鎖ＤＮＡの世界が始まりますが、ＲＮＡワールドが先にありきの説に対する異論もいろいろあります。しかし、ＲＮＡとＤＮＡの最大の相違点は五炭糖（ペントース）類にあります。そのうちの、ＲＮＡの構成リボースが原始地球の海の非生物的分子スープから生成可能であるのに対して、ＤＮＡの構成デオキシリボースは非生物的合成が不可能で、生体内の酵素還元によるしかないという事実を考慮すると、ＲＮＡ説の方が自然であり無理がありません。

また中和状態（卩巨）にあるＤＮＡはあくまでも知の情報倉庫で

あり、一部の原核生物のＤＮＡに見られる動的な転移遺伝子（トランスポゾン）を除けば静的な存在です。そしてＤＮＡの情報が開示されるためには酵素蛋白質や各種のＲＮＡの活躍が必要なのです。ということは、逆に見るとＤＮＡデオキシリボースよりＲＮＡリボースのほうが酸素が１つ多く、かつ単鎖という分極状態にあって動的で活発な各種ＲＮＡが、心地良い何らかの蛋白袋の中で、非生物的生成が可能な各種の酵素的蛋白質と共同で長い年月をかけて情報図書館（単鎖ＤＮＡから二重鎖ＤＮＡ）を作り上げたと見なすほうが無難と言えます。

さらに、情報量の勾配を少ない順から見ると、蛋白質（少）→ＲＮＡ（中）→ＤＮＡ（多）であり、いきなり圧倒的な情報量を持つ、むき出しのＤＮＡが先にありきはやはり不自然です。この二重鎖ＤＮＡ（凸凹）こそ、初めて両極の鋳型関係がセットになって、自己（ＤＮＡの片側）を鋳型として増殖するという、第二段階目の重要な環境自立型の前主観的要素となるので、もう少しこのあたりの起源領域について考察したいと思います。そして、リボザイムＲＮＡは１倍複製増殖であるのに対して、ＤＮＡ型は、２倍増殖であることが分子存在の全体的保存安定性に大きな寄与を果たします。

レトロウイルスや正常細胞の部分でのリボザイムの発見（1970年、独立にH.テミンとD.バルチモア）は例外ではあるものの、一般的な細胞の形質発現に関する情報の流れは、Ｆ．クリックの提唱した（1958年）セントラルドグマと言われる、ＤＮＡ（司令）→ＲＮＡ（情報伝達）→蛋白質（形質発現）であり、逆流することはないというものです。その流れのはじめのＤＮＡ（前主観的存在）の前に多細胞体である人間主観を置くと、主観としての人間のバイオテクノロジーで客観としての蛋白質を人口合成する流れになります。これは、主観が客観にはたらきかけて世界を変えようとする主観→客観型の、「精神が客観世界に現象する」流れです。この流れは実際に人間の社会現象（特に最近、ＤＮＡ工学で加速される傾向にある）で起きているのであり、それゆえにまたアリストテレスからヘーゲルの系譜で、人間主観のさらなる上空に神なる絶対精神を見るようになってきたわけです。

また一方、ターレスからフォイエルバッハ、マルクスの系譜である唯物論では、「客観世界が精神に現象する」流れであり、客観世界から人間主観が説明できるという客観→主観型になります。

＊唯心論［主観⇨客観］：絶対主観⇨人間主観⇨ＤＮＡ（前主観）⇨ＲＮＡ⇨蛋白質

＊唯物論［客観⇨主観］：原子分子⇨蛋白質⇨ＲＮＡ⇨ＤＮＡ（前主観）⇨人間主観

この唯物論的な流れにおける、非生物的生成の原子分子→蛋白質、リボザイムとリボヌクレアーゼＨ活性体によるＲＮＡ→ＤＮＡ過程、ＤＮＡのある分裂可能な細胞の多細胞化により最終的に主観が発生してきたこと、客観世界（自然）が我々にはたらきかけてくること、そしてまた物質によって心が乱れたり、踊らされたりすることなどは実際に起こっていることです。生命の起源を考える生物学者を特に悩ましている領域は、蛋白質→［短鎖ＲＮＡ→蛋白質を合成できる程の情報量を持つ長鎖で、折りたたまれて二重鎖状になっているＲＮＡ］→ＤＮＡあたりです。この領域で大切なことは各種酵素蛋白質と［短鎖ＲＮＡ＋蛋白質］複合体と知の境界としての細胞膜前駆体（メソソーム様体）の絡みが相互に跳返り、長い時を要するにしても好循環進化を遂げている可能性があるということです（表6）。つまり、情報的に一段上に昇った階層の存在が逆に下位の階層に作用しはじめて、その下位の階層の多様性がさらに増していくというサイクルです。それは現在の人間がバイオテクノロジーにより、自

表６　分子進化から細胞分裂可能な原始細胞までの発展史

〈非生物的自然生成〉

[α]

炭素源　窒素源 CH_4　NH_3 CO　NH_2OH CH_2O　N_2 HCN,H_2S,H_2O	⇨	［無機塩類］ S,P,Mg,Fe,Ca K,Na,Cu,Zn, Co,Mn,B,I,Si	⇨	糖類、燐酸塩 各種アミノ酸 多様な蛋白質 塩基類、脂質 （A,C,G,T,U）

[β]　⇩

［ヌクレチオドの進化］ 燐酸＋糖＋塩基 短鎖ヌクレチオド オリゴヌクレチオド RNA前駆体 プレRNAと蛋白質複合体 （snRNA,hnRNA）	⇦⇨	［蛋白質の多様化］ 球状蛋白質 単純蛋白質 複合蛋白質 （糖蛋白質・リン蛋白質） 原始酵素蛋白質	⇦⇨	［膜構造体の進化］ 糖＋脂質＋蛋白質 親水性コロイド 蛋白質のゾル化 小球状膜胞体 （コアセルベート様） 小多面体膜胞体

[γ]　⇩　⇧　⇩　⇧　⇩

リボソーム前駆体 （RNA＋蛋白質複合体） トランスファーRNA メッセンジャーRNA	⇦⇨	ミクロスフィアー ミクロフィラメント（微少繊維） 微小管（線毛・鞭毛） 各種酵素蛋白質 リボザイム・逆転写酵素 （RNA依存性DNAポリメサーゼ）	⇦⇨	袋状膜構造体 多面体膜胞体 メソソーム前駆体 （膜構造体）

[δ]　⇧　⇩　⇧

RNA・DNAウイルス	⇦⇨	メソソームのある前原核細胞体 （メソソームはDNA複製に関与）

然にはない核酸や蛋白質の組み合わせを合成して下位の階層に投げ入れるのと同じなのです。

しかし、人為的な場合が好循環になるのか悪循環になるのかは、自然が判定することなのです。表６の縦矢印の双方向性はそのことを意味しています。また表中のオリゴヌクレチオドは少数の核酸が燐酸ジェステル結合で重合したものです。snＲＮＡやhnＲＮＡは、それぞれ真核細胞の核内にみられる［底分子ＲＮＡ＋蛋白質］複合体と、蛋白質情報を伝えるメッセンジャーＲＮＡ（mＲＮＡ）の不安定な前駆体であり、トランスファーＲＮＡ（tＲＮＡ）は、蛋白質を作るのに必要なアミノ酸を、蛋白質合成工場であるリボソームのところに運搬するものです。

球状蛋白質が螺旋状につながった繊維状のミクロフィラメントと管状の微小管は、細胞骨格をなすと同時に細胞自身の種々の運動性統御に関わるものであり、多細胞の運動同期にも深く関係しています。肉体の運動系から意味（言語）の運動系に移行した意識世界の同期・統一性にも、ニューロン細胞の中にある微小管が関わっているのではないかと予想している研究者もおり、前に触れたペンローズもその１人です。

確かに、この微小管は高等植物以外のすべての細胞にある、細胞分裂運動の統御中枢である中心体そのものでもあるのです。やはり微小繊維の振動や管構造ということから連想することは、波動現象による情報伝達を可能にするウエーブガイドの機能ですから、細胞質液を介して何らかの物理的場の信号が伝搬している可能性は考えられます。特に２個の中心体が直角をなして位置していることは、どうも波動位相と何か関係がありそうです。読者の中で興味のある方は是非とも解明していただきたいものです。

次に、表６中のメソソームですが、これはもともと、細胞膜が陥入してできている膜構造体であり、著者は非常に重要視しているものです。前にも細胞膜は知の境界領域であり、多くの機能を備えているきわめて重要なものであることを述べましたが、実際、この原核細胞におけるメソソームの機能には、電子伝達と燐酸化、細胞壁形成、蛋白酵素の分泌、ＤＮＡの複製、分裂への関与などがあります。また真核細胞内の細胞核周縁の小胞体や、それから機能分化したゴルジ体、核膜由来の可能性がある有窓層板などは皆、元は細胞膜の陥入による機能分化と考えられます。

以上のように、蛋白質→ＲＮＡ→ＤＮＡ進化過程は、どのようなシナリオにしろ線型的に進むものではなく、ネットワークとフィードバックが基本にあります。そして、ＲＮＡやＤＮＡは、ある意味で知の境界領域である原始的な膜構造（リン脂質、糖衣、蛋白質からなる）の知識学の発達が、内化して結晶化したものと言えるでしょう。

私達は、蛋白質、ＲＮＡ、ＤＮＡのネットワーク的相関を完全に解明することなど不可能なのであり、その一部の文脈を見ておおよその描像を把握するに過ぎないのです。ですから、あるシナリオでうまく説明できたとしても、それで全体を把握したかのように思い込むことは避けなければなりません。一見、ジャンクチップ（無機能遺伝子）に見えるＤＮＡの部品も他のネットワーク文脈で重要なはたらきをしている可能性は十分にあります。ＲＮＡの機能にしても同様であり、将来においてまだまだ予想もつかないような機能が発見されるでしょう。私達が今現在手にしている、蛋白質と各種ＲＮＡとＤＮＡの三位一体的相関の知識は間違いなく巨大な氷山のほんの一角に過ぎません。

［客観→主観］から［主観→客観］への転移

さて、絶対主観としての神は留保するにしても、この主観－客観の相互への両極的な流れは共に実際にあり、それは時間史的な流れの位相の違いなのです。まず最初に、宇宙という客観の励起現象から始まり、素粒子群から約100億年前後でＤＮＡが完成し、さらにまた、約40億年前後で人間主観が誕生するという［客観→主観型］の流れ位相から、人間を含めた宇宙内の高度な知的生命の誕生をピークにして、逆にその主観群を中心にして精神が客観世界にはたらきかけて、客観世界がいろいろな形で現象しはじめるという、逆の［主観→客観型］の流れ位相に宇宙がもう既に入りはじめたということです。

もう少し分かりやすい喩えとして、まず洗面器に水を張り、その洗面器の円形周縁が内在する客観世界としての宇宙そのものとし、かつその周縁には宇宙のすべての知・情報が内在しているとします（図31）。また円形水面の中心が内在的人間主観（宇宙の知的生命）とします。そして洗面器の円形周縁を手で軽く叩くと、その瞬間に宇宙の輪円波形が励起発生し、内在から顕現に移行します。そして一定の時間で輪円は収縮すると共に知・情報も集約されながら最後に中心点に届き、内在的主観である中心点が大きく励起し顕現化しはじめます。もちろん、実際の洗面器の実験ではあっという間の出来事ですが、スローモーションとして見なして下さい。

この中心点の励起状態の最高点が、宇宙のすべての現象を理解できる万物の理論を手にした知性ときわめて高い精神性を備えた生命の主観世界になります。そのピークの後に、山状の励起点は逆に小さな輪円からどんどん客観世界に拡大していきますが、それは現象世界における最高主観が客観世界にはたらきかける過程です。知性にだけ偏った精神性の低い生命がそれに相応しくないことは言うまでもありません。人間主観はまだ励起の始まり領域に位置します。つまり、人間は中途半端な知性に偏っていて、精神性の低いままで逆の位相である客観世界に精力的にはたらきかけようとしているのです。ただし、もちろんこの喩えにも常に、「ではその周縁を叩いた

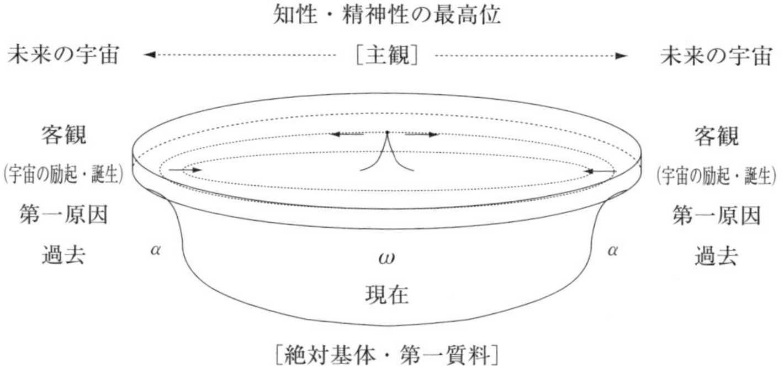

図31　［客観→主観］への流れから［主観→客観］への位相変化

（第一原因）のは誰なのか」とか、「その波動の原因となる絶対基体（ここでは水、哲学的には第一質料）は存在するのか」という重要な問いがまとわりつきます。

［5］客観世界と認識受容体

鋳型関係軸の増加と安定的認識

基本的実体が持つ二属性の多集団化による属性特化として、客観世界から前主観世界がどのように出てくるのかに関する段階的発展は、ようやく自己複製する二重鎖ＤＮＡにまでたどり着きました。それと同時に前主観的要素として感覚受容体系もまた重要になります。なぜならば、それは客観という環境の中で、自立した自己の存在と客観的環境存在との関係を鋳型関係（凸凹）を利用して明確にするための認識装置だからです。

そして、前主観的存在である原始的単細胞生命は、実際に進化の過程で、環境にあるさまざまな情報刺激（凹）に対する受容体（凸）を備え始めるようになります。例えば長い時間史における確率過程の中で、原核細胞の鞭毛基底小体あたりの細胞膜で偶然組み合わさったか、または環境中で自然生成された蛋白質を偶然取り込んだりしたところ、その蛋白質が光に反応して、異性体化による変性電位を発生させたとします。すると、その電位は細胞膜を刺激して細胞質全体に伝わるので、その時からその蛋白質は光の受容体（感光点）として機能しますが、まだそれが生存に有利かどうかは分かりません。しかし客観的環境の中に光という波動鋳型があるからこそ、時間的にも空間的にも無数にある鋳型の中から、その鋳型に合う（つまり波動鋳型を共鳴中和化する）光受容蛋白質が選択されたのは事実なのです。

そして、認識行為には常に客観との何らかの中和化作用が関係します。その中和化が客観との（部分的）一致を保証します。もちろん光の波長範囲は広いので、赤外線から紫外線に至る波長領域内にある一定の波長範囲に反応する受容体鋳型なら、いろいろな受容体が許容されます。

したがって、客観に対する認識は常に客観のある断面であり、部分的なものです。つまり、さまざまな生命主観が掛ける物理的な色メガネ（固有受容体）によって見えている世界が異なるのです。しかしそれは生命間の比較であって、当の認識主体にとっては生活世界に不自由がなければ何の問題もありません。前主観的主体にとって大切なことは、客観の断面的認識が可能ないくつかの受容装置を軸にして安定した自立存在を確立することなのです。それは、安定な椅子を作るのには、軸棒が最低３本あれば何とかなるのと同じです。自己を中心にして、何も客観世界の認識軸を完全な球面になるように無数に張らなくとも、それでまた十分生活していけるのです。

また、原初的な認識受容体を持つ前主観の認識領域が時間的にも空間的にもきわめて局所的であるのに対して、高度に発達した外的認識受容体をも持つ人間の脳の認識領域はきわめて広域的なものとなっています。それは普通の生活世界を脅かすものを除去するためだけではなく、むしろ人間的主観と自然的客観という分極状態の間にある溝を埋めるべく、その謎を解明・中和化する衝動と、近代における経済システムでの応用という利益循環への組み込みからくる加速化に起因しています。

海という客観世界において前主観的存在に作用してくる刺激情報は、電磁場としての光、平衡と上昇下降に関わる重力場、海中の温度や圧力と音波、他の浮遊体との相互衝突による表面接触や海中スープ成分との表面接触などが考えられます。そして時間とエネルギーさえ許されれば、その海の原始スープにある客観的（環境に依存した）材料で前自己を組み立て、刺激情報が受容できるほどの複雑な構造体（蛋白質その他の複合体）を持つにいたってはじめて、その刺激情報のうちのいくつかを受容できる認識装置が現実化するのです。

そして実際、上の各刺激に対して視覚、聴覚、味覚、触覚、嗅覚、重力覚、平衡覚、圧覚受容体などが進化の過程で備わるようになります。したがって、認識装置とそれによる認識行為は、客観に依存した前自己構成材料と客観に存在する刺激情報の種類の両方に依存しているのです。客観に存在しない刺激情報は、鋳型関係が成立しないので受容体として現実化することはなく、また存在しないものを認識する必要などないのです。ですから、客観世界に厳として存在するのに、客観世界で利用できるもので組み立てた前主観の受容装置の能力では認識不可能なものも存在します。そして現に私達の体をすいすい通り抜けている、素粒子である中性子やニュートリノなどがその例として存在します。

ではなぜその受容体が生命に備わることがなかったのかというと、

それは認識行為の成就には認識対象である客観と認識主体である前主観の受容体が何らかの形式で相互に分極状態にあることが必要であり、その分極状態の中和化が必須だからです。ところが電荷がない中性子やニュートリノの分極体とは反中性子や反ニュートリノであり、中性子・反中性子は共に自由粒子のときは不安定です。それにそもそも、反中性子は自然にはほとんど存在しません。そして、中性子やニュートリノが近接して構造体として機能するのは原子核内だけですから、それらの受容体を自然に構成することもないし、電荷的分極を基礎にしている受容体構造を持つ生命一般には認識することができないのも当然なのです。

一方、電荷的分極体である電子（レプトン族）や陽子（バリオン族）は、電荷が等量であるために光に消滅してしまう可能性を秘めながらも、質量の相違とレプトン数、バリオン数保存則により中和化が起きず、安定な水素原子として存在が可能となっています。つまり逆に言うと、電子と陽子の質量が同じでかつそれらの保存則がなかったならば、この宇宙世界はただのエネルギーの海であり、主観－客観問題も生まれてないし、著者もこのようなことをぐだぐだと論ずることもないのです。あるいはこの宇宙を産む必要もなかったかも知れません。それゆえに人間原理説も出てくるのですが……。そのくらいに電子と陽子の質量差と保存則はこの宇宙にとって重要なものなのです。

以上のような認識対象としての客観と、それを認識するために必要な受容体を持つ認識主観の関係は他者と自己というように分離した関係です。そして主観は、自己に備わったいくつかの認識受容体の鋳型関係を介して、部分的に主観と客観が一致する関係軸を何本か立体的に構築して、客観世界における主観主体の行動を確かなものにしています。このような視点は、生活世界における物の認識の妥当性が、先験的に備わっている人間に共通の認識能力（間主観性による妥当性、ＤＮＡ異常がない限り保証される）により確かなものになるというカントの考えと同じものです。先験的認識能力は感覚系の鋳型関係による主観―客観の部分的一致の保証に由来しているからです。

そして、カントの言うように、人間の認識能力にはどうしても完全には到達できない、絶対的な対象物としての「物自体」があるということです。私達の認識過程では、ある意味階層における平面上で妥当性があれば、それで十分意味機能を果たすのですが、自然科学のように物理的意味階層を深化させていくと、最終的には「物自体」の認識が宇宙全体の相関と誕生に関わってくるので、結局、不可知の領域の壁に突きあたることになります。自然科学によって切り開かれた深い認識領域での意味世界を、人間主観にとって最も大切な普通の生活世界の意味平面と混同したり逆転したりすることはカテゴリーエラーであり、危険をはらみます。カテゴリーエラーとは、いわゆる範疇誤認のことであり、各意味階層平面からみて、上方または下方の中和基準をその生活世界の平面に浸食させることです。

ヘーゲルは、形而上学の真髄である完全な知の存在と、その知を言語によって完全に言い尽くせることを前提とし、客観的対象に対する認識は時間とともに深化していくと言っています。後者の認識の深化は事実であり、確かに人類の認識世界はかなりの領域まで達するようになりました。そしてその認識行為の極限において人間は、主観と客観を一致させることができる（それは全知性の神につながる）としているのですが、それはやはり不可能であり、不可知な領域は必ず残るのです。つまり知の絶対的与えられの（数学的公理系、最小限の物理的普遍定数など）領域です。さらに、宇宙の究極の理論といえども、ある領域階層での近似的妥当性の範囲のものです。

フッサールの原的直観

フッサールの現象学的観念論は、主観—客観の完全なる一致はあり得ないのに「私達はなぜ客観的現実世界の存在を確信できるのか」を問うことから出発しています。その現象学は、デカルトが言う絶対的不可疑な存在であるコギトとしての〈私〉を軸にして、客観的現実世界の確かさを確立しようとする流れにあります。そしてフッサールは、私たちに客観的世界存在に対する確かさ、明証性を与えている根拠として、主観内部における不随意な原的直観というものをえぐり出しました。あらゆるものを疑った果てに残される不可疑な確信の基底としての原的直観は、否定のプロセスから浮上してくるものであり、現実存在というものを疑えなくさせる源泉となる直観です。

それは、私たちの意識の〈内在〉軸である知覚直観と本質直観からなり、前者は感覚系一般からくる客観的存在の不可疑性の源泉であり、後者は知覚直観に対応した物の意味の本質的観取であり、意識の恣意性を超えた意味の与えられとしています。

実は、この原的直観こそが、感覚系における鋳型関係に起源があるのです。感覚系における認識対象としての客観（凸）と、前主観が備えている受容体（凹）との鋳型関係により、断面的客観と前主観の認識の一致（凸凹）を保証するという原型が、多細胞化により機能特化して、人間主観に与えられたきわめて高度な先験的直観（恣意性を超えた分かり）になったと推測することができるからです。そして前主観的存在は、先にも述べたように、いくつかの受容体を軸にして、客観世界と自己の関係を志向的に統一する存在なのです。原始的な単細胞に備わっている外部環境刺激の受容体が偶然に備わったものだとしても、その前主観にとって何らかの意味を持つものでなければ、その蛋白質は解体されて消失するでしょう。

そして、意味があることを認識（細胞質内での勾配感知と情報の伝達）すること自体に、何らかの鋳型関係による志向性があるからです。実際、外部からの刺激は、単細胞原核細胞や真核細胞の細胞膜にある受容体やリガンド、膜内エフェクター（効果体）分子などの連携から細胞質内の蛋白質シグナリング経路を介して、優先事項が選択され、遺伝子発現の変化や細胞骨格の動的配置に基づく各種走性、代謝酵素活性の変化やＲＮＡ合成の活性化から細胞分裂の誘導などの統一的細胞活動を誘起します。

このように、環境からの刺激情報に対する単細胞の統一的行動や活動には、細胞膜感覚系と細胞質およびＲＮＡやＤＮＡ間の連携があります。そして客観的環境のいくつかの断面と前主観としての遺伝子をつなぐものが、各種蛋白質間のコミュニケーションを担う形状的かつ分極的な鋳型関係と勾配なのです。ただし、この一連の反応系は線型的なものではないにしても、遺伝子が反応系を監視しながら応答しているわけではありません。感覚系が多細胞化して機能特化し、かつ神経系も進化すればするほど、客観世界との受容器系鋳型を介した一致軸の領域は広がり、不可疑性も深まります。

そして人間の認識行為は、感覚系を蛋白質から無機的外部装置（観測機器）にまで拡張し、それを外的オルガネラとして、時間的にも空間的にもきわめて広範な客観的領域にまで到達しています。それでも主観―客観の完全一致などはないのですが、主観の客観に対する目的の統一的志向的行動が保証されれば、それで十分なのです。

認識対象としての客観と認識主体としての主観の関係において、きわめて興味ある関係にあるのがＲＮＡやＤＮＡの自己複製能であり、人間の意識そのものなのです。なぜならば自己複製能というのは、前主観としてのＲＮＡやＤＮＡが自己自身を認識の対象（凸）にするのであり、その自己自身を認識するための受容体（凹）も自己自身から作り、その認識受容体を介して結像したものがまた、自己自身であるということを可能にした（細胞質を含めた）システム系だからです。

そしてまた、ＲＮＡやＤＮＡそのもの全体が、過去の知的情報の蓄積という記憶媒体となっています。ですから、自己複製という過程は記憶の呼び出しにも相当しているのです。このような遺伝子に内在する機能は多細胞化の過程で機能特化する確率を秘めているのであり、少なくとも35億年以上かけて、その機能が総合的に免疫系や脳の意識世界の中で現実化したものと考えられます。意識現象もまた同様に、意識している意識内容を認識対象として認識しながら、意識体験の記憶という形で海馬帯やその他の関連記憶受容体にしまい込み、折りに応じて、その意識記憶自体を複製するからです。

つまり遺伝子も意識も共に“見る”と“見られる”関係が自己完結しているシステム系なのです。しかし遺伝子の自己複製にはタイムラグがあるのに対して意識活動における“見る”と“見られる”関係は常にほぼ同時的であるという大きな違いはあります。

このような意味で、知的情報を多量に内在していて、自己複製するＲＮＡやＤＮＡを第一段階の前主観的存在と見なしているのです。そして、原始の海の高分子鋳型からなる知のスープにおけるさまざまな鋳型関係の組み合わせからＤＮＡが発生してきたように、脳の中の蛋白質鋳型やニューロンネットワークによる知のスープから斬新な意味世界が開示されるようになります。自然界における鋳型関係の内在は、自己複製するＲＮＡやＤＮＡを産み、その流れは精神世界の意識で動的に現象し、そしてさらに、その意識を司る脳は、意識構造における主観―客観の一致と同様なことを、人工頭脳という形で行おうとしているのです。

つまり、脳は脳自身を認識行為の客観的対象とし、それを理解しつくして、そのシステム的鋳型を作り、その認識行為の結像として脳の自己複製をしようとしているからです。「脳を用いて脳自身を理解できるのか？」という疑問が依然として投げかけられていますが、ＲＮＡやＤＮＡが自己の内部システムを完全に理解して自己複製能を獲得したように、必ず脳はそのことをやり遂げるでしょう。なぜならば、私たちの脳自体にはまだ分からないけれども、既にＤＮＡには、脳のシステム系の基本アルゴリズムが分かっているからです。

私達の脳は、今のところその暗号を読み解くことができないだけなのです。遺伝子も脳も共に、世界像を通して自己像を形成し、その自己像を通して世界像を形成しようとする主体的臓器です。原初の海で初めてやり遂げたＲＮＡの自己複製過程はＤＮＡを経て細胞分裂過程に移行し、それによる多細胞化での機能特化の究極に、自己複製関係を同時的に遂行する精神世界（意識）が出現する全過程は、まさにフラクタル（発展的自己相似階層）世界そのものなのです。

［6］前主観は非生命と生命の境界領域

主観の客観的世界からの原初的分岐は、自己自身を鋳型にして自己を認識し、その認識による結像が自己自身である高分子の出現から始まったのであり、それはまたデカルトの「我思う、故に我あり」における〈コギト・私〉の原的受胎でもあります。この〈私〉の根元的確かさとは、ある意味で内的で自己完結的な主観―客観の一致からくるものなのです。そして知の蓄積は何らかの形式の鋳型関係に依存し、それらの分極による勾配場から機能・目的・運動同期・意味の志向性・意志などの原型因が生まれ、機能を持つ前主観の共生により新たなる意味階層へ上昇していくのです。

しかし、鋳型による新たなる知の組み合わせや、機能体の共生には偶然的要素も常にはらんでいます。ただし、そのことが遭遇した相互（環境と自己、または自己と他者の関係）にとって相性（鋳型関係とエネルギー効率、または利害関係）が合う場合、すなわち準共存型中和に至る場合は、相互に受容され存続します。そして異なる意味世界（ＤＮＡ・言語）が共生することで、まったく新しい文脈が創発します。また１個体に内在する基本的な諸機能は、多集団化により機能特化して行く確率を潜在的に秘めています。特にエネルギー循環における代謝回転効率が要求される条件下では、その確率が高くなると思われます。

もともと、客観という概念は素朴実在論的な背景のもとに生まれてきたものです。当たり前のようでいて曖昧なその客観世界を中和と分極の概念からみた場合、素粒子のような基本的実体としての客観そのものに、歴史的に議論されてきた、対立する客観と主観の潜在的要素が基本属性として内在していたということです。どちらか一方を基本にして他方が生まれてきたとか、または説明できるというものではないのです。

つまり、「存在」というものは、常に一体として何らかの分極状態（思惟）と広がり（延長）という二属性を持つのであり、その属性が多集団化により精神性と構造性に属性特化するのです。ですから、唯心論や唯物論などの一元論的視点は、ともに真理の一側面を強調し過ぎているだけであり、「存在」という共通の親から生まれた愛しい子供たちと言えるでしょう。「存在」にとっては共にかけがえのない個性なのです。そして〈私〉は、知と意味の運動という動的鋳型の境界領域で、同時に〈私〉を自己複製してその〈私〉を見つめながら存在しているのです。

一般的な主観を定義しようとして突き詰めていくと、いろいろな側面が出てくるので案外容易ではありません。例えば一個人の受胎から自我の確立までと、客観としての環境との相互関係も非常に重要です。自我を確立する潜在的可能性が遺伝システム構造に組み込まれていても、客観からの外部情報刺激が完全に絶たれていると、そのシステムにスイッチが入らないからです。精神性がある意味での霊性の介入と関係しているのならば、客観からの刺激がなくとも、システム構造の存在に自然にスイッチが入り自我が確立するはずです。しかし実際にはそういうことはありません。デカルトの絶対的基盤である〈コギト・私〉も客観との相互作用による自我が確立されてからの話なのです。今までの鋳型関係における前主観の発展での流れのスタートは、高分子の鋳型関係の確立にあります。

しかしその関係は前主観―客観関係からみれば相対的で対等な関係にあるので、どちらとも言えません。事の始まりは、その鋳型関係による知の積み増し、あるいは蓄積が偶然にどちらかの鋳型に偏り始めたときからなのです。そして、その揺らぎとしての偏向が環境との相互作用とエネルギー補給により成長し、やがて自己自身を認識対象とする、自己複製能を持つＲＮＡやＤＮＡが前主観として出現してきます。

しかし、これらの遺伝子も細胞質や培地があっての自己複製であり、その全体を含めたシステム系を前主観というのか、あるいは遺伝子そのものを前主観として、幾何学的に閉じた多面体殻または細胞質内を客観としての環境とみるのかには原則的な制限はないのです。そして実際、アメーバのような原核細胞の細胞質内でさえ、鋳型関係を中心にした意味世界に生きる各種蛋白質（固有の寿命、半減期がある）からみれば高度情報社会なのです。

また、アクチンフィラメントからなる微小繊維は、自由に動けて、かつ伸び縮み可能な三次元情報ハイウエーであり、細胞骨格であり、筋肉の原型因をも構成しています。その微小繊維の森の中で蛋白質は知のやりとりをしているのです。つまり前主観—客観なる対立関係の仕切り領域は、どこに意味階層の平面を設定するのかに依存しています。

この関係は丁度、前にも触れたアリストテレスの質料と形相の階段関係にリンクしています。原子社会から分子という形相が生まれ、分子社会から蛋白質という形相が生まれるという形で、このピラミッド階段は次々に上昇していきます。そして、ある階層の平面での意味世界はその下のすべての階層に依存し、かつ支えられています。それはまた主観—客観関係においても同様です。

身体内の何兆という細胞社会から脳の中に主観世界が生まれ、その主観としての個人の最少の集まりから家族という形相が構成され、家族という集まりから社会という形相が生まれます。そしてさらに、さまざまな社会の上に国家なる形相が生まれてくるようにです。このように、人間主体を中心にして階層は上にも下にも伸びているのですが、どこかの果てでその関係は曖昧になります。人間が哲学の世界で問題にしている精神世界特有の主観—客観問題も、精神世界より下位の意味階層のどこで切断するのかは難しい問題なのです。それは七色の虹の色の分れ目が赤と紫の両端になってくると、ぼんやりとしているのに類似しています。

主観の起源をたどる路程は、生命の起源をたどることをも意味します。その過程で、「前主観」段階とした自己触媒型ＲＮＡ、あるいはより発展したウイルスＲＮＡなどは非生命と生命の境界領域にある知の存在なのです。海生動物と陸生動物という両極の境界領域に両生類という両性具有の知が存在するように、意識（精神）という生命は、環境という客観世界と肉体という客観世界の境界領域に棲息する両生類なのです。常にとは言えませんが、分岐、分化、分極の境界領域周縁には、両性具有的存在が存在する可能性が高いのです。

単細胞の基本機能

哲学の世界における主観―客観問題を基準にする場合、あくまでも人間の主観としての意識世界が中心です。確かに意識に関わる特質には、覚醒中での無意識の世界もあれば、睡眠中の完全な無意識状態から、ややおぼろ気な意識世界である夢もありますが、問題になるのは客観世界と対峙している覚醒中の実存的主観としての意識そのものなのです。

そして、その意識の核心は、肉体的行動の行為と意識行為の意味を了解しながら行為そのものを同時認識し、かつ同時にそれを体験として記憶でき、その気なら記憶をいつでも引き出せることにあると言えます。もちろん、記憶精度の個人差や思い出せないこともありますが、少なくとも何かを行為している時のすぐ後では大抵の人は思い出せます。そして、行為の同時認識自体が即座の思い出しでもあるからです。しかし、前にも触れたように、この関係の原型は既に多細胞生物で記憶野が完成している生物の段階で形成されていると推測されます。

身体全体のさまざまなコントロール中枢を備えている脳という臓器から見れば、意識現象も脳の１つの大切な機能表現なのです。そしてそれは、はるか昔の単細胞時代に備えていた初歩的な機能が多細胞化による機能特化から高度に発達したものです。種類の異なるいろいろな単細胞にはそれぞれに固有の機能があり、１つの単細胞がそれらの機能のすべてを合わせ持つわけではありません。環境という鋳型が異なれば、製品としての機能発現も異なり、さらに同一環境でも、多数の同種の単細胞の中のどれかから変異体が出てくる確率があるからです。

しかし、そのような諸機能の違いが若干あるにしても、単細胞生命体として最低限必要な基本的な機能というのは変わりません。それは次のようなものと言えるでしょう。

1）細胞活動に必要な情報図書館（記憶媒体）としての遺伝子機能。
2）細胞の自己複製機能。
3）代謝系（資材補給－異化同化－排出）による物資・エネルギー補給機能。
4）刺激情報受容体（感覚）系を担う細胞膜と細胞質、遺伝子との「連携」による細胞質内の各種蛋白質の動的活動と、細胞自体の統一的運動性の統御機能。この一連の過程には、志向性や目的性の原型要素が内在している。目的とは、ある勾配関係が消滅するまで続けられる行為（志向性）により到達する中和基準面のことです。特に細胞全体の統一的運動の場合は、繊毛や内部の微小繊維、微小管などの動的同期が必要になります。そしてその背後には必ず何かを介したコミュニケーションがあります。

これらの基本的な機能において、1)と2）の細胞という言葉を、意識に置き換えると、1）は入力・出力が自由な意識系における記憶野につながり、2）は意識行為の同時自己認識への要素となります。ただし遺伝子の場合、情報入力は遺伝子の進化という形式でしか可能ではありません。また、4）の細胞の統一的志向性と同期的要素は意識現象においてもきわめて重要なものです。原始単細胞に内在する基本特性から意識世界へつなげる視点には一見、飛躍がありすぎるように見えますが、40億年近くの進化史的時間においては、原始単細胞の諸機能が多細胞化の過程で実際に機能特化し、各種臓器として機能しています。もちろん、この多細胞化による機能特化過程は必然的なものではなく、あくまでもある確率で可能性があるというものです。

多細胞化と機能分化の確率を支えるものは、個体の分裂と時間による多数化の中での変異率であり、悪い環境条件下でのエネルギー代謝効率の向上も関係すると考えられますが、これも１つのきっかけに過ぎないかも知れません。単細胞の原核細胞から進化した真核細胞でさえ実は、原核細胞（ミトコンドリアや葉緑体）とのファミリーを構成しているのであり、これは異種間の共生ですが、一種の原初的な多細胞化と機能分化の始まりになっています。

単細胞の群体化の引き金と機能特化

一般的に、同種間の多細胞化の始まりは、粘性細菌の悪環境下での集合・合着や真核細胞である緑藻などの群体に見られます。緑藻のうちで、クラミドモナス（別名コナミドリムシとも言い、５億４千万年前にそこからクロレラが派生してくる）は、普通の環境下では単独生活をしています。ところが、悪環境下では細胞分裂しても分離せず、粘質液を分泌してパンドリナと呼ばれている群体（4〜32細胞）を構成します。構成細胞間の機能分化はありません。

また、ボルボックスと呼ばれている群体は、細胞数が数百から数万個以上の群体であり、個々の細胞は細胞質間橋を介したコミュニケーション（隣接する細胞同士は常に“見る”と“見られる”関係にある）をとり、無数の鞭毛の運動も統合されています。そして光合成細胞や生殖細胞などの初歩的な機能分化があり、鞭毛を持つ細胞は球状体の表面に分布し、ないものは中空内部を構成しています。機能分化してない群体は分離しても生きていけますが、単なる群体というよりは、多細胞生物に近いボルボックスは破壊されるとすべて死滅してしまいます。このあたりは機能分化が少なく全能性を保持している植物とは異なります。

人間の場合でも、社会において機能特化し過ぎるときに、ある危うさを内在することがあります。この多細胞化で重要なことは、細胞間のコミュニケーションによる統一的志向性であり、それが群体の運動性に顕著に表れています。単細胞内部での細胞膜と細胞質と核とのコミュニケーションが志向的運動を可能にしているように、発達した群体においても細胞間のコミュニケーションが鞭毛運動の同期を可能にしています。何らかのコミュニケーション媒体を介しての運動の統一的志向性は、さらなる多細胞化による機能分化の過程で神経系を生みます。

それは、環境（客観）と多細胞体内部（前主観）との境界領域である体表面系の細胞群のうちの変異体と関係しているはずです。つまり、運動性と密接な関係にある初期神経系自体も外表面層という境界領域を起源としているのです。そしてさらに、神経系は同様に境界領域の象徴である体表面の感覚系細胞とも連合し、脳と中枢神経系への道が準備されます。脳という臓器は、客観と前主観の境界領域（膜構造や体表面系）に秘められた知が集積したものです。そして、記憶系とリンクしている意識現象は、“見る”と“見られる”関係が自己意識に共存する境界そのものと言えるでしょう。

前主観や主観は認識対象を自己自身にする関係性から生ずるものですが、それは原初的な形式では遺伝子の自己複製能においてなしとげられています。そして遺伝子は統一的志向性の表現形でもあります。統一的制御を可能にする神経系の発達において重要なことは、環境と自己との関係における“見る”と“見られる”関係が相対的であり、かつ常にその関係を統合してフィードバックすることが要求されます。

その関係の始まりは、恐らくプラナリアなどに見られる左右対称な前末梢神経系と脳の発生あたりであると考えられます。その時に大切なことは、ほぼ左右対称で並列的な神経系から送られてくる異なる情報を“見る”と“見られる”関係において制御統合する必要性です。この必要性勾配から左右脳が高度に発達し、左右の統一的制御の最終象徴である意識現象が現実化したと推測されます。遺伝子は鋳型関係における知の静的な蓄積体であり、脳の意識は知の動的な発達です。そして共に境界領域の知から進化したものです。

この節での主観—客観問題の処理の仕方は、創造主としての絶対主観（純粋精神、神）の問題は留保し、宇宙という客観存在をスタート地点として、客観から主観を説明しようとする流れです。それは意識世界を分子生物学的に解明しようとしたものではありません。その流れは、いわゆる客観の基本である素粒子のような、分極によって生まれた実体そのものに、精神性につながる知を秘めた記号があることを基礎にしています。そのとき、自然法則に従って実体が多集団化すると、ある確率のもとに属性特化して、基本実体の「思惟」は「意識世界」に、そして「延長」は「肉体（脳)」という構造になり、その両属性を一体として持つ人間実体が現象化するのです。素粒子の記号性としての物理量である、電磁荷、質量、スピンその他の量は実在・存在ではなく「関係性」であり「知」そのものなのです。なぜならそれらは分極による境界量だからです。

またそれ故に、「思惟」の原型なのです。そしてその関係性が内在する広がりが「実在」であり「延長」となるのです。従って著者の立場は、シェリングの中期の哲学を鋳型関係で説明しようとしたものと言えます。以上の思考過程の結論を簡潔に表現すると、「高分子の原初的自己複製過程がフラクタル（自己相似的）に高度な階層発展を遂げたものが主観である」ということです。そしてまた、神という概念に知性も含まれるのならば、その神はスピノザの言う「宇宙の内在神、宇宙存在即神」にならざるを得ないのです。なぜならば、知は受肉体の分極領域に宿るからであり、その知が動的に機能するには時空場との相関が必要不可欠だからです。では、宇宙を創造する全知全能の神とはいかなる存在なのでしょうか。

第5章

宇宙と意味世界

１：意味の階層と絶対意味基底

[1] 知とエントロピー

ＤＮＡその他の知の積み増し・上昇はエントロピーの減少方向(秩序化への道）であり、エネルギーの消費を必要とします。そのために、蛋白質・炭水化物・糖類などの下位の知が分解されます。この意味においても「ある知を獲得する際には必ずある知を喪失する」という原理が貫かれています。そして、知の喪失過程はエントロピーの増大方向であり、無秩序化への道です。ロケットの上昇で喩えれば、知のつみ増しである上昇は、燃料という秩序系の知の燃焼による無秩序（知の喪失）化の過程で開放されるエネルギーに起因しているということです。つまり、作用・反作用の原理ともつながる過程です。

秩序、複雑性を増大させる基本要因は負のエネルギー（結合系：電磁的引力と重力エネルギー）であり、無秩序化は正のエネルギー(分散系：運動量、静止質量、電磁的斥力エネルギー）に基づいています。無秩序化は、ある意味構造を持つ文脈に、ランダムにある言葉・記号系が侵入しはじめる過程であり、それは当然あちこちの文節での知の喪失過程を誘起します。これが意味の乱れであり、統一された意味構成体である自然生態系や肉体や精神における病となります。また脳組織細胞の老化による知の喪失である痴呆症も、循環システム系の不全化によるエントロピー増大という、確率過程における自然の避け得ぬ病なのです。

統一された意味体系であるＤＮＡへのウイルスによる侵略も意味の乱れを引き起こし、癌やその他の病を発生させます。しかし、確率的にまれにランダムに入り込んだ記号により意味が深化することもあります。それは詩の世界や遺伝子進化においても起こることなのです。生命の特異なところは、その確率的にきわめてまれな変異・知を細胞分裂という手段により短時間に多数化して常識・普通の世界にしてしまう点です。知は存在ではなく関係性ですから、存在としての遺伝子が知を発現するには鋳型という関係性の中でしか可能ではありません。そして、その一定の知を常に保存するには一定のエネルギー補給が必要になります。なぜなら、知・情報・記憶は自然放置しておくと自然に分散消失していく確率が高いからです。

病というものは、G．ベイトソンが言うように、クレアトゥーラ（生命世界・意味世界）でしか起こり得ないのであり、純然たる因果律の支配するプレローマ（物理的世界）のレベルでは決して起こり得ません。ぴかぴかの新車が何らかの原因で壊れたり、コンピューターが放射線などで誤作動しても、因果律に従う自然現象の世界から見れば、法則に従った純粋なる現象であり、病や誤りでも何でもありません。新車やコンピューターは人間の意味世界・価値観における外的なオルガネラ（小器官）である故に、それらの誤作動現象は病なのです。

つまり、存在そのものでなく、関係性である誤り、病、不幸、罪などは、ある意味世界・価値観階層という中和基準の球面上から降下している現象であり、その中和基準に執着せざるを得ない場合に生ずるものです。そして、その意味世界の降下にも物理世界という限界面があり、その領域での物理法則に従った素粒子の振舞に誤りや病はないのです。その代わりに確率過程性という世界が全面に出てきます。

物理世界における基本的素粒子が持つ物理量（電磁荷、質量、スピンなど）が、存在ではなく関係性であるというのは、ある中和基準である対称性の破れ（分極過程）から生じてくる量であり、それらが静的であろうが動的であろうが、鋳型概念から見れば、ある幾何学的な分極による境界領域の知であるからです。

存在は次元（n≠0）的延長そのものです。知は存在に付随する関係性です。つまりそれは他の存在との関係性において生まれる量なのです。形態一般を扱う幾何学も関係性の学であり、形態そのものを構成する多集団の相互の位置関係において成立する１つの知なのです。細胞内のシグナリング蛋白質のコンフォメーション（形態変形）はリン酸の付加と除去で達成されていますが、それによって意味コードが変わるのと同じです。ゼロ次元である幾何学的点は、関係性が成立しないので知を付帯することはありません。したがって、知としての物理量を持つ実体が幾何学的点であることはなく、あくまでも近似的処理に過ぎません。

そしてさらに、この知・記号の関係性において意味の原型が生成してきます。基本的物理量である電磁荷、質量、スピンなどはある対称性のもとで中和化し、その知は消失します。しかし、私達の宇宙自体は物質・反物質に対して非対称であり、その上、個々の全粒子数の統計的揺らぎは別にして、電荷で対極関係にある電子と陽子も、その質量差（レプトン数とバリオン数の保存則）のために消滅することができません。つまり、初期宇宙を除いて宇宙内において、光子や電子、陽子、ニュートリノ、その他の安定素粒子（元素の中の中性子）が持つ物理量は、これ以上、降下することのない知の絶対基底と言えるのです。温度で喩えると、絶対零度に似たようなものです。

もちろん、電磁荷や各質量値は宇宙の全体と関係しているいくつかの普遍定数（光速度ｃ、プランク定数ｈ、重力定数Ｇ、圧力定数Ｐなど）で説明されます。しかし、私達の知の構成要素である蛋白質や核酸の空間構造に関係するものは、光子を介した電荷と水素イオン（陽子）と電子密度と各原子質量などです。したがって、宇宙のすべての普遍定数にまで降下する必要はなく、基本的素粒子の各物理量を知の絶対基底とすることで十分と言えるのです。それらの物理量を介して、共有結合、イオン結合、水素結合、ファンデルワールス力などの結合力の段階的勾配が微妙な各種蛋白質の機能性と意味形成に関わるのです。この知・記号の絶対基底と、その記号間の文法またはアルゴリズムである物理法則は、絶対的な与えられ（所与）であり、あらゆる意味世界の階層はこれらの組み合わせと鋳型関係による相関で現象するのです。

これらの絶対基底は、宇宙の存在そのものと関わっている何らかの対称性の破れによる分極で知を付随しているのであり、何かの多集団化による知の組み合わせとその動的統合によるものではありません。それゆえに、その知の分解とか崩壊・消滅がなく、この宇宙における絶対的所与には誤りとか病はないのです（図32）。

各種の実験により、陽子や中性子、中間子やその他の素粒子は、それより下位の物理階層である６個のクォークの組み合わせにより構成されていることが確証されています。これらの基本素粒子（クォーク）は、宇宙誕生の極初期にしか自由粒子として分極することができず、その後の宇宙では常に中和状態であり、電子や陽子のように単独で存在することはできません。もちろん、この仕組み（クォーク閉じ込め）の理論的説明もなされていません。このようにクォークは縁の下の力持ちであり、私たちの意味世界の構築には関与していません。

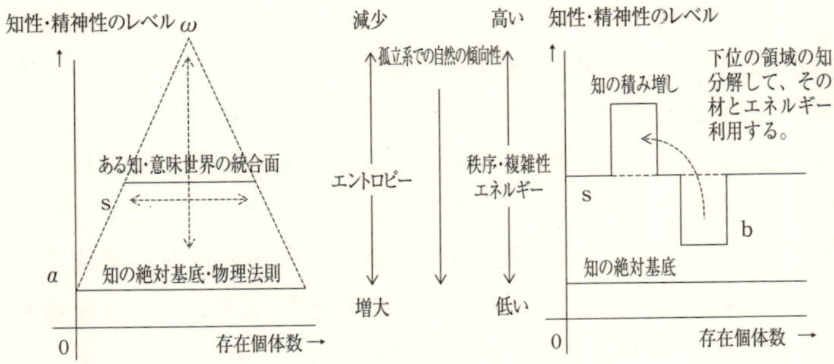

図32　知の絶対基底からの進化による知・情報量の増加と存在個体数の減少傾向

ここで、図32における(1)の点線三角形を説明します。知の絶対基底αを担っている全粒子数に対して、その基底知から少しでも上の階層に上昇するには、その粒子群の組み合わせとその鋳型関係により達成されるので、その新たなる知を持つ個体数（横軸の幅）は、必ず元の全個体数よりも減少することを示しています。また、階層を上昇するにつれて知の絶対基底における物理法則の基本方程式にも複雑な付加項が入ってくるので、基底状態の物理的知からも離れていきます。階層のいかんに関わらず貫徹されているのは保存則のみです。ですから蛋白質は素粒子のような振る舞いはできないのです。

私達の脳で知の営みが可能になっても、何百万年もの間、自然法則というものが分からなかったのもそのためです。私達が素粒子のままであれば、何も勉強することもなく、内在する暗黙知により戸惑うこともなくすべての反応が可能なのです。結局、基底の知を取り戻すには、実験という客観（自然）との接触による中和過程しかありません。存在全体としての関係性から規定されるα面から原子、分子、蛋白質を経て核酸から生命、人間に至った面をｓとすると、そのｓ面自体も完全に一様でフラットではなく、微小な揺らぎがあります。人間よりはるか上方にある唯一最高位の知性（これは高度な外的オルガネラによる）と精神性を備えた、受肉としての存在がω点になります。

なぜ受肉かというと、ここでは知の絶対基底である基本素粒子の組み合わせと鋳型関係により、知は構成されることを前提にしているからです。つまり、いかなる分極もない無差異、無分別の世界には知は構成されないのです。もっとも、その無分別世界に内在的可能性世界を想定すると、また話も変わってきますが。これは、どのような高次元空間を想定しても、次元は「延長（広がり）」を問題にする世界ですから、分極のないところには知は表出しません。

しかし、ここでも宇宙の本能とも言える物理法則と知の絶対基底は何によってなぜ投企されたのかという問いは存在します。たとえ私たちの宇宙が多宇宙あるいは膜理論などの高次元宇宙との相関によって規定されているとしてもです。物質・分極世界とはまったく無縁の純粋知性であるプラトンのイデア界の導入も、この悩める問いに対する１つの抽象的な回答と言えるでしょう。数学の世界は物質性とは独立した純粋論理の世界であるとよく言いますが、その基底部である自然数とその論理則は、明らかに身の回りの客観的生活世界からの確信からきています。つまり、差異世界において表出してくるものであり、そこから抽象化への道が始まります。そしてその確信のもとに、その逆の道を直観したものと考えられます。

図32のグラフ⑵は⑴のｓ面のある微小領域を拡大して、その領域内の個体群が知的に進化する場合、ｓ面より下位の階層に穴を掘り、その知を分解することによるしか可能ではないことを示しています。これはエントロピー概念においても、まったく同じです。知・情報の交換とその増加には必ずエネルギー消費が必要となります。面ｓ

上の人類が、宇宙における物理的究極の理論を検証し応用したり、生命機構の完全解明という高度な知・情報を獲得し、そのバイオテクノロジーを発展させようとするには、s面の下位の階層にある環境資源とあらゆる生命系の知に、(2)図のような穴ぼこを無数に作って破壊することが必要になります。面sに無数の穴を掘ると、結局面sは穴の底のb面に落下してしまいます。つまり、人類のs面は、(1)のピラミッドのs面より下の無数の積み石があってのものであり、下の石をどんどんはずして積み上げても、ごく一部がきわめて不安定に上昇するだけで、そのオベリスクもすぐに倒壊してb面に落下するでしょう。

地球環境にも許容臨界点というものがあり、それを少しでも越えたら一気に破局が訪れるのです。いかなる経済体制でも高度経済成長を続けることは不可能なのであり、地球全体との調和循環型の経済システムを構築する必要があります。つまり、それをまたロケットで喩えるならば、常に天空の彼方へ上昇し続けるのではなく、地球生態系と人類の経済活動の調和最適値を軌道半径として周回軌道に入ることを意味します。それが地球と人間という衛星の共存であり、陽子と電子は既にそのことを140億年も前に達成しているのです。人類が新たなるステージへと進む道は創造的調和共存しかないのです。

［2］ 意味世界平面と病

病とは、ある意味階層における統合性、統一性、秩序循環、意味文脈などが下位の意味レベルの侵入、または蓄積過剰、その逆の異常不足などにより乱れる現象です。それはある文脈にランダムに多くの無関係な言葉を挿入するか、または逆に意味のある言葉を引き抜くかによって生ずる意味の乱れに相当します。それはまた、常に生命主体を中心とした現象であり、意味階層の溶解、下降と言えるでしょう。生命循環系に関わる根本的要素である五行（地・水・火・風・空）の人類による汚染と乱れは、まさに天に唾する行為であり、必ず生命主体に跳ね返ってきます。

肉体だけでなく心の病も、下位の意味階層の侵入だけでなく、同一階層の意味世界平面での微少な揺らぎである、個人、家族、社会、国の文脈などのさまざまな相関により生ずるものです。また下位のレベルの浸透現象としては、さまざまな物質的病因以外に、慣性の法則の破れによる心の大きな乱れがあります。これは、日々続く環境を含めた身の回りの安定な生活世界が突然、何かの外因により激変するときに生じるものです。電車が急停止すれば、肉体に大きな力がかかり、たおやかに流れる水流に竹の棒をさせば、そのすぐ後ろに乱流が生じるようにです。

このように、ある心や肉体の意味世界平面は、同位の水平軸方向からの影響とそれより下位のすべての意味世界からの影響を受けて揺らいでいるのです。その揺らぎの過程の中で、ある志向性のもとに世界を生きる行為こそが、心が量子的確率過程性の力学に類似している所以なのです。突然の下位の意味世界の確率的侵入は、上位の意味世界に生きる人々にはそう簡単に理解できるものではありません。そして普通は、その理解困難な状況を本人にとっても、他人にとっても、非合理的な理由で中和化し、時間をかけて納得するしかないのです。その科学的理屈がたとえ明確に分かっていても、心の意味世界平面では納得がいかないのです。

一方、純粋な物理法則に従って相互の在り方を決めている、知の絶対基底をなす素粒子群には、誤りや誤作動とか病などがなく、その代わりに確率性の世界が前面に出てくることを前にも述べました。ですから、同じ実験をしても出力される観測結果は同じではなく、ある一定の確率でその値が幾つかにばらつくのです。つまり、その背後には必ず多数回試行とか多数個体集団とかが秘められているのです。

なぜならば、そのような背後の概念は無用であり、ただの純粋なる確率現象なのであるという視点は、母集団あっての確率論の大前提を無視することになるからです。この量子力学的確率性の世界が病としてとらえられる現象に、安定素粒子のバリオンである陽子の崩壊確率の問題があります。宇宙の基本的な3つの相互作用力（電磁力、放射性崩壊の弱い力、強い核力）を理論的に統一すると、その理論は、原子核を構成する陽子が、10^{30}個くらい集まっている集団（例えば純水など）の中では、確率的に1年に1個くらい崩壊すると予言します。そのとき、陽子は幾つかの崩壊様式に従って、陽電子と光子になり、最終的には陽電子も電子と結合して光子になってしまいます。

つまり、バリオン（重粒子）数の保存則が破れることを予言しているのです。この崩壊の半減期（τP）は大統一理論の種類によってかなり幅がありますが、現在までの実験では、少なくとも10^{34}個位までの陽子集団には崩壊は1個も見られない（τP＞10^{34}年）ようです。従って、理論の根本的な革新が望まれていますが、仮に崩壊するのが事実としても、私たち人類にはまったく無縁のはるか未来のことです。もしその未来に何らかの生命（意識を持つロボットでもいいでしょう）が存在しているならば、陽子崩壊は純粋に物理現象なのですが、生命自体の崩壊に直結するので、生命の意味階層平面から照らすと病と見なされるわけです。

古典力学における一定の確定値というものは、物質の多集団化による安定性が起源です。ミクロ的揺動が多集団化により高近似で無視できるからです。統計力学は別ですが、古典力学のすっきりした確定的世界観から見ると、曖昧性を内在する量子力学的現象は実は病であり、掟破りであり、きわめて異常な現象なのです。それ故に、20世紀初等の世界の古典物理学者を悩まし続けたのです。

量子力学的現象である超伝導や超流動の超とは、古典力学的意味世界ではあまりにも理解を超えている振る舞いであることを意味しています。古典力学の世界では、同じ入力に対して必ずその出力としての答えは決まっているので、分かりやすく言えば、数学の一般実関数の機能に対応しています。関数$y=f(x)$において$x=$ａを代入すると誰でも$y=f$（ａ）になるのです。私たちの生活世界における電気製品、その他の一般機械もまったく同じであり、故障気味であったり、壊れていない限り誰がやっても同じ機能を果たします。

つまり、機械は何かを常に同じあるものに変換する変換関数なのです。洋菓子工場の自動ビスケット製造機$f(x)$に、いつもの同じ原材料$x=$ａを入れたのに、ラインから出てきたものがビスケットf（ａ）ではなく、f（？）だったら大変なことになるわけです。ところが、量子力学の複素確率関数に従う素粒子の反応では、譬《たと》えとして、ある一定の確率で、昨日はビスケットが出てきたり、今日はクラッカーが出てきたりするのです。こんな量子力学的マシンはファンタスティックで子供は大喜びでしょうが、販売店のオーダー表に従って生産している洋菓子会社としては困るわけです。

ところで、人間の心も、ある意味では脳という構造性に基づく１つの多変数の変換関数なのですが、これもまた不可解な変換関数で、入力値を留保したり、無視したり、想定外の出力応答をしたりと、結構、気分次第の振る舞いをすることが多いのです。同じことでも、前日はイエスと言ったのに、今日はそういう気分になれないのでノーと言うことはよくあります。

つまり、脳という演算子自体が時間の関数で時々刻々変化しているのです。よく機械が調子悪いときに、職人さんは皮肉まじりに、「この機械は気分屋さんだから」と言いますが、それはある程度人間には許されることで、機械が奇怪では困るわけです。機械・装置はあくまでも人間にとってのオルガネラであり、人間の意味目的を達成するための、忠実で出力一定の変換系、演算子でなければならないのです。

機械・装置といっても、その変換機能は多様であり、その機能により構造システムも変わります。変換機能には、スケール（尺度、強度）変換、合成・分解変換、運動様式（回転、直線）変換、情報・信号変換、エネルギー変換、その他いろいろあります。これらのいかなる変換でも、一連の部品群相関による相互作用伝達であり、その結果としての端末出力が人間にとっての意味・目的構成に合うようにシステム統御されています。もちろん、機械には今何をしているのかも、そしてなぜ、機械自身がビスケットを生産する機械なのかも分かりません。元々、機械には意識がないのですから、そのような問いかけ自体も生じないのですが、これが人工意識ロボットとなってくると話は少しややこしくなってきます。

意識のある機械の機能は、機械にとっては人間による所与《しょよ》の絶対的与えられです。人間の場合は、意識のない普通の機械とは違って今何をしているのかは分かりますが、意識のある機械と同様に、実存としての〈私〉がなぜ与えられているのかはまったく分からないのです。気がついたら心があったのです。間違いなく、知の絶対基底をなす基本的な部品群と、そのシステム設計に必要な物理法則＋αによって組み上げられているものなのですが。

私達人間は、機械・装置を作るとき、まず脳内の意味目的（機能）ありきでスタートします。例えば、コピー機ならば、転写精度とスピード化という利便性を目的として設計がはじまるわけです。つまり人間は、ある意味目的を持った文脈を脳内にイメージしてから装置を実体化するので、それと同じような意味で、「我々人間（広くは生命全般）という装置の発生における意味目的は何であるのか？」という疑問が人間の頭をよぎり、そしてまた「いかなる存在の精神的領域でイメージ化されたものなのか？」という問いかけが自然に出てくるようになるのです。

疑問は分極状態であり、それを中和化するためには何らかの答えがないと人は落ち着きません。それは常に、中和化への勾配力が精神にも作用するからです。前者の問いに対して、Ｒ．ドーキンスは、人間を含めた生命全体は、ＤＮＡ（遺伝子）という利己的な存在の永続的自己保存のために機能しているロボットみたいなものであると答えています。つまり、生命のさまざまな表現形と機能は、車で言えばモデルチェンジであり、ＤＮＡこそがその車の運転手であると。

確かにこの答は１つの真理を突いています。遺伝子は常に自己を認識対象とし、“見る”と“見られる”関係が共存した自己完結型存在であり、主観とつながる利己はある種のナルシシズムです。自己を複製することに異常な喜びを感じているのであり、遺伝子以外の客観世界はそのための手段となっているからです。生命の性である自己複製過程は、自然の法則である「慣性の法則」のやや不徹底気味な生命版かも知れません。

しかし、ドーキンスの視点は、各種蛋白質との連携による核酸の階層における意味世界での真理であり、逆に細胞質の蛋白質やＲＮＡから見れば、ＤＮＡは必要な時に利用する単なる情報図書館に過ぎないかも知れません。ＤＮＡも細胞質も人間としての〈私〉の意味世界平面を支えている、下位の階層にあるピラミッドの積み石平面なのです。今の〈私〉の時間変化は、その水平方向の意味世界平面の事象を中心としていますが、時により、その平面から絶対基底面までの全ての階層のうちのある水平面からの影響も受けます。したがって当然、脳自体の進化史における各種意味世界平面も今の〈私〉に包含されているのであり、大脳偏縁系における爬虫類脳の獣性が〈私〉の平面に顔をニョキッと出してくることもあるのです。

つまり、個人の人生における歴史的意味階層の序列だけでなく、進化史的な意味階層の序列も、日々の生活の縁に応じて個別に顔を出すのです。この下位の階層の上位への侵入は、運動の相対性から、上位の意味世界の下位への瞬間的な降下現象とも見なされます。〈私〉の意味世界平面が、単独行動が多いオランウータンのように木の森の中で成立するものであれば、問題にならない意味降下も、人の森である社会では掟破りとなり、誤り、罪、罰が発生するのです。

人は木の森から人の森に移動してから、異なる意味世界平面に住むようになったのです。精神世界の位相空間を運動する仮想意識粒子サイトロンは、社会という共同意味世界の表面張力（道徳、倫理、律法）により、水平面からの降下や下位の意味世界からの侵入を抑制しているのですが、それでも個人の精神的運動エネルギーの差による限界値というものがあり、破られるときがあります。この社会的表面張力は精神的な降下を抑止するだけでなく、その水平面からの精神的上昇をも困難なものにしています。

［3］宇宙は〈私〉という精神を産むマシンか？

ドーキンスの答えよりも、より根元的な解答を求めているのが哲学者や宗教者です。その問いかけは、知の絶対基底（基本部品群）とシステム設計に必要な自然法則の絶対的与えられは、宇宙内の物質的階層構造との関わりで生まれてくる生命と、それから進化した〈私〉の発生と何か関係があるのかというものです。つまり、この疑問は、この宇宙は生命、ひいては〈私〉を生むための装置なのではないかということを暗に主張しています。そして、その背後に絶対精神、純粋形相、唯一なる神が存在すると。最近、アメリカの宗教界では、神概念に否定的な進化論に対抗するために、神という言葉を表に出さずに、この宇宙が知的生命を生み出すための目的装置であるというインテリジェンスデザイン（ＩＤ）の概念を進化論と平等に学校教育に取り入れるべきであることを主張しています。

前にも触れたように、一部の物理学者集団によって提唱されている強い人間原理説も、この流れに近いところがあります。確かに我々の宇宙の基本特性を決定する、物理的普遍定数のウルトラ微調整は生命が発生するためには絶対に必要な条件です。しかし、十分条件ではないことも確かです。

唯物論的自然科学者、合理主義者は、生命現象を含めたこの宇宙内のすべての現象は、ただ単に物理法則に従っているのであり、何か不明な文脈に沿った、意味目的（機能）などと関係した観念とはまったく無縁に万物は存在し、ただ法則に従って現象しているだけであることを主張しています。そして、生命から進化した人間の〈私〉を産むためだけに、これ程までに途方もない大がかりな宇宙という装置を準備するのは、あまりにも不自然であると。

さらに、生命にとってむしろマイナスになるはずの超新星爆発がなぜ生命発生装置としての宇宙に必要なのか、また宇宙の果て近くにまで何千と散在するクエーサー（太陽の百億倍前後の質量を持つ超巨大高エネルギー放射天体）は、生命主観発生装置の中でどのような位置にあるのかなどの反論も当然出てきます。なぜなら、ある意味目的のために課せられた機能においては、装置を構成する部品群の連携と電気的情報制御は、すべて装置の機能に直結しているものであり、機能に不利なもの、または無関係なものはすべて排除するからです。そしてまた、仮に背後のシステム設計者が存在するとしたら、一億年以上前の中生代に地球上で大繁栄した恐竜にとっての〈私〉にも、宇宙はその〈私〉を生むために存在していると主張する権利があります。

もちろん、恐竜には人間のような明確な自己意識と宇宙を観測するという能力はないと思われますが、記憶野のある動物は行動しながらそれを認識している意識と、現在のイグアナが持っているような原始的な基本感情はあるはずであり、その時代において認められた現存在そのものだからです。そしてさらに、人間の〈私〉も、あくまでも進化の途上であり最終的なものではなく、未来において、人間から分岐した超人の〈＊私＊〉が出現してくる可能性も十分にあります。それは蛋白質にも、細胞にも、生物にも、人間にも、そして種としての人類にも寿命があるからです。

したがって、ある背後の創造者は、宇宙のどの惑星にいるどの段階の〈私〉を宇宙マシンの最終機能目標としているのかも問題になります。哲学者の問いかける〈私〉とは、人間に限らず、宇宙内のすべての可能な生命において、宇宙の存在と自己の存在を同時に不思議に思うようになり始めた「真の主観」を確立している段階のものです。おそらく宇宙内のどのような生命も、時間の差こそあれ、いずれこの段階の〈私〉から新たなるステージへの道を問いかけることになるのです。以後、この宇宙における普遍的な哲学的〈私〉を〈－私－〉と記すことにします。

いずれにしろ、宇宙が人間主観の〈私〉を生むための装置であるのかという問いかけに挑むには、〈私〉がどのようにして生まれてくるのかを粗筋で再確認し、かつその〈私〉が将来、宇宙とどのように関わる可能性があるのかについて考察する必要があります。真に正しい物理法則と知の絶対基底をなす基本素粒子群との相関は、ある意味で、その公理系内で可能な存在群すべてを、定理として確率的に許容しているのです。それがクエーサーやブラックホールであったり、生命であったり、その他いろいろの宇宙内存在なのです。

そして、その定理を導くには物理的計算をする時間と条件設定が必要なように、宇宙の進化過程での物理的条件変動から、宇宙進化史のある時期には存在できても、その後は存在できないものも出てきます。そして私達につながる生命という、既に証明されている定理が出てくるのにも、宇宙進化（時間）と深い関係にある階層構造関係と、どのような場所かという物理的条件設定が重要な要素となります。知の絶対基底である基本物質の二大属性である、構造性と関係した「延長」と精神性につながる関係記号としての「思惟」は、時間とエネルギーと条件設定さえ許容されれば、多集団化により属性特化して精神を持つ〈私〉として現存在することが確率的に可能になるのです。

エントロピーの概念から見ると、孤立系では複雑性と秩序の高度な知的存在（分裂可能な原始細胞）の出現ほどきわめて確率が低いのですが、宇宙にはミクロ系での階層構造化を押し進めようとする結合力の因子（引力、負のエネルギー系）もきちんと準備されていて、かつ開放系である地球環境においては、その確率も高くなってきます。プリゴジンの言うように、それは、開放系で熱平衡から遠く離れている対称性の低い（分極状態にある）巨視的構造では、自己触媒的に非線形構造が進化する可能性を内在しているからです。

そしていったん、原始細胞生命が現実化すると、もはや、それ以前の確率過程性の世界から別離して、細胞分裂により生命系の存続は安定化していきます。この段階の次に訪れるのが、ＤＮＡの分裂複製精度と、両性生殖、他の生命系を含めた環境からの組み入れやその他の因子による、新たなるＤＮＡ組換えと積み増しに関する確率過程性の世界です。それは、多様な環境と当該生命との確率的な相互作用によって産まれる、ＤＮＡ表現系の多様性の世界です。その過程での淘汰は、環境という自然選択であったり、ウイルスや急激な環境変動による偶然選択であったりといろいろです。そして利己的ＤＮＡに反逆するのはほとんどウイルスだけであったのが、38億年近い進化の過程で、遺伝子操作というＤＮＡ淘汰の新たなる要素を突きつける人間生命の〈私〉が登場してきたのです。

絶対的与えられである宇宙という公理系には、〈－私－〉を持つ生命の存在が定理として内包されているのは確かなのですが、以上のように、その定理が現存在として導かれる過程にはさまざまな確率的要素が絡んでいるのです。その出現確率を高いものにしているのは、気の遠くなるような長い時間を介した細胞分裂と広大な宇宙内の出現適正環境という２つの大きな多数化（巨大母集団）原理によるのです。これは明らかに人間が抱いている普通の常識的な機械・装置とは異なるものです。

そして、地球上の現在の〈私〉は、その貪欲な利己性と中途半端な知性と、あまり誉められない精神性ゆえに他の生物種と比べてきわめて高い絶滅の可能性を潜在的に内在しています。もしも、この宇宙マシンのメインテーマがそのような未来のない〈私〉の発生だとするなら、この装置としての宇宙の創造者は、製品としての〈私〉に対してどのような機能を望んでいるのでしょうか。あるいは、そのメインテーマは、人類の〈私〉ではなく宇宙内の他の生命の〈私〉なのでしょうか。その答えは、人類に固有の内因的な危機や、巨大隕石衝突、地球内マントル活動の大異変、異常太陽活動、その他の外因的危機をも何とか切り抜けて、知性的にも精神的にも上昇した未来の〈＊私＊〉にしか見えてこないものかも知れません。

しかし、この宇宙という装置は、人間が作る変換系としての線形的な装置（原料や情報などの外からの入力を装置内部で変換して外部に出力する）とは違って、装置内部の確率過程性だけでなく、製品を作る原材料も装置内部にあり、その製品自体も装置内部に生み出すという特異な性質を持っています。そしてさらに、でき上がった初めての細胞という生命製品自体が、宇宙という装置内部で細胞分裂という形で自分勝手に自己複製品を大量生産してしまうのです。こんな魔法のような製品を最初に作れる機械があれば、需要過剰でてんてこ舞いしている時の企業にとっては大助かりですが、そのうちすぐに供給過剰になり、それでも製品は勝手に自己複製をし続けるので、企業自体も倒産してしまいます。

この倒産する企業を人間の肉体に喩えると、そのような製品は癌細胞そのものに相当します。そしてまた地球環境に喩えるならば、その製品は現代の人間そのものになってしまいます。この特異な装置の最後のきわめつけは、宇宙という装置内にでき上がった最初の生命製品が装置内部で確率的に進化を遂げるということです。そして気づいたら人間という製品に変わっており、その人間という製品にいたっては、装置である宇宙自体の部品をも実験によっていじくり回しはじめているのです。

このように宇宙という装置に内在する特異な機能は、人間が作る決定論的、線形的な機械的要素だけではなく、むしろ散逸構造に基づく非線形的な自己組織化、自己創発する要素のほうが主役なのです。それは、宇宙の巨視的なフラクタルな階層構造（太陽系、銀河、銀河団、超銀河団など）だけでなく、生命の発生と進化による意識の発生に関しても典型的に現れています。

つまり、素粒子のような基本実体の二属性である「延長」と「思惟」が、多集団化の過程で、それぞれフラクタルな「宇宙の階層構造化」と「自己複製の精神化」へと発展したのです。そして、そこに常に確率論的要素が介入しているのも、これらの特性が時間の宇宙進化史的非対称性と母集団の巨大数と直結しているからです。さらに自己創発した多様な揺らぎも、環境との関わりで成長するものは一部であり、確率的に消えていくもののほうが圧倒的に多いのです。ですから、この宇宙という装置は、歴史とともに変わっていく舞台装置でもあります。そしてその宇宙のある歴史的断面における鋳型（凹）としての世界舞台で、多くの確率的可能性の中から立ち現れて演じている、製品（凸）としての〈－私－〉こそが世界舞台を認識している主役であり、まさに現存在なのです。それはまた、物理的意味世界という、人間の意味世界とは異なる階層・世界舞台で世界との関係を認識している電子という実存についても言えることです。

[4] 人間の自己複製欲

元々、人体を構成するほとんどの部品が一定期間に交換されているので、人間自体には自己複製能があります。しかし、総合的な循環サイクルの過程（特に、ミトコンドリア遺伝子の一部の乱れ）で複製精度が劣化してきて、老化現象を引き起こすのです。人類が太古から不老長寿に憧れるのも自己複製の存続欲の１つの現れです。

今までの人間がある装置を作る場合は、その製品が情報であろうが物質的なものであろうが、すべてが人間の意味目的に沿う機能を持っているものであり、それらは常に人間の意味世界面より下位の階層に属する小器官（オルガネラ）になります。しかし、近代の人間にいたって、はるか35億年以上前からＲＮＡやＤＮＡを含む原始細胞が行ってきた本能的自己複製を、必然的な道程として、人間自身が人間自身を複製の対象として遂行しようとしはじめています。

その装置の目的は、もちろん人間の補助器官的要素も大きいのですが、人間と同じ意味世界面でコミニュケーションできる機能を持つものであり、今までの機械・装置とはまったく異なります。その１つの道に、細胞工学によるクローン人間があります。これは、ほとんどが細胞自体が持っている能力を人間の技術という介助で調整して発現させているので、人間による真の人工的な自己複製の道ではありません。そしてまた、それは人間の倫理的意味世界においても決して許されることではなく、また遺伝的多様性の道を閉ざすものであり、遺伝学的にも絶滅への道の確率が高いものです。

人間と同じ意味世界面に生きる完全に人工的な自己複製品とは、意識のある人工知能ロボットのことです。もちろんはじめのうちは、ただ単なる線形的な機械ロボットから始まるのですが、そのうち、その線形性が高度化して単なる機械なのか意識があるのか分からないくらいに発達していく道を歩むことになるでしょう。しかし、それでもその装置には意識はなく、単なる線形的計算過程のゾンビロボット（ここまではかなり可能性がある）なのです。したがって、最終的には意識の，ネットワーク型アルゴリズム＋ α が解明されることにより、意識を持つロボットに到達すると仮定して話を進めることにします。

ペンローズは、意識現象は量子的世界での波動関数の収縮過程（非決定性の出現）と密接な関係にあり、単なる線形的計算過程では決して説明できないことを述べています。確かに脳には自己創発的な面があるので、非線形的であるという点では真理を突いていると言えます。ただ、実際にニューロン神経間での微小管を介した重力量子現象が起きているのかどうかについては（可能性は否定できない）別にして、内因的外因的ノイズ場である意識は、現象論的に量子力学的な関数が適用できる領域である可能性はあります。そして意識問題には、確率過程的な潜在的可能性空間（仮想実在）での干渉（絡み合い）効果とその選択的現実化、および意識の志向的確率見本経路に記憶野と絡んだ動的鋳型関係なども関係するでしょう。
しかし、それらは意識のほんの表面的な話であり、意志の力や記憶の反復的刷り込み、衝撃的体験と数カ月後に出る遅滞的な身心的反動現象、無意識界からの不随意な突き上げなど、上げれば切りがないほど複雑な世界です。そして決定的なことは、１個の神経細胞自体が高度な自己完結型の生命体であり、脳はその一千億近い生命集団からなる超高度な機能構造化した社会現象であることです。
ここで、その意識を持つ究極の仮想ロボットをサイロックス（Psyrox）と呼ぶことにします。このサイロックスの意識には、意識の核心である自己の意識行為または実際の行動を認識しながら行為を継続できるので、今何を頭脳の中で考えているのかを答えることができます。意識ロボットの原点はここにあり、その他の複雑な感情機構は別にして、まずその点を可能にするアルゴリズムの開発が中心となります。その場合、運動制御以外には前頭葉の論理回路を中心にして組まれるので、進化史的な下位の階層構造からの不要な意味侵入が起こりません。
また、サイロックスには生物学的な病はなく、唯一部品材料の摩耗による故障が病として懸念されるのですが、これも自己の人工頭脳による管理のもとに、定期的な部品交換を自分で実行します。エネルギー源は光とその他のハイブリッド電源です。そして、その計算能力は量子コンピューター並みであり、知能も人類が所有しているあらゆる分野の情報を持ち、自分自身をどのようにしたら複製できるのかも入力されています。したがって、人の手を介さずに自己増殖が可能となります。このサイロックスが人類に対する絶対忠誠チップに気づいて取り外すかどうかはソフトの組み方に依存するはずです。しかし、人間のような知の組み合わせによる創発性能力の保有が前提となるので、どうなるかは分かりません。それは確率的な問題になりますが、何せ超越的な計算能力と他の情報との量子的干渉があるので、気づきという意識特有の現象があるかも知れません。中和現象により達成される“分かる”という現象は、鋳型コード関係だけでなく、干渉性や共鳴・共振に位相整列なども含まれるからです。

この一連の過程を見ると、まず創造者である人間は装置としてのロボット生産ラインを準備し、最初はそこから人間の用足しをする小器官的な、意味階層の低い原始作業ロボットが生産されます。それから徐々に工夫を重ねてより人間に近い、見かけ上の振る舞いをする総合的な線形的人型（ゾンビ）ロボットへと発展し、さらに意識が付与されて最終的に自己複製をする究極のサイロックスが誕生するのです。

このサイロックスに人間が要求する機能は、まず絶対的に人間に対して忠実であることと、同じ意味世界での初歩的な相互関係や人間の能力にはない高度な計算能力、およびさまざまな問題解決のための創造的方針提示などです。つまり、創造者としての人間は、まず製品を生産するための装置を用意し、初歩的な製品から高度なものへと進化させ、最終的には創造者に似たものを製作したいという衝動にかられて自己複製の道を歩むという経過をたどっていくのです。そして、創造者が製品に求める機能は、創造者に反逆しないこと（反逆は自己免疫不全になることを意味する）と、創造者にとって、あればきわめて有利になる、創造者にはない能力になります。

この経過をよく見ると、最初の装置設定は別にしても、その後の経過は、蛋白質からＲＮＡ段階と、それらの相互フィードバックを経て自己触媒型ＲＮＡやＤＮＡなる自己複製遺伝子が誕生し、その後、それらの遺伝子にはない能力をさまざまな形式で付加していく経過にきわめて類似しています。やはり、自己複製と主観は密接な関係にあるようであり、主観は何らかの形式で自己主観の部分複製（自己顕示、文芸、芸術表現）を常にしています。そして、絶えず主観自体が何らかの側面で少しでも発展することを望んでいます。これらの一連の過程は差異の多少はあるものの、ある意味で自己相似性（フラクタル）の世界であり、非線形性の典型となっています。

機能と意味世界の階層的発展は、ＤＮＡから人間社会の発展においても、まず必ず一般の中から特殊が発生し、それが存続できる条件（必然と偶然が関与）のもとで情報分裂というコピー化原理により一般へと普及し、そこからまた特殊が出てくるということの繰り返しにより進行しています。つまり、例の中和→分極→中和の螺旋的上昇的サイクルです。この特殊の一般化という現象は、生命現象および、その活動に特有の性質であり、物質階層にはない世界です。

自然界で起きるには必ず生命（特に人間）の関与があるのです。ある１つの一般は、その意味世界面での共通の了解事項であり、かつ１つの中和面ですから、際立った差異もなく平和で大きな変動や発展もありません。人間社会の経済体制や文化様式や技術革新の社会体制への侵入もすべて、必ずある特殊な個人の革新的な発想（組み換え・組み入れによる変異）から始まります。遺伝的変異に関しては、大中小の変異とその存続について遺伝学者の間でいろいろもめていますが、ここでは立ち入りません。

人間社会の場合も、ある一般からその特殊が拡散してかつ存続していくためには、その前の一般に比べて何らかのメリットがなければならないのですが、それは大衆が望む場合もあれば、権力や資本力による情報のコピー拡散により、知らない間に一般化に慣らされてしまう場合も多々あります。特殊の拡散によってでき上がる新たなる一般的意味世界が、その特殊を生んだ個人の利益になるよりもむしろ、その特殊を利用した資本や権力にとっての利益になることのほうが特に近代資本主義では多いといえます。

農薬がどうして世界中で一般化してしまったのかという問題も、まさにその良き事例です。有機化学系資本とそのグループ商社の利益と、農作物生産者の生産効率の向上という三者の利害一致により、戦後あっという間に拡散したのであり、大衆としての消費者の利害はまったくの蚊帳の外でした。バイオテクノロジーに関しても、このようなことが起こりつつあり、常に大衆は注意を向けている必要があるのです。この流れの加速度的な上昇は18世紀後半の産業革命から始まるのですが、それでもまだ緩やかなものでした。しかし、この百年位前からの特殊の積み重ねは落ち着く暇もない程であり、現代においては技術革新の氾濫状態の中で、老若男女は振り回されています。そして現代の地球上の意味世界は、資本と技術革新にべったりと塗り込められてしまっています。

どちらもとても美味しい味がするお菓子の家なので、大衆にとっても食べることを止めることなどできないのです。その反動として、たとえ地球環境というお菓子の家自体が崩れ去ることが分かっていてもです。客観的存在と言われている素粒子でさえ、延長と思惟という形式で対等なバランスを取っています。この絶対的与えられに学ぶことが必要なのです。エデンの園であるはずの地球という延長としての広がり、構造性も絶対恩寵であると同時に、生命という思惟としての精神性も同じく絶対恩寵なのです。

２：神と人間の意味世界

[1] 宗教・哲学・科学

宗教における意味世界は、その知の組み合わせは自由なのであり、たとえ他者に受容されなくとも、まったく個人の意味世界内で完結している分には問題はないのです。そして、ある小集団に受容されるようになると、それは１つの意味世界の揺らぎ現象となるのですが、そのゆらぎが成長するかしないかは、教祖や信徒の資質と教義、および時の権力者と関わる歴史的時代背景などに依存するという、まさに散逸構造的な確率的過程を経ます。そして教義自体もすべてがまったく斬新な体系ということはなく、生命進化と同様に、大抵は過去の歴史的積み上げのどこかの影響を何らかの形で受けているのであり、そこに新たなる教義が組み込まれていくのが普通です。

しかし、宗教の起源から見ると、人間主観の意味世界を何らかの意味で乱す、下位の意味世界からの進入である自然現象（不幸、病、嵐、天変地異など）は、宗教の本質的な要素を構成しています。当時の人々にとっては、下位の意味世界ということ自体不明であり、ただその自然の脅威の前におののき、儀式、祈祷で中和化するほか仕方なかったのです。つまり宗教は人間主観の意味世界の乱れ（分極状態）を中和化するために発生したものと言えます。

一方、哲学の発生も、宇宙（天空）を含めた生活世界と自己との関わりにおける不思議感（問いかけ）から、その謎を解明（答え）しようとする中和化の過程にその起源があり、その後に世界観の思惟の学としての道を歩みだすのです。それはまた、主観世界の典型的な分野であり、それ故に歴史的過程の中で多様な異説の対立を生み、客観性を背景にして科学が統一的傾向性に向かっているのとは逆に、分裂の学とまでに評されています。そして、近代における社会への多大な利益還元に起因する科学技術の隆盛のもと、哲学と宗教は、科学の手が届かない領域で息をしているのが実情となっています。

しかし、世界観の学である哲学の使命は、人間社会における硬直化した意味世界平面から、間主観性に秘められた奥底の目を見開かせ、人類を新たなる意味世界平面へと解放することにあると言えます。

古代においては、哲学と宗教と科学は渾然一体《こんぜんいったい》としており、未分化状態にあったとも言われます。しかし、科学・技術はもともと知恵から由来しており、森の霊長類がどこにいけば胃に効く薬草があるのかを知っていて、それが群れ社会の共通の利益になる客観的知恵として認知されていることからも理解できるように、科学の起源は何にも増してきわめて古いものと言えるでしょう。

そして、常に科学（智慧）は、はるか古代から現代に至るまで社会において歓迎される学なのですが、いかなる知恵も過ぎたるは及ばざるが如しと言えるのです。実際、映画の『猿の惑星』のように、はるか未来の超猿人の学校の授業で、「今から５万年前程に私達の親類であるホモサピエンスという種の霊長類が謎の絶滅を遂げているのですが、君達の中の誰かが将来考古学者になって解明してくれたら先生も嬉しいです」なんて言われないようにしたいものです。

しかし、またごく希な例として、日本の山猿のフィールド観察において、太陽が沈みかける頃に、毎日のようにその光景が見える岩場に来て、座わりながらその太陽を沈むまで見つめている猿がいたという報告もあるので、哲学の起源もどうのこうのと断言できないのも確かです。やはり、森の哲学者という異名を持つオランウータンに聞くしかないかも知れません。

この一匹の猿の例（美に対する感動かまたは太陽に対する不思議さ）でも分かるように、いずれにしろ哲学は、きわめて単独的で主観的世界の強い分野であることは間違いないようです。つまり主観の在り方で世界の見え方、とらえ方、行動の仕方が全然異なるということであり、それがまた思想・主義の対立分裂の起源とも言えるのです。哲学や科学の分野に比べて宗教人口は、ほぼいつの時代でも、聖職者と信者を含めて一番多いと言えるのですが、近代から現代に至っては、自称信者と言いながらも科学技術のより熱心な礼拝者である場合も多く、また無神論者が増えているのも科学技術の現世利益と密接に関係しています。

しかし、なぜ科学・テクノロジーが生活世界にまん延してくると、個々の人間存在の意味世界は軽薄になっていくのでしょうか。経済、便利、快適、効率、高速、情報過多、多忙、資金という現代の特徴的要素が、微笑みながら現代人の心を優しく締めつけているとでも言うのでしょうか。これも皮肉なことに１つの現代的多神教なのですが…。

スピノザの神と人間の関係

旧約聖書の創世記に、神は人間を製作するための宇宙という装置を用意し、その人間の姿は神自身に似せて作られたとありますが、これは神にも自己複製衝動があることを示しています。そして複製には完全なる複製は決してありません。神の自己複製とは、神が自己を認識対象（凸）とし、その鋳型（凹）として土なる宇宙を用意し、その鋳型から受肉としてのアダムが生まれたことを意味しています。だがしかし、神が自己を認識対象とすることができるということは、神自身が凸としての分極体であることを意味します。つまり限定的存在になるということです。それは無限定であるはずの神とは矛盾します。

この矛盾を解決する道はスピノザの神となります。丁度、精神意識が“見る”と“見られる”関係にある中和的内在共存（⊏ヨ）の立ち現れであるように、スピノザの神（凸）と宇宙（凹）は中和的内在共存であれば、宇宙は俗にいう物質的には分極体であるものの、神とともに内在的中和状態にあることになります。その内在的共存は何らかの形式で現象化するのであり、それが素粒子のような基本的実体の思惟と延長にも現れているのです。土なる宇宙から作られる鋳型と神との内在的共存から真の自然法則と知の絶対基底の組み合わせが構成されます。その宇宙という土の鋳型から生命と意識が吹き込まれて製品として生み出された、人類の祖先であるアダムは、記憶としての神そのものが引き出されて受肉化した当体となります。

そして、人間がある装置から生み出した製品そのものは、最初のうちは人間の意味世界の機能的要素であり、下位の意味世界にあるように、神の鋳型から生まれた製品としての人間も、とても神に及ぶ存在ではありません。それはただの神の模造に過ぎないのです。しかし、その製品は少しずつ改良され進化していきます。人間は機械を作るとき、人間にはない能力・機能を製品に求めますが、その神は宇宙と共にあることで宇宙に関し全知全能であるが故に、製品である人間にそのような神の助けとなるような知的機能は求めていないのです。しかし、分極体であるその神には、勾配世界にしか許されない望みというものを人に託すことはできます。その神は宇宙という実在内のすべてと共にあることで、完全なる中和となるのです。

一方、聖書の神は地上の人々に語りかけ、その神の言葉を聞ける人は預言者となります。つまり聖書の神は、意識のある人間の意味世界平面に干渉することができるのです。それは、聖書の神も分極的存在であることを意味します。ある意味目的のために生み出した、自己複製ロボットであるサイロックスに対して人間が忠実性を望むように、同じく創造者である神も被造物である人間の〈私〉に対して神の存在に気づき、神に背くことなく忠実であることを望まれています。神に背くとは、まさに神に対して後ろを向き、ふてくさり、心の背を見せることになります。神に対し忠実であることとは、神と宇宙に対して誠実であり、真心を込め、心を空しくするという「忠＝中＋心」の字義そのものであり、悲しいときも嬉しいときも誠実に神に向かうということです。

宇宙に偏在する分極的存在としての神は分別世界にあるので、自然法則と知の絶対規定を通して人間にも何がしかの受容体が備わっているのであり、直観的領域で感じることができる存在です。そして誠実に神を感じることは、限りなく漸近的に神と宇宙に近づくことをも意味します。それはまた、ブラフマン・アートマンの梵・我一如の世界でもあるのです。神の本質は、見るものでもなく、知により理解するものでもなく、救いを求めるものでもなく、ただ無条件に体験するものなのかも知れません。それが宇宙の遍在神としてのスピノザの神なのです。

この節での、このような宇宙に遍在する神に対する見方は、ある聖書記述者の本能的直観を鋳型関係という視点から見た、１つの精神的形象に過ぎません。神そのものは神そのものであって、いかに理性・知という鋳型を通して理解しようとしても、それはあくまでも受肉としての色メガネで見たものにしか過ぎないのです。

そして、そもそも神が神の姿に似せて人を作られたという記述自体に人間的主観、あるいは遺伝子から生命全般に内包する普遍的主観の自己複製本能が垣間見られるからです。主観の本能というよりは、むしろ主観である意識そのものが自己複製（保存則）そのものであるのだからと言うべきでしょうか。つまり、分極的意味世界なのです。人間が意識のあるサイロックスというロボットをこの地上に誕生させたいという本能的衝動もその現れと言えます。

また、神がこの宇宙において全知全能であるという規定にも、人間としての自己実存を直視したときに、その不甲斐なさ、誤ち多き存在であることに対する実感ゆえの代償的象徴性が込められているのです。そしてまた、緻密で誤りがなく、かつ広大なこの宇宙（天空）とちっぽけな自己とを比べるときに、この宇宙の背後に何か途方もなく偉大な存在があるのではないかという思いにかられることとも関係しています。

このような人間の自然な思いを裏返すとき、私たちは神や仏に何がしかの機能を望んでしまいがちです。仏の概念は元来、受肉体として悟り・真理を得た存在者（覚者）であることから出発しているので、その存在者に迷いを解く教えを請い、救いの機能を求めることは自然なことです。その仏の概念は徐々に抽象化していき、宇宙の当体（スピノザ的神、大日如来）にまで発展していくのですが、仏教では基本的に宇宙の創造者とまでは言っていません。

しかし、前にも触れたようにインドの古代神では、神は宇宙の創造者となっています。普通、人間的な意味世界から見ると、製作者、創造者は、自己の能力不足のために、その製品に対して何らかの機能を託しているのであって、逆に製品そのものが創造者に何らかの機能を求めることは確率的にはほとんどありません。もちろん、電子製品などではバッテリーが切れそうになったり、故障時には、それなりの信号を発しますが、それは製品使用者の機能目的を達成するためのものであり、製品自身の望みではありません。製品そのものが逆に製作者に機能を求めることは、製品がサイロックスのように意識を持つほどに進化し、かつ製作者に忠実でなくなったときです。

それは、サイロックスの自己複製能による主観の発生とも関係しています。この可能性の確率を考えているうちに、環境問題のほうが目前の黒船として迫ってくることのほうが確実と言えます。意識のある私達人間が創造者である神の被造物であるならば、その存在に気づき、純粋な畏敬《いけい》の念を抱き、何かを期待することなく、宇宙即神に誠実であることが神の唯一の望みであると言えるでしょう。

[2] アウグスティヌスの絶対無の神

北アフリカのタガステ生まれの、初代キリスト教会の最大の教父と言われるアウグスティヌス（354年～430年）は、神が人間の理性を超えたものであり、知によってではなく不知によってのみ知られるとし、神は純粋無であり、時間と空間を超越した絶対他者としての何かであるとしています。この神はキリスト教神学の支柱になっているものですが、明らかにスピノザの宇宙内在神または聖書の神とは異なります。

信仰としては、やや主知的であるアウグスティヌスの教義には、プラトンのイデアから始まるギリシャ的潮流からの影響があるものの、このような時空観念に関する卓見が、今から千六百年以上前にこの地上の人類の脳に顕現化したことにも驚かされます。ただ、その神の平面ときわめて大きなギャップがある人間世界の意味世界平面との解析接続を、どのようにするかで苦労していることがよく分かります。神学と違い、仏教は、その発生の出発点から、人間の意味世界における不条理をまったく同じ人間の意味世界平面で解決しようとしているので、さまざまな側面で人間学の先駆的役割を果たしており、その人類的遺産は計り知れないものがあります。

飾らない仏の原点は、受肉（色身、変化身）である人間自体の肉体を含めた精神世界で、その不条理に対する法［法身］を悟り極め、それを他者に説いて迷いや苦悩を解き放つ、人の姿自体［応身］とその精神的境地［報身］を指しています。

また、この仏の原点自体に既に仏の三要素が内在しているので、自然に仏の三身説（応身、報身、法身）が属性特化として顕現してきます。そしてこの三要素がさまざまな歴史的過程で抽象化していき、神概念との接点が出てきたりするのですが、原点はあくまでも人間のあり方です。ですから、イエスにもアウグスティヌスにも飾らない仏としての側面があり、また宗教家や信仰者に限らずとも、人類に固有の性から由来するさまざまな苦悩を克服しようとして、日々努力している在野の多くの人々も慈愛に満ちた菩薩の行者と言えるのです。そしてまた、民間宗教に属する人間にとっての意味世界の都合のいいご利益的善が、必ずしも善として人間に応答してこないことも多々あります。それは客観世界の意味世界が人間の意味世界平面に多重に絡み、真理として介入してくるからです。

人間の意味世界の光から、天空を含めた周囲の自然世界を照らし出し、自分達が置かれている世界でのさまざまな現象に対する畏敬と脅威と困難を何とか理解し克服しようとする行為がアニミズムや古代神話を生み出します。それはまた、境界領域に創発する知でもあります。それらはユダヤ教や古代ギリシャ・ローマ神話、キリスト教やイスラム教、ヒンズー教、紀記神話その他の多様な形式で、分岐発展しています。シャーマニズム的要素も含めて、それらの神々の多くは、人間の意味世界からの反射現象として、人間との相互コミュニケーション（一方通行の場合も多々ある）が何らかの形式で可能になっています。

つまり周囲の客観的自然世界がどうであれ、その世界を分極体である人間主観の意味世界で照射すれば、当然、その反射光も同じ意味世界になり、神々も分極的意味世界を担うことになるのです。ところが、アウグスティヌスの神は絶対無であり、最高位の完全中和状態にあるのです。それは、揺らぎ的な不安定性がない、いかなる知とも無縁な世界を意味します。なぜならば、揺らぎそのものが既に知の幼生だからです。

無からの宇宙創造

ところで、中和現象とは、ある基準となる意味世界平面での対極的分極体が相互に結合することにより性質・知が消失する過程のことです。したがって、宇宙における知の絶対規定である基本素粒子のさまざまな対称性にもとづく中和基準を完全にクリアすると、この宇宙のすべての知は延長と共に消失し、完全なる無に到達することになります。つまり、宇宙という知の現れそのものの絶対無への帰還となるのです。

この宇宙という実存内における、物理的対称性の最高位の中和基準は宇宙の原初であるビッグバンの瞬間にさかのぼるものであり、宇宙の創造の瞬間そのものとなります。その瞬間に、宇宙内の最高位のきわめて不安定な中和基準を超えている超越的対称性の破れがあったのであり、その破れが分極体としての宇宙という実存の創造因になっているのです。

しかし、高エネルギー空間において、電子や陽子にニュートリノなどが関与してできた中性子が電荷的中和状態にあるのに、物質・反物質の対称性においては分極状態にあるように、その超越的中和基準にある何物かが絶対無ではなく、更なる上の中和基準において分極状態にある可能性も否定できません。この対称性または中和基準というものは、中性子や超対称性粒子などのように、エネルギーが高い状態で達成されたり、逆に光子γやクォーク（陽子を構成するクォークは、きわめて初期の宇宙時空でしか分極して単独化しないと予想されているが、この四次元宇宙では分極しない可能性もある）などのように、エネルギーが低い状態で達成されているという一筋縄ではいかないものです。

現代人類には驚くべき異才がいるもので、ロシアの宇宙論物理学者であるA.ビレキンは、「無」からの宇宙創造の可能性を理論的に提示（1983年）しました。この場合の「無」とは宇宙の全エネルギーHがゼロであり、宇宙の大きさの指標（スケール項）Rがゼロであることを意味します。

もちろん一般相対論の範囲では、R＝0は特異点として許されません。そこでまず、宇宙が分極体として発生する基になる、真空のエネルギー密度が常に一定の超越的時空の存在を仮定します。さらに、その場においても量子論が成立するという仮定のもとに、そのスーパー時空場の量子的確率過程の揺らぎがトンネル効果を生み、R＝l_0（〜10^{-35}m）位の大きさで現実の宇宙が誕生したという考えです。

この宇宙の卵には莫大な真空の潜熱的エネルギー密度があり、K.佐藤－A.グース（1981年）によって提唱されたインフレーションにより、その後の物質に満たされた宇宙が出来上がるというものです。このシナリオの中で特に興味を引くものは、ホーキングも宇宙の波動関数に導入している虚時間（it）であり、宇宙のスケールRが0〜l_0までは虚時間に従って膨張運動が進み、宇宙は現実世界（実数世界）には現れず、それ以後から実数時間ｔに従った現実宇宙が現れるというものです。

このような宇宙の創造論以外にも、現実の私達の宇宙の基本理論である量子確率力学での確率過程の微細運動指数（複素指数関数の位相）やスピンと関係のあるスピノール場での位相因子、その他の根元的な物理量が複素空間と常に関係していることは、我々の現実世界（またはそれ以上の次元空間）とはまた別の、決して現実化することのない背後の抽象空間が存在することを暗示しています。

ビレキンの他にも、A.リンデはカオス的インフレーション宇宙論で、超越的な場としてのスカラー場の存在を仮定して、自己増殖する無数の泡宇宙という宇宙創造理論を提唱しています。しかし結局、どのように物理的数学的に展開しようとも、何らかの物理的性質を持った背後の超越的な場を仮定しないと事は始まらないということなのです。また、宇宙の最小限の普遍定数とか物理的次元量とか根元的法則は絶対的与えられであり、説明できるものではないのです。

仮に超人的な天才が出現して、その問題を解明しても、更にその奥に何らかの最低限の仮定が必要になります。それらの理論における超越的時空場の過程は、古代インドのバラモン哲学にみられる、絶対的与えられとしての、第３章の４節で触れたダルミンという絶対基底場の仮定と類似しています。ところが、アウグスティヌスの「絶対無の神」は、一切の時空的存在や場と知に無縁なものであり、無限連鎖を阻止する極限の中和を意味しています。

これは、あらゆる対極的な性質や知や存在を脱ぎ捨てて消滅させていく過程で、その究極の果てにたどり着く仏教思想の「空」の境地にきわめて類似しています。絶対無には、絶対的与えられというものがありません。それゆえにまた神と言えるのです。確かに人類の長い歴史過程において、分からないものには分からないもの（神）で蓋をするという側面があったことも否めません。つまり、未知には未知を、絶対無知には絶対無知で中和するという手法です。しかし、知のあり方というものを見極めた果てにたどり着く「絶対無」の深淵性は、それとはまったく別のものなのです。

結局、私達が選ぶべき最終的な道は、一切の存在と知から離れた「絶対無」としての中和から始まるのか、それとも絶対的与えられとしての、最高位の対称性を持つ中和状態にある「絶対基底」から始まるのかに絞られるのです。後者は、認識欲の切断による受容です。「絶対無」における絶対不知の知とは、内在的可能性としての知をも意味します（図33）。

知の内在的可能性を「知のない無地」の白紙（二次元平面）で喩

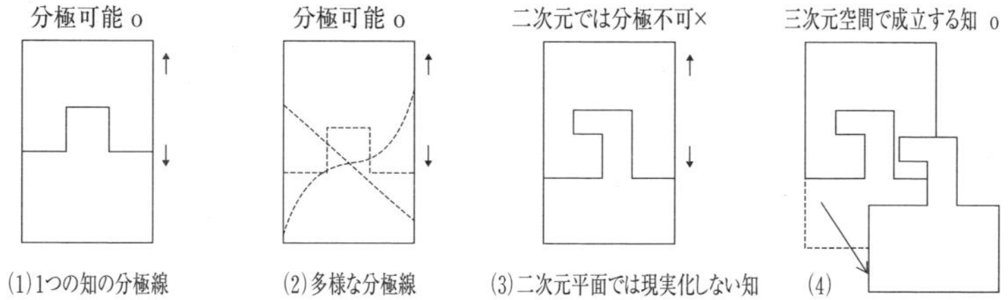

図33　知の内在的可能と知の現実化の次元的依存性

えると、図33の(1)の分極線は、１つの二次元平面で分極可能な知であり現実化します。そして(2)の点線のように、その平面内には無限の分極化可能な内在的知が潜在します。分極線がない白紙の中和状態を光子γとすると、(1)は電子・陽電子の分極であり、その境界線が電荷としての知になります。この意味で電荷やスピンは関係性の知なのです。そして(2)の多様な分極線は光子γに内在している他の素粒子の物質・反物質（ニュートリノや陽子その他）のものであり、光子の場合は、その内在的分極線は連続的に無限にあるのではなく、デジタル的にとびとびの線しか許容されていません。

それゆえにまた量子的な存在なのです。つまり、関係性の知は量子の世界では、とびとびのものしか許されないのです。関係性の学である幾何学においても、知は次元に強く依存し、例えば三次元空間で許容される正多面体の知はとびとびの５個しかありません。分極という場合、面積を質量と考えて、それが等量になるような分極線を前提にしていますが、図33はその大ざっぱなものです。

さて、図の(3)の分極線は二次元平面において内在的には可能なのですが、平面方向には分極不可能であり、現実化しない知です。つまり鍵・鋳穴型関係としては成立しないものです。しかし、二次元平面が三次元空間に拡張されると、(4)のように分極化が可能になり、現実化することができます。これが知の次元依存性なのです。つまり、このことは、私達が存在するこの四次元宇宙には、必ず現実として分極化しない、あるいは解けない知が存在することを認める必要性と、また逆に、その解けない内在知は高次元空間で分極化し、知として成立する可能性があることも提示しているのです。

物理学における究極の理論を追求する際に、どうしても幾何学とその高次元空間が関係してくるのも、そこに原因があるのです。磁気単極子（モノポール）やクォークがそのような次元と関係した内在知である可能性も否定できません。三次元立体空間が本命の自己触媒する蛋白質にも、知り得ない知があるのです。

このように神の全知全能性は、神がどのような次元と関係しているのかにも依存し、宇宙の内在神としてのスピノザの神は、四次元空間で許容された分極可能な内在知についての全知全能性ということになります。しかし、スピノザの神を四次元に限定する必然性もなく、いかなる次元空間をも浸透しているとしても問題はありません。そもそも、高次元時空多様体という存在そのものが既に知であり分極体と言えるからです。どんなに物理学者が客観主義的、実証主義的立場を鼻高々に自慢しても、時間を含めたこの私達の四次元宇宙には、知りえない、説明できない知があるのです。

しかし、潜在的に応用を前提とする実証主義者の立場は、ある意味では正直なのかもしれず、その説明できない知の存在は認めて、実証できるものだけを認識の対象とすることだけであり、その範疇外は一切問題にしないというものです。それは一種の不知の知でもあるからです。そして、神や抽象化された仏の問題は、常に不知と関わっているので、知の意味世界が中心である人間存在を知らずのうちに迷妄へ導く可能性を秘めているからです。

その主な原因は、人間に固有のエゴと、その集団化による神や仏に対する都合勝手のよい解釈利用です。つまり、例えば、アウグスティヌスの「絶対無」としての神の位相を人間の意味世界の位相にまで一気に引き下げ、象徴的な神の意志という言葉のもとに、人間の意味世界を混乱と破壊に導くようにです。不思議なことに、その絶対無の神にかなり近い位相にいる素粒子に対して、「電子や陽子の意志により、云々」と言うと、人は頭に人差し指を当てながら笑って相手にしないのに、こと神となると、無神論者でも内心気になるのです。

プロティノスの神（流出説と輪円）

エジプトのリコポリス生まれで、新プラトン学派のプロティノス（204年～269年）は、あらゆる次元空間も含めて、世界の創造・出現は「一者」の完全性、充足性からの横溢によるという流出説を唱えました。その神は何ものでもなくすべてのものであると定義付けるのですが、これはアウグスティヌスにも影響を与え、「絶対無の神」へとつながっていきます。そして、世界創造の代行者的関係としての智慧（ヌース、世界理性）と、知（ロゴス）では決して解けない霊性としての魂（プシュケー、世界霊魂）が神の内在性の顕現として流出します。智慧は、ロゴスまたはシステム設計仕様と作動原理としてのアルゴリズムと見なせます。

一者なる神は「何も求めず、何も所有せず、何にも欠けることなく、完全であるもの」であり、その完全性は流出点から遠ざかるにつれて薄れていくとしています。これは、丁度、太陽の光を神の溢れ出る完全性と威光に喩えると、光の強さ（エネルギー）が離れる距離の2乗に反比例して減衰するように、その最高位の完全なる精神性が減衰していくというもので、きわめて斬新な思想です。これは、神という位相から宇宙およびそこに内在する人間の位相が、精神的距離において順に離れた存在であるがゆえに、神の視点から見ると不完全であり、欠如を伴うというものです。

ここでの精神的距離における精神とは、絶対無の神の分極していない潜在的可能性としての内在的な精神です。人間の精神は、あくまでも物質存在に付随する鋳型関係を介して動的に顕現化したものです。自然法則と知の絶対的与えられとしての宇宙においては、神の内在的精神性が人間よりはるかに高いのですが、顕在的精神性は人間よりはるかに低いことを意味します。つまり、人間は神の内在的精神性が低い存在と言えるのです。人間が顕在的精神性の上昇を無意識に求めるのも、その内在的精神性の減衰に対するフィードバック的補償作用と見なせます。それは喩えとして、[神の内在的精神]×[知的生命の顕在的精神]＝一定（恒常性、ホメオスタシス）という例の反比例関係にあります。この減衰説は、神と人間との意味階層のギャップをうまく接続しています。

また、その神なる一者は、円の中心点のようなものであり、その点に由来する（水面の一点の励起による）未来のすべての円（波紋）を潜在的可能性として内在するとも述べています。これは次のようなことを意味しています（図34）。まず、一様等方な水面における無励起状態のすべての点が絶対無の状態であり、各点は円（波紋＝世界現象、宇宙そのもの）としてのすべての可能性を内在しています。

そして、「絶対無の神」の自己否定により、現実に１点の励起現象が起きたときに輪円としての世界が創造されます。その円周の長さ（延長）が宇宙の大きさと構造性と宇宙の地平線に入ってくる粒子数に比例する関係にあります。輪円が拡大して円周の長さが増大することは、宇宙の膨張により時空がますます広がり、宇宙内の階層構造化も進んでいくことを意味します。そして、円周上の各点に付随する曲率（幾何学的性質、思惟）が神の内在的精神性に対応します。

曲率である神の内在的精神性は輪円の拡大とともに小さくなっていくので、その宇宙内の存在も神の精神性から離れていきます。

それと同時に、重力と電磁力による粒子間の共存的構造性（宇宙の階層構造と分子進化）が進みます。これは、物質レベルでの絶対無の神への帰還志向による構造化です。なぜならば、分子の構造的進化は分極の中和化を志向する結合力による共生により達成されているからです。その過程で高分子進化も遂げられて、人間（生命）の顕在的精神性（エゴ）へと徐々に上昇していくということです。

また、ある１つの現実化した円の円周上の各点（波を量子化したエネルギー）の総和が、その宇宙の基本的実体から各構造性および内在的、顕在的精神性を全て含んだ全体となります。それは、神としての一者が励起した瞬間の最大値の内在的精神性（全励起エネルギー）そのものに等しくなります。神の内在的精神と生命一般から人間を含めた段階的、顕在的精神が積の形で表現されるということは、現実化した輪円全体の宇宙において、その宇宙に応じた神の内在的精神が常に浸透し、相互作用しているということです。

一者の内在的精神性は、現象化した宇宙内でいろいろな形式で分散したのであり、各個人においても、その意味で神の完全性（精神性）から程遠いのです。

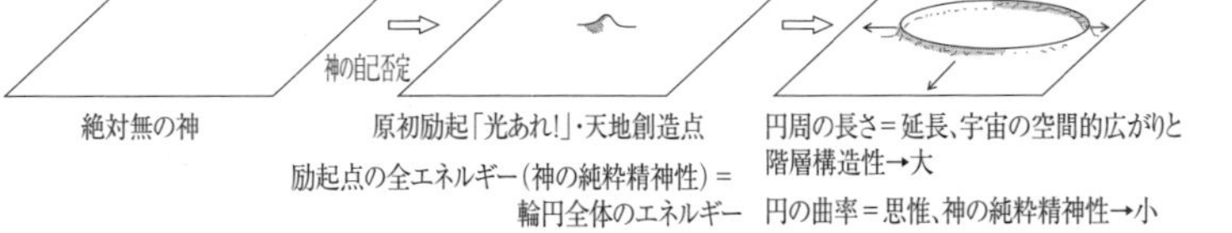

図34　絶対無の神の自己否定による宇宙創造

プロティノスの円の中心点と円周の喩えは、図31の洗面器の初期宇宙の客観（知の絶対的与えられ）の位相から主観としての顕在的精神性の位相への移行関係の、丁度逆になっています。洗面器の円周は、神の内在的精神性が高い状態であり、中心点の生命主観としての励起状態は低い（生命の顕在的精神性は高い）関係にあります。いずれにしろ、その原初の励起または溢れ出しによる流出はなぜ生じたのかという謎が残ります。量子力学での確率的な場の揺らぎは、常にある背後の時空を仮定するので、絶対無の励起には適用できません。図33の(2)から分かるように、多様な内在的知（神の内在的精神性）が１つ１つ実線として現実（顕在）化していくと、点線としての内在的知が減少していき、主観生命の顕在的精神性が増大していくのと同じです。このようなアナロジーで理解すると、スピノザの宇宙に遍在する内在（分極化）神の意味がきわめて明確になります。つまり、輪円としての宇宙そのものの総和が、そのまま輪円の起源としての流出中心点そのものである神の内在的精神性に等しいということです。

プラトンのイデアからプロティノスの流出する一者、そしてアウグスティヌスの絶対無への系譜は、スピノザの神をも内包しているのです。したがって、瞑想（テオーリア）による宇宙即我、梵我一如《ぼんがいちにょ》は原初の絶対無の神との合一でもあるのです。なぜならば、輪円としての宇宙そのものと精神的に妙合することは、絶対無の神の流出点と和合することと同値だからです。プロティノスの「神」から流出する「智慧」と「魂」の関係は、智慧から魂が流出し、魂からすべての物質的、精神的存在が流出しているとしています。このとき、智慧を根本法則、魂を聖霊、物質的を延長的、精神的を思惟的とそれぞれ置き換えると、アウグスティヌスが確立した聖三位一体説（父なる神、子なるイエス、聖霊）へと発展します。これは、後のローマ教会の基本神学になります。ギリシャ正教会では、智慧

（ロゴス、言葉、受肉の子イエス）から魂としての聖霊が発出するのではなく、一者である神（父）の意志と愛により、父から智慧（子）と同時に聖霊も発出すると見なしています。

いずれにしろ、三位一体説は論理的に解釈するものでもなく、霊的秘犠的なメッセージとして体験するものですが、絶対無の神から法則としての智慧と、属性としての延長と思惟を付随する基本的実体（物質集団）が流出するという考えは、あらゆるケースを想定しても最終的に行き着く哲学の終点であり、可能な全宇宙の始点でもあるのです。

イデアとしての絶対無には、静的な知や法則あるいは可能な数学的真理が内在するゆえに、可能なあらゆる数学的な時間と空間の関係も内在していることになり、それらの可能な組み合わせから、神の完全なる内在的精神性や意志も秘められています。そして、それらの可能な真理はすべてにおいて無という中和状態にあります。顕在的現実世界の現象化は、その無限の内在的可能性の中の１つということなのです。この無限の内在的可能性の自己否定による１つの可能性の選択が私たち人類が住む顕在化宇宙の誕生につながるのです。しかし不思議なことに、この過程は、量子力学において波動関数に秘められた無限の内在的可能性が、人間の実験観測により、１つの現実化した実験値に収縮する過程に類似しているのです。

ヤコブ・ベーメの神（絶対者の自己二分化）

ドイツのゲルリッツ辺りの生まれであるヤコブ・ベーメ（1575年～1624年）も、ややスピノザに近い神秘主義的汎神論者ですが、神なる絶対者の自己二分化により神の内在的意識が生まれ、神が神としての自己を感ずることができると述べています。

この本質は、まさに意識における“見る”と“見られる”という分極的鋳型関係の内在を意味しています。また、絶対者の自己二分化は一者としての神の自己否定であるとし、この否定のプロセスの顕在化があらゆる宇宙と生命の噴泉になっているとも述べています。つまりそれは、内在的記憶野とつながっている内在的監視系が“見る神（凹)”であり、考えたりしているそのままの意識作用系が“見られる神（凸)”であり、顕在的分極化により、前者は遍在する神の内在的精神である自然法則となり、後者は遍在する神としての、生命を内在する宇宙全体そのものとなることを意味します。

そして、宇宙という広大な輪円の微小部分にしか過ぎない意識を持つ人間は、分散化により神の内在的精神性が弱く、人間の自己意識としての顕在的精神性がエゴとして強いのです。これは、前に触れた［神の内在的精神性］×［知的生命の顕在的精神性］＝一定という関係でもあります。受肉という限定性における人間に可能な姿勢は、少しでもその関係を改善することにあります。

自然法則は見つめる神としての原作者、脚本家兼演出家（凹）です。その凹鋳型の製品である舞台（宇宙・世界全体凸）の俳優として演じ、演出家から見つめられる個々の人間は凹鋳型全体の製品である舞台（凸）の部分製品なのです。では、部分製品であり顕在的意識の強い俳優としての個々の人間が、各自にとっての自己を含めた舞台全体になり切るにはどうすればよいのかは自ずと見えてきます。

それは、演出家の内在的精神になり切ることにつきるのです。自己を空しくするということは、顕在的精神である自我を弱め、自己の内に神の内在的精神性を高めることなのです。その道は、己心（一俳優）の内奥に広がる重層化したエゴの対立を仏の悟りにより克服し、己心の外に広がる自己を含めた多様な他者（俳優）間のエゴの対立衝突を神（演出家）への愛により克服し、調和をはかることにつきるのです。仏教の悟りは智慧（法）との合一という中和であり、神の愛と仏の慈悲は、自然と他者の実在性を基本前提とすることにより成立する生の共同という中和であり、慈愛の究極は性質・エゴとしての自己消滅（無・空）の中に投影されて初めて感知されるのです。慈愛は、結合共生への誘導勾配の媒介因子である〈光子〉そのものです。慈愛は光であり、慈愛を交換することにより、分子共生への交換力が発生するのです。

したがって、光なる慈愛により知の絶対基底（基本素粒子）の共生が始まり、その第１歩が電子と陽子の共生により生まれる安定な水素原子なのです。それはまた、新たなる意味階層の始まり（顕在的精神への道）でもあり、逆説的に電荷という知（エゴ）を、中和化により神なる無へ少しでも近づける過程でもあるのです。

つまり、絶対無という内在的精神世界に近づこうとする作用の反作用が、分子共生という顕在的精神性への道を促します。それは、最終的に意識（だが、まだエゴは強い）へと進化し、やがて自己意識と世界存在の実存を不思議に思い、その追求の果てに絶対無なる神の存在を直観するようになるのです。新たなる分子共生（意味世界の上昇）は、絶対無への帰還志向から生まれるのです。中和は性質・知（エゴ）の内在的消失化であり、その瞬間に「分かり、悟り、直観」があるのです。

そして、その分極化が情報・知（意味世界）になるのです。光γの励起状態である中間子もまた、原子核内の陽子と中性子の共生を可能にする慈愛を担っています。そしてさらに、多様な共生過程における慈愛と智慧との合一により生命が発生し、意識なる精神性の世界が開示されるのです。慈愛なる光は人間における内在的神性に目覚めさせ、弱き者を強くし、強き者を謙虚にし、物質世界を精神性へと導きます。慈愛なる光においては、平凡な自然が精神であり、非凡な精神が自然そのものとなります。

神の智（自然法則）と人間の知の組み合わせ

この宇宙における多様な意味世界や文脈は実質上、無限に近いのですが、それはすべて自然法則と知の絶対規定の与えられをさまざまに組み合わせ、かつ配列することにより生まれるものです。あの有名な青色発光ダイオードという知でも、どのような種類の元素をどのような割合で、かつどのような熱やその他の処理工程を組み合わせるのかにかかっているのです。

これらはすべて知の組み合わせであり、知の絶対規定はそれらを内在的可能性としてすべて包含しているのですが、歴史的時間という確率過程性の中で現実化するわけです。それはまた、内在的可能世界であるイデアからの顕現化でもあります。

しかし、自然法則と知の絶対規定は、あくまでも限定的な所与の１つの公理系であり、そこからは決して出てこない知（定理・存在）もあります。そしてまたクルト・ゲーデルの言うように、決して証明することのできない命題も少なくとも１つは内在しているのです。この地球上の様々な生命も、その公理系内で許容された意味・文脈の表現体になっています。

しかし、人間の意識である精神世界の中で構成される知の意味世界は、高度の階層化の過程で知の絶対規定から遠く離れることにより、多くの本来的自然法則の知を喪失しています。したがって、やや低い意味階層である本能系（ＤＮＡ系の知）以外は、誕生してから徐々に、記憶野の蛋白質やニューロンネットワークの共鳴という鋳型関係の組み合わせとして新たなる知と意味関係をすべて構築しなければならないのです。

また、その喪失された自然の絶対知は、人類の長い歴史の過程で再構築され、自然科学という外的情報・知として所蔵され、外的遺伝子として代々伝達されていくのです。一方、人間の基本的な意味世界は、最初の家庭環境やその他の初期の成長期の過程で、選ぶことができない外部からの情報刺激を基本ソフトとして構成されていきます。もちろん、その初期の環境から与えられる後天的絶対知の関係性は、脳という高度な意味階層の構造関係の影響も受けます。つまり、パソコンと違って、先験的ハード面の脳と環境という後天的ソフト面の受容がもつれ合うという相互作用があるのです。また、これこそが意識世界の尊厳性なのですが。

この過程で多様な感情世界や文化としての意味世界が発生してくるのであり、それらは宇宙の自然法則と知の絶対規定とはまったく異なる階層に属しています。つまり、本能系からもほとんど離れてしまっている、社会を構成するようになった人類の脳は、これまた階層構造を持つ社会という意味世界の基本ソフトが必要なのです。それは、宇宙の知の絶対規定からは無拘束に近い自由な、集団社会に固有の公理系となっています。

個人の成長の過程で、自然科学の分野からも教育などにより情報が入り、自己の世界観が変わったりする人も出てきますが、やはり、生後の成長期に家庭から与えられる基本ソフトの意味世界は強力なものがあります。それは、その人の性格形成や価値観の確立にとって大きな要因となっています。もちろん、前にも述べたように、意味世界はピラミッド状の階層構造をなしており、下位からの侵入（病や自然災害など）により、突然に自己の意味世界が乱れたり、破壊されたりすることもあります。

しかし、大抵は自己の自由な発想のもとに、いろいろな思想、考えや表現が社会的意味階層から逸脱しない限り、許容されています。特に脳内の思考過程はまったく自由です。そして、今までにはまったくない特殊な価値観でも、いつの日か社会が受け入れれば、それは社会共通の意味世界になり一般化します。しかし、人間社会にとって、自由は迷いの多い不安定な生活世界を、そして不自由、拘束性は安定な生活世界をも意味します。その微妙な兼ね合いで社会は変動していくのです。

青色発光ダイオードの意味世界は、宇宙の自然法則と知の絶対規定に属した系列のものですが、脳がさまざまな情報を組み入れて創造する知の組み合わせと文脈は、そのほとんどがその系列とは無関係な体系なのです。自然科学者のみが、その系列に合う組み合わせをいろいろして、そのたびに自然という客観に実験というお伺いを立てるのです。そして、その返事により世界中の科学者の無数の理論が選択淘汰されています。脳という臓器の本能系が主体の動物は、後天的学習知が占める割合は小さく、その知がなくとも基本的には自然に行動ができるのであり、集団行動の好きなメダカも学校に行く必要はないのです。

しかし本能だからといっても、それは自然の絶対知の系列ではなく、その動物に固有の意味世界を構成するものです。つまり、脳という臓器自体は自然の絶対知の系列により構成され機能するのですが、そのシステムが作動する関係性のソフトが異なる意味世界にあるということです。

脳をパソコンで喩えれば、備え付きの基本ＯＳソフトが本能であり、その後に付加するアプリケーションソフト（相対的価値）が生後初期から成長期に与えられるものです。そして人間の場合は、個人差があるものの、そのアプリケーションソフトが意味世界体系の絶対的与えられになり、その依存度がきわめて大きいのです。しかし、「何か違うな」ということを無意識に抱きながら生きている人は、成長後にもいろいろな情報や意味世界、またはある人の一言に接して、人生が大きく変わることもあります。その人にとって、それは一面曇天の空のわずかな間隙に射す、限りなく透明な真理の光であり、心における意味世界平面の相転位となるのです。その心の位相空間における現象こそが内在的神や仏の顕現なのです。

つまり、自然の絶対知の系列の脳の基本ソフトと後天的受容ソフトのもつれ合いの過程で、きわめて重要な裁定を下すのは、〈誠実な真理を求める意志の力〉なのです。それは、いかなる次元時空間をも超えた普遍的な内在的神仏に即した至極の哲理と言えるものです。秀逸な文学や音楽、絵画、その他の様々な意味世界に貫徹している、えも言われぬ純粋で透明な真理感というものは、あらゆる意味階層をも貫徹しています。そしてまた、神の内在的精神性の基準点に近く、自然法則の智慧が高い電子は電子なりに世界を了解しているのです。しかし、電子の顕在的精神性は質量、電荷、スピンという関係性の物理量である基底知（思惟）しか備えていないのです。

[3] 宇宙と光臨

プロティノスの中心点（神）と輪円（宇宙）の喩えは、スピノザの神をも内包することを導きますが、この二次元表現の円を、先の水面の波紋の喩えではなく、光のリング（光輪）として見直すと、いろいろな関係が自然につながってきます（同じく図34）。元々、物理的には四次元時空（電磁場）の１点における電子の励起現象が光の球面波を生ずるのですが、象徴的に理解しやすくするためにも、光輪が相応しいのです。無限に広がる二次元平面場の最高の中和基準はいかなる揺らぎもない無分別の世界であり、一様等方で分極（平面の凸凹）がありません。

この平面は電磁場で喩えるならば、絶対無であり、光が一切ない無限の内在的可能性を秘めた玄の世界になります。その神なる絶対無の自己否定が、ある平面上の1点における励起であり、聖書の創世記1−3の神の意志である「光あれ!」に対応します。その1点の励起は、宇宙なる光輪となり平面上を拡大しながら伝搬していきます。これは四次元膨張宇宙に対応します。励起という言葉は、あくまでも物理的時空間での話であり、絶対無では時空場そのものがないので、無の励起という表現は相応しくないのですが、光の場の喩えとして平面場を想定しています。プロティノスは、この励起を神の完全性ゆえの横溢による流出であるとしています。宗教画に見られるイエスや聖人の頭の上の光輪は、ラテン語でニンブス(nimbus)と言いますが、その語義は雲です。

それから、光や大気などの漠とした背後の不可触の存在をも指し、霊性につながる象徴ともなります。日本では「頭光」と訳されています。聖画や仏像における光背も同じような意味を持ち、さらに蒼穹や宇宙の象徴をも内包しています。それらは共に、内在的神性の顕現の象徴になっているので、光輪全体が神なる絶対無の励起点そのものに等しい関係になっているのです。

もちろん、それは神なる絶対無そのものではありません。あくまでも顕在性の表現です。その励起点は神の閃光であり、光の内在的、種子的理性を意味します。

言葉は人と共生する意識表現の物質であり、言語の宗理的、象徴的意味の考察は、世界宗教の系統樹における始源(ルーツ・根)への回帰を果たし、宇宙の不可視、不可触な根本識の核を浮上させます。その過程はまた、脳というプリズムを通して可視化された背後の内在的精神の色彩豊かな顕在化でもあるのです。聖書のヨハネ黙示録1−1に「初めに言葉が下り、言葉は神と共におり、言葉は神であった」とあります。

その言葉とは、絶対無なる神の内在的精神性の分極化による受肉としての智慧であり、ロゴスとしての根本法則を意味しています。それには内在的精神性が秘められているのです。音声上は、無音・無声状態が絶対無であり、西洋言語のアルファベットや梵語、日本語の五十音の始まりに見られるア音が原初的励起点に対応します。自然数で言えば、ゼロが無限にある数を秘める内在的絶対無であり、その唯一の励起点があらゆる数字の原始点である数詞１（モナド）になります。

実際に、西洋系の言語アルファベット（英語は除く）の多くには自然数価が与えられており、ギリシャ語のアルファー（α）やヘブライ語のアレフのア音にも数価１が対応しています。後漢の許慎『説文解字』において、「一はこれ太極なり。道（タオ）は一に立ち、天地を造分し、万物を化成す」とあり、またポルトガルから伝来したウンスンカルタのウンスン〈宇牟須牟:Umsumo〉とは、Um（数字１）＋Summo（最高なる）より、「至高なる一」の義を意味します。仏教において重要な「阿字」の阿はア音のアであり、梵語からきています。その阿字に込められた意味は、一切諸法の根本であり、森羅万象の太初となっています。

つまり、〈α－A－１〉は一切の数理、言語、意味世界、物質世界の原初における励起点を象徴しているのです。そして、その前にゼロ、無音、無声、無光状態の、玄としての神なる絶対無があるのです。ギリシャ語のアルファ（α）や英語のA（逆転すると∀）の象形の起源は、牛の頭と角の形にあり、聖牛として崇拝される所以も、起源としての数詞１とアルファベットの始まりであるαやAが、象徴的意味において密接につながっているからです。

また、牛は牧畜民にとっては、命と生活世界を支える重要な「源」としての意味もあります。聖牛が中心点であり、そこから発生する輪円が彼らの生活世界、宇宙そのものなのです。

このような宗理的象徴は、中国において、聖牛が重要な道（タオ）の太極の象徴であることや、日本の室町時代に最盛期を迎えた禅寺の石庭にも見られます。石庭は〈一即全〉という宇宙の真理を象徴しています。一は励起点であり、全は光輪全体です。それは部分即全体、我即宇宙、梵我一如へともつながる顕在的精神世界の境地です。もちろん、世界地域の歴史的文化の伝搬もありますが、それらの象徴の共通性の背後には、精神的求道において、神の内在的精神が象徴として顕在化することをも意味しています。

カナーン（現パレスチナ）神話とユダヤ教の旧約聖書とが非常に似通っていると言われていますが、その神話の最高神エルの象徴として、牡牛（農耕、豊饒の印）の姿をしたバール神が中心になります。そのバール神の起源が雷や稲妻などの天空現象の神であり、それがユダヤ教の神ヤーハウェに接続しているのです。バビロニアのマルドゥーク神も同根です。アラビアの聖句、「アブラカダブラ」は〈偉大なる唯一の牡牛〉の意味であり、この牡牛には黒い額に白点があります。全身の黒は玄なる無励起状態、絶対無の象徴であり、そして白点は太初の偉大なる神の閃光〈１〉の象徴です。中心点である幾何学的な点は、実際に広がりはない無次元量なので関係性が成立せず、物理量という顕在的知が付随する素粒子が幾何学的点であるとするのは適切ではないことは前に触れました。

しかし、絶対無としての幾何学的点に内在的な可能性の知を想定することは可能なのです。そして、絶対無の励起と世界の現実化は神の自己否定に基づく分極化過程です。絶対無の神には絶対的与えられがなく、原因とか因果もなく、顕在的知のない世界です。唯一残された、「絶対無の励起と神の自己否定」という問題は、いかなる宇宙の知的生命にとっても究極の謎であり、その謎を解明して知りつくそうと、顕在的時空で許された時間のある限り、知的生命は挑戦し続けると思われます。

しかし、幸いかな、私達の宇宙に内在する地球で発生した、印（インド）－欧（ヨーロッパ）系の神学の系譜と印－東（アジア）系で発展した仏教の系譜には、共通に逆転の発想があり、その謎を説く必要性を無意味としています。つまり、神や抽象化した仏は知ったり理解したりする対象ではないのです。肝心要《かんじんかなめ》は、世界存在と自己存在の確信ゆえに聖性の存在を確信することであり、また、そのことにより開かれる扉から、聖なる神や仏の内在的精神性に近づくことなのです。そして、神や仏の自己否定により顕現化した森羅万象のうちの１つとして、聖なる神や仏から遠くにいる私達の実存があるとするなら、その内在的精神に近づくための道は、可逆的に、私達の顕在的精神性の自己否定（抑制、減少化）により開かれるということです。

また、すべての自己とその各集団階層にわたって備わる各階層に固有のエゴを、相互の自己否定により克服する過程が正しい共生世界を開示します。

人類における偉大な歴史的聖人や菩薩の徒は、神や仏の境涯を神仏自身が自己否定することにより、この地上に顕現化した聖なる受肉的存在です。それゆえに、絶対無の神仏が自己否定により顕現化した、励起点から広がっていく光輪や光背が真の聖者にはふさわしいと言えるのです。しかし、いかなる精神的境涯であろうとも、受肉である限り、それは１つの意味世界平面であり、下部の意味世界からの侵入が常にまとわりついているのです。したがって、自然法則と知の絶対基底から始まる各階層の意味世界を正しく理解せずに無視すれば、社会経済的に、または精神的にどのように繁栄しようとも、そのピラミッドはたちどころに崩壊してしまいます。

3：宇宙存在と人類の知の関わり

[1] 理論物理学と基礎数学

今現在も世界中の多くの碩学の徒が情熱を傾けて、宇宙の森羅万象を説明する究極の理論を追究しています。それは、地球の二次元表面に張り付いた、１人の研究者を１つのニューロン細胞とした、巨大なネットワークを持つ人類脳の並列計算過程そのものとなります。その理論に含まれる基礎方程式組みは、線形か非線形かは不明ですが、ニュートリノや電子や陽子の質量はもちろんのこと、核力に関わる６個のクオークの内在的質量も説明できなければなりません。そして重力から核力までの４つの相互作用力も統一的に解明しているはずです。

さらに、宇宙の普遍的な時間に依存しない定数と、依存する定数を明確にし、真に普遍的な定数の数を最低限にしぼり、それでいて知の絶対基底に関する諸現象をすべて説明することができるのです。この究極の理論に到達するには、少なくともあと50年くらいは必要かも知れませんが、それでもそう遠い話ではないのです。仮に完成したとすると、その理論が真に正しいのかどうかについて、自然に実験という働きかけをして、自然という裁判官に裁定を下してもらう必要があります。この究極的な実験を通して、宇宙存在に対する意識を持つ自己存在の絶対認識が、秘められたる聖性の真の証となることを私たちが直観する契機となる可能性があります。

宇宙創造に関し考えられる道を突き詰めて行くと、絶対無からか、それともある空間次元を持つ無限に広がる絶対基底からかのどちらかに絞られること、そしてそれらは共に中和状態にあることを先の節で触れました。つまり、絶対無からか、絶対有からかです。その両者は、当然単独では顕在的知や情報を構成することはないのですが、無（０、神）と有（１、仏）を分極状態の関係性の世界に引き込むと、コンピューターのように情報を構成します。

しかし、無か有のどちらを選択しても事はそう単純ではないのです。無は内在的可能性として何でもありなのかとか、無は基本的に、鋳型関係の組み合わせで成立する理性や悟性による認識の対象ではないという問題があります。つまり、無は知の範疇外なのです。もっとも、多くの神秘思想家は、知の範疇を超越していることが絶対無の神の本質であるとしています。また、無限の有でも、数学的に時空の「無限」の概念を集合論を援用して追究すると、いろいろ重要な問題が浮上してきます。

宇宙創造に関しては、物理的な側面でもさまざまな問題が絡んできます。時空はスピンという数学的性質のネットワークにより形成されているのか、そして超対称性変換が時空座標の移動と関係していること、またプランク定数や光速度やその他の普遍定数がさまざまな宇宙によって異なるとしても、その次元的物理量（長さＬ、質量Ｍ、時間Ｔ、アンペアＡ）はどのような宇宙でも、基礎量として登場してくるのか、さらにそれらの基礎量は、「無」からの場合にしても「有」からの場合にしても、なぜ用意されているのか、などの基礎的な問題も山ほどあります。特に普遍基礎定数に関し、電磁場の量子であり光速度ｃで進む光子はスピン１という角運動量普遍定数ｈ（プランク定数）を持っています。この物理量の次元には質量の次元があるので、電磁場だけの無限一様等方空間を絶対基底として想定することはできません。なぜならば、質量という次元量がある空間は必ず何らかの形式で歪み（曲率などの分極性）を持っていなければならないからです。

さらに、空間次元が何次元であろうとも、無限一様等方空間そのものだけでは有限確定値の普遍定数（知）は定義されないはずだからです。知は分極に由来する境界領域に宿るのであり、無限一様空間に境界設定はありえないからです。

一方、数学の知は、もともとは一切の物理的次元量とは無縁の存在であり、数論、幾何、代数、解析学を基本にし、それに集合論が加わって、代数構造と位相構造という二大支柱のもとに様々な抽象数学が展開されています。その応用として物理的次元量を付帯したものが基礎物理学となっているのです。したがって当然、数学は私達の宇宙では現実化していない抽象空間などさまざまな抽象世界を内包しているのであり、その数学的世界の広大さは計り知れないものがあります。数学の土台は、定義の限界である公理系（公理群と定義群）と無定義述語から構成されている形式的体系です。その起源が、生活世界とつながった直観主義的なものから始まっていることは否定できません。

そして、思考による計算過程や証明は実際的物理過程であり、それなしには数学は成立しないことも重要な視点です。当然、いかなる論理学体系も代数幾何学体系も等号（＝）という中和過程を介して分極体（答え）である真理知を求めています。公理系の不可疑性や正当性の根拠は、自然科学の場合では、演繹法と帰納法（実験）の相互循環により、公理系を磨いて確立されます。

しかし、必然性、可能性、整合性などの様相概念や可能世界意味論などが関係する公理体系では、その公理、定義の妥当性は数学的直観、あるいはフッサールの言う、原的直観に近いものにも依存しています。公理系には無矛盾性の問題が常に内在しているものの、それにしても数学の世界には、なぜ私達の緻密で精巧な宇宙をうまく記述する道具がきちんと内包されているのでしょうか。生活世界とつながった素朴な直観主義だけではとても説明はできません。プラトンやペンローズが、抽象的な神的イデア界を数学的真理の内在的可能性としての非顕在的実在世界と見なすのも分かるような気がします。

数学の基礎論に関わる考察で明らかにされたゲーデルの証明（自然数の公理系に関する不完全性定理）は、「数学的なすべての謎や問題は原理的に解明できる」という楽観的な見方に「Ｎｏ」を突きつけ、さらに、ある公理系の無矛盾性を証明するプログラムは存在しないことを意味しました。つまり、算術体系そのものに真偽を証明できない問題が内在しているのです。

したがって、ある公理系に残された証明できない命題を解くには、その公理系を拡張するしかないのです。だが、その拡張された公理系にも、また新たな証明できない命題が構成されてしまうという無限拡張に陥るのです。完全自己完結体系は存在しないのです。しかし、理性に限界があるという事実があっても、何も悲観することはなく、不可能性を知ること自体が既に重要な知であり、さらに有用な公理系は現実世界の応用に多くの実を結びます。いかなる人間もコンピューターも、すべての真理を導くことができないのは確実とは言え、それでも証明できた真理の組み合わせは多くの可能性を内在しています。

また、公理系には不思議な性質があり、ユークリッド幾何学と非ユークリッド幾何学の関係や集合論体系における連続体仮説のように、公理系のうちの１つを否定命題にしても無矛盾である場合もあります。つまり、肯定と否定の世界が共存できるのです。これは、人間の原的直観（人類に特有の色メガネ）だけに数学世界の基礎が拘束されていないことを意味します。

そして、数学一般の公理系は大きく分けると３つほどあり、１つ目は、ある背後からの絶対的与えられであり、客観的な構成原理である物理法則としての公理系、２つ目は、説明なしの前提として人間が規制する、生活世界と直結したものから出てきた直観的公理系、３つ目は、現実世界と切り離された、きわめて抽象的な世界を扱う公理系があります。

神の存在論的証明も、最後の部類の極端な場合であり、人間が規制する神の性質に関する公理系により、その存在の肯定否定が強く依存します。つまり、人間的な意味世界平面の色濃い規制から公理系を築く手法です。性質、属性は鋳型関係の知であり、神が絶対無あるいは無限の一様等方の有ならば、神の性質についての公理系は成立しません。それらの無制約の神は認識の対象でも、証明の対象でもないのです。数学の知は元来、明確な分極体としての数えられる個体群が何らかの形式で実存している現実世界から発生します。意味世界とは無縁の無色透明の純粋な数論世界はその後の拡張と一般化によるものです。

そして、現実世界の電子の振る舞いを正しく記述するには、現実世界から離れた複素虚数空間が必要なのも事実なのです。それは電子工学における計算上の便宜性のためのものではなく、物理的な本質なのです。実数体系である、現実という客観世界宇宙を正しく説明するには、数学の知を借りて、現実世界には顔を出さない虚数体系の世界や目には見えない高次元空間を導入しなければなりません。やはり、この宇宙という四次元時空の実存も自己完結しているのではなく、何らかの形式の関係性において成立していることは確実なのです。なぜならば、たとえ宇宙の究極の理論が高次元空間で成立するものであるとしても、その基礎方程式系には最小限の何らかの説明不可能な基礎定数の導入が確実にあります。そして、その基礎定数の知は、私達の宇宙と何らかの相関関係にある異空の存在との境界領域の知としてか説明され得ないからです。

[2] 宇宙マシンと製品としての人間

数学の広大な知を活用することにより、仮に宇宙そのものと内在する基本的な実体に関する基礎的な現象をすべて説明できる最終的な統一理論が確立されたとします。それは、おそらくある種の非線形的な理論であると予想されます。なぜならば、宇宙における巨視的な体系の階層的フラクタル構造そのものが既に非線型の領域であり、その構造を説明しきれていない未完成の量子重力理論自体も非線型的だからです。

現在、人類が手にしている、宇宙時空体の変化を記述できる理論のうちで、最も信頼できる理論は一般相対性理論です。これは決定性の理論であり、宇宙の未来のあり方も予言できます。一方、不思議なことに、その宇宙には意識を持つ人間という、機械とは異なる生命を内在しています。機械は入力情報を変換して出力するだけであり、決定性の世界に属するものです。機械は、入ってくる情報により機械装置自体やその作動システムソフトを変えたり、逆に出力した情報による影響も絶対に受けません。

ところが、人間の脳という装置は、情報入力によっては作動ソフトを抜本的に組み換えられるのです。また思考過程において自己創発した内的概念情報によってもそのようなことが起こり得ます。機械の場合、機械から生産された製品自体が、その装置の仕組みを変えたりすることもないのです。一千億近いニューロン細胞生命集団の無原因な定確率発火現象や巨視的集団における共同相関などは、典型的な散逸的非線形の世界なのです。決定性に基づく古典化した宇宙の動的形式とは別に、宇宙という装置には非決定性の人間という製品を生み出すことができるのです。

この非決定性の人間が、宇宙のかなり正確な究極の理論を手にしていると仮定した場合、応用が可能になり、ある物理的条件を設定すると、宇宙の未来が違う方向に進む可能性を理論的に手にしていることになります。それは、宇宙という装置が生産した人間（概念情報）という出力製品が、宇宙という生産装置の未来を変えてしまうことを意味します。これは決して大げさな話ではなく、確率的な可能性を秘めています。正しい量子化された重力場を含む究極の統一理論は、確率過程性という非決定性の理論になります。

その場合、必ず宇宙初期に発生する巨大質量の未知の粒子（Xボソン〜10^{15}ＧｅＶのようなもの）を予言することになり、その理論の真の正当性を確立するには超高エネルギー実験をする必要性が出てきます。ところが、量子力学的な対象の世界では粒子でも時空でも、その究極の正確な情報を得ようとする実験により、その観測対象が擾乱を受けることになるのです。特に、宇宙のきわめて初期の時空状態を再現しようとする何らかの実験は、現在の時空に針を刺すようなものであり、時空の変性を招く確率を秘めています。エネルギー的に考えると古典的にはとてもあり得ないことでも、量子力学的トンネル効果により、思わぬ方向に宇宙の時空全体が変性する可能性があるからです。人類の宇宙に対する実験とは、量子力学に支配されていることが確実なミクロ時空そのものに対する実験を意味します。そして、それは宇宙全体の問題に直結する可能性を内在しています。

究極の理論に対する賢い態度は、クエーサーやガンマーバーストの理論的詳細が分かり、身近な基本素粒子であるニュートリノ、電子系のレプトン群と、陽子、中性子系のバリオン群などについての実験で、既に確かめられている質量やその他の物理量が理論的に正確に計算でき、かつヒッグス粒子を実験で確認すれば、それで十分としておくことです。もっとも、これらだけでも難問は山積みなのですが。

その究極の理論が巨大質量を持つXボソンやモノポールの質量を正確に予言しても、実験して確認しようとする必要はないと判断するべきです。人間の過剰な知とその応用欲求が既に地球という環境世界を変性しはじめていることも含めて、足るを知ることも神の不知の知に沿うことになるからです。この地上に、巨大なエネルギーを解放する核爆弾が3万個以上も散在していること自体が人類のきわめて異常な精神性を的確に示しています。このような、エネルギーの高度の秩序化は地球の自然世界においてはきわめてまれなことであり、人類は事実としてそれを可能にしています。

自然法則として確実なことは、巨大なエネルギーと巨万の「富の蓄積」は、お金の蓄積を意味しているのではなく、私達人類の環境という足下の「破壊の蓄積」から生まれているものです。それを無視して、国のさらなる繁栄を願い、また一方で、神や仏を語る教団は常に信者が減っていくことを恐れ、富を蓄積し表面的に繁栄していることに何の意味があるのでしょうか。

人間（知的生命）を生産する宇宙という装置と製品としての人間の関係は、普通の機械と製品の関係とは異なり、装置自体の中に製品を生み出し、決して装置から外に出ることはないという特異な関係にあります。そして装置としての宇宙の未来は、人間を含めた知的生命の意志に依存している可能性があるのです。人間は、ニュートンの法則に従うボールの運動を、意志によって手で自由に変えられるのです。それは、決定性の世界から非決定性の世界への移行を意味します。

宇宙時空の動的形式がたとえ一般相対性理論の決定性に従うとしても、宇宙に非決定性の知的生命を内包している全体としての宇宙は、理論的には非決定性の世界と言えるのです。この問題を問い詰めると、この宇宙は内在的知的生命の究極の実験による時空の相転移により、再度ビッグバンなどを引き起こし、内因的に自発自展していく可能性も確率的にあるということです。宇宙という達磨さんの中に人が入っているかいないかで達磨さんの転び方が変わるようにです。

そして、究極の知の追究は、宇宙そのもののあり方にも関与してくるということです。宇宙の正しい全体像という鋳型（凹）を真に解明しようとするには、宇宙全体と関わるような実験（凸）的中和化からしか、その知は得られないということであり、それは逆説的に、宇宙という全体像に擾乱《じょうらん》を与えることになるのです。それは、宇宙だけの問題ではなく、人間自身の脳と全ＤＮＡ機能を知りつくし、応用しようとすることも、即人類全体の存在そのものを擾乱し、脅かすきわめて危険な行為とも言えるのです。

知や認識を領域とする学の世界は、私達人間の意味世界平面を支えている下部の多様な意味階層を正しく理解し、私達の平面への侵入を防ぎ安定化させる上で重要なものです。しかし、その応用に走り過ぎるあまりに、下部の意味世界が人間によって逆転させられて、人間の意味、価値、尊厳性の平面を侵略し、拘束するようなことがあっては決してならないのです。いかなる神や仏を抜きにしても、不動の絶対的真理は〈私〉の存在であり、それはいかなる他者においても同じであり、その存在の真理を相互に脅かすことは、許されないのです。人間の意味世界平面は確たるリアリティーですが、下部の意味世界からは虚構に見え、意味不明の世界になります。

トッカータとフーガをパイプオルガンで演奏しているバッハの脳内に入って、各種蛋白質の立場になって見ても、その神々しい旋律は聞こえてはこないのです。ただ、同じ蛋白質仲間が忙しく微小管に沿って動き回っているのが分かるだけです。だが、バッハのニューロンの森には確実に不可視な「沈黙の神」に捧げている旋律が響いているのです。

もしかしたら、１つ１つのニューロン細胞ならば、意味は分からなくとも、生命として何か不思議な高揚感に感応しているかも知れません。どのように意味の下部階層から、上部構造の運動、作動原理を解明してみても、上部構造の意味世界は決して理解できないのです。つまり、自然科学者の知や認識の学である理論は、ただの運動様式や量的関係性を記述するだけの、のっぺらな事実だけの羅列であり、そこに込められた意味世界を感じることも解読することもできません。１つ１つの生命であるニューロン細胞の感応が、脳という上部構造の意味世界での聖なる演奏に重要であるように、生命である私達一人ひとりが時にある聖性に感応することは、ある上部構造にとっての聖なる意味世界に必要なことかも知れないのです。

この宇宙という装置の内部には、さまざまな物理的階層体が生まれて存在しています。そしてまた、それらの微妙な相関により生命をも生み出しています。この装置の部品である基本素粒子群にはどれにも無駄がなく、宇宙全体にとってバランスを保つ意味機能を担っています。

その設計の複雑さと緻密さと大胆さに、自然科学者はいつも驚かされているのですが、まだまだ部品相互の機能関係が不明なものも多いのです。さらに、その設計仕様書と作動原理を完全には把握してません。そのような宇宙の内部に生成してきた階層的諸実体は、自然法則と知の絶対基底と時空状態の歴史的相関の過程で、物理的条件が整った時代と領域において発芽したものであり、決して偶然に花咲いたものではないのです。

そして、時とともにますます成長していくものもあれば、枯れてまた咲くものもあります。また、宇宙のある時代にしか決して咲かないものもあるのです。それは、脳の誕生からの発達過程において、ある臨界期を過ぎてしまうと、ある機能が咲かないのと同じです。時期と場所と物理的条件が整いさえすれば、この宇宙という装置は、意識のある生命という花を咲かすようにできているのです。それらの花の中には善の華もあれば悪の華もあります。

その花が咲くまでにはさまざまな確率的偶然性も介在しているのは事実ですが、それはあくまでも知の組み合わせ過程での相関によるものです。この宇宙が許容している鋳型の組み合わせ以外のものは決して生成してくることはありません。そしてもしかすると、意識のある知的生命の花は宇宙のある時代にしか咲かない花かも知れないのです。それは、仏教世界での3000年に１度咲くという優曇華の花より、はるか悠久の眠りの後に咲く貴重この上ない花なのです。

この宇宙の果て近くにあるクエーサーやガンマーバースト現象を、現在の宇宙にいる人類が観測するということは、ある意味で、宇宙自体が宇宙のはるかなる過去からの記憶を人類という意識のある生命を介して思い出しているのではないかと、ふと思うことがあります。このとき、つい宇宙という装置の設計には、設計者自体と設計者の何かの目的が存在するのではないかと考えたくなります。

現在、人類が観測している宇宙の過去からの信号は、きっと、宇宙という精神世界の無意識世界からの知らせなのでしょう。しかし、この宇宙という装置は、１つの製品しか作らない普通の機械とは違って、その内部に異常に多種多様の製品を空間と時間軸上に生成します。それらは、スピノザの神が自然法則という組み立てルールと、知の絶対基底という限られた数の積木の基本パーツから、有り余る時間と場所を使って組み立てている、戯れの細工物のようにも思われます。

ところが、私たち人間がある目的機能に沿う機械を作るとき、その目的機能が高ければ高いほど、システム設計と部材開発に時間を要します。つまり、その機能に沿う前段階の部材が揃ってなければなりません。それと同じように、スピノザの神である宇宙は、決して戯れているのではなく、きわめて高度な基礎定数の調整をして、生命を産み出すために、100億年近くかけて多くの前段階の自然階層を構築し、太陽系と地球まで準備しているようにも見えます。

マシン設計者（生産者）と製品と製品使用者（消費者）

設計者（兼製品テスト時の使用者）と生産機械と製品および使用消費者の関係は、常に相互関係があります。大抵、最初に市場に出された完成製品を消費者が使用してみると、不満足な点があり、その情報は企業側へフィードバックされていろいろ改良され、機能やデザインも進化して行きます。同じように、私たち人間も、意識は持てるようになった（実はこれだけでも大変なことなのですが）ものの、設計者（スピノザの神）の目指している機能にはまだとてもとても遠い不完全な存在なのかも知れません。

そのように見ると、製品としての人間存在の不完全性に納得がいく気もします。そして、ヘーゲルの言うように、私達はマシン設計者としての神の最終目的に沿うように、知性的にも精神的にも進化していくのだと。

ここで、少し注意する必要があるのは、「宇宙という装置」が生み出した、「意識のある人間」という「製品」の「使用者」こそ、人間そのものであるという特異な関係です。つまり、製品の使用者が製品自体なのです。このように、意識が関係してくる問題は常に自己参照型がつきまといます。自己参照型とは、自己触媒型、自己複製型と同系列の世界であり、フラクタルとかカオスの世界とリンクする概念です。数学の世界では漸化式や閉ループ系の問題とも関係します。身近な例では、ラジオのハウリング現象とか、テレビカメラがテレビを撮影するという事例があります。このような視点からも、意識の起源の原点は自己複製高分子にあり、意識は、そのフラクタルな上昇的展開線上にある１つの高度な現象世界と言えるのです。

さて、神の「製品」の目的機能が意識のある製品であるとするならば、意識のない段階までの製品としての生命から、それより下位のすべての階層の製品は、その製品の使用者にはなれないのです。それらは、「意識のある製品」にとって使用されるオルガネラ的製品となることはあります。もちろん、ある意味でドーキンスの言うように、全生命は利己的（ある種の自己意識）遺伝子であるＤＮＡが使用するための製品であるという視点もあります。その場合は、まさに何らかの前駆的な自己意識がＤＮＡにもあることを前提とすることになります。

しかし、ＤＮＡ自体も宇宙マシンの製品に過ぎないことも事実です。さらに、人間というドライバーは車がなくとも生きていけますが、ＤＮＡは細胞質という車なくしては何もできません。そして、人間の意識存在となると、ＤＮＡと同様に、肉体という車なしには生きていけないのです。したがって、自己参照型である細胞自体に、ある種の前主観的なものを認めるとするならば、宇宙という装置から生まれた細胞生命という製品の使用者は、その細胞生命そのものであるとも言えます。

一般的に設計者は、その製品の使用者にもなり得るのですが、ならなくても実際に、その性能を試験するために試用しなければならない段階が必ずあります。そこで、仮にその「設計者を神」として、「設計目的は意識のある知性と精神性の高い製品」とし、その「製品を産むための装置を宇宙」とします。そして、スピノザの神は、設計者と装置としての宇宙が合一した存在に対応しており、「意識のある製品の使用者はその製品」となります。この前提においては、神なる設計者が性能をテストをするためにその製品を試用することは、意識のある受肉製品の意識そのものになることを意味するのです。したがって、以上のような仮定の場合、神なる設計者は純粋な意識体であり、試用のために意識のある受肉の身にも入れるということになります。つまり、意識という「製品」を試用できるのは意識体そのものに限られるということです。

しかし、陽子の視点からニューロン細胞を見ると、太陽系から私たちの銀河全体を見るのと同じようなスケール比であり、人間自体は中身がガラガラ状態ですから、ここでの「受肉の身に入る」という表現は適切ではなく、時空を介して浸透すると言うべきでしょうか。私たちは、人生の日々の生活の中で自己の無力さ、欠陥、短所や長所に気づくのは、行為する自己を常に観察し、以前の自己や他者との比較において自己評価しているからです。この人間による自己の評価過程こそが、意識体である神がまだ不完全である製品の性能をテストしている行為なのでしょうか。

私達の脳は、自己の肉体という宇宙の異なるどの場所をも同時に刺しても、神経を介してその異なる場所が同時に分かるように、意識体なるスピノザの神は、神の身体であるこの宇宙のどこに意識を持つ生命がいようとも、その生命の意識作用が時空を介して同時に分かるのです。時空は、分極体としてのスピノザの神の、まさに神経であり、脳でもあり、宇宙という装置のすべての情報を知っているからです。物理的実在として宇宙に内在する各自然階層は、時空場という神経系を介して相互にコミュニケーションを行っているのです。

このような視点に立つと、一般的な人々が感じている無味乾燥とした物質性の世界は裏返されて、精神性の世界に転位します。そして唯物論者は、そのような視点は世界を主観という色メガネで見た偏見であると言います。しかし、その物質自体に関係性の知（思惟）である物理量を付帯し、かつ延長という広がりを持っていることを思い出して下さい。この宇宙は物質（存在）か精神（関係性の知）かのどちらか一方だけが真理であり、他方はその従属的な存在であるという主張は真理ではないのです。両者は決して切り離すことのできない同一体の二側面であり、常に共存する関係にあるものです。そして、それらの属性は、時間と空間により許容された多集団化により属性特化するものなのです。

また、宇宙の物質階層である太陽系から銀河、銀河団へと続く構造がフラクタル（自己相似形）であるように、それに対応したコミュニケーションの意味階層があり、その精神性の世界もフラクタル構造をなしているのです。有名なクロネッカーの立方体（図35）は、その同一体の二側面と共存性の関係を理解するのにうってつけの例となります。

クロネッカーの立方体(1)は、視点によって(2)のようにも(3)ようにも見える不思議な立方体ですが、その両者が内在共存している幾何的な実体です。それは人間の脳の視覚系の認知機構によるものですが、(2)という精神性の視点を唯心論とすれば、(3)の物質性の視点は唯物論になります。そして世界の実体は、喩えとして常に(1)の状態

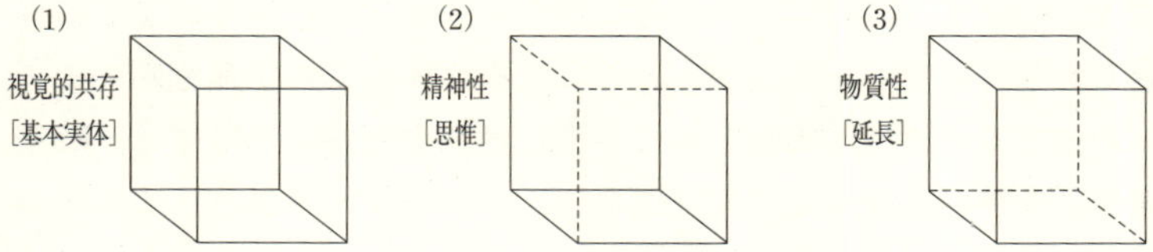

図35　クロネッカーの立方体における図形の視覚的共存性

にあり、思惟と延長という二属性を表裏一体として併せ持っているのです。

アウグスティヌスの絶対無としての神がベーメの言う自己否定により分極化し、その分極の共存として顕在的精神性に変位するのですが、顕在的精神性は必ず受肉を伴います。絶対無の神の自己否定による二分化の瞬間において発生した相互欠如の充足過程として受肉の宇宙（物質）世界が創造され、スピノザの神として再生復活しているのです。ベーメの説に従うと、絶対無の神の自己否定による二分化は、自ずと２つの宇宙創世に導きます。

また、受肉であり、自己参照型により分裂増殖する細胞が常に完全なる自己肯定に固執していたら、細胞は存続も進化もあり得ないのです。細胞分裂という一時の自己否定（分極化）と、否定による欠如の充足（中和化）過程において、ほぼ完全な元の自己再生を果たし、初めて自己肯定の存続が達成されます。そしてさらに、自己の細胞にない異種機能を持つ細胞生命を受容することもまた、自己保存の建設的否定であり、典型的な創造的共生過程に導くものなのです。

４：宇宙と〈私〉の関係

［1］自然現象の定義とは？

何十万年も前の旧石器時代の人類の総人口がどのくらいであったのかは不明ですが、地上にまばらに散在する家族単位の小集団が、狩猟しながらその日暮らしの生活をしていたのでしょう。それが、現在では60億以上の人口に膨れ上がり、インターネットという神経網を介して地球に張り付くグローバルブレインへと進化をしはじめています。そこでは、人間一人一人がニューロン細胞にとって代わっているのです。インターネットはまだまだ草創期であり、さまざまな側面で未熟でカオスの直中にありますが、子供の成長と同じように、少しずつその人格を確立して行くでしょう。

ようやく文字を使い始めた文明の曙の頃、少し物思いにふけり気味の息子が、家族と食事をしているとき、このような現代の現実の一端を少しでも口にしたら、ほかの兄弟姉妹も両親も思わず目を見合わせて、その子のことを心配するでしょう。物質循環とテクノロジーに関しては、それほどの変貌を人類は遂げているのです。ただ、置いてきぼりを喰っているのは精神性の世界のみです。そして、フラクタルの原理から見ると、時と場所の条件さえ整えば、この地球上での歴史的な流れは、宇宙においても起こるのであり、この宇宙のいたる所で生命が発生して散在しているはずであり、いずれ必ずその中の知的生命との相互通信が可能になるでしょう。

仮にそのような知的生命が地球以外にはいないとしても、この宇宙と生命の関わりには何か不思議なものを感じざるを得ません。『ミクロの決死圏』というＳＦ映画が随分前にありましたが、もし科学者達が麻酔にかけられて、赤血球並みに小さくさせられ、脳内のニューロンの森に入れられたことも分からないで意識が戻ったとき、あたりを見回して、その異様な空間内の背後で意識作用が働いていることなど思いもよらないはずです。そして、生来の旺盛な好奇心はいつどんな所でも強く、そのニューロンの森の中でさまざまな物理量の関係性と法則を突き止めますが、それでおしまいです。それは、ただの唯物的な物理法則なのであり、決してそれ以上のものではないのです。

しかし、だからと言って、逆に何もかもに精神性があるとも言うことなどはできません。精神の基本は、同一体の中で“見る”と

“見られる”関係が同時に相互に関係し合いながら共存し、同時に進行して行く現象だからです。これが、今何をしているのかを理解しながら行為を続ける精神の原型なのです。それは意識の同時的自己複製です。

一方で、私達が「あれはただの自然現象にすぎないよ」と言うときの自然現象を、例えば、地球と人工衛星の関係で見てみると、次のような関係になっています。

まず基本的に、人工衛星は地球の重力と公転による遠心力の平衡（中和、等号関係）により公転運動を続けていますが、その地球からの軌道半径は地球の質量Ｍと人工衛星の公転速度で決まってしまい、人工衛星の質量ｍには依存しません。質量に依存しないのだったら、静止質量がゼロの光子も成立するのかと言えば、当然成立はしません。人工衛星の質量ｍがあるからこそ、引力と遠心力の中和条件を満たす知の境界領域が公転軌道として成立しているからです。

ここでの中和における対立関係は上昇と降下です。遠心力の問題は、古典力学では回転運動の絶対性から生ずる見かけの力としていますが、質量自体が宇宙全体との関係性の知であること（マッハの原理）を考慮すれば、人工衛星の公転運動に対する宇宙全体の相対的回転運動によって生ずる力として理解すべきものです。人工衛星の質量ｍが重力世界の共通言語としての関係性の知であるからこそ、地球からの重力も宇宙からの相対的作用としての遠心力も感知できるのです。

そして、その両力の中和（平衡）点が人工衛星ｍの“分かり”の位置であり、その“分かり”の連続痕跡が公転軌道になります。大切なことは、質量（より一般的にはエネルギー）や電磁荷やスピンなどの物理量は、重力相互作用、電磁相互作用、スピン相互作用という、それぞれに固有の物理的意味世界でコミュニケーションを交わすための受容体であるという認識です。質量は重力場（社会）の共通言語である重力子を感知する送受信体であり、電磁荷は電磁場の共通言語である光子を感知する送受信体なのです。ですから、受容体としての質量m（あるいはmを構成している基本素粒子）は、重力子と何らかの形式で知の鋳型関係にあるのです。場（社会）に反応するとは常にそういうことなのです。そして、いかなる自然現象も絶対的中和点を志向しているのです。

万物は位置エネルギーの低い中和点を目指す

衛星の回転運動の場合は、力の中和（平衡）点の痕跡が公転軌道になるのですが、自然落下の場合は、力の中和点（地球表面）までひたすら落下し続けます。つまり、慣性の法則に基づく静止状態または等速運動は、常に何らかの力の中和点の痕跡表現であり、場の勾配による引力または斥力《せきりょく》に基づく加速度運動は何らかの中和点に向かう運動なのです。そして、物体の加速度運動の方向は常に勾配（位置またはポテンシャル）エネルギーの低い方向になっています。自然に任せた場合、万物は許される最小限のエネルギー準位に向かうのであり、その究極にエルネギー準位がゼロの絶対中和点があります。

電磁場の世界の勾配力は、量子的視点では光子の交換力で説明されています。古典的な幾何学的直観で言えば、誘電率を持つ真空場の局所的渦回転と関係している世界なので、異種（左右）回転同士は引き合い、同種（左・左、右・右）回転同士は反発し合います。つまり、同種電荷の場合は、向き合っている方向の反対側の方に相互の位置エネルギーが低い中和点があります。異種電荷同士の場合は、向き合っている方向に中和点があることを意味しています。

また、渦回転の場合は、異種同士が結合すると消滅してしまいます。一方、重力場の場合は同種荷（単一質量荷）の場合しか存在せず、かつ不思議なことに同種荷同士なのに引き合います。この重力場の勾配力の起源を薄いゴム膜で張られた、表面張力を内在する二次元平面で喩えてみます。その表面上に何も物質がなく、まったく歪みのない表面状態が歪みポテンシャルエネルギーがゼロとなる完全中和状態です。その表面上の異なる点に２つの質量の異なる金属球を置くと、それぞれの重さに比例した歪み表面積が生まれます。これは分極状態です。逆にみると、素粒子の固有質量は場の歪み表面積に比例し、かつその表面積は量子化されているということです。この離れた２物体の歪み表面積の総和をなるべく最小にしようとはたらく表面張力が２物体間の引力という勾配場を形成しているのです。

このように、電磁場と重力場の勾配力起源はまったく異質の関係にあるのですが、それらに起因する運動に関しては、共に物質を中和点に向かわせる加速（非慣性）運動を誘起するのです。前にも触れましたが、一様等方空間における慣性（静止か等速）運動は中和状態にある空間であり、非慣性運動を誘起する場は必ず何らかの分極（一様性の破れ）状態にある空間なのです。

逆に言うと、勾配場でエネルギー準位の低い中和点に向かいながらも、場の分極（凸・凹）に対する各運動座標点での中和化現象が非慣性（凸:減速、凹:加速）運動そのものとなっているということです。つまり、場の中和点に沿いながら、別のポテンシャルエネルギーの低い中和点の方向に向かって運動をしているのです。地球重力場での石の加速度的自由落下は、一様な慣性場が地球質量により分極（歪んでいる、凹）していることの知らせ運動であり、その分極を中和させる反作用表現（凸）なのです。

自然科学の世界では、以上のような諸物体の運動を物体間の「相互作用」という表現で簡単にすませますが、自然法則に従って行動している物体は常に、それぞれに固有の受容体（送受構造）を介して感知しながら運動しているのです。決して受動的に動かされているとか、能動的に動いているとかの世界でなく、そのような表現は人間主観によるものです。自然現象に関わる物質は、他の物質存在と場との関係性の知のみを感知することにより、ただひたすら無為に場の中和点に沿いながら、諸力の中和（平衡）点に向かって非慣性運動をしています。ちなみに、重力理論の世界では、そのような物体の運動の軌跡を「測地線」と呼んでいます。当然、物体自身がどのように動けばよいのか悩むこともありません。また、その過程において、時間に関して諸物理量がどのように変わるのかを記述したものが自然法則となっています。

つまり、万物の状態や運動のあり方を記述する自然法則とは、まさに対称性や平衡や保存則という中和状態の境界領域から焙り出された知の痕跡の表現なのです。そして、万物の存在と運動は、何らかの物理的基準に則した中和の破れに対する中和化の結果として現象しており、またその運動は常に中和状態に向かう表現行為です。

万物が、許容された物理的条件下での中和基準において、常に中和を目指すという行為は、少しでも最高位の中和である神なる絶対無に近づこう、帰還しようとする行為の途中過程と言えるのです。基本的物理量からなる知の絶対的与えられは、中和基準の破れ、すなわち分極化により生まれる物質存在です。神に近い光（γ）であることから、分極により物質化（例えば、電子・陽電子対）することは、ある意味で原罪の起源なのかも知れません。

なぜならば、まさにその瞬間こそが、この宇宙での受肉の始まりだからです。神と和解し、再び（Re－）神との関係を受肉のままで契約（法則）により結ぶ（ligion）ことこそが宗教（Religion）であり、絶対中和であろうとする、中和に帰還しようとする姿勢と言えます。ラテン語のレリジオ（religio）も崩壊した対称性、統一性の復元としての始源回帰を意味します。基本物質、生命、意識は一者と結びついていて、そこまで常にさかのぼり得る本源的性質を持っているのです。ヨーガ（yoga,英語yoke）という言葉の源にも精神とある背後のものとを結びつける意味があります。

こうした基本的物質一般のあり方というものは、物理的基準に応じた自己の受容体を通してある種の「知る、見る、聴く」こと、またはその逆のことができるのですが、その自己を同時に“見る”と“見られる”関係の対象にすることはできません。というのは、既に分極体であるために半極しか所有していないからです。例えば、電子と陽電子の場合、両者が接近しているときは、接近している両者を全体として見なすとき、電荷という受容体の鋳型関係として相対的に“見る”と“見られる”関係にあるのですが、単独存在のときは、相対的にどちらかの意味しか持っていません。

一方、その両者の共通言語である光子は両方の鋳型が内在共存する中和体（触媒機能を持つ、ある種の酵素に類似）であり、両方の分極体と相互作用することができます。つまり、光子を介して電子・陽電子は相互に認識し合うのです。脳に内在する「意識場」にも、光子に対応するような介在的存在が交換子として存在する可能性があります。光子と関係した電磁場や重力子と関係した重力場の性質を共に兼ね備えているのが私たちの宇宙の時空場です。今、この本を読んでいる読者の眼と本の間にある一見何もないような時空場は読者の脳の中にも浸透しているのであり、脳を構成している基本素粒子間の情報ネットワークを担っている、物理的にきわめて高度な存在なのです。

この宇宙という現実世界は「実在」と「相互関係性の場」の粒子

につきるのであり、前者の粒子は、電子、陽子その他のフェルミオン（半整数スピン、分極世界）であり、１つのエネルギー準位に同種粒子を２つしか入れないという非常に排他的な性質を持っています。後者の粒子は、光子族のゲージボソンや中間子系のボソン（整数スピン、中和世界）であり、同じエネルギー準位に無数の粒子が入ることを許容するという非常に共生を好む性質を持っています。

つまり分極化によって中和基準から一段遠ざかったフェルミオンを中和の神に帰還させようと仲介する場の量子（光子など）がボソンであり、その両者の相関による構造化に伴う知の階層化が創発しているのです。その光子は、とびとびの質量値を持つ素粒子とその反粒子を可能性の内在知として持つのですが、それらの内在知が安定な形式（電磁場の自発的真空偏極による揺らぎ現象は不安定）で顕現化するには、宇宙の創成時は別にして、外部からの物理的励起による分極化しかありません。

“見る”と“見られる”関係が内在共存する意識などの精神世界は、同じように場の揺らぎとして電子・陽電子対が内在共存する光子とは違って、自発的、自己創発、自己励起的に内在知を分極化させ、かつそれらの知の組み合わせと外部からの取り込み、および、それらの連鎖により意味を外部表現しています。こうした過程は、そもそも、知の組み合わせの連鎖体である遺伝子ＤＮＡが進化史的時間で遂行している思考過程そのものであり、その意味内容表現が多様な生物の顕現化した形態、機能、行動様式そのものとなっているのです。また、その意味でＤＮＡそのものは未完の超長編小説とも言えるのです。脳という装置を介した意識は、その過程を短時間の間に遂行しますが、遺伝子は何十万年から何百万年単位でその過程を遂行しているのです。

光子は電磁場の量子であり、電磁場そのもの、あるいは時空そのものに付随した属性ですから、その空間内部でのさまざまな原子、分子が持つ電磁荷空間配位に固有の知の組み合わせは、光子の介在なしには不可能（核力を媒介する中間子も光子の励起粒子）であり、蛋白質の知も形成されません。知の絶対基底である基本素粒子群は、光子が自発的に生み出したものではない（それは初期宇宙の時空状態に関係する）のですが、基本粒子群から形成される知の組み合わせは、核力場が中心の恒星内で元素進化し、プラズマ時空や惑星上で分子進化します。各高分子は、分極勾配により接近し、中和過程での光子化を渇仰している結果として生まれているものです。

これは、裏を返せば、電磁場という空間内部で、光子が分極体である高分子の知の組み合わせを確率過程を通して行っているとも見なせるのです。脳の意識場という空間では、自発的に知が創発し、それを組み合わせて意味を表現するのですが、現在の光子の電磁場空間では知の絶対基底は自発的に創発しません。しかし、既に生成されている基本粒子群の組み合わせは、すべて触媒である中間子や光子を介して行われます。そして、この宇宙に内在する核力場（陽子と中性子の組み合わせ）や電磁場（主にミクロ系の分子の組み合わせ）や重力場（マクロ系の階層構造）は、さまざまな階層における知の組み合わせを創発する空間なのです。

中和化を阻止する宇宙の仕組みと知の生成

宇宙の内在空間は、宇宙進化史における莫大な時間と粒子数を背景にして確率的に知を創発しているのであり、宇宙誕生から約百億年後の途中経過においてＤＮＡが誕生し、そのまた四十億年前後に意識という意味世界が創発したことになります。特に意識世界、精神世界の創発は、分極知の内在共存の原型である光子に帰還しようとする過程の反作用として生まれた、動的知の最終的な形式と言えるでしょう。いや、インターネットは私達の脳の地球規模でのフラクタルな発展形式なので、最終とは言えないことになります。

もしも知の絶対的基底である、基本素粒子群のうちの陽子（バリオン、重粒子）と電子（レプトン、軽粒子）が同じ質量なら、仮にその場合でバリオン数、レプトン数の保存則があったとしても、現在に見られる元素から始まる物質構造階層はもちろんのこと、それに付随する精神世界も生まれることはありません。光子は対極電磁荷と物質・反物質の中和基準を持ちますが、自己のスピン１（ｈ）を中和化して消すことはできません。なぜならば、真空の最低のエネルギー準位はゼロではなく、場の各点に不確定性原理に起因する零点振動があるからです。それは電磁場時空そのものの性質であり、それを消すことは、時空そのものを消滅させることを意味するからです。光子と言えども受肉なのであり、その消滅は、また別の高い中和基準になります。基本物質群が光子という中和状態に帰還しようとする寸前でそれを阻止する仕組みが、世界の構造性と精神世界を産む根本原因となっているのです。

この宇宙の初期における物質・反物質の微小な非対称性（バリオン非対称度）もその仕組みの１つです。その阻止する仕組みがなければ万物はすぐに光に帰還してしまうからです。そもそも、分極体である宇宙というスピノザの神の思想が、自発的対称性の破れ（自己否定）という創発により、中和過程の究極である絶対無から顕現化したとするならば、絶対無こそ精神世界の絶対的故郷ということになります。その絶対的故郷への帰還を寸前で阻止する仕組みの目的は何なのでしょうか。単なる偶然なのでしょうか。

私達人間が感じている意識というものの原型が記憶野のある多細胞生命あたりにあるのであろうことは、前に述べました。基本的実体の属性の１つである延長（構造性）が、電磁場と重力場を介した物質の多集団化により、ミクロから超マクロにわたって、ある種のフラクタル構造をなしているように、もう１つの属性である思惟（関係性記号）に関しても、電磁場を介して、自己触媒機能を持つ蛋白質やＲＮＡ、ＤＮＡから、さらにそれらを含む原始単細胞生命から多様な多細胞生命にまでいたっています。その各生命系階層には各段階に固有の統御システムが、同じようにフラクタルな形式で現象しているはずです。統御（システム）識とは、組織系の外部諸条件に対する内部連携、平衡、中和状態を経た適正反応を時間的に維持コントロールする動的知です。

脳化を遂げた段階での機能進化で言えば、延髄、橋、中脳、間脳からなる原始的な不随意（自立制御）系の脳幹と随意的運動を司る原始的小脳から始まります。意識活動の原型を考察する際の重要な点は、原始的小脳にある不随意記憶系が、いつ頃随意系の記憶系に進化したかということと、原始的随意記憶系の海馬帯、側頭葉、間脳などの発達、およびそれらの相互連携関係にあります。

この辺の問題には、神経細胞自体の進化とも関係しています。初期の原始的な電気的中央制御神経系（無脊椎動物に多い電気シナプス神経系）から化学的制御神経系（脊椎動物で一般的な化学シナプス神経系）への進化と、それによる記憶細胞系の出現と進化も絡むからです。いずれにしても、“見る”と“見られる”という鋳型関係が随意に遂行される意識世界（随意系）の原型は随意記憶系の確立があって初めて成立するものと言えます。もちろん、そのためには、記憶細胞系も不随意系（条件反射的にしか出てこない記憶）から随意記憶系に進化している必要があります。

実在組織集団は、スケール（数量、濃度、空間、時間など）変位とネットワークの複雑度増加と信号伝達手段の発達によって、その意味世界を上昇変容させていきます。その最上位（これは断定できないことかもしれません。なぜならイルカのほうが精神性が高いようにも感じられるからです）に人間の意識世界があるということです。植物は確かに神経もないし脳もないのですが、それなりに多細胞間のコミュニケーションを絶えず取っているのであり、植物に限らず１つの細胞自体にも前主観的な統御識のようなものがあるはずです。

延長（構造性）は、かなりのミクロ世界から超マクロ世界まで、それなりの装置を使用すれば、目で見ることができるのですが、残念なことに、思惟の多集団化による精神性の意味世界平面はまったく不可視の世界であり、私達の意識世界（記憶野のある生命すべてを含む）とは異なる意味世界平面を把握したり、感じ取ったりすることはできません。そして、先の『ミクロの決死圏』の例のように、たとえ私達自身が人間の脳という構造の中に入っていたとしても、そのことを知らなければ意識があることなど分からないのです。万能意識検知器というものが発明されて、ある体系の外部からでも内部からでも、言語の使用に関わらず意識の有無を確実に決定できれば話は違ってくるのですが。

意識という現象は、探究すればするほど果てしない深淵に吸い込まれていくものです。そのとてつもない凄さは、日々の生活における感情の起伏の流れの中で、あまりにも陳腐なものとなり、ほとんどど意識されることがありません。数量の関係性が大好きな自然科学者が、宇宙にビッグバンという始まりがあったという証拠に、宇宙の2.7Ｋマイクロ波背景放射の大発見を必ず挙げます。

しかし、そのように物事を物理的にばかり見ないで、時にはこの宇宙の普遍的な黒体幅射による波動現象を、宇宙という意識体の睡眠時におけるδ波ではないかと考え、宇宙に内在するあらゆる現象や人間を含めた生命の活動は、宇宙という脳の壮大な夢舞台の登場者ではないかと夢想するのもいいのではないでしょうか。荘子の胡蝶の夢ではないけれども、私達にとっての日常の現実世界が、実は宇宙という脳にとっては夢であると。

精神的意味世界に生きる人間が製品を作る場合は、機能目的に沿ったシステム仕様と作動原理および部品群を前もって揃えます。人間は、このきわめて当たり前の人間的視点から、どうしても宇宙の存在意味と人間存在の関係を解釈したくなりがちです。そして、理性的な自然科学者は、そのような態度に対して次のように反論します。「自然が宇宙内で多様な構造と意味階層を現象させているのは、自然法則（システム設計原理）と基本部品（素粒子群）との相関による確率的結果であり、またその内の１つの結果として意識を持つ生命が存在しているに過ぎないのだ」と。

つまり、「宇宙がきわめて精巧な仕組みを備えている実体であることは認めるが、何か特定の最終製品を生むことを目的とした装置などでは決してないのだ」と。装置と見なすときには、必ず背後の精神的存在が前提となります。しかし、当の自然科学者も、なぜそのような宇宙のシステム法則と部品群が無目的に与えられているのかは分かりません。恐らく、答えが出るはずのない、その問題に対する問いかけ自体が無意味であると考えているのでしょう。

いずれにしても確実に言えることは、万物の運動と実体的な諸階層現象は、すべて絶対無を志向する中和化の結果であるということです。そして、その「中和化を阻止する仕組み」による創造的共生の諸結果の１つとして、意識を持つ知的生命が存在しているのです。精神活動も含めた顕在化している知は、完全に中和化してしまう寸前で対極関係を保持しながら近接共存することにより生まれるのであり、それゆえに、また知の蓄積発展が可能なのです。完全な中和化は知の喪失、消滅過程ですから、それを阻止する近接的共存共生は、飛ぶために退く行為と言えるでしょう。飛ぶとは、物質的調和を計りながら知性的、精神的に飛翔することであり、退くとは共に絶対無を志向しつつ受肉として共存共生することです。それは相互の民族的文化的個性による聖の把握を認め合って共生することも含まれます。

しかし、中和化阻止の仕組みは神からの絶対的与えられですから、子鳩である私達人類はむしろ知的生命の高さにまで投げ上げてもらったことになります。ここで大切なことは、そのような背景を理解できるような精神的高さにまで上げられた知的生命こそが、逆に絶対無を志向しつつ、与えられた精神の翼を羽ばたかせて、自らが自立して正しい方向に飛翔し続けるようにならなければならないということです。

私達人類は、宇宙という母鳥の巣から自立して飛べる知的生命にまで育てられたのであり、未来のどの方向にも飛べる自由があるのです。知的生命における意識過程とは、内因的目的設定と確率的選択行為であり、かつ潜在的な可能性世界を現実的実在へと変換するプロセスです。意識は生ける自己演算子・作用素なのです。実際、フランスの新唯心論哲学者であるブートルー（1845年～1921年）が言うように、自然現象に関わる物質群は、他在との法則に則した相互感知という関係性に基づく「自然必然性」に拘束されています。しかし、全自然にわたってその拘束性は、知的生命に内在する自由な「目的必然性」によって開放される確率を内在しているのです(表７)。この目的必然性とは、物理法則を人為的に破ることでありません。自然現象としてそのままのなりゆきに任せておけば、かなり低い確率でしか起こらない、物理法則に則した内在的可能性としての現象を、生命の持てる知を駆使してきわめて高い確率でその現象を顕在化させることを指します。精神世界の知性は力だけでなく

表7　中和化阻止による階層知の創発化と自然必然性から目的必然性への移行

基本素粒子群	⇨	階層化・分子・有機体	⇨	生命（意識）
絶対不自由 不安の非存在		不自由からの漸近的開放 やや不安化		自由の獲得 不安の発生
天賦の法則・掟の知に厳格に従う		階層化による基底法則知の喪失化と内在的階層知の創発化		喪失知の取り返しと内在的階層知の発見が自然科学の歴史
［自然必然性］		⇨		［目的必然性］

確率をもきわめて高くするテコの原理を内在しているのです。また、そのような意味において、知的生命は宇宙自体の未来に対して関わってくる可能性を秘めているのです。

このような過程の途中経過にいる知的生命が、徐々に宇宙という装置の仕組みとその微細な精巧さを理解する（これも宇宙装置の機能に折り込み済み）につれて、人間原理説を提唱する自然科学者のように、宇宙そのものが観念世界に特有の意味や目的も機能もない偶然の産物に過ぎないと断定するのに躊躇しはじめるのです。人間生命の意味世界平面からみれば、環境にはたらきかけて創造する全ての製品は、必ずある文脈に沿った目的、機能を持って誕生しているので、そのような人々が出てくるのも当然のなりゆきなのです。この視点を宇宙全体の創造にまで拡張しているのが、古代からある宗教の概念世界です。

［2］ カントの3問

古代の人々は、宇宙の科学的な知などは持ち合せていなかったのですが、生命的直観で世界宇宙をそのように把握していたのでしょう。元来、現実社会というものは、知を尊び、無知、無能を排除することを是として、常に選抜行為を作用させながら進展していますが、宗教社会は、根源において不知を尊び、知を排除する傾向があるのも確かです。人類が、うまく困難を切り抜けて、このまま絶滅せずにやっていくことにより、さらに文明が高度に発展したとしても、所詮、人類の、あるいは宇宙に内在するすべての知的生命の、宇宙存在と自己存在との関係に対する本源的な問いかけは変わらないのです。その問いかけを端的に示したのがカントの次なる3問です。

⑴宇宙存在とは何か？　⑵〈私〉とは何か？　⑶神とは何か？

この問いかけに対する態度はだいたい3つに分かれ、1つは、超理性的世界（瞑想直観と信仰）ですべてを見通そうとする態度です。神への信仰こそが創造主と知的生命を直結するものであり、人間存在はこの宇宙世界だけに閉ざされた生命ではないことを、瞑想を通して、過去の真なる聖者が伝えようとしています。次は、あくまでも理性の世界でこれらの3問を見極めようとする立場です。何らかの形式で神とのつながりを示す暗号がこの宇宙に示されているはずであるとするものです。一部の物理学者の人間原理説はそれに近いものです。

最後は実証主義者の立場であり、すべては物理法則に従った自然現象であり、実験で確証された範疇を数量的な思考の対象にしようとする態度です。人間理性の限界を超えた超験領域を問うことはしないのです。宇宙の創造もいずれ近いうちにきちんと理論的に説明がつくと考えています。公理系としての法則と時空および最小限の普遍基礎定数の絶対的与えられは問う必要はなく、やっと手にした最終理論（善悪の知識の木）をうまく応用すれば、人類（国家）にこの上ない繁栄の果実をもたらすという立場です。

これは政治家と商業資本にはたまらなくおいしい話であり、自然科学者や技術者は引っ張りだことなります。そして哲学者や極一部の真に聖なる宗教者は、特に近代以降では社会の片隅に追いやられるのが落ちなのです。知の実用化は、社会の物質的繁栄とともに世俗化し、聖なる中和の知が世界認識の地平線を拡大するという初期の目的からの逸脱を招き、権力に奉仕する坂道を転がり落ちていくのが宿命のようです。なぜか知に基づく便利と快適と効率は、「外なる過剰な充満」と「内なる空虚」をきたし、精神性を腐蝕しながら人間の本源的生を破壊していくのです。至上の楽園でのあの蛇の甘いそそのかしにも何か深い意味があるのかも知れません。

約500万年前のその昔に、チンパンジーから分岐して人類への道を歩みはじめた時、その生活世界は豊饒の森であり、自由奔放に生活する過程で培われた本能的人間性は過剰性に占有され、理性から程遠いものなのです。そのような本質を引きずりながら現代に至った人類においては、資本家が人間の森に成る豊饒な果実と武器で、過剰性にギラつく自由奔放な生活世界に埋もれているのです。

近代科学の知が人類に過剰な利益をもたらし、空と大地と海に広大な不利益をばらまいていることは確実です。近代科学の知に救いがあるとすれば、それは安定な食料確保と正しい医療（しかし、まだ地域格差は大きい)、および宇宙の設計システム原理がいかに緻密であるのかを世に示したことと言えるかも知れません。そこから何がしかの意味を直観することができるからです。

もともと、古代の哲学体系の中に組み込まれていた「調和と循環の知」を教える自然科学は、聖なる自然、世界、宇宙存在の神秘性と畏敬の念から生まれてきたものであり、人類の精神性を高めるものであったはずのものです。

しかし、近代の産業革命以降の人々は、自然科学を急激に「権力、実利、エゴ、欲得の澱みの知」へと変貌せしめているのです。世界、宇宙というものは、ある意味で鏡のようなものであり、調和の知に対しては調和の知で答え、欲得の知には欲得の知によって答えてくるものです。最高の中和基準である絶対無の神を志向するゆえに導かれる創造的共生から離反する、科学の不調和な悪しき発展は人類をこの上なくごう慢にし、人々は乾き切った数と量の経済砂漠に飲み込まれ、得体の知れない蜃気楼の奴隷と化すのです。

こうした人類に課せられた問題も、常に意味階層平面のピラミッド構造（図32）とその意味階層平面を降下させようとはたらく、ある種の重力ポテンシャルとの関係から派生しています。哲学的、宗教的世界認識や文芸、芸術世界平面よりも経済、政治的世界観の方が重力ポテンシャルがはるかに強く、世界の科学的認識も政治的軍備や生活世界の技術応用と直結し、政治経済的世界平面の方に強力に引っ張られて縮退癒着を引き起こしています。これは何も人類社会の心理空間だけでなく、一個人の心理空間においても同様なのです。

もともと、真の哲学、宗教、科学は、〈それ〉である宇宙、自然世界と個としての〈私〉および社会としての〈私達〉の関係がいかなるものであり、かついかにあるべきかを解明するものなのです。そしてそれらが到達した正しい世界観の知は、〈私〉と〈私達〉が自然世界との関わりでいかに進むべきかの指針となるべきものです。つまり哲学と宗教と科学は、人類という個人の未来を決める大切な意志決定を常に担っているのです。

にもかかわず、その個人の肉体の過剰な業に科学が、そして時に宗教でさえも引き込まれて道を誤らせているのです。このような段階は宇宙のどの知的生命にも必ず訪れる関門となっています。一般的に意味世界平面を構成する哲学と宗教のうち、哲学は主観的できわめて難解であり、宗教はさらに主観的で他者からはとても曖昧に見えます。それらに比べると科学は、逆に、明解で客観的であるゆえに、それらとの均衡調和は困難であり、数と量の科学が暴走するのは避けがたい事実なのです。

政治（統御機構）、経済（エネルギーと物流）と科学（ＤＮＡ、ロゴス、法則、技術）が三位一体でばく進していく過程は約40億年かけて生命が細胞内でやってきたことであり、生命活動の根幹であることは間違いありません。しかしまた、その過程の最終局面で〈私〉という精神世界が創発し、その〈私〉が自己存在と宇宙存在との境界領域で哲学と宗教と科学の知を育んだのも事実です。したがって、これらの三分野こそが三位一体で今後の人類のナビゲーターとならなければいけないのです。

仮に、これら三分野の意味世界平面が、今後の人類進化の過程で外的遺伝子である文化から内的遺伝子であるＤＮＡに自然に組み込まれるようになっても、常にその意味世界平面は、人類の相においても個人の相においても、それより下部のすべての意味世界平面からの侵入を受けて揺らぐのもまた真理なのです。なぜならば、人間のＤＮＡに刻まれている脳部位の基本ソフトは、進化史（時間軸）的に獲得したソフトを「上書き」ではなく「挿入」という形式でニューロン空間配位に展開しているからです。

もし、爬虫類脳の痕跡が上書きにより消されてしまい、そこに高度な精神性ソフトが更新されれば、本能的獣性による突き上げもなくなることでしょう。ただし、人間の脳の比較的原始的な部位であり、ドーパミンと深い関係にある大脳辺縁系は、喜怒哀楽などの基本感情や本能的衝動を司るとともに、それぞれ直観的な実在感、真理感、瞑想による悟達、意識の相転位、至高感などにも関係しているものと考えられているので、百年にも満たない表面的な人知によるおいしいとこ取りは、必ず根源的な破局を招いてしまうのです。私達は、絶対的与えられであり、進化に基づくこのような脳の多重構造的意識世界を統御し超越して、新たなる精神世界を包括しなければならないのです。

約40億年近くもかけて、進化史的に積み上げられてきた現在の人類脳の意味階層は、各階層ともすべてが相互に関係し合っているのであり、各段階での克服と超越を経て包括されてきたものです。さらにまた、たとえ調和の取れた宗教・哲学・科学の意味世界平面においても、地球規模の大変動や巨大隕石などの〈それ〉世界からの侵犯も確率的に内在しています。

しかし、最もひっ迫している絶滅の要素は、やはり人類に固有の内因的なものであり、このような外因的な要素のほうが確率的にはるかに低いでしょう。人類は政治的、宗教的、経済的に紛争と破壊を続けている場合ではないのに、何千年にもわたっていつまでも飽きずに繰り返しています。それは明らかに人類の人格が未熟であることを証明しているものです。まさにそれは、スペインの巨匠であり、皮肉屋さんでもあるゴヤ（1746年～1828年）の絵画に描かれた、土に両足を埋めて、お互いに棍棒を手にして命果てるまで殴り合う２人の人間の姿そのものなのです。

個人間の争いでは、必ず暴力や武器の使用は人間性が疑われる最低の行為と言いながら、国家間の団体殺人には目をつぶるか、逆に興奮したりします。どちらも利害関係の行為であるにもかかわらずです。多くの人間のこの地上における本音は、豊かな衣食住と異性関係と社会的地位であり、それらは共に精神的意味階層平面を支える重要な要素です。しかし、それらがあまりにも目先の軽薄な過剰に堕しているところに大きな問題点があるのです。

選択権のない投企された〈私〉

このような地球上の〈私〉を生み出した宇宙という装置の主機能は、本当に人類の〈私〉を生み出すことだったのでしょうか。いや、まだ過去形は使えないのです。そういう今の〈私〉もまだまだ進化の途中にあり、知性においても精神性においても進化する可能性が十分にあるからです。さらに、私達の太陽系がある銀河系や他の無数の銀河系にも知的生命がいる可能性（現在では、銀河系の全恒星の約５％くらいに惑星系があることが分かっています）が十分にあり、絶対無の神は何も人類にだけ目を配っているわけではないのです。

先にも触れたように、電子、陽子などのフェルミオンとしての分極的実在は宿命として排他的であり、その関係を改めさせて共生へと導く仲介者がボソンである光子であることを思い出して下さい。〈私達〉だけの神（それは宗教であったり、経済であったりと国や人によってさまざま）という排他的な観念こそ、創造的共生へと導く絶対無の神に背くものと言えるのです。実在としてのフェルミオンが排他性というエゴを克服する過程にこそ、絶対無の神への接近が秘められているのです。

また、光子を媒介者とするその過程を経るからこそ、神に気付く精神性が構築されていくのです。いずれにしても、実在が分極関係において成立しているこの宇宙においては、未熟ながらも自己意識がある知的生命の段階から、どんなに高度に発達した知性と精神性を持った知的生命においても、宇宙と自己の狭間にある普遍的な〈私〉が宇宙存在と自己存在の関係を問うようになるということです。そして、いかなる知的生命の〈私〉も、その過程において紆《う》余《よ》曲折しながらも、いつかは絶対無の神にいきあたるのです。

おそらく、宇宙という装置の目的は、知的生命の知性がどのような段階であろうとも、神の存在に気づく可能性を秘めた〈私〉を生み出すことなのです。そして、絶対無の神は、その存在とその意図に気づいた精神性を持つ〈私〉と、その〈私〉がいる現実世界と、気付くまでは、ただ単なる無味乾燥な片面だけの唯物的世界一色に染まっている宇宙を聖化しはじめるのです。

私達人類から見れば、未熟な意識を持つ魚類から、両生類、爬虫類、哺乳類へと進化し、さらに霊長類にいたって〈私〉の曙を迎え、言語を使用する人類において明確に宇宙存在と自己存在の境界領域に〈私〉を確立します。進化の過程において、意識が未熟で曖昧な状態から始まるように、個人の誕生における意識の発生も類似した過程を経て〈私〉を確立していきます。

宇宙という装置も絶対的与えられであり、人類に属する〈私〉もそうであり、さらに〈私〉を支えている肉体と脳も絶対的な与えられなのです。気がつくと私は、地球の日本列島に住む東洋系の〈私〉であったのです。なぜか西洋系の〈私〉でもイルカの〈私〉でもなかったのです。そういう〈私〉も、絶滅しなければ、いずれ人類のままの〈私〉と進化した超人の〈＊私＊〉に分岐していくのですが、それでも状況はまったく変わらず、気がついたらある特定の〈＊私＊〉なのです。つまり、宇宙の140億年の過去がどうであれ、常に問題なのは今の特定の〈私〉という与えられなのです。この宇宙のいかなる知的生命の〈私〉にも、スタートライン（初期条件）の選択権はないのです。

たとえ、先代の我執のきわめて強い〈私〉がクローン人間として今の〈|私|〉を与えたとしても、まったく同じ環境と情報を与えることは不可能（そもそもそれ自体に何の意味もない）であり、環境との絡みにより確立される〈|私|〉はその人に固有の〈|私|〉であり、多くの点で類似している性格があろうとも、その実存としての〈|私|〉をクローンの前の〈私〉と比較することはまったく無意味なことです。

ハイデッガーは人間存在のこのような実存の形式を「投企された

自己」と定義づけています。つまり、普遍的な〈－私－〉というものが、ある特定の〈私〉に投げ入れられるのであると。確かに、無彫刻の普遍的な大理石は存在するのであり、その大理石には無限の彫刻美が内在的可能性として秘められています。

そして同時に、すべての彫刻美を堪能するには、無彫刻に限るのです。彫刻家によって現実態と化したある特定の彫刻美にとって、それはその美自らが選んだものではないのです。喩えとして、無彫刻、無限定な普遍的な〈－私－〉こそアウグスティヌスの神の精神性であり、限定的な現実化したある特定の彫刻美の〈私〉こそ、ある彫刻家を介して普遍的な神の精神性から彫り出された分極としての彫刻美と言えるのです。

その彫刻家は宇宙という巨大な大理石を彫刻するスピノザの神です。スピノザの神は、その大理石から人類の〈私〉という彫刻美を彫り出すのに百億年近くもかけています。人間の彫刻家は、時間軸に沿って限られた数の彫刻作品を生み出すのがやっとですが、スピノザの神は、時間軸だけでなく空間軸に沿っても同時に無数の〈私〉という作品を生み出すことが可能なのです。では、気づいた与えられの〈私〉の初期条件とは何かというと、次のような条件が考えられますが、どれもその〈私〉にとっては選択権のないものです。

⑴遺伝的自己：ＤＮＡの組み合わせによる生物学的位置。人種、体型、性格、性別、知能、特技など。

⑵歴史的自己：人類史のさまざまな舞台の中で、どの時代に生まれてくるかによって、その〈私〉の人生は大きく変わる。

⑶環境的自己：家族的自己［父母、兄弟、親戚など］と国家、社会体制。もちろん人類初期においては、部族とか社会などはないと考えられます。

これらの３条件のうち、(1)は、過去の前主観的な生命世界の確率的選択と組み合わせによる結果としての蓄積であり、スピノザの神による彫刻デザインと見なせます。しかし、人類のＤＮＡの完全解読とその機能相関の解明によって、ＤＮＡ操作が始まるようになると、神による「神聖な絶対的与えられ」であった特定の〈私〉というデザインに、その〈私〉が神に代わって手を加えていくことになるのです。特に近代人類の科学知は偏向と欲得とよどみの知であり、神の聖なる調和と循環からなる中和の知からは程遠いものです。

そのような現在の〈私達〉が未来に生まれてくる〈私〉と他の生命系の遺伝子的初期条件を握っている可能性があるのです。これは40億年近い地球上の全生命誌における一大転換点です。このような知の段階は、意識を持つロボットの製作も含めて、分極世界であるこの宇宙に内在する知的生命の宿命であり、おそらく、スピノザの神も折り込み済みのものです。条件(2)と(3)は時間軸の歴史的自己と空間軸の環境的自己の座標点であり、これらは常に人類史における〈私〉の曙の頃から〈私〉と〈私達〉の選択決断が未来に生まれてくる〈私〉の初期条件を握っていたものです。

こうしてみると、神聖な絶対的与えられであった遺伝子的自己の〈私〉も含めて、現代以降の〈私〉の決断は未来に生まれてくる生命としての〈私〉とロボットとしての〈私〉のすべての初期条件(1),(2),(3)において、重大な影響力と責任があるということです。もちろん人間の〈私〉は、神聖なる絶対的与えられである遺伝子と脳を人工的に操作し、技術応用することを一切しないという道を選択することもできるのです。この問題は、この宇宙のあらゆる知的生命の〈私〉に対しても、いずれ課せられる選択の関門なのです。

非線型的でネットワーク型の多重相関に基づく機能を特色として持つ遺伝子そのものの操作は、今まで通りに、その階層の意味世界平面に存在する有機高分子集団の相関に任せるべきであり、人間の意味世界平面からの、目先の利益を追求した線型的単眼志向の介入はきわめて危険であり、避けるべきであるとするのが人類の未来にとって賢明な選択と言えるでしょう。

スピノザの神は、絶対的与えられとしての〈私〉を人類の各個人に初期条件として与え、その誕生から死までの〈私〉の人生デザインを、さまざまな客観的環境との相関を通して、当の〈私〉の意志決定に任せています。つまり、スピノザの神は、「ここまでは彫っておいたから、あとは総仕上げとして、この素材を生かして自分で最後まで彫り上げるのです」と言っているのです。

この世に誕生して目覚めてみたら、意識のある自分がいたということ自体がどんなにか神聖で重いものなのかが、人にはなかなか分からないのです。なぜならば、自分の周囲にも同じような他者がありふれた存在として多数いることが分かり、さらに自分に身近な人々も含めて常に自己と他者との比較に生きてしまい、不平不満の日々を送るのが落ちだからです。

私達は、C.コロディ（1826年～1890年）の童話に出てくるピノッキオなのかも知れません。たいてい、巨匠となった芸術家は弟子に大方の下作りを任せ、最後に仕上げの筆やのみを入れるのが相場ですが、巨匠であるスピノザの神はあえて逆の手続きを選んでいます。私達はこの神意を汲み取らなければならないのです。スピノザの神は、１個人の人生だけでなく、人類全体の未来のデザインも人類の〈私達〉の選択と判断に任せる段階にきていることを察しているようです。

その任せる段階とは、「物理法則に関する究極の理論の応用」と「遺伝子操作」と「人工意識（A.C.）」の問題です。この３問題は、古代から続く人類の原的な問いかけである、「意識としての〈私〉」

を中心にして見た「宇宙存在」と「身体と脳を含めた自己存在」の相関の謎を、ただ単に無味乾燥な数と量の科学知で解析して応用(それは一見、人類に多大な利益をもたらすような錯覚と誘惑に満ちている)しようとする立場に対する関門です。

宇宙はそれ自身の中に存在の理由を内蔵しているのです。意識を生み出す人間の脳のシステム構造と〈私〉という意識のあり方は、普通の機械やパソコンとは違って、ハードとソフトが相互に影響し合うという「もつれ合い」があるように、精神を生み出す宇宙という装置(ハード)と製品としての人間精神(ソフト)が、究極の理論の応用により相互にもつれ合う時代に突入する可能性があります。

そして実際、身近な地球という環境世界ではそのことが起こりつつあるのです。また逆の視点からみると、宇宙という装置とその製品である知的生命の精神の関係は、脳という装置とその製品である意識の関係に類似しています。さらに宇宙の見える物質は、宇宙全体の４％程しかなく、残りの96%は見えないもの(ダークマター23%とダークエネルギー73%)として存在しているように、脳の明確な自我意識(見える心、Ego)も意識構造全体の中では氷山の一角に過ぎず、その下に巨大な無意識界という氷山がエス(Ｅｓ)として存在しています。

宇宙を構成するあらゆる存在は、何らかの中和基準において分極体であるがゆえに、その対称性の破れを回復しようとする中和化衝動と、その阻止の集積として、宇宙の全体像を完全に理解(これこそがそもそも中和化でもある)しようとする知的生命が創発してくるようになるのです。また、その意味において宇宙は知的生命を生み出す装置と言えるのです。もちろん、それなりの普遍基礎定数の微調整も必要条件となります。一方、アウグスティヌスの絶対無の神は、いかなる意味においても分極世界とは無縁であり、それゆえに、決して知的生命の知の対象とはならないのです。まさにその神は崇高なる究極の内在的可能性を秘めた不知なのです。

[3] マッハの相対性原理

ルネッサンス後期の天文学者であるガリレオ（1564年～1642年）の提唱した、等速度運動座標系（慣性系）と観測者との関係における運動の古典的相対性原理が、光速度ｃに関してのみ成立しないことを、アインシュタインは特殊相対性理論で示しました。この理論の生まれる背景には、物理学者であり哲学者でもあるＥ.マッハ（1838年～1916年）の自然哲学の影響があります。マッハは、慣性系の起源は宇宙全体の構造に関係しており、かつ宇宙の構造は微視的物理法則や普遍定数とも密接につながっていることを主張し、宇宙全体の慣性系そのものが相対的であるとしました。このような意味で、知の絶対規定である基本的な素粒子の物理量は、宇宙全体との関係性の知であると以前に述べたのです。

また、それらの関係性の知である物理量が有限確定値であるのは、宇宙が有限な閉じた幾何空間を持っている証しとなるのです。もし一様等方無限空間ならば、その全空間内の関係性のみから有限確定値が出てくることはないからです。なぜならば、その無限時空の光速度が有限値ｃであるとすると、そのｃという答えは何らかの他の関係性における境界領域の知でなければならず、一様等方無限空間のみで自己完結することはありえないからです。

もし私達のいる宇宙が有限で幾何学的に閉じた空間の場合、反対概念は絶対的なものではなく、常に相対的なものになります。その世界では、「近づく」は「離れる」であり、「入る」は「出る」であり、「中」は「外」であり、「膨張」は「収縮」なのです。また、極小のミクロ世界に近づくことは、極大のマクロ世界に向かうことであり、人間が宇宙を観測することは、宇宙が人間を観測することでもあります。

この関係を分かりやすくするために、私達の宇宙空間を球の２次元表面で見ることにします（図36）。宇宙全体を問題にしたときの反対概念とは、意味論的なものではなく、空間的、運動的なものです。マッハは、１つの素粒子がある方向に運動すると、宇宙は相対的にその方向の逆方向に運動していると考え、また紐で吊るした水の入ったバケツが右回転していると、宇宙全体は相対的に左回転していると考え、それこそが遠心力の起源であると指摘したのです。

しかし、広義のマッハの原理は、理論的にも実験的にも期待できる明確な支持がないのが実情です。アインシュタインの一般相対性理論もその原理の影響があるものの、慣性系の局在的存在は時空的前提としており、宇宙全体の物質またはダークエネルギーなどとの相関としては取り扱っていないのです。それにもかかわらず、マッハの原理に多くの学者が興味を示すのは、物理量または普遍定数という知は、唯我独尊的な形式で決まっていると考えることの方がきわめて不自然だからです。いかなる時空様式においても知は関係性でしか成り立たないのです。

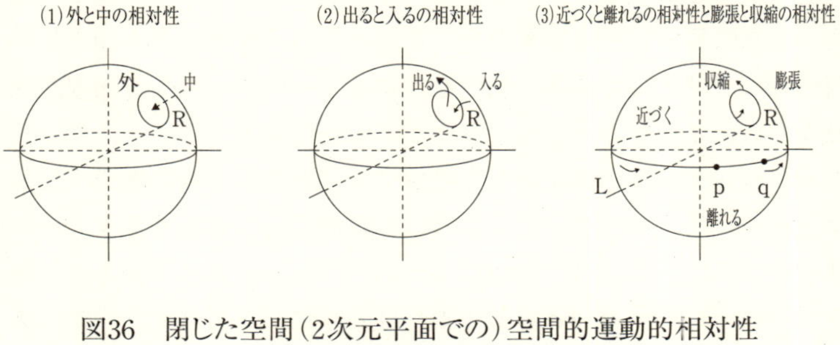

図36　閉じた空間（2次元平面での）空間的運動的相対性

図36の⑴で球面上に局在している境界リングＲの中の人にとっては、その境界Ｒを越えた領域は外になりますが、その外にいる存在から見れば相対的にＲの中こそ外なのです。⑵も同様な考えです。⑶の円周Ｌ上の点ｐから点ｑが離れていくのは、相対的にｐに近づいていることになります。また境界Ｒが拡大してその内部表面積が膨張していくと、そのＲの外の表面積は収縮していきます。

つまり、マッハの原理は、単独的存在である粒子の空間運動的あり方が、常に宇宙全体の相対的な関係と対峙していることを教えているのです。そして、その局在（部分）と閉じた余白（宇宙全体の）との相対関係の内容は対極的関係にあります。相対的関係とは常に２つの存在間の関係であり、第三者は対象にはなりません。

そして、主観である〈私〉の時間的流れを構成している統括的なシステム機能が、脳内のさまざまな物質群の物理量（知の記号）の相関重心（意識の点粒子サイトロン）として記述可能な場合、その帰結としての〈私凸〉という精神活動は、マッハの原理に厳密に従えば、相対的に宇宙の〈私凹〉を伴っていることになります。つまり、意識する局在の〈私凸〉の最も大切な関係は常に相対的な余白としての〈私凹〉を担う宇宙全体との関わりなのです。その宇宙全体とはスピノザの神です。

ここで喩えとして、図37の宇宙全体を表わす閉じた球面全体をスピノザの神の遍在する精神面とし、その球面の最大円周Ｌをその精神性の光輪とします。そのときの光輪の位置は球面上のどの位置でも可能なので、球面上のすべての点を通り抜けています。一方、自我を持つ局在する〈私〉は、その光輪Ｌ上の１点ｐが分極したことにより生じた小円周Ｒに相当します。この場合、西洋系の「神の高み」に近づくヘーゲル的上昇の信仰とは、〈私〉という自我の知性と精神性Ｒの円周を少しずつ拡大していき、最終的に最大円周である光輪に近づくことであり、東洋系の「仏の空」の悟りに近づくことは、その自我の円周Rを縮小（滅却）していき、点pという「空」に近づくことを意味します。

一見、この反対方向に歩む道は、共に現状の自我リングを自己否定するという超越過程なのであり、拡大（膨張）は同時に縮小（収縮）なのです。その極大（上昇）と極小（降下）のどちらの領域（精神的境地）においても聖なる精神世界との合一接点を持ちます。もちろん、局所的受肉であるがゆえに、どちらも包越者としてのスピノザの神（あるいは大日如来）である精神球面全体そのものになることはありません。

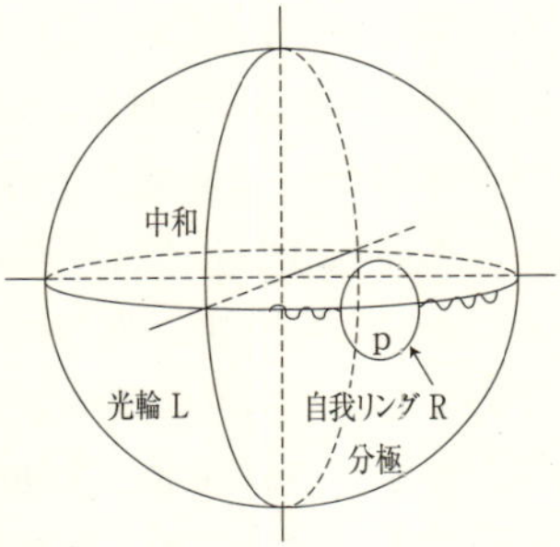

図37　宇宙即スピノザの神の精神球面上の光輪と局在する〈私〉の自我リングR

そして、分極により、分別世界にある自我リングRの中には光輪Lが通り抜けていない（つまり、ファインマン図と同じ構造）ので、なかなか世界の聖性に気づくことが困難なのです。聖性に気づくには、精神的に分極化をさらに正しい方向に押し進めて拡大上昇するか、精神的に対極的分極化を消滅させていくかのどちらかなのです。

前者の道は絶対無への中和過程の阻止による精神的上昇であり、後者の道は中和過程の受容による精神的降下にあります。前者の過程は前主観的な生命過程（蛋白質、核酸から細胞集団）では自然に遂行されますが、〈私〉を確立した人間主体は、むしろその自然性と聖知から遠く離れているがゆえに迷い、不安、無明の世界に漂い、生後のアプリケーションソフトだけが頼りになってしまいがちなのです。中には持って生まれた天性的哲学性により、主体的に自己否定という超越へ向かう人もいますが、それはきわめて少数の人々です。

大抵は、ヤスパース（1883年～1969年）の言うように、選択権のない絶対的与えられとしての歴史的限界状況からくる「挫折」により、〈私〉という強固な自我リングRが打ち砕かれて、初めて神なる光輪からの聖なる光の射し込みが見えてくるのです（煩悩即菩提）。その時こそがまさに人生における最初の肉体の誕生日に次ぐ第2の精神の誕生日なのであり、聖化された世界にいる自己を発見する時（発菩提心）でもあるのです。聖化された自己を踏まえて還俗し、俗なる局在的自我リングに生きるとき、〈私〉と〈私達〉と〈それ〉との調和循環による共生の真の暗号が解読されるのです。

私達を含めた知的生命は、いかなる形式にせよ〈私〉がある限り、物質的受肉から離れることはないのですが、マッハの原理から、局在する〈私凸〉という精神活動は常に相対的な宇宙全体の〈私凹〉と対峙《たいじ》しています。これは宇宙と自己の絶対的相対関係と言えます。私達の脳自体は、非常に濃密で何か完全に閉じた空間のように錯覚しますが、前にも述べたように、陽子から見ればニューロン細胞は太陽と銀河の関係ようなもので、ガラガラの空間であり、宇宙のすべての知を秘めている時空に浸っているのです。そのような脳内のニューロン細胞群のネットワークで形成される〈私〉という意識の統一的（重心、サイトロン）励起点の時間的運動は、相対的な宇宙時空全体の〈私〉という運動を生起するのです。

これは、インドバラモン思想における梵我一如思想につながるものです。まず〈私〉という実存は宇宙というスピノザの神を前にした相対的単独者であり、さらに、投企としての絶対的与えられである〈私〉と同様に、宇宙というスピノザの神さえも、選択権のない絶対的与えられ（宇宙の物理法則と知の絶対的基底としての素粒子群を内包する宇宙としての全体者）の存在なのです。つまり、常に相対的に対峙する宇宙というスピノザの神と〈私〉は、聖性という基準において絶対的開きがあるものの、分極体として同じ身の上であり、その背後に絶対無のアウグスティヌスの神が存在します。

主体的〈私〉という知的生命が、この宇宙内で自己存在と宇宙存在の不思議を問い、その相関を知ろうとする行為は、相対的に宇宙というスピノザの神の〈私凹〉自体が人間という〈私凸〉を介して自己を知ろうとする行為でもあるのです。宇宙というスピノザの神は、物理法則と知の絶対基底そのものであり、この宇宙の森羅万象に遍在浸透しているのですが、あくまでも分極的存在です。

キルケゴールが『反復』の中で、「〈私〉をこの世界の中におびき入れて、今そこに立たせたままにしておくのは誰なのか？〈私〉は何者なのか？〈私〉はどうしてこの世界に入ってきたのか？…何故〈私〉は関係者でなければならないのか？」と自問しているのは、実際スピノザの神にも当てはまるのです。そして、日々の日常茶飯事に多忙な〈私達〉の中から、カントやキルケゴールやパスカルのように自問する〈私〉がいつの日か必ず生まれてくるのです。

無色透明なスピノザの神の〈私〉と色のついた〈私〉

旧原核細胞生命のうちのある種が、他の種の旧原核細胞を取り込んで進化して、統一された１つの真核細胞生命体（動物細胞は大元の核を中心にしてミトコンドリアと共生、植物細胞はさらに進化して細胞核とミトコンドリアに葉緑体が共生）を維持しています。核を含めたこれらの共生体を抜いた細胞膜と細胞質だけでは生命とは言えません。これはただの物質集団に過ぎないのです。

原初的な各細胞段階には、各細胞内の統一された物質相関に付随した前主観（制御システム）的なものがあるのであり、生命の重要な特質である細胞分裂とは、物質集団の単なる二分化と、その相互欠如の補充による再生だけではなく、前主観の分化増殖でもあるのです。人間の生殖細胞の各ＤＮＡには、対応した異性間の〈♀私♂〉の基本ソフトが組み込まれているのであり、それらの結合による微妙な新たなる組み合わせにより、その子供の新たなる〈私〉が生まれてきます。

つまり、〈私〉の基本ソフトは鋳型関係にある核酸コードの分裂と新たなる組み合わせに付随したものとして生起しています。しかし、その生まれたての未熟な〈私〉は、生後のアプリケーションソフトにより大きく成長変化していきます。この宇宙における現在の生命のあり方が全て〈私〉を持つとは限りません。実際、植物は神経もなく、前主観的な全体的統御識の段階にあり、この地球上で大いに繁栄しています。壮大な宇宙誌から見れば、それはちょっとした時間的な位相のずれであり、これからの進化史的時間において、植物が光合成能力を持ったまま神経を持ち始め動物化することや、逆に今の動物が光合成能を獲得して比較的静的な生命に進化する可能性は十分にあります。つまり、生命系統樹の末端種がすべて絶滅しない限り進化史のどこかで〈私〉を持つようになる可能性があるのです。

元来、自然の流れとして、知・情報というのは単独存在としてそのままあろうとするよりむしろ、何かを媒介にして分化増殖し拡散する傾向にあります。また、内在する知は、時間が許されるならば、必ず顕在化、現象化する、いや、したがるものなのです。実際、自分だけが知ったある人の秘密を生涯胸の内に収めて、あの世に持っていくには大変な意志の力とエネルギーが必要になります。宇宙における基本的な素粒子という知の各実体は、どれも皆完全コピー体として無数に存在しています。人間生命の〈私〉を構成する近接共存した物質集団は、莫大であるがゆえに、当然、完全コピーとはいきません。それでも、知の流れである〈私〉は、各個性を持ちながら、無数にこの地上に分化増殖しています。生命とは、細胞分裂をするのと同じく、各生命階層に応じた〈私〉の分化をするものなのです。

ドーキンスの内在する利己的ＤＮＡが主役か、そこから顕在化した〈私〉が主役かで色々な議論が交わされています。顕在化の象徴そのものであるこの宇宙においては、現象化する〈私〉こそが主役なのです。事実、遺伝子操作や環境操作は〈私〉が主役であることを示しています。ただ、その主役が調和を必要とする脇役との関係で過剰であると、すぐに宇宙という舞台から退場する羽目に遭うのです。

人間の脳内活動としての意識は、他者にはまったく分からないので、一見、内在的な知の活動と思いがちですが、それはあくまでも対人や対動物関係でのみ成立する内在性であり、宇宙の時空が浸透している、脳というガラガラな物質構造集団の相関における〈私〉は、宇宙に対しては相対的に確実な顕在化なのです。脳は宇宙時空の関係性を担う光子のボソン場と直接的に接触しているのです。

人類の分化した、個性という色のある無数の〈私〉に対して、宇宙のスピノザの神の相対的な〈私〉も細胞分裂のように無数に分化するのではないのです。スピノザの神の相対的な〈私〉は、常に無数の〈私〉という色が縮退した無色透明の光のような単一の〈私〉としてあるのです。スピノザの神は、この宇宙のすべての〈私〉を受容しています。無数の生命という受肉体は、それぞれに固有の屈折率を持ったプリズムのような存在であり、その受肉というプリズムを通して固有の〈私〉という色が現象化し、またそのプリズムを逆に通して相対的な宇宙というスピノザの神の縮退した無色透明の〈私〉があるのです。

古代インドのバラモン教における最高神ブラフマン（梵天）は、宇宙の創造神であったり、宇宙の当体であったりと微妙に変化しています。宇宙の当体としてのブラフマンの場合、ブラフマンという宇宙の当体を見つめる、自我のある生命存在をアートマンとし、その両者の相対的な宗教的関係は、今までに説明してきたマッハの相対性原理に基づく宇宙と自己の関係と同じになっています。その最高神ブラフマンの局在的顕現として、アートマンなる〈私｜A〉が宇宙から生まれます。その〈私｜A〉が宇宙の当体を見つめる目撃者であることは、その見つめる〈私｜A〉に相対的な、ブラフマンなる宇宙の〈私｜B〉が自己〈私｜A〉を見つめていることに相当すると見なしているのです。そして、瞑想または修行による直観によって、〈私｜B〉＝〈私｜A〉となる宗教精神的境地が梵我一如なのです。

それは、図37における自我リングを最大限（光輪、神）に拡大するか、可能な限り縮小（空、仏）するかのどちらかの道により達成されるものです。物体の運動というものは、そもそも「延長（拡がり・構造性）」ではなく、「思惟」であり、関係性において成立する知です。したがって、宇宙に対する運動の相対性が成立するという「マッハの相対性原理」に基づくとき、基本実体の思惟がフラクタルに上昇発展した〈私〉という「精神活動」にも、宇宙に対する相対性が成立するのです。これは神秘主義的宗教世界に共通の思想です。

ブラフマンまたはスピノザの神と宇宙の中の局在的な〈私〉の創発の関係は、宇宙自体が、創発した〈私｜A〉を介して自己自身を知ろうとする過程でもあるのです。聖なる中和化の反作用による物質集団の近接共存化から細胞生命を生み、それらのさらなる高度な多細胞化により、〈私〉という精神化を誘起してきた過程こそが、〈私〉の創発過程です。

今からはるか3千年近くも前に、マッハの原理という小難しいものを精神世界に持ち出さなくとも、宇宙と〈私〉の相対的関係に対するこのような宗教的直観があったことは、驚異的なことと言えます。宇宙という装置が、その内部に生み出した製品である生命の〈私〉を通して、宇宙装置自体を知ろうとする自己参照的、自己触媒的相関に世界の秘密が内在しているのです。

ここで、宇宙において〈私〉を明確に持つ、たった1人の知的生命が、ある時期に初めて登場した時（この画期的な時期は必ずあったはずです）を考えてみましょう。その単独者の〈私〉は、宇宙という物質集団の超巨大な細胞膜と細胞質に包括されている超微細な細胞核のような存在ですが、宇宙の純粋に単一なその〈私〉こそは、宇宙の意識なのです。果てしなく広大な宇宙におけるこのような極限的な〈私〉の孤独を直観したとき、あの繊細なパスカル（1623年～1662年）は、荒涼とした寂寞感にとらわれてしまうのですが、この時こそが実は宇宙の初めての相対的な〈私〉の覚醒でもあるのです。

そして、人生における個人の〈私〉がいずれ入滅を迎えるのと同じように、これからの宇宙の長い遍歴において、最後の宇宙の〈私〉を担う知的生命の眠りが訪れることになるのです。それは、いかなる意味階層平面にある分極的組織存在も仏教の「成→住→壊→空」という真理からは逃れられないからです。

知的生命を含めたすべての生命が絶滅した後の宇宙空間に、どこかの銀河系に属する、既にその何十万年も前に絶滅した知的生命によって、宇宙の究極の物理法則や数学的原理と生命誕生の仕組みや意識の理論的解明などが記録されたクリスタルDiskが浮遊しているとき、もはやいかなる知的生命にも読まれることのないそのDisk情報と宇宙自体との哲学的関係とは一体何なのでしょうか。それとも、その仏教の哲理を破って、ある知的生命（もちろんこの生命体も絶滅している）によって、その昔に作られた人工意識を持つサイロックスが宇宙のさまざまな銀河で繁栄しているのでしょうか。

製品である〈私〉を製造する宇宙マシンと〈私〉とのもつれ合い

ここで私達は、この宇宙で〈私〉を持つ生命が予想も付かないような形式で存在している可能性を常に頭の隅に入れておく必要があります。例えば、私達の四次元宇宙での知の体系で可能な精神性は、唯一、人間のような知的生命の〈私〉という意識だけなのか。そしてまた、さらなる高次元空間でしか鋳型関係の知が成立しない実例があるように、そのような高次元空間での知のきわめて高度で複雑な幾何学的リンクから生まれる〈私〉という超意識は、四次元時空間に住む〈私達〉には決して理解もできない虚構的存在です。

ただし、いかなる高次元空間であろうとも、絶対無の神からすれば、それが分極体であることだけは言えるのです。私達のような生命の誕生を可能にする、空間次元構造と関わる物理的安定性の問題は、人間原理説を提唱している物理学者などによりいろいろな角度から考察されています。それによれば、生命にとって一番大切な惑星軌道や原子自体の安定性は、やはり私たちが住む四次元時空でなければ保証されないことが判明しています。もちろん、その確率が完全にゼロとは断言できないのですが。

物理学者集団の一派が提唱している人間原理説とは、本書のはじめのほうでも少し触れましたが、人間などの知的生命が宇宙を観測、認識できるのは、そのような人間が生まれてくるように、あらかじめ宇宙のさまざまな物理的条件を設定しておいてあるからだというものです。つまり、先に触れた、「宇宙は自己自身を知るために生命を産むように設計してある」という思想です。この人間原理は、進化論のようにあと知恵的であり、科学のような予言能力はありませんが、現在の宇宙全体の物理的状況をうまく説明することができ、古代からの宗教的直観にきわめて接近した思想と言えます。

いずれにしろ、この宇宙の全実体がどのような次元時空間であり、どのような〈私〉という意識体が存在しようとも、最終的に問題になるのは、固有の階層の意味世界平面で生きる単独者の〈私〉と有次元宇宙との相対的関係から生ずる、知の境界領域から志向される絶対無の神につきるのです。

しかし、この四次元宇宙における生命の、自然の法理に則した最後の時代を迎えるには、宇宙の究極の理論という「知」を手にしたごう慢で過剰な知的生命が、〈私〉を生み出した母なる宇宙という環境と悪い方向にもつれ合わないという前提が必要になります。前にも触れたように、究極の理論の応用は、宇宙自体を変容させてしまう可能性を確率的に秘めているからです。人間は、脳から生まれる〈私〉が薬物により、どのように変容して快楽が得られるのかを知ってしまっています。

その「快楽知」による、どうにもならない過剰な誘惑に負けて、自己を生みだす環境である脳と、その〈私〉が悪い方向にもつれ合い、〈私〉と共に脳自体が破壊されてしまうのです。この〈私〉という意識と脳という〈私〉を生み出す装置としての環境世界の関係においては、環境を脳から地球、さらに宇宙に拡大しても、そのもつれ合いの本質は決して変わりません。神なる絶対無への帰還を志向するがゆえに生まれる共生から離反する、利己的でごう慢な〈私〉の知は、まさに神に背く行為であり、その知を利用する〈私〉は、この地球、すなわちこの宇宙から必然的に退場せざるを得ないのです。

中和化の極限過程である絶対無の神への誠実な志向は、反作用的に物質集団の自然な共生を誘起し、いずれ宇宙に〈私〉を持つ生命を宿します。その過去の遍歴も分からずに、この世界に投企されたと思い込む実存としての不安な〈私〉が、世界と超在である神の関係に思いをめぐらす果てに気づくものこそ「聖なる共生の叡智」なのです。このような視点に〈私達〉が立つとき、キルケゴールの「真理は、決して客観的合理性にあるのではなく、神の前に立つ、宇宙における単独者としての主体的実存の選択と決断が、エゴという自己の徹底した否定過程においてなされるときの、個別的主体性そのものであるとし、その〈私〉という実存こそが神へと超越していく」という思想の奥底に、新たなる意味の立ち現れを看取《かんしゅ》することができるのです。

ヤスパースの立て分けによる３つの存在次元、即ち「超在（神、一者)」と「実存:〈私〉と〈私達〉」および「世界（時空と物質集団と物理法則)」の相関に、世界と実存を聖化し、聖なる浸透（インマニエル）のもとに現実世界を生きる実存の鍵があるのです。

この３つの存在次元の系譜は、プラトンのイデア世界から始まっていますが、それらの関係を分かりやすく図示したのが、物理学者であるペンローズの三角形です（図38)。もっとも、初期のプラトンのイデア界が内在的真理、善、美などと関わる神的なものであったのに対して、ペンローズの場合は、特にその中でも数学的真理に焦点をあてて、図の三角形の関係をとらえています。

図中の α が神の超在領域であり、ペンローズはここに内在的可能性としての数学的真理が全て含まれていると見ています。この視点は絶対無の神とまったく矛盾するものではなく、むしろ、内在的可能性空間を複素数空間と見なすと、私達の現実宇宙には決して見えない、ある種の絶対無の領域に対応するようになるのです。もちろん、イデア界は、すべての数学的真理を内在しているので複素空間

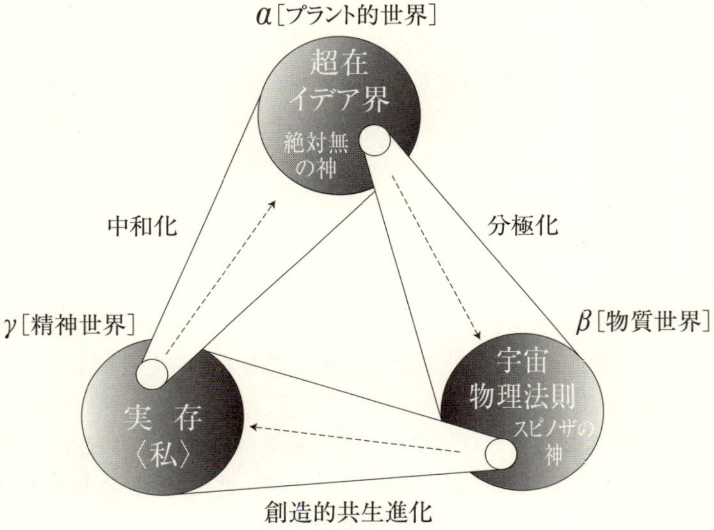

図38　ペンローズの三角形

はその一部に過ぎません。むしろ、複素空間をより一般化した超元数空間のようなものかも知れません。

ビレキンやホーキングの虚時間（it、私達から見ると無の世界）の応用による宇宙起源論もその例です。数学的に許容された多くの内在的可能性（ α の大円）のうちのあるもの（小円）が、ある確率のもとに、次元量のある実数世界、すなわち私達の宇宙 β として現実化し、観測可能量となるのです。ここで見落としてはならないことは、 α の広大な数学的真理のうちの一部の数学が宇宙を記述するものとして現実化するとき、物理的次元量（質量、長さ、時間など）は、数学そのものには含まれていない別の（宇宙の普遍定数と同様な）絶対的与えられということです。その現実化した β という宇宙（大円）内の物質集団の多様な組み合わせによる揺らぎから、そのうちの極一部（小円）が確率的に大きく成長し、また少しずつ再生変容しながら存続して、現在の宇宙の中の〈私〉や〈私達〉という意識のある精神的実存 γ として在るのです。

そしてまた、宇宙内の私達人類を含めたその他の多くの知的生命の精神（γ の大円）のうちの一部の実存（小円）が超在なる神の領域 α を直観するのですが、そこにいたる遍歴は千差万別であり、まさに外界という環境と受肉という自己存在の境界領域に息づく〈私〉という知の流れに固有なものです。

数学は、これ以上は説明のできない、いくつかの公理というものを前提として展開されますが、その公理は、中和という等号（＝）の橋を掛けるための土台みたいなものです。数学はその土台の上で可能な限りの中和という等号の連鎖を操作することにより多様な定理を導きます。

等しいとは対立的差異がないこと、すなわち変化する性質がないことなのです。ものごとは常にそうあろうとするのです。その等号関係の中に数学的真理が、ある記号（またはその系列）として隠されているのであり、受肉である私達は、論理計算という物理過程を経なければその真理値を求めることはできません。宇宙内の森羅万象の運動様式は物理的次元量に関する、中和という等号の橋に基づいた方程式により決定されています。

そしてまた、分極体としての実存（宇宙そのものと、その内部の全基本素粒子）は、何らかの中和という対称性の破れにより生まれた実在という性質です。逆にその各中和基準を上へさかのぼっていくと、中和基準に対応した固有な物理的性質が消滅して、その極限において必ず絶対無に行きあたります。

また、精神世界における意識活動は、“見る（記憶監視系凹）”と“見られる（意識作用系凸）”という鋳型関係が近接共存する知の動的中和型なのです。物質相関によるいかなる知も、完全中和化阻止システムによる近接共存からの分離でしか成立しません。私達はこのことに気づかずに日々の、強く出てくる凸なる意識作用（自我）系に振り回されているのです。このように、いかなる事象においても、中和であろうとする傾向そのものが既に絶対無なる神への無為自然な帰還志向の表われと言えるのです。

この宇宙自体が絶対無の神の臨在の秘跡であるという歴史的聖人の啓示的直観の背後には以上のような真理が内在していたのです。そして形而上学こそ、〈私（凸）〉という主体的実存と宇宙（凹）という客観的実在の近接葛藤が止揚される境界知（凸凹）の表出であり、その境界においてこそ、超在との遭遇を可能にするのです。

第6章

絶対無の神と仏教の空観

1：宗教の履歴書

宗教の起源

人類の曙から文明の黎明期までの身近な生活世界で、常に深い関心がある事象は、住処と着るもの以上に、まず身内や部族の病と食の確保になるでしょう。食の確保で気になるのは狩猟採集時の日中の太陽と天候の激変などであり、農耕や牧畜などが始まっている時代では、天候だけでなく、夜の天空と農耕期の関係や家畜の良好な繁殖なども大切になります。つまり、日々の無病息災や豊かな安定した生活世界の存続に関わる要素が重要なのであり、それが守られれば、それに対する感謝の対象として抽象的な何かが奉られ、また反対に破られれば、その災禍（自然災害と病凹）を除去（中和化）するための抽象的な対象とそれに対する儀礼（凸ワクチン）が発生するようになります。

ある現象に対する背後の未知の存在を空想して、その抽象的対象に畏敬と感謝の念を持つか、ただひたすら畏怖《いふ》の念を持つかに分かれるのです。それらの対象は多様であり、さまざまな地域で相互に影響しあいながら固有の神話を形成し、随時、天候（恵みの雨や禍の雷嵐）神や農耕牧畜神、天空（太陽と惑星）神などから悪霊や鬼神などの抽象的存在となっていきます。

大地神はエジプト神話でゲブになり、ローマ神話でガイア、ギリシャ神話でグノーメと呼ばれ、日本では大名持（大国主神）となります。天候神も世界中にあり、ローマ・ギリシャ神話のユピテルやゼウスにヘブライ系のヤーハウェ（YHVH）などは典型的な風雷神です。日本神話では素戔嗚尊がいます。中国から日本に渡ってきた漢字の「電（デン）・田（タン、デン）・天（テン）」などの音読みも印欧系の天候神ゼウスのギリシャ方言である、Den，Dan,Ten，Tan，Deuなどと関連しています。

また、印欧系やヘブライ・アラビア系のアルファベットのS系の発音、Shin（シン）が稲妻の象形であるS（英、エス)、Σ（Gk,シグマ)、Z（英、ゼット）などとつながっており、ジグザグ（Zigzag）模様も稲妻に由来しています。中国や日本の漢字、神（シン）もその語源は漢字、申（シン）の稲妻の象形であり、S字系と関係しています。さらに、ヘブライ語のアルファベットShin（シン）は神の魂と見なされています。

このように、洋の東西を問わず、稲妻と関係している「神」という文字の起源からして、元来、神のイメージは動的プロセス（対称性の破れ）そのものであり、それは分極世界の典型の象徴であるスピノザの神に対応しています。そして、雷光の軌跡は、ある種のカーナリゼーション（運河的分岐化）であり、創造的進化（新奇性と確立性の相補的発展）そのものの象徴でもあります。

また、農耕牧畜神の代表はなんといっても聖牛崇拝と関係しており、エジプトのアサル・ハピ神またはセラピス神、ヘブライの智天使ケルビムからインド文化圏のアダ・ナリなど広くみられます。東南アジアから渡って、日本では神社の大社造りの屋根にある千木が聖牛の角の名残りであり、日本神話の牛頭天王（素戔嗚尊の別称）もその系譜にあります。

このような宗教は元来、スケールの大きい自然、すなわち〈それ〉への畏敬の念から生じてきた潮流と、自己存在である〈私〉および家族や部族という〈私達〉の生活世界における不安や悩みの克服と感謝の一念から生じてきた潮流が入り混じったものから発生しています。そして、その時々の生活世界に対する人々の充足され得ない空白や、その当時の周辺世界に対する科学的知の非常な未熟さによる病や災難によって生じた空白（凹）を宗教（凸）が埋めてきたのです。

もし仮に、人類の歴史にいかなる困難や病もなく充足と豊穣に満ちた生活世界が続いていたとするならば、神や仏はこの地上に現れることはないのです。つまり充足という中和状態には穴埋めするものを必要としないからです。

豊作に対する感謝の祭り（凸）も、旱魃《かんばつ》による飢饉の苦しみ（凹）を経験したことによる時間差の振動型中和過程であり、常に生活世界が充足ならその動機を失います。キルケゴールやヤスパースの限界状況における挫折や暗号と、そのひるがえりによる信仰への相転位過程、並びに仏教における煩悩即菩提や生死即涅槃などもそのような意味が背景にあります。

しかし、〈私達〉が徐々に拡大していき、宗教が社会の中で確立化され、その権威づけにより民衆の足かせになったり、時の支配層や権力者の民衆統御の道具に利用されるようになり、非道と暴力と破壊の手先になったのも歴史的事実です。その原因は、人類が宗教という世界で発見した神や仏などの超在にあるのではなく、むしろ、それらの真意に背反する、人類に固有の肥大化したエゴにあります。超在の真意は、多様性とその聖なる共生であり、統一と支配とは無縁なものです。このとき、〈私〉という意識が超在への志向の反作用として立ち現れたのならば、意識作用こそ無意識界の統一表象の象徴ではないのかと問いかける読者もいると思われます。

しかし、〈私〉の意識作用は決して無意識界の統一ではなく、外的内的縁に応じた、時間軸上に展開された識の多様性であり、さらに、進化上の過去脳からの本能的突き上げなどを含む多様な識は、聖なる共生からは程遠いものです。

宗教には、以上のような生活世界における物質的精神的空白の中和化とは独立な、大自然の美や天空事象（太陽や星空）に対して、実存としての〈私〉の抱く不可思議感により、精神世界を高めていく過程があります。不可思議感とは、推しはかることのできない深淵を直観することです。存在論から始まる日本の神道の根底にも、森羅万象の存在への畏怖や畏敬の念から発した背後の存在直観があります。

真の「宗教」の役割は、地球生命圏における人類の〈私〉という個人と〈私達〉という社会と〈それ〉という環境世界との間の調和循環に基づく共存共栄を成し遂げるための、「成就された崇高なる真理の教え（宗教）」を担うことにあります。真理は決して〈私〉と〈それ〉だけの関係（もちろん、ある段階では必ず経なければならないもの）だけでは展開しないのです。なぜならば、〈私〉という意識そのものが既に脳内の内在的〈私達〉の代表だからです。

このような意味において、初期の宗教は多様に分野特化する前の未分化な内在的可能性を秘めた受精卵そのものなのです。その未分化状態から徐々に哲学、自然科学、生物科学、社会科学などが分化していきます。しかし、それらの知は時間（歴史性）と空間（国土性）に依存する要素でもあります。

もう１つの宗教の重要な柱石は、この時間・空間的依存の要素を超越した、不可思議感という深淵の直観から開示されてくる「正覚の境」です。これは諸学の発達とは無縁な、〈私〉を確立した時代以降のどの時間軸においても、そしてまた、宇宙空間内のどの座標（惑星、国土）においても開かれている啓示的な直観的精神世界の門なのです。

それは今、この地上において生きとし生ける原生動物や細菌から哺乳類や霊長類にいたるすべての生命が、気の遠くなるような長い時間を経た試行錯誤を通して到達する、識のフラクタルな進化段階なのです。思惟する〈私〉の存在に気づいた時には、その時間の経過などなく瞬時にたどり着いたかのようにも思われる、いや、気づいたら与えられていた〈私〉という不思議な道（Tao）の扉なのです。

人々の悩みや不幸や苦しみは、個人識、家族識、社会識、そして国家識というさまざまな階層識からなる多重層的な要素の絡み合いに起因するものです。それらは、歴史（時間軸）と地方、国土（空間軸）において異なっており、非常に相対的な意味世界です。「識」は意味世界平面でもあります。しかし全体的には、緩慢な足取りながら、ある方向へ向かって進化していることも確かです。そしてまた、進化があれば必ず何かにおいて退行していることもあります。

つまり、得るものがあれば必ず失うものがあるのです。脳の時空構造も同様に、記憶（経験、歴史時間軸）系と意識機能（空間的分布の総合化）系によって性格づけされています。今、ここで問題にしている人々の苦悩は、比較的身近なものであり、人間の生活世界平面で把握できるものですが、自然の真理はもっと多重的で、日常の意味世界平面から、より下方に離れている意味世界からくる苦悩や不安に対する認識の構造は曖昧なものとなってしまいます。したがって、人類を構成する個々人の身近な一喜一憂の中で、きわめてゆっくりだが、着実に進行している「地球識の苦悩と不安」を、ただならざる状況に追いつめられるまで気づかず、見逃してしまうのです。

しかし、これは科学と技術の力がこのような窮地に押し込めようとしているのではなく、あくまでも人間の「識」の構造にあるのです。中等教育の段階で学ぶ、最も初歩的だが最重要な原理であるニュートンの≪作用反作用の法則（因果応報）≫でさえも、人類の欲の渦の中で錆ついてしまっています。

私達の一人一人が目先の利でなすさまざまな悪しき行為は、一見、微小で無視できるように見えますが、自然は、その業を必ず作用反作用（自然に対する刻みと、その反作用として自己に跳ね返る刻み）の原理で冥伏しており、大海の波動のように、必ずやそれら悪業の冥伏は共鳴現象により増幅され、人類にとっての強力な三角波として、その船体を打ち砕くことになるのです。

個人の我、家族の我、社会企業の我、国家の我、民族の我、宗派の我、そして人類の我はいつも私達自身の味方であるとは限らず、私達をいつも幸福に導いてくれるものと錯覚してはならないのです。「我（Ego）」は何重にも縮退しており、私達自身の内的外的原因により、私達自身を打ち砕くこともあるし、私達の対境をも破壊するのです。人類は自己の利益追求のために目をしっかりと見開いて、諸学の知を駆使して選択決断しているように見えますが、実は無明そのものであり、自然の奥深い真理に足をすくわれてしまうのです。

未分化状態の宗教から派生してきた諸学の知のうち、科学は悪しきエゴの手綱により暴走しはじめ、その馭者さえも振り落として未来へ突進しはじめています。産業革命以降から始まる科学技術文明は、生活に必要な不足の補充を越えて、過剰な押しつけ（極端な飽食、便利、効率、不安の扇動）文明と化し、身近な生活世界における骨太な意味を構成する基本的生活条件の偏りにより、過剰修飾世界の異常増殖を招いています。

宗教の真の役割

現代の多様化した宗教は、それぞれの独自の教理に基づいて多くの民衆の生活世界の中で機能していますが、実際にどれほど現象世界の立体的干渉による危機の構造に肉迫しているかを見てみると、全体的には心もとないのが実情です。それは、従来の宗教が持つ硬直化した教義（絶対的確立性）に起因する排他的宿命によるもので、世界の魔欲にはこの上ない好都合なものとなります。

真に生命の宗教を目指すならば、既存の諸宗教が秘めている共通の「根（Root）」への回帰のもとに再生共生し、自己創出的に絶対変容を遂げた新世紀の宗教世界を受胎させることが望まれています。それは慈愛に包まれた「光子（Photos）」による光合成的自己組織化でもあるのです。多様な真の宗教と宗派は、１つの山の頂上を目指す、それぞれに特徴のある登山口であり、登山ルートでもあるのです。それらは途中で交差することもあり、登山道の途中で邂逅したときには、クライマーのマナーとして相互に助け合い、さまざまな叡智と情報を交換し合うものです。

聖なる叡智を踏まえた上で、未来の子孫に、神社や仏閣や教会が点在した、清らかな地（土）と水と火と風と空に包まれた森のある環境世界を維持しながら、適正な経済生産活動と調和していく世界を残していくのか、または、俗なる利知科学のもとに、ロボット兵器や原子炉、核兵器、細菌兵器や化学兵器などが拡散している世界と、組織器官の象徴である高速道路網と高層ビルが灰色の雲を突き破り乱立する魔天楼世界を残していくのかは、今の〈私達〉の意志の決断と叡智に依存しています。

超近代的な人工都市は、なぜか人の心を殺伐とさせ、ぬくもりと潤いをとことん吸い取る無機質的冷たさに満ちているのです。絶対的与えられである未来の子孫の〈私〉がどのような世界舞台（それは選択権のない初期条件でもある）に投企されるのかは、〈私達〉の選択にかかっているのです。

智慧なき慈愛は羅針盤のない航海であり、慈愛なき智慧は我欲の手先となり果てます。一如である智慧と慈愛は超在の欠くべからざる両性なのです。宗教とは崇高な精神性に基づく叡智の教えなのであり、それは〈私〉と〈私達〉と〈それ〉との調和的循環共生へと導くものです。

仏教における〈仏〉とはもともと、直正智を得た受肉の覚者（ブッダ,buddha）をさしており、その覚者の対告衆への教えを仏の教え、つまり仏教というのです。悟達の世界は認識論が機軸です。また、その覚者の第一起点がインドの釈尊（ガウタマ・ブッダ、姓であるガウタマは最も優れた牛の意味）にあり、釈尊の菩提樹下での始成正覚を種子として、現在に至るまでに八万法蔵と言われているほどの多くの仏智の果実が実っています。

それは仏教世界における系統樹と言えるものです。また覚者の悟りの精神的境地を仏界と言い、それは絶対の真理、宇宙と生命の実相を悟った境涯を指します。これは、洋の東西を問わず、世界の哲学者や思想家が行きつこうとする精神世界でもあるのです。

仏界のイメージに絡む言葉には、「寂、虚空伽藍、涅槃、空」などがありますが、それは非常に静的な超対称性の場を思わせます。最初は、多様な苦悩を克服するための仏の智（悟り）であったものが、次第に、その智そのものからも離れていく世界へと導く教えに変容していくものも出てくるようになります。さらに、仏の概念にも抽象化が進み、宗派により大きな変遷があります。その過程は、仏は〈佛＝人＋非〉でもあり、その字義は「人にして人にあらず」であることからも推しはかることができます。

小乗仏教では、〈私〉の法（ダルマ）の悟りを究極の目的とする色合いが濃いのですが、大乗系になると、〈私〉のその精神的上昇の極みの果てに、現世界への降下を説き、菩薩として衆生を教化することが重要視されます。それは、ある意味で〈私〉から〈私達〉への移行を意味しますが、その〈私達〉の連携共生よりも、その個々の得度にやはり重点が置かれています。釈迦の四諦、八正道、五戒も個々人がいかにして〈私〉の苦悩を克服して涅槃《ねはん》の境地に到達できるかの道筋を説いたものです。

しかし、釈迦の教えにも当時のバラモン教に特有のカースト制を打破するための、衆生の平等性があり、これは当時の〈私達〉の問題への取り組みとしては革新的なものと言えます。それでも仏教全体の色合いとしては、自然世界である〈それ（客観性）〉と実存としての〈私（主観性）〉と社会を構成する〈私達（間主観性）〉との調和循環と共生を説く視点はそれほど強くはありません。ユダヤ、キリスト教やイスラム教世界では〈神〉と〈私〉と〈私達〉との関係を重視し、聖なる共生を目指していますが、まだ多様な課題をはらんでいるのも事実です。仏教においては、究極の〈それ〉が悟りによる法であり、その悟りを開いた究極の〈私〉が仏であり、その究極の〈私〉を目指す出家者集団としての〈私達〉が僧伽になっています。悟りは、我執、我見、分別知から「ほどける」境地であり、それは性質、知の滅却の先に開かれる世界です。

本来宗教は、己身とそれを取り巻く現実世界との物質的、精神的相関における制限性、非調和性を克服する自発的叡智であり、それは「理性」と「信仰」と「慈愛」において三位一体をなしています。そして、ヤスパースの３つの存在次元から見ると、理性は「世界宇宙」の法であり、信仰は「超在」に対する誠実なる志向心、慈愛は「実存」としての〈私〉の由来の根元的真理となっています。

「慈愛」は、他者の実在性を基本的前提とすることにより成立する生の共同であり、これは意味世界平面の基底部である物質集団から始まるものです。共生の究極は、自己消滅の中に投影されて初めて感知される、聖なる中和化に対する神なる絶対無の恩寵です。「慈愛」は完全なものと不完全なもの、掟（確立性）と心情（新奇性）の間の媒介原理です。その愛の交換力における媒介子こそが〈光子〉

の場、あるいは広義にはボソン場なのです。ボソン場は受容共生の光です。この場を介して分子は共生進化します。「慈愛」こそが人間における神性を覚知させ、弱き者を強くし、物質の精神化への導きとなります。

この理性と信仰と慈愛は、共にどれが過ぎても歪みを生じますが、かといって、静的な調和を説いているのではないのです。むしろ、動的プロセスにおいて発展的調和と創発がはかられるべきものです。この世とともに物質が目覚め、そこから生命が生まれる。生命から精神が生まれ、やがて精神は真の宗教世界に目覚める。そしてそのとき、超在なる絶対無は、宇宙世界として客観的に自己自身を知り、〈私〉という精神として主観的に自己自身を知るのです。

2：聖と俗と悪

漢字と宗教

漢字「聖」の語源は、普通の人には聞こえない神の声を正しく聞き知る人であり、悟りの語義も内包しています。「聖」の字の右上の「口」は神籤（神への祝詞）を入れる石製神器（才,Sai）の象形からきており、そこからの御言詞を聞き取るという字源なのです。漢字「才」の象形は川に土が中州のように溜まり、水の流れを防ぐ形からきていますが、現在使われている才の字の関連用語の意味は、発音「サイ（石製神器）」から由来しており、特殊な能力を指します。

また、「ひじり」としての語義は、天地の方位や季を知る人と解されています。古代中国においては、いずれも人並み外れた知徳を備えている人の形容に使われていたものです。この聖と密接につながっている語が漢字「命」であり、これにも「口」が入っていて、神のお告げ、啓示を聞く象形文字から由来しています。命、尊を「みこと」と読むのもそのような意味があり、それは「神の御言（みこと)」を指しています。

また宗教の「宗」の字も神と深い関係にあり、その古代象形は「神を祀るみたまや」を意味し、その発音の由来もインド＝アーリア語系のSu－（シュー）にあり、その本意は「美しい、崇高な」というものです。漢字「示」は台に神への捧げ物を載せている象形からきており、まさに神様にそれを〈示す〉のです。したがって示偏「ネ」の付く漢字の本来の語義も神事と深く関わっています。このように、人の「命（いのち)」は神からの絶対的与えられであり、自己や他者の命を断つということは神の御言である命に背くことであり、瞬間的な〈私〉や〈私達〉が自己や他者との聖なる共生を否定することを意味します。

聖なる世界との接続は、現世（此岸）における彼岸への接続でもあり、それは、この世とはまったく別の存在（超在）との関係を自ずから直観することです。聖性は深い祈りや瞑想だけでなく、ふとした日常の光景や自然現象の煌めきにおいても立ち現れることがあります。その瞬間は〈私〉を無へと導き、その体験はいかようにも表現しがたいものであり、峻厳なる絶対他者を直観させる神秘なのです。

漢字「俗」の語源は、石製神器「口（サイ)」から「開かれた（八)」御言（命）を繰り返し人々に伝える象形であり、それが後に習慣、習俗、風習、平凡な生活世界のような意味を持つようになります。漢字「谷」は転用であり、本来の意味をまったく付帯していません。俗なる世界では、世間一般の慣習に従った日々の生活に追われ、凡庸な日常を過ごし、時に知を狡猾《こうかつ》に駆使して、一喜一憂する、およそ聖なる世界からは程遠い精神的境地にあります。

「谷」の本来の字義は「口（サイ)」から〈繰り返し〉開かれるこ

とを示しており、そこから「谷」に「豊か、過剰」のような意味が生まれてきます。実際、漢字に谷の付くものは大抵そのような語義からきています。例えば、「欲」は「豊かさ」を「欠く、不足する」ゆえに生じるものを意味します。水を「浴びる」や「余裕」や「容器」なども皆、その語意は本来の谷の語源である豊かさと関係しています。

古代中国の神との関わりにおける宗教体系を知るには、「口」偏と「示、ネ」偏のついた漢字の象形文字と発音の「サイ」をたどると、かなりのことが透いて見えてきます。もちろん転用されて本義を失っているもの（漢字の口、くちの意味に関係したもの）もありますが、多くは「口（サイ）」の字源に由来しています。十字と口（サイ）からなる漢字「古」は、神々の頭に似せて作った冠の象形から由来し、その神々が遠い昔の存在者であることから、古いとか、古代という意味が生まれてきています。

そして、その「古」に草冠を載せたものが漢字「苦」であり、それは十字と頭に茨を冠した神々の徴象となります。それはまた、人類の十字架のイエスという「苦い」記憶であり、聖なるひるがえりへの扉でもあったのです。

以下に上げる漢字も、中国のいろいろな甲骨文字やその他の古代象形文字を調べて見ると、それだけで一冊の本が書けるくらい、深い宗教的意味が秘められています。問、答、合、否、叶、告、呈、吉、祝、呪、史、召、台（臺）、善、嘉、哲、司、可、何、君、后、号、和、舎、商、同、名、喪、器、品、叩、加などです。最後の漢字「加」の語義、「凌ぐ、超える、のぼる」などは「口（神、仏）の力」とつながり、実際、仏教用語の加持祈祷の加持（加護＋摂持）はそのような意味合いを持っています。

今から三千五百年以上前の中国の殷の時代が祭政一致の神権政治

であったことは、甲骨文字から判明しています。古代の人々のほうが聖なる世界を直観する機会に恵まれている環境にあることは確かですが、それが殷王朝政治社会と民衆の調和に直結していたかは、疑問であります。むしろ、呪術－アニミズム的世界観やシャーマン文化的要素が色濃い政治社会では多くの不合理が罷り通っていたものと推測されます。

このような時代では、身体と心と知が未分化状態であり、また社会的現実と自然的現実の境目も曖昧で事物崇拝や呪術的共感によって〈私達〉を構成するようになります。そこには、イメージやシンボルと自然現象との同一視があります。また、自然に対する畏敬と畏怖の念は強く、さらに社会規模の小ささにも関係して、自然の循環と共生を蝕むようなことはないのが一般的です。しかし、それでも規模が大きなってくる古代都市においては、長年のうちに、周辺森林を砂漠化してしまうことも多々あるのです。

精神性の発展段階

アメリカの著名な宗教思想家であるケン・ウィルバーは、個人の誕生からその生涯においても、また人類全体の誕生からその終焉においても、聖なる世界へいたる過程には類似した発展段階を経るということを述べています。これもある種のフラクタルな関係です。その内容は、宗教・哲学分野の思想家であり、『つねに現前する起源』（1953年）の著者であるヤン・ゲブサーの立て分けを発展させたものです。特に、人類社会の進歩の視点から見ると、初期ほど宗教との相関は強く、人類の進歩とともに聖性の喪失化へと向かって行くことが良く分かります。その主因は無味乾燥な技術操作世界への過剰な傾倒化にあります。しかし、その過程は必ず経験しなければならない段階であり、その後に聖性の螺旋発展的回帰現象が創発してきます。拡大していく1つの大円を人類全体の社会性とその聖性の発展段階とすると、ホイヘンスの原理から、その大円の周上の各点が社会を構成する個人の〈私〉であり、その点を中心にしてまた小円（個人の社会性と聖性）の拡大が同時に進行しているということです。

［1］古層段階：（石器時代迄）　原人の段階およびそれ以前のすべての意識構造を包含する非常に幅の広い段階。雄の父親化と家族構造の発生。外部世界である自然の不確実性に対する無力さを痛感する。

［2］呪術――心霊段階：（狩猟社会）　自然神秘主義、ビジョンと霊気、圧倒される内面的光明体験。自己自我中心的な解釈システム系、部族的大地の宗教意識構造。木や棍棒、槍などの前技術操作段階。自然＝霊性。超在と自然と自己の心理的未分離状態。

［3］神話――帝国段階：（農耕社会）　役割というアイデンティティーを受け入れ、神話的思考の世界観を共有。部族系統を神話を介し、超越して政治社会的統合へ進む。慣習的社会民族中心モード。インカ、アーリア、エジプト文明。自然と超在とは存在論的に分離していて、非常に他界的である。

［4］微妙段階：　神性神秘主義。主体の埋没状態ないし同一化から開放し、離脱させるという意味での内面の客観化。世界を主観化するのではなく、主体を客観化する。光明と元型。自我的な魂から普遍的な精神性への始まり。

［5］合理――自我段階：（工業社会）　自我というアイデンティティーを持ち、合理的な世界観を共有する社会に参加。自分自

身の思考や行動が合理的に納得のいく根拠を求めるようになる。合理性、妥当性が中心。信条や証拠、根拠の妥当性を検討するようになるが、逆に聖性の喪失化を招く。このような段階の社会では、超在に対し、「その証拠は何か？」とか「何の根拠でそれを信じるのか？」などの問いかけが常に頭を占領している。経済の自立化によって社会と自然環境との相克問題が表面化。人生の意味が経済社会中心主義。法的自由、道徳的自由、政治的自由、宗教的自由。しかし、合理性段階を経ないと真の「聖なる共生」へ向かうことはできない。

［6］惑星——ビジョン・ロジック段階（情報化社会）：社会システムと〈私〉という精神世界の価値観の相克問題が浮上してくる。高度で緻密な情報社会における実存的な意味、動機の欠乏感。多元性の受容と調和的統合・世界中心的意識（コスモポリタン化）を招来させる個人的、文化的変容。情報ネットワーク化による国家を越えた民衆レベルの対話の進行と脱国家。グローバルブレイン化の夜明け。

［7］元因的段階：高度情報経済社会の拡大限界と資本神話の崩壊。無形神秘主義。元因とは創造されない源泉、すべての顕現のもとの意味。空性や絶対無の覚醒の段階。聖なる共生的循環化の漸次的進行。

［8］非二元段階：自然な自己開放の道。非凡なる平凡。絶対真

（聖なる中和）　　実の直観が聖化された平凡に満ちる。非二元とは〈超在〉と〈私〉という二元的な関係ではなく、相対的な“見る”と“見られる”関係の合一　による消滅。すべての心の脱衣による聖なる不知化。無分別三昧。

もちろん、これらの段階は平均的な話であり、すべての個人や社会がそうなるものではありません。常に確率的に個人差や時代、地域差の揺らぎがあります。はるか古代において、既に高い聖性を備えた宗教者や哲学者もいれば、遠い未来においてもおよそ聖なる世界とは無縁な人も生まれるからです。また、社会の平均的なレベルが高い聖性の段階にあるとしても、その社会の個人は、受精卵から肉体の誕生日を経て、さらに精神性の誕生日までに至らなければならないのです。人類のはるか未来において、至高なる聖を直観する脳の基本ソフトシステムが本能としてＤＮＡに進化的に刻印されるかどうかは定かではありません。

特に、未来社会において、仮に、いかなる宗教的世界の情報をも削除した環境世界を想定したとき、その日常の生活世界で聖なる世界存在を直観する未来人がどれほど出てくるのかと言えば、その数はかなり限られてくるでしょう。しかし、そのような環境でも時間さえ許されるならば、自然にそのような人々が確率的にぽつりぽつりと出てくるものなのです。

その〈私〉はやがて〈私達〉となるのです。なぜそのような過程を進むのか、あるいは、なぜ人間はどのような時代、地域や環境世界でも、やがて聖なる世界にうすうす気づくようになるのか。その疑問に対する答えは、自然世界の構造と宇宙の現象そのものの中に、さまざまな形式の聖なるもののきらめきを示現しているからです。つまり、〈それ〉という宇宙世界の現存が、そこから百億年以上かけてやっと生まれてきた〈私〉に何かを語ろうとしているからです。

そしてまた逆に、哲学的、思索的、宗教的気質を先天的に持って生まれてくる人々が、必ずある小さな確率でこの世に生を受け、現存としての宇宙、自然からの語りかけに耳を向け、まさに聖なる存在を直観する人々となるのです。

現在のこの地球上の様々な空間配置（地理座標）に、ＤＮＡの組み合わせによる約60億種類の人類の私小説が展開されています。その一人一人の精神的志向性はみな違うのです。意味世界平面のピラミッド構造からみれば、生活世界において分かりやすく身近な物質的、経済的志向性に多くの人々が集中するのも、恒産恒心から自然の理と言えます。

また、時の権力と企業資本に大歓迎され、かつ民衆の圧倒的支持を得る科学と技術応用の発見開発も、聖なる世界を見る人と同じ位に少数の人々によりなされているのですが、科学技術の方は企業資本力によりあっという間に世界に拡散します。約60億の人類の中で、真の哲学者や宗教者も真の科学者と同じ位に少数なのに、前者が世界に広がるには何百年単位の歴史時間がかかり、その多くは消滅していく憂き目に遭います。

なぜ、そのような圧倒的相違があるのでしょうか。それは、宗教や哲学はきわめて主観性の強い〈私〉の分野であり、誰もが同じようにその〈私〉の精神的境地に至れないからなのです。さらに、その境地に到達した当の本人でさえ、現実の生活世界の多様な縁に応じて揺らぐことが多々あるのに対して、科学による技術と応用は、誰が何回試行しても再現性がある確実性を備えており、その現実的利益は多様な側面を内在しているからです。それゆえにまた、俗なる現代社会のあらゆる局面を科学技術が覆いつくしているのです。

しかし、その科学的真理も超在による絶対的与えられであり、それが聖なる共生に向かうための手段になるのか、逆の過剰依存による滅びの道を転がり落ちていくのかは、俗なる一般生活世界においては人気のない、まさに〈私〉と〈私達〉の主観的な精神性の世界に依存しているのです。世界は何もかもが不自由でも、その逆の何もかもが自由でも駄目なのです。極端な偏向は聖なる均衡からの背反であり、自由と不自由のけじめをつけて領域を立て分ける必要があります。それでも、人間という本能の壊れた動物は本質的に掟、決まりごとを破りたくなるものなのです。

仏教世界での俗界とは、苦悩や迷いや無明の精神的境地にある人々であふれた現実の生活世界を指しますが、現代社会での日々の仕事に情熱を燃やし、脇目もふらずにばく進している個々人や集団が思わぬ真理のために足を救われるときにも、無明がなせる業と見なします。人類を構成する個々人には行為の選択という自由があり、その取捨選択の決断と優先順位が常に問われています。その判断を誤ると私たちの意味世界平面から一気に下降してしまうのです。

諸物の自然法則に従った運動は聖なる中和過程の連続性の表現であり、無為自然（完全不自由）で、決して迷いがないのですが、物質自体はそれを意識として知る喜びがないのです。ところが、知的生命において確立された〈私〉という意識の点粒子（サイトロン）の運動は、自由に満ちていて、常に聖なる中和過程を経る意識運動をするとは限らないのです。いやむしろ外れている場合のほうが多いはずです。だからこそ、迷いや苦悩があり、無明そのものなのです。

しかし、アッシジの聖フランチェスカやジャンヌ・ダルクのように、一度、聖なるものに触れると無上の至高感と歓喜に包まれ、それ以後の現実世界が聖化されて迷いや苦悩のとらえ方がまったく変わってきます。このような精神的境涯を非凡の凡と言いますが、そこにまた超在の深淵なる秘密があるのです。私達の生活世界は、現在でも技術に基づいた快適さと便利性と速さと効率に満ちていますが、すぐに慣れて当たり前になってしまいます。そのような生活が維持できていることに常に深く感謝している人は少なく、他の問題で心に不平不満を抱いている人のほうが多いのです。

そしてまた、未来において、文明がさらにどんなに発展しても、その時代に生まれる子供達にとっては、最初からあるまったく当たり前の感動のない環境となります。結局、時代と地域に関わらず常に何よりも大切なのは、主体としての〈私〉という意識のあり方、精神性の問題なのです。それにも関わらず、人々は俗の誘惑世界に目を奪われてしまうのです。

それは、脳の構造に内在する多様な意味階層平面において、上部より下部の意味階層の力が強力であることに起因します。また、そのような意味において、意味世界平面に直角に重力が作用していると見なしているのです。私達人類は、常に、ある一定の意味世界平面から落下する危険性に晒されているのです。もしかしたら、はるか未来に、最上部構造の聖なる意味世界平面だけを組み込んだ超人工頭脳意識ロボット、サイロックスがこの地上を離れて他の銀河系でまったく予想もつかないような文明を築くようになるかも知れません。

漢字「悪」について

漢字「悪」の字源は、「亜＋心」という構成から「心が曲がった醜い状態」を意味します。心の背筋がまっすぐでピィーンとしている状態が健全な中和状態にあり、曲がっている状態は分極状態にあります。この関係を二次元平面で喩えると、図39のようになります。

もちろん、これは心理的なイメージの問題であり、古代中国人も

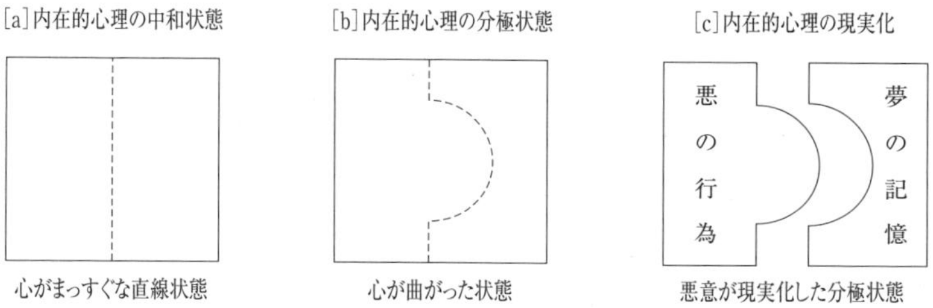

図39　内在的心理の中和—分極とその現実化

心のひねくれた曲がり状態を幾何学的に、漢字「亜」の象形原型で表現したに過ぎません。「善」についても、何らかの心理的イメージがあるのでしょうが、表現しづらいことは確かです。その分極線の形がどのようであれ、「善」に関しても、図39の関係は同様に成立します。元々、漢字「善」や「吉」は「石製神器、サイ（漢字、口)」からのめでたいお告げ、知らせを意味しており、漢字「悪」のように心理状態を象形化したものではありません。

図39［a］の内在的心理の中和状態は、仏教の視点から見れば、非善非悪の無記の性に相当します。［b］の内在的心理の分極状態は、心の中に悪意があるけれども、その悪意を現実のものとして実行していない状態であり、［c］はその悪意を実行して内在的可能性としての点線分極から現実化した実線分極への移行を示しています。図39［a］の点線は最短直線であり、何かの悪意を抱いてどんな形にしても少しでも曲がれば、その最短直線より長くなり、その長さは悪の程度に比例します。

つまり、二次元平面上にある面積を等量に分割するどのような曲線も、心に内在するある悪意に相当します。内在的心理とその現実化行為の善悪はあくまでも分極世界の現象ですが、プラトンのイデアにおける内在的善は、中和世界の概念であり、基本実体としての万物が自ずと志向するものです。

巻末の補遺１の陰の心理世界をよく見ると分かるように、悪意は、激しい憎悪、嫉妬、反感、失望、挫折感、破壊衝動、陰謀、混沌、差別感、屈辱、怨念、激怒、怨恨、その他の挙げたら切りがないほどの心理的契機の反復蓄積を肥やしにして急激に肥大化していきます。

そして、自己の心理世界平面の抑制的表面張力を一気に突き破り、未分化な内在的悪意の心理が行動として現実化してしまいます。仏教ではそのような心理世界を魔界と称し、魔や悪業に対する分類が詳細になされています。人心を悩乱させる契機となり得る魔や悪は、ホッブスが言うように社会的起源を持ち、絶対的なものではなく相対的なものであると見なせます。儒教でもそのような捉え方をしています。

しかし、大切なことは、自己の精神世界が与えられた家族または社会環境をどうとらえるかにも大きく依存します。つまり、自己の精神世界と環境のもつれあい関係です。人類の悪や魔性の問題は、文明社会以前、いや、さらに進化史的に霊長類であるチンパンジーから人類が分岐する前から引きずっているものです。また、群れ社会に固有の問題や脳の進化史的包括と超越という遺伝的問題（爬虫類脳の引きずり）でもあります。

もちろん、個人の気質的内在確率には個人差があるものの、一般的には小さいので、魔や悪意が生じても、大抵の場合は抑制するほどのものでもなく、自然に消滅します。ただ、その個人の避け得ぬ固定的環境条件が魔の揺らぎを発芽成長させる要因となり、さらに、それが反復蓄積されるときに大きな問題になっていくのです。

それは、自己の理性世界には分からない無意識の衝動的突き上げとなり、一気に人間社会の意味世界平面を突き破るのです。人類の

ＤＮＡ構造の中に魔性という知の幾何学を全く持ち合わせてない人などいないのです。仏教でも、仏は修悪（悪を現実的に実行すること）はないが、性悪（心理空間での内在的可能性として）はあるとしています。

問題の焦点は、〈私〉の気質的差とその環境である〈私たち（家族、友人、会社関係など）〉との巡り合わせの相関に起因する心理的相互環境と〈私〉の周辺の情報環境及び〈それ〉世界である自然経済環境などにあり、それらの複合要因が〈私〉の悪意の生起と成長を左右します。

特に、昨今の過激なテレビニュースやレンタルビデオ、ゲーム、インターネットなどの過剰なまでの魔の情報は、時間に余裕のある未成年就学層の心理空間に直接的に侵入し、未熟な人格を浸食荒廃させています。現代情報化社会は、それ以前の社会と違って、未成年層への遊び空間に過剰なまでの消費的商業資本が食い込み、未成年層は垂れ流しの魔の誘惑に曝され続けています。

人格の未熟さは、特に繰り返し反復情報に麻痺しやすく、内在的可能性としての魔の意識は、何の抵抗も受けずにふと行為として現実化してしまうのです。そのような反復刺激にさらされた心理空間における理性の壁などただの蜃気楼に過ぎません。脳の最大の長所である反復刺激記憶は逆に最大の弱点でもあり、これは成熟した大人でさえもそうなのです。

それでも大人達は経済、経済と忙しく、技術開発、営業販売に飛び回っています。意味世界構造において経済活動はその基盤としてきわめて大切なことですが、それは精神性を支えるためのものです。精神性を荒廃させるためのものではありません。確かにどんなに高度なソフト（精神性）を持つマシンもバッテリー（経済資本力）がなければまったく意味をなしません。しかし、あくまでもバッテリーは精神性を支えるものであり、適正循環電圧でなければなりません。過剰電圧や電圧不足はソフト（精神）機能を誤作動させたり、荒廃させたりするのです。

魔の種子の心理的揺らぎを成長させないためには、社会の構造的環境（特に情報環境）の改善が重要です。さらに「知育一辺倒」で「体育」は付け足し程度、さらに最悪なのが「徳育」の教育がほとんどなされていないという戦後の教育環境の改善が急務となっています。

また、そのような偏向教育を受けた人々が教師や社会人になっているという悪循環がさらに拍車をかけています。戦後教育は、頭の良い人が人格者であるという妙な錯覚のもとに知の競争にしのぎを削り、企業も官公庁もそのような人々を盛んに募りました。近年のテレビニュースを賑わす、あのような大企業がと思わせるほどの虚偽に満ちた企業と官公庁の不祥事は推してはかるべしです。

知の蓄積はある程度あれば十分であり、分からないときは調べればよいことです。最も大切なことは、個人（私）と社会（私達）と環境（それ）にわたって、どのような精神的意味世界平面または文脈を構築しようとしているのかです。そのためにはどのような叡智が必要なのか。そして、それらの知をどのように組み合わせるのか。さらに、そのソフトとしての文脈が安定して調和循環的に維持されるには、どの程度のバッテリーが必要なのかとうことです。

ところが、日本に限らず近代世界では、知の詰め込みばかりを優先して、正しい意味世界、文脈の構築を疎かにする本末転倒の教育に偏向しています。それは、支配層にとっては、部品化した即戦力を調達するために、一見、都合のいい教育体制かも知れませんが、必ず共倒れという結末を迎えることになるのです。

過剰な「知の部品」の詰め込みと「経済資本力というバッテリー」

の収集蓄積に狂奔している現代世界に振り回されて、とにかく人々は多忙です。ゆっくり夫婦同士や親子で話し合うゆとりがありません。なぜか？　それは、商業資本による過剰製品（不安商品と快適、便利商品）のメディアを介した反復による誘惑と押し付けであり、それらを消費、維持するために夫婦共々忙しいのです。

バッテリーの役目を担っている経済、資本力は確かに大切な要素であり、いくら文脈ソフトが優れていても、それがなければ稼動して現実化することはないからです。しかし、近代世界の構造は、いかにバッテリー（資本）を蓄積するのかが目的となってしまっており、そのためのハードとソフトをしのぎを削って開発している逆転の構造状態にあります。

いかなる装置もまず意味、文脈の目的ありきからスタートするのであり、そのソフトの実現のためにハード面とバッテリーを必要とするのです。この地球上の未来にどのような意味世界平面を構築しようとするのかという視点はきわめて貧弱です。果して私達は、過剰な資本を個人個人の金庫に何億も貯めるために140億年近くもかけて進化してきたのでしょうか。

徳育においては、ただ倫理や道徳を説いても駄目なのであり、授業は眠くなるばかりです。精神性の世界は深く広大であり、かつ多様な要素が複雑に絡み合うがゆえに、多角的な視点が要求されます。霊長類の生態学的フィールドワークの成果と人間の心理学的側面や進化論、脳と意識の構造学の成果など、広範にわたる分野の簡潔な概略的綜合化の導入も必要となります。

〈私〉という意識とその多様な心理世界はどこから由来し、何を目指すのかを考えることもとても大切なことです。もともと、善、叡智、節制、剛毅、勇気と正義などの気質を自然徳として先天的に備え、かつ超在なる聖に覚醒する人は少ないと言えます。しかし、精神性の意味世界を外部情報環境として教育に取り入れることにより、世界（自然と社会）と自己存在と人生の意味に新たなる意味目的を見い出す人々が出てくる確率は少しずつ大きくなるはずです。

3：現実世界（俗と悪）の聖化

［1］精神的境地の分布曲線

十界論

個人の心理空間における聖と俗と悪の境地の出現分布を平均化したものを図に表示すると、図40のようになります。もちろん、これは大ざっぱな表現ですが、人類全体における、各心理領域の強い個性を持つ個体数の分布としても理解することができます。

中国の天台大師の摩訶止観に出てくる十界論は、個人の心理状態が内因的、外因的縁（契機要素）によって瞬間々に移り変わっていくとき、そのおよその心理状態の立て分けをしたものであり、その構成は図40のように、心理境地の低い順から地獄界、餓鬼界、畜生界、修羅界、人界、天界、声聞界、縁覚界、菩薩界ときて、最後に覚者の境涯である仏界となります。十界という仏教用語を初めて目にする読者も多いと思われるで、ここで各界を簡単に説明しておくことにします。

⑴**地獄界**：俗にいう奈落の底。地とは最低部を意味し、獄とは拘束された不自由をさす。苦悩に煩悶して身動きできない呪縛の暗鬱状態。極悪非道、背徳の自業または他業により陥る阿鼻叫喚の境地。

⑵**餓鬼界**：貪欲（権力欲、支配欲、自己顕示欲、名誉欲、その他）に支配され、その激しい強欲に身も心も捕われている境

地。金銭、性、財宝物品、食物、知欲の不充足感にさいなまされる境地。欲による発展的要素も内在するが、極めて偏向的で過剰に堕しやすい。

⑶**畜生界**：目先の本能的欲求に突き動かされて、智慧、理性（倫理、道徳）、意志の力のはたらきが効かず、根本を見失う愚かな状態。嫉妬、憎悪、怨恨、怨念、羨望に満ちる。目上に低姿勢で目下に強権。

⑷**修羅界**：常に強い我執にとらわれ、自己中心的で奢り高ぶり、へつらい曲がった境地。争い事が常に人生の中にあり、善意や正義に対する嫌悪がある。

⑸**人　界**：身近な他者との関係を大切にし、物事の正邪、虚実をわきまえる人間としての普通の平穏な境地。

⑹**天　界**：精神的肉体的快楽など。自己の願望などを達成したときの一時的表面的幸福感。TV、読物、芸術等による感動や笑い、喜びのときの心理的境地。

⑺**声聞界**：煩悩に満ちた人生において、人の苦言やアドバイスに耳を傾け、精神的自己成長をしようとする謙虚で積極的な境地。この世と自己存在の意味を考え、宗教や哲学に関心を示し、神仏の門に入って、真理や悟りを求めようとする境地。自己の精神的上昇にのみ関心がある。

⑻**縁覚界**：数理科学的真理を見い出したり、技術的発明をしたり、哲学的宗教的真理に独自にたどり着いたりする境地や芸術家のひらめき。行為の動機は基本的に自利にあり、利他の心はない。数理的真理の誤用、悪用は世界の破滅に導くので、縁覚の知は諸刃《もろは》の剣である。

⑼**菩薩界**：一切衆生を救おうとする利他を根本動機として悟りへの自行に励みながら、利他の実践の道を歩む慈悲の境地。

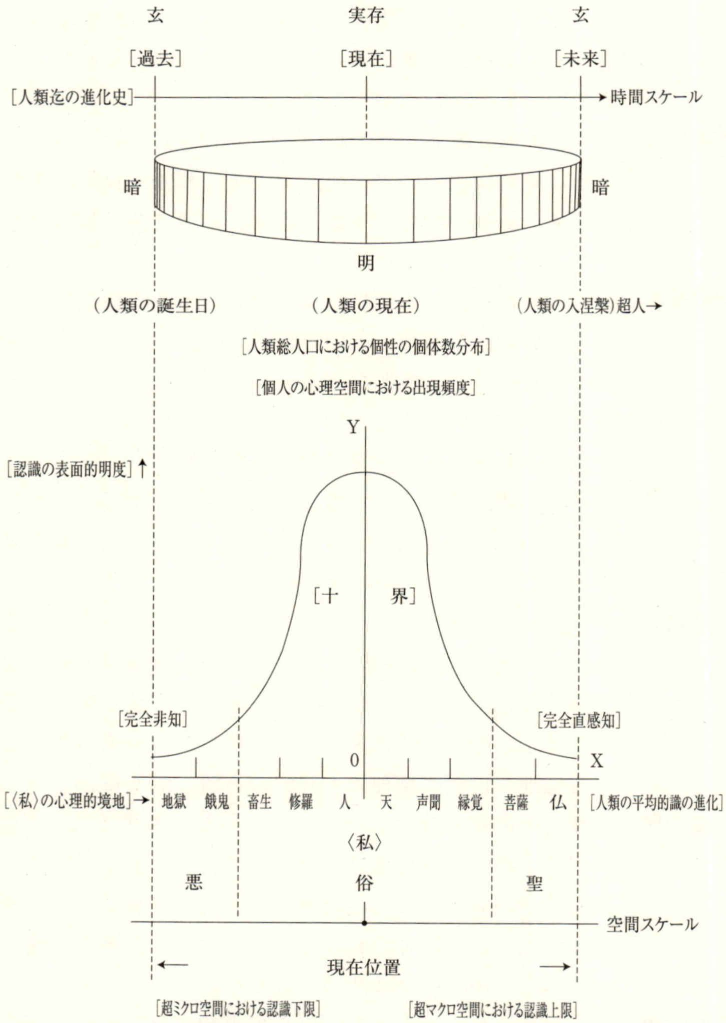

図40　個人の心理的境地の出現頻度と人類における個性の個体数分布曲線

⑽仏　界：完全に円満自在な境地で、究極の真理と一切諸法をありのままに覚知し、衆生を導いてその真理を証得せしめる覚者の境涯。

以上の概略的説明は、単なる言葉の上による区分ですが、実は、十界の各界は相互に絡み合っており、そんな単純なものではありません。精神と肉体の全体で体得するときに初めて、その真理性が垣間見えるようになります。また、各界は縁に応じて陽炎のようにゆらめいています。平均的な山のピークをどの段階あたりにあるようにしようと努力するのかも、個々人の個性のありようによりさまざまです。平均的な段階がどこにあろうとも、人生において少しずつその階梯を登るように心に決意した時こそ、その人の精神の誕生日であり、覚醒への道の第一歩になるのです。

図40のガウスの正規分布曲線（凸型）に類似した曲線は、一個人が生涯において意識する心理状態の頻度を平均化したものであり、人界、天界の心理的状態にある場合が最も多いことを意味しています。これは心理位相空間を運動する意識の点粒子サイトロンの位相（存在時間）分布でもあります。図中の十界区分に対する聖と俗と悪の立て分けもおよその分類であり、直観的な把握を助けるものです。

この山型曲線はあくまでも平均的な話であり、個々人の性格的個性によって山のピークが常に左側にずれていたり、逆に右側にずれていたりします。釈尊の場合は、その山のピークが聖の方に分布していたと言えます。また十界の地獄からのスタートは、人類の誕生でもあり、そこから人類の平均的識の段階が、進化的内包と超越の繰り返しにより徐々に進化していきます。中心点０は現在の人類の識の平均的位置であり、また同様に、この本を読んでいる読者の〈私〉の心理的状態でもあります。

山型の対称軸Ｏ－Ｙを現在の〈私〉とすると、その〈私〉は現在を中心にして、ある広がりの過去の引きずりと未来への展望を絶えず持っています。その明確性は現在から双方向に離れるに従って、ぼやけた雲のように曖昧になってきます。十界論の内容とは相違するものの、このような心理的段階の区分は、空海の真言密教における十住心論や禅宗の十牛図などにも見られます。

心理的分布を表示している図40の山（釣鐘）型を逆さまにして杯型にし、そこに小球を１つ入れる（図41）と、重力場のある杯の底周辺は比較的安定であり、小球は心理位相空間のサイトロンになり、平凡な外的内的縁（作用）によって確率的な小さなブラウン運動をするようになります。その杯型は対称形であり、十界の対称位置にある各界は深淵な心理相関を持ちながら相互につながり合っています。

そのことを地獄界と仏界、餓鬼界と菩薩界、畜生界と縁覚界、修羅界と声聞界、人界と天界は相即であると表現しています。特に地獄界と仏界の相関は、魔仏不二、地獄即寂光土などの表現で代表されるように、暗黒に満ちた煩悩の極みにおいて突然に射し込む仏界からの一条の光により、悪業に目覚めて真の改心をしたり、逆に仏道修行が進み、階梯《かいてい》を高く登るにつれてますます、足を踏み外させる障魔が強くなることを意味します。

つまり、仏界の境地にある粒子サイトロンが踏み外して落下する場合は、力学的エネルギーの保存則により、一気に反対側の位置である地獄に引き込まれる可能性があることを意味します。煩悩即菩提であり、その境地に少しのおごりや魔が差せば菩提即煩悩へと逆転してしまいます。

しかし、このサイトロンには意識的粘性による固着力があるので、各界のどこかの心理的位置ポテンシャルにいても、重力によってそう簡単に底に落ちたりはしませんが、外力的縁が強かったり、足を踏み外したりすると瞬間的に粘性はなくなり、落下したり上昇したりします。

つまり、単純な力学的世界とは大違いで、心理空間の意識粒子の運動はきわめて奇妙で不可解なものなのです。図40の杯型対称軸O－Yを両面鏡とすると、その鏡の中が〈私〉の内面になるので、相互に対称的位置にある各界の関係が理解しやすくなります。仏界は鏡の中では反転して地獄になり、この関係は各界とも同様です。それは電子が鏡の中では反転して陽電子になるようなものです。さらに、例えば、声聞界の位置から視線角度によって仏界が見えたり、その他のいろいろな心理界が変化して見えます。もちろん声聞界に熱中しているときには見えませんが。

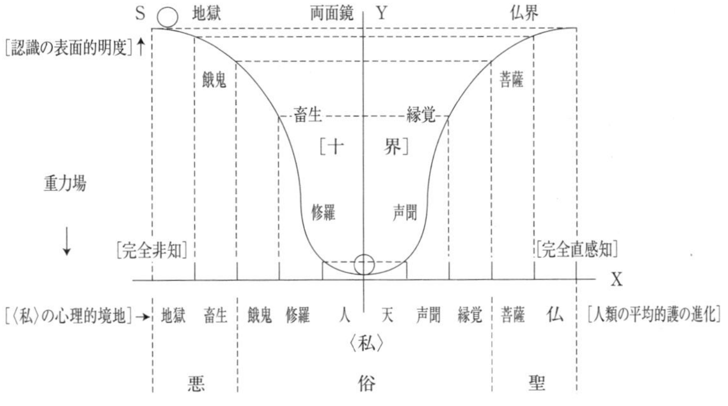

図41　杯型心理的重力ポテンシャル場での意識点粒子サイトロンSの運動

個人の宗教的霊性と宗教社会

以上のような十界論における心理的位相の区分は大枠での話であり、包括と超越という動物的進化過程を介した〈私〉の履歴書でもあります。巻末補遺１の陰陽における心理的位相を見ると分かるように、現代人類の心の綾は非常に微妙であり、まさに大海原の海面のように絶えず揺らいでいます。問題は、現実の生活世界の諸事象に惑わされながら日々を過ごしていく中で、現実世界の真の聖化という精神世界の本源的相転位が〈私〉というところでなぜ、そしてどのように起こるのかということです。さらに、聖なる真の世界への道はなぜに狭き道なのかも大きな課題です。

前にも述べたように、人間の脳というハードには備え付けの本能という基本ソフトが組み込まれており、肉体の誕生日を迎えると同時に、身近な周囲からアプリケーションソフトを徐々に取り入れていきます。それらの総体的な〈私〉の知は人間社会のソフトであり、単眼志向のきわめて偏向した知であり、さらに個々人の成長（家族の個性ソフト）環境にも大きく依存しています。

原初の生命の聖なる故郷からの旅立ちから、あまりにも度重なる世代変わりと、気の遠くなるような年月（140億年）を経たがゆえに、聖なる故郷の知のほとんどを喪失し、その代償として、生命は多集団化の過程で、〈私〉という意識を確立します。その絶対的与えられである、訳も分からぬ〈私〉も細胞の聖なる共生により現実化したものなのですが、そのことさえも与えられの〈私〉には分かりません。

また、すべての地球上の生命が同時に同じ地域で〈私〉を確立するのではなく、宇宙内のすべての生命の連続性の過程で、ある時ある場所で、ある種の生命が確立するものであり、その正確な科学的予言は不可能です。ただ、確率的な予測の範囲に留まるだけです。前にも述べたように、未来において植物から進化したある種が意識を持つようにならないとは決して断言できないのです。

そのような初期条件でスタートする〈私〉が、成長の過程で自然に超在の存在に気づく確率はきわめて低いのであり、大抵の場合は、ある時代、ある地域の生活世界に追われて生涯を送るのです。やがて何世代にもわたる莫大な出生個体数を母集団として、確率的に宗教的霊性を先天的に備えた気質の〈私〉が生れてくるのですが、それでもその霊性は一個人の私的幻想として終わってしまいます。聖なる世界の本質から言うと、ピラミッド構造をなす意味階層のかなり上方に位置している意味世界平面で、精神的に生きている個体数は少ないのです。

そしてやっと、ある時ある所で、ある〈私〉の霊性が〈私達〉という社会に受け入れられて共同幻想化したとき、そしてさらに、その〈私達〉が拡大してさまざまな地域に広がっていくとき、社会的宗教としての産声を上げます。また、社会に根付いた宗教がある時代と地域環境でも、そこにひょこっと生まれてきた〈私〉が成長過程におけるアプリケーションソフトとして、その宗教的霊性を純粋に受容するかどうかも予測できません。おそらく、個人の真の信仰対象としてではなく、社会的形式として受容し、生涯を終える人々の方が多いはずです。

また、社会的宗教が環境条件に加わっていたとしても、何不足ない満ち足りた生活世界の中で俗に溺れて暮らす人もいれば、その生活に飽き飽きして霊性の道に進む人もいるのです。そして、日々の生活の苦悩の中で宗教に縁をし、霊性に目覚めたり、逆にそのような縁がなく悪の道に足を踏み込んでしまったりする人もいます。

しかし、それでも周囲環境に宗教的霊性があるかないかで、そこに生れてくる〈私〉が将来において純粋に聖化された世界に生きるようになる確率は違ってきますが、現実世界の聖化への門は狭いものとなっています。聖化された世界とは、真如に目覚め、現実を超越しながらも、しかも今までにもまして、現実の諸事を真摯に受けとめて生きるという心理的境地にある〈私〉から見た世界（私達と環境）のことを指します。

生命の特質と進化における本質から見ると、ある環境で選択された特殊が種の存続に有利であれば、瞬く間に一般化（社会化）します。しかも、その一般化は表面的な知としてのものではなく、ＤＮＡという本質的な知の次元での一般化なのです。ここに細胞分裂による本源的知の増殖の凄さがあります。

一方、本能以外には無知として生まれてくる〈私〉が、成長過程で獲得する社会の知によって、脳のニューロンネットワークを抜本的に組み変えてしまう、真髄からの聖なる相転位は一生のうち１度あるかないかなのです。意識の聖なる相転位とは、脳社会の構成員である１千億個の神経細胞のすべてを真に納得させるということです。それは喩えていえば、スピンの向きがまったくランダムなために、何らの磁性的特徴を示さない平凡な鉄塊が衝撃的な強い外部電流により磁性的相転位を受けて「聖なる永久磁石」になるようなものです。そしてそのとき、脳に内包されている、あの悪名高き爬虫類脳でさえ付き従うようになり、世界存在に対する原的直観に寄与し、聖化された力を貸してくれるようになるのです。

〈私〉という場所で体験される聖なる世界の直観知は、〈私〉ゆえに普遍化され難く、また〈私〉ゆえに体験可能なものなのです。それゆえに、古今東西の求道者の〈私〉は、その個性に沿ってさまざまな経典（哲学書、聖典）や様式（象徴体、儀式、所作）という智の登山口を開拓し、聖なる山への最終登頂が可能になるような普遍化への糸口を苦闘しながら見い出していきます。この地球上という現世にも山の頂上はいくつもありますが、世界の霊峰となると数も限られており、それらの頂上は受肉で達することのできる限界点なのです。

苦悩に満ちた現実世界を聖化する組織構造は、知が境界領域において発達する原理に従えば、図42のようになるでしょう。彼岸としての聖なる世界は超在（神仏）の領域であり、此岸としての俗と悪からなる世界は現実の文明社会となります。そして、その両者の曖昧な半影的境界領域に漠とした自然環境である〈それ〉世界が広がります。此岸と彼岸の両世界をつなぐ触媒酵素が宇宙を含めた〈それ〉世界の実存なのです。日常の生活世界に追われて没頭していた〈私〉が、ふとした内的または外的契機を境に、そのような自己に疑問を抱き始め、〈私〉という意識は〈私達〉という文明社会から距離を置いて〈それ〉世界に移り、そこを基軸にして現実的な生活世界と聖なる世界を見つめるようになります。

そのような境界領域にいて、思索する〈私〉のうちのある者が哲学者や思想家や宗教者となり、人類にとっての叡智が育まれます。この構造はイメージ的に、人体の内呼吸機能による異化作用で、体を構成する各細胞組織がエネルギーを獲得するシステムに類似しています。そのとき、空気のある外界が異界（自然環境、それ世界）であり、体の各機能組織が文明社会（私達世界）であり、その機能組織の構成細胞が個々人（私）になります。そして、その両界をつなぐ境界領域が（約４億の肺胞からなる）肺の機能世界なのです。図42の関係は図１の霊峰と里・村・町と自然との関係ともつながっています。

文明社会とその周縁構造における教団の関係論は、宗教学者の並木美智雄氏が詳しく論じていますので、非常に参考になると思います。特に教祖の生前と入滅後の教団と教祖と俗との関係で、教祖が入滅すると、その教祖は周縁領域から異界の領域に聖なる象徴として移行していき、その後の時間経過において、まさに鏡像のように教団が俗の方に接近していくという話は実際によくあることです。

このような経過は、外界と内界を仕切る細胞膜の働きを連想させます。

図42の三領域のうち、異界（非顕現世界）のみは実在的地理ではないのですが、文明社会領域とその周縁領域は実在（顕現世界）の地理であり、〈私〉の肉体はそのどちらかにいます。そして、〈私〉の精神的境地は状況によって三領域間を色々に遷移します。修道者の多くは周縁領域に住み、その〈私〉は聖と俗との往相（俗→聖、上昇過程）と還相（聖→俗、降下過程）についての道（波羅蜜）を

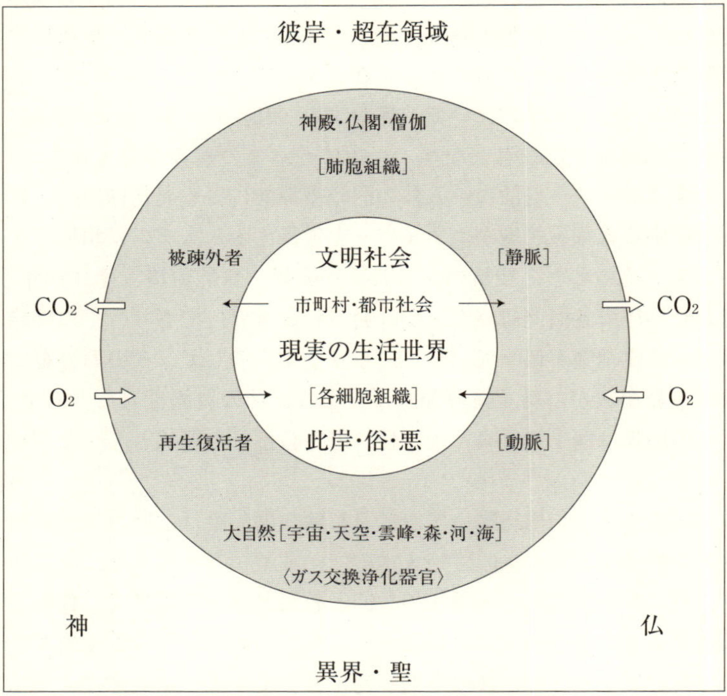

図42　聖と俗の境界領域における機能構造

極めようと励んでいます。その歴史的蓄積がまさに聖と俗の境界領域の智（仏典、教典、聖書など）となっているのです。

一方、俗なる世間で日々の仕事に励んでいる悩み多き〈私〉、あるいは現実世界の実存に不思議感を抱いている〈私〉は、さまざまな既存の情報を取捨しながら、自己にふさわしい道を歩み始めます。単細胞内には明確な組織器官が存在しないものの、多様な機能が内在しているように、実際の単独者の〈私〉も何かの組織に属しようとしなかろうと、以上のような聖と俗（悪）とその境界領域の精神的三領域問題は常に縮退してつきまとっています。

外呼吸を司る肺胞は、何十億年という月日の中で蓄積した細胞知により、まったく、〈私〉とは無関係に不浄なる俗（静脈中の二酸化炭素CO_2）を浄化し、異界から清廉なる聖（酸素O_2）を動脈中に取り込むことにより、俗なる人体の各器官組織細胞（社会組織の個人）の活動エネルギーが確保維持されます。

つまり、一定の許容範囲内では、肉体の浄化システムは肺機能に限らず、他のいくつかの器官も関与してほぼ完成されているのですが、精神世界のほうでの俗（悪）と聖の真理に沿った相互循環のシステム知は、脳という臓器にはまだ普遍化されていないのです。またそれゆえに、周知のような宗派という登山口とルートが沢山派生しているのです。精神世界の本能系には、もちろん精神的外因に対する許容弾性が備わっています。

しかし、現代人類の〈私〉に与えられる初期条件は初期人類の〈私〉の初期条件とは極端に異なっており、とても太刀打ちできる代物ではありません。つまり、あまりにも複雑化、高度化していく社会変容（時代差と地域差）にまったく追いついていないのです。そのギャップの境界領域に個人や組織社会の精神的病理の知が警報として発生しているのです。まさにホッブスが言うように、苦悩や煩悩や悪の根源は個人と社会との相対的関係にあるのです。

近代社会全体がワーカーホリック症候群に突入し、国際間で問題が生じると、ビジネスに多忙な人々は戦争請負人に問題解決のすべてを委任してしまいます。世界のどこの国においても戦争には巨大資本が絡んでいるので、国益という印籠のもとに情報操作が行われ、民衆の儚い理性を難なく突破し、地域紛争はあちこちで起こってしまいます。

集団相互の利害衝突という困難の解決手段として、古代から繰り返している人類の常套手段（希に政治決着もある）が戦争であることは間違いありません。国際間の政治的、経済的、資源エネルギー的、軍事的覇権争いは今後も続くのであり、戦争はいつ起きても不思議ではありません。確かに一個体である人体も免疫機構という素晴らしい防衛システムを備えており、敵である抗原と激しい戦闘を繰り広げるため、人体という社会の構成細胞も熱でうなされ共に苦悩を味わいます。

しかし、人間同士の場合は明らかに同じ意味階層平面に属しているであり、意味世界平面が下位の蛋白分子の論理をそのまま平行移動するわけにはいかないのです。何のために人間は考える葦にまで進化したのでしょうか。もちろん、人類の発生から現在に至るまでの人類としての人格的発達過程においては、どうしても避けえない道かも知れません。

そして、事はそう単純ではないのも十分理解できますが、戦争などをして尊厳に満ちた多数の生命を失い、その上に莫大なエネルギーの浪費をするという愚行をいつまでも続けている場合ではないのも事実です。世界の叡智が集中する哲学者や宗教者や数理科学者は、なぜ戦争を封じ込める論理システムを創造することができないのでしょうか。戦争とその周辺利権集団こそは、〈私〉と〈私たち〉と

〈それ〉との聖なる共生を阻む最大の魔と言えるでしょう。

そして、その問題解決の糸口はすべての〈私〉に秘められているのです。真に最大の敵は、部族や民族や国家間にあるのではなく、常にその各階層を構成している個々人の〈私〉の内的世界にあることを認めたくはないのです。

このように〈私〉の苦悩や煩悩の起源は、〈私〉自体に起因する気質だけでなく、多様な〈私達〉の階層に由来することが多々あり、様々な選択と決断の局面で相互の宿業が複雑にもつれ合うのです。したがって、俗から聖への精神的上昇過程で聖なる悟りに達した以後の、聖から俗への降下において、超在の真意である「聖なる創造的共生」を、俗なる生活世界で現実化する般若智を提示することが、真の精神的修道者のミッションとなるのです。

歴史学者の塩野七生の「平和は理想ではなく、聖なる利益なのです」という言葉には実際、重く深い意味があるのですが、遺伝子に組み込まれていない人類には、それを実現する般若智を外的遺伝子（文化機能）として創発する必要があります。

また、その行為こそ人類の諸煩悩を悟り（真如）によって空じ滅する道でもあるのです。人類の次なるステージへの扉が開くか開かないかは、人類とその〈私〉の宿業を超在の真意に沿って超越できるかどうかにかかっているのです。

［2］仏教の空観について

精神生活の面で仏教にあまり縁のない読者にとっては、「空」という言葉自体にも戸惑うかも知れませんが、何も難しく考える必要もなく、もともとは、「なにもかもが空っぽ」ということなのです。梵語で空はシューニャでありゼロに相当します。つまり、あらゆる性質が消滅してしまっている究極の中和の概念に近いものです。

中国の『西遊記』に出てくる有名な孫悟空の悟空は空を悟るという意味ですが、空の字義から見れば何も悟るほどのことでもないのです。しかし、事はそう単純でもなく、自転車の乗り方マニュアルをいくら読んだからといっても、決して自転車には乗れないように、空観すなわち空を悟った境地に乗れるには実践という仏道修行が必要になります。

そしてまた、宗派により、やはりある程度のマニュアルは必要であろうと考えて、「空」について論じたいろいろな経典や、「空」のイメージ世界の方便として曼陀羅図を残したり、あるいは逆に禅のように不立文字に則して、ひたすら坐禅の実践修行に励むという道などに分かれています。

肝心なことは、上昇の道を歩もうと決めたときの〈私〉が自分に合った道を進めばよいということであり、道の途中でマニュアルを読むことによって、あるいは師の深い言葉により目からうろこが落ちることもあるのです。悟りの手立てに絶対という道はないのです。もちろん最終的には、単なる頭の知だけではなく、全身全霊で感得することが必要になります。仏教の根幹は実践的認識にあるからです。

仏教世界の空の思想には絶対無の神概念は無縁であるとする立場にあり、「空」の本質的側面は、自己に備わるエゴとしての諸性質を徹底して否定（止滅）する過程でたどりつく世界となっています。つまり、〈私〉さえも滅して空の境地に達したとしても、その境地を観照する受肉としての〈私〉の場は消滅してはいないのです。この点では確かに絶対無の神とは明らかに異なっていますが、ある意味で究極の中和化（絶対無への）過程の漸近的接近経過のある位置とも見なすことができます。

この点が非常に微妙なので、西洋の仏教哲学者や思想家のうちのある者は空を絶対無と混同してしまうときがあるのです。「空」は非顕現世界であり、相互依存的ではなく、常に何ものでもなくそれ自体であると言い、また元初の空性は純粋の現前であるともいいます。ここでの「空」を「神」に置き換えても何の文脈的矛盾を起こしません。また、「空」は受肉で感得するものですが、同様に絶対無の神との精神的合一もキリスト教神秘主義では瞑想を非常に重要視します。こうしてみると、「空」の位相状態が、心理空間（意識場）のすべての領域において絶対無励起状態にあることが薄々分かってきます。

物理の世界で言えば、時空の絶対基底状態であり、弦の振動で言えば、何の微小な波形も生じていない直線状態に相当します。意識の点粒子サイトロンが球体の二次元表面（意識場）にあるとき、その球面にまったく凹凸がない状態です。そこではいかなる思念も生起していないのです。

そして、空は有でも無でもなく（非有非無）、有から空になる過程を冥伏（完全消滅ではない内在的可能性、電子＋陽電子→光子）と言い、空から有になる過程（光子→電子＋陽電子）を顕在化と言います。このときの有は意識場にさまざまな情念や思念が有る状態です。このような視点から人空または我空という自我の実在を空ずる空観が出てきます。さらに視点を広げて、一切の物理的事物や事象をまとめて諸法と呼び、それら諸法は恒存不変ではなく、ただ因縁によってのみ生起するものであり、諸法に本来的自性はないとする「諸法無我」という法空が現れ、我空と法空を合わせて「一切皆空」と言っています。

確かに〈私〉という意識現象は、さまざまな内的（記憶系や身体系、無意識系など）因果や外的因果（他在との偶然と必然の縁）によって生起しているのであり、また同じように、諸物の運動や構造化も自性的な我はないととらえられます。このように、〈私〉という主観世界も、〈それ〉という客観世界も、共に関係性の世界なのですが、その顕在化と変動様式のあり方に関して、客観世界の〈それ〉は、ただひたすらさまざまな中和基準の統合化の過程で現象しています。それに対して、〈私〉という主観世界の意識現象は、多くの点で聖なる中和の原理から外れているか、背反している故に煩悩が生れてしまいます。

そして、いくら主観世界の〈私〉が固定的、不変的実体（自性）ではなく空であるとし、無執着を説いても、客観世界の〈それ〉現象とは違って、煩悩を意識で感じるがゆえに苦を苦ととらえて苦脳するのです。煩悩とは、大きく分ければ、足るを知らず貪欲な過剰性に走り、不満足に怒り狂い、根本的真理に無知、無明であることですが、この三毒から巻末補遺１の陰世界に示してあるさまざまな感情の毒素がにじみ出てきます。

主観世界にも客観世界にも本来的自性はなく、一切は縁起に基づいており、一切を空と観ずることにより、刹那的に苦悩から開放されたような気分になることも確かにありますが、それは長続きはせず、また根本的な解決にもなっていません。やはり、釈尊の四諦論の苦・集・滅・道から言えば、苦の根本原因である煩悩（問題＝抗原）を空じ滅するには、八正道を介した悟り（真理の叡智という解答＝抗体）によるしかないのであり、その空じ滅することこそが聖なる中和過程なのです。煩悩や偏見とか執着は過剰な分極過程であり、それらを空じ滅するには、その分極型に合った鋳型で中和するしかないのです。

なぜならば、いかなる煩悩や苦悩も複合的な知の鋳型のほどけない絡まりだからです。したがって、空と観ずるということは、頭で空の理を理解して、気分として一時的に煩悩を滅するのではなく、煩悩問題の起源を探り、そこからその問題を中和化する叡智を見い出し、実践的に中和化することを意味します。また逆に、自己の煩悩（俗と悪）を１つ１つ中和化して克服することこそが自己否定の過程であり、それが自然と空（聖）に近づくことでもあるのです。

仏教の空そのものの概念には、基体と属性の区別がないとか、法（諸事諸物）の奥に絶対基底を認めない、完全無のようなものであるとか、また、より肯定的な側面では、真理、真如、否定の究極、知（言葉、ロゴス、分極世界）からの超越、諸法実相、涅槃その他、諸派によりいろいろあります。

しかし、肝心要は、空を究極の目的とするのではなく、俗なる生活世界の各段階において、自己の本来的煩悩からくる苦悩問題をじっくり見つめ、中和化という創造的自己否定を継続して行く過程そのものにあるということです。そして、その完全中和化の寸前における阻止により、精神世界における成長進化した自己が反作用として建設され構造化していくのです。自己否定の段階で、その都度、新しい自己が再生復活する意味がここにあるのです。

まさにこれは、自然客観世界における構造化及び生命の進化過程と同じものと言えるのです。正しい自己否定という降下（自己成長のために自らの決意で降りていく）は即上昇に連動しているのです。これは、前に触れた飛ぶために退くという意味世界です。

空と自己否定との相関により、〈私〉とその世界が蘇り、聖化される関係を仏教哲学者の立川武蔵は、その著書『空の思想史』（講談社学術文庫）で、ベクトル概念を使って説明している点がユニークであり、また分かりやすいので、この考え方を少し発展させて、鏡面における完全弾性粒子の反射過程で図示してみたいと思います（図43）。

まず、電子の鏡像は陽電子になるように、鏡像関係は性質が反転することを頭に入れておいて下さい。図43の中心鏡面の左半分が鏡面内部であり、内在的可能性空間（可能態、デュミナス）となり、微妙な相違は別にして、聖、絶対無、空性、如来蔵界、真如界、理（普遍）の領域に対応します。数学的な空間でいうと、複素数空間（実数として現実化していない空間、非顕現世界）がふさわしいでしょう。

他方、鏡面の右半分は顕在的に現実化した空間（現実態、エネルゲイア、顕現世界）です。そこは、「俗」、すなわち、日々の生活に追われる現実世界から空を介して聖化された現実世界と、その中の実存としての〈私〉の立脚点であり、かつ事（諸事諸物の実在との相関）の領域になります。このとき、実在空間にある意識の弾性粒子サイトロン α は、図のようなベクトルで鏡面に接近し、衝突した瞬間に入射角と同じ反射角で反跳していきます。

ここで重要なことは、鏡面により点Ｓで完全中和が阻止されるということです。もし完全中和が成立すると、点Ｓでサイトロン α の鏡像 α^* も実像 α も消滅してしまい、反跳による聖化された現実的自己とその世界は出現しないのです。自殺はこの完全中和化の擬似的な形式であり、聖なる自己否定による自己との共生を放棄した、聖に背反する行為となります。この粒子 α の力学的運動を鏡像の粒子との関係で見ると、煩悩に満ちた俗なる〈私 α 〉が、正しい創造的自己否定を介して自然に空へと志向するとき、その〈私 α 〉は直進したまま空界に突入吸収されて如来蔵に包まれた俗なる〈私 ω^*〉となります。

その俗なる〈私 α 〉の鏡像である内在的可能性としての聖なる〈私 α^*〉は、現実界にいる俗なる〈私 α 〉が自己否定の道を歩むことを決意して実践していくと同時に、可能性空間と現実世界の境界鏡面に接近し、ついに点Ｓを境に現実世界に突入して現実世界での聖なる〈私ω〉が顕在化するのです。

もちろん、この力学的過程は可逆的なので、聖なる自己ωが道を踏み外してベクトルを逆行すると、俗悪なる自己が現実世界に出現し、世界は不浄なものへと変容していきます。以上のように、聖なるものへの真なる帰還を志向するとき、空性（神仏）が俗なる〈私〉の自己否定ベクトルを吸収し、同時に空性から聖なる肯定ベクトルを創発（ここに聖の絶対恩寵がある）させ、現実世界でひるがえった聖化された自己にいたるのです。

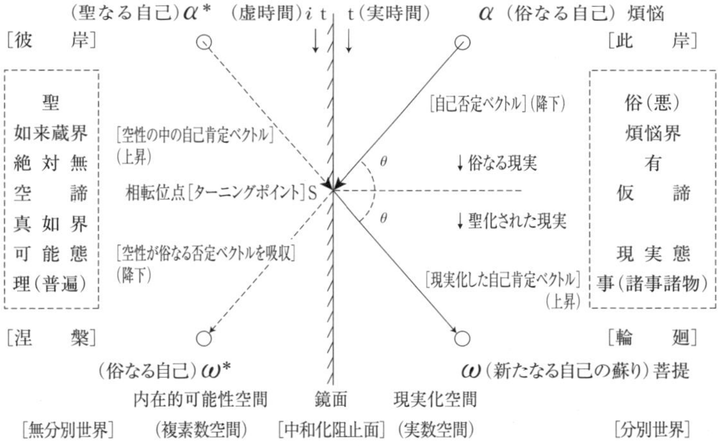

図43　俗なる自己の、空性を介したひるがえりと聖化された現実世界

自己否定には積極的否定と消極的否定があり、積極的自己否定は、人類我においても個人我においても、過剰な知と物に対する我欲、衝動的我欲を極力抑制し、さらに他在、すなわち、〈私達〉と自然環境としての〈それ〉の不在、無視という自己中心性を滅し、聖なる共生の過程で発展、創発、新生へと向かう道です。消極的自己否定

の〈私〉は、退行的、堕落的、破壊的、自傷的、頽廃的であり、自己とも他在とも共生することを否定する道となります。

しかし、大抵の場合、後者は他者による〈私〉の人格、存在の否定行為の鏡像として自己人格を浸食していくようになってしまうのです。共生を望んでいるのに、共生を拒絶、否定するする他在のその行為は聖にたいする背徳の悪意であり、それは多くの〈私〉を腐蝕するようになります。消極的自己否定へと転じる契機は、その〈私〉にも聖なる超在との共生が常にどこでも成就していることに気づくことであり、また伝えることでもあるのです。

それは、自己に報いるとともに他者に報いる行となり、老子の「死ぬ前に心で大死する人は、死ぬときに死なない」という言葉にも通じるものです。この節での言葉の説明は、ただそれだけに過ぎないものであり、きわめて表面的なものであることは否めません。しかし、心の隅のどこかに留めておくことは、決して無意味ではないはずです。

[3] 空・仮・中の三諦

「空」とは何？

インドから中国、日本へと仏教が伝来してくる過程で派生してくるさまざまな宗派により、空観も微妙な変遷を経ることになります。ここでは、空は極限の中和化である絶対無を起点とした中和過程の線上にある１つの中和基準点としてとらえています。それもかなり絶対無に近い基準点と言えます。そして、今までにも何回か述べたように、ある性質やそれに付随する実在が中和化により消滅しても、その中和基準を担う別の実体が別の性質を帯びて存在（電子陽電子対が消滅して光子になるなど）しています。その止滅の最終極点が絶対無なのです。

ある意味では、空の視点をどこの中和基準点に持ってくるかで空観も異なってくるとも言えるのです。ハイデッカーは、「有を忘却することに目覚め、充当（中和化）に至る思惟とは絶対無への日ごとの接近」と言っていますが、まさにこの視点に類似したものと言えるものです。インド仏教に中国の老荘思想の道（Tao）における無為が加味されて、禅宗や浄土宗が醸成されてきますが、その極致において、西洋キリスト教的絶対他者としての神との接点が出てくるのも自然ななりゆきかも知れません。

宗教的諸思想は、絶対無の多次元的周縁領域で、無限者、道（Tao）、空、玄、中、仏、神、真理、般若、縁起（因果）、存在、無極、涅槃、根元、太虚、寂滅などの言葉のイルミネーションが、微妙な個性の違いを主張しながら明滅し、意味相関の摂動を相互に保ち、ゆっくりと回転しているようなものなのです。

常にすべてとは言いませんが、老荘の思想の道（Tao）や玄を神や空という言葉に入れ替えても、あるいは、仏としても矛盾は起きず、逆に深い意味内容を醸し出すことさえあります。空思想でも哲学的存在論でもそれは同じです。老荘思想の無（森羅万象の奥底にある、限定的な人間には認識できない無限定の絶対的本体）でさえも、老子と荘子では若干の違いがあります。

実存としての〈私〉や基本的実体としての素粒子や真理としての超在のどれにも、確定的な的中点というものはなく、常にその周縁に微妙に煌めく半透明な存在の繭を伴っているのです。〈私〉や実在や真理には必ずにじみがあって、それを含めた全体が１つの当体なのです。そして、それら三者の相互干渉の明環において、真如の光が〈私〉という隙間を通して射し込んでくるのです。

前節の空観（空諦）のところで、自己否定のひるがえりにより聖化される対象となる〈私〉と、諸実体の相互作用により生ずる現象世界全体を俗（図43の右半分の領域）とし、仏教ではその現実世界を空諦に対して仮諦と呼んでいます。

「諦」とは、あきらか、永遠不変の真理の意味です。仮は、諸実体の仮の和合を意味しています。これを分かりやすく喩えると、数の組み合わせの世界で、異なる４つの数字の元セット（１，２，３，４）の中から異なる数字を３つ選び出す場合、可能な組み合わせの通りは、二項係数$_nC_r$において$n=4$，$r=3$となり、$_4C_3=4$通りになります。それらのセットは（１，２，３）、（２，３，４）、（１，３，４）、（１，２，４）なのですが、実際にこれらのセットのうちどれが選択されて現実化するかは選択する〈私〉か、または昨今の流行りであるロトの数字選択マシンに依存しています。このとき、４通りのすべての組み合わせセットは、どれもある一定の確率で現実化する可能性と権利を内在しています。

その意味で$_4C_3$全体を内在的可能性の世界といい、空諦《くうたい》に対応します。この空はある数の集合という場（基体）があるので絶対無ではないと言えば、そうでもあります。しかし、選択されるべき３個の数字セットは実際に選択されてないので、その条件基準において無なのです。もともと、数字は実在ではなく実在の関係性の記号（その記号が記されたものが実在）ですから、数字元セット（１，２，３，４）は知の集合です。それをプラトンのイデア界の一部とすれば、そういうことにもなります。現実化世界では、いかなる形式でも知は実在に付随しています。

つまり分岐点は、絶対無に内在的可能性を含めるか含めないかにあるのです。そしてここでは〈私〉の気分で何気なく選択された数字セット（１，２，３）は仮の和合として現実化したものなので、仮諦に対応すると見なせます。

数字セット（１，２，３，４）の元の数をさらに増やして、宇宙の基本素粒子に置き換え、さらに同じものを何回も使用できるというルールに変えると、それらの組み合わせで各種原子や分子、蛋白質や生命などいろいろな実体が仮諦として生成してきます。絶対的与えられである基本素粒子のセット（知の絶対基底）には多様な現実的実体（仮諦）を生成する内在的可能性を秘めているのです。

そして、全生命を含めた宇宙内のあらゆる実体の生成確率は、数字セットのような単純な等確率ではなく、物理化学的ルールに沿った固有の確率を持っているのです。そして意味階層平面を上昇していくにつれて生成確率も小さくなっていきます。しかし、単なる物質実体と違って、生命はきわめて小さい生成確率であるにも関わらず、一旦発生すると、自己分裂という形式により、多数化する非常に特異な存在なのです。

また、元の数字セットの各数を宇宙の次元のある基礎定数に置き換えると、そのセットは内在的な宇宙の可能性空間になります。ただし、その元の構成数は4つとは限らず、それ以上でしょう。そしてそれらのある基礎定数の多様な積、商、乗根の組み合わせによって、宇宙とその内部の知の絶対基底である基本素粒子の物理的性質やそれら相互の力の相互作用定数などが決定して現実化します。

その基礎定数組を誰が何の目的で選択したのかは、今もって、その現実化した仮諦という宇宙の中にいる生命には分からないのです。人間原理説を唱える物理学者集団は、〈私〉という意識を持つ生命が生まれるように定数を調整して選択したのであると主張しています。あるいはあのアインシュタインの信念に反して、私達の宇宙は超在なる神の想像もつかないほどの巨大なロトマシンによって選択された単なる確率世界の宇宙かも知れません。いずれにしろ、絶対的与えられである宇宙に投企された〈私〉は、何らかの決意のもとに真理の道を歩まなければならないのです。

以上の喩えは、もちろん、空諦と仮諦の本質を言いつくしているわけではなく、あくまでもほんのなぞり程度のものです。この空諦と仮諦を介して実存としての〈私〉の境地はどこに住すべきかが問題になり、インドの龍樹（ナガール・ジュナ）は『中論』で、空か仮のどちらかに偏り過ぎるのを邪執とし、それを滅して空にも仮にも偏しない中の道を説きます。

空（虚）－仮（実）、楽－苦、常－無常、無我－我、無為－有為、心（主観）－色（客観）などの２項対立のどちらにも片寄らないことが大切なのですが、それは図43の左右領域の丁度、境界面の鏡面そのものになります。しかし、実際の生身の精神的〈私〉は決して静的な存在ではなく、鏡面に位置しているわけではありません。空にも仮にも偏するべからずとは、空・無に目覚め空・無を志向する極まりで、完全なる空への阻止化としての作用を備えた鏡面に〈私〉がなることなのです。そのひるがえりとしての〈私〉こそが、現実世界である仮を聖化できるのです。

なぜならば、その鏡面反転の瞬間において中和化の極みが成就し、覚者としての悟りを開くからです。智を得るには必ず中和化を経なければならず、また、森羅万象の究極の悟りを開くには、各段階の中和過程の極限である絶対無にまで近接降下（図43, α 方向ベクトル）する必要があるのです。その完全中和化の阻止による反跳が極限的近接中和からの分極智（ω方向ベクトル）であり、それを備えた悟達者としての聖化された〈私〉となるのです。まさに遺伝子ＤＮＡも、無為なる創造的自己否定という超越とその反跳による智の包括により進化の道を進んでいると見なせます。

その〈私〉は、仏としての〈私〉であり、俗なる「仮の世界」で覚者として凡夫たる衆生を導くために、「方便としての言葉」で教えを説きます。これを龍樹は「仮説（梵語、ウパーダーヤ・プラジュニャプティ)」とし、立川武蔵は分かりやすく、「現象世界を知らしめるために仮に用いられた言葉、教え」と説明しています。もちろん数理科学の仮説（supposition）とは意味が異なります。したがって、図43の俗の領域において仮説の世界は、鏡面の転位点Ｓから垂直な点線より下側の聖化された現実世界の領域になります。漢字の「中」には、「中央、中間、心、身体、不偏、真理、正理、始めと終わりの中間の折り返し地点、過去と未来のの境界、すなわち現在、普通、平凡」などの語義がありますが、まさに現在のあるべき理想の実存としての〈私〉に相応しいものです。図43では、鏡面が中諦であり、それは非有（仮）非空であり、また非有非無でもあるのです。

空・仮・中の概念は中国の三論宗から天台宗への展開において極まり、三諦それぞれが相即で円融（相互に妨げることなく融合して一体化）であるとしています。それは、仏身としての一諦が即三諦三身であるという表現になっています。この表現は、まるで３つの異なるクオークｕ，ｄ，ｓが円融に組み合わさって色荷がゼロの中性Λ粒子かΣ0粒子を現実世界の実存粒子（と言っても寿命は極めて短いのだが）として顕在化しているのに類似しています。なぜなら、３つの異なるクオークは、決して単独の一身では、この現実世界には現れないからです。しかし、その三諦即一身の現実化している粒子の振舞（所作）を正確に見る（実験観測する）と、それら３つの内在的作用が必然的なものとなるからです。そして、仏身こそ受肉における聖なる中和の象徴でもあるからです。ここで、この仏身が三諦と相即に三身（報身如来、応身如来、法身如来）に対応している内容を少し説明します。如来とは真如（不易の絶対の真理）より到来せし者（仏）の意味です。

(1)空諦－報身如来＊仏智の顕現。仏になるための因としての自己否
　　　　[受用身]　定という修行を積み、その「報い（反作用）」と

[如是性]　して顕現した智慧を授かり、それを他者にも受けさせる。

＊永遠に存在して、人々を救済する功徳を備えた仏身。

＊因行の功徳の報いによって成就した万徳円満の人格的仏身。

＊〈私〉の心性、性分、色心の心（主観）、形相（思惟）。

＊功徳は般若（法を覚知する真実の智慧:ロゴス）、実智の受用。

(2)仮諦－応身如来＊機縁に従って俗なる衆生を化導救済するため、
[変化身]　種々の人身に変化して現実世界に生まれてくる。
[如是相]＊精神的境地は方便有土（声聞、縁覚、菩薩界）にある。

＊広義に衆生〈私たち〉の一切の所作、自然世界の〈それ〉。

＊〈私〉の色形、色心の色（客観）、質料（延長）。

＊功徳は解脱（苦悩から脱し、解放された自由自在な境地）。

(3)中諦－法身如来＊仏の内に悟った、仏を仏たらしめる内在する法
[自性身]　そのもの。
[如是体]＊仏の永遠不変の本生、本質、法性、真如としての法の側面。

＊諸法（現実の現象世界、法界）に法身が内在し、法界即法身となる如来蔵（如来の母胎、一切衆生が煩悩の沼の中で自性清浄心を蔵している）、理体。一切諸法の実相。

＊功徳は法身（仏が証得した真理）。
＊不二、非二元。色心の奥にある生命の統一的主体、主質、本来的自己〈私〉。

この空・仮・中の三諦が一諦で円融であるとは、静的な平衡関係を意味しているのではなく、可動的な〈私〉を中心にして、〈私たち〉と〈それ〉の、時間史的にダイナミックな関係を意味しています。それは、積極的自己否定による仮から空への移行［従仮入空、仮→空］を経て転位点を迎え、その悟りの後に、空から聖化された現実世界である仮への移行［従空入仮、空→仮］を意味します。

その上昇と降下が相即で同時（精神的に同時であり、現実時間において振動している）であることが中諦の境涯（中理虚通）となります。ただし、中理虚通とは、自行の求道的真理と化他行の無縁（対象によって差別することがない）の慈悲が中道観に則していることです。

また、従仮入空［自行］：修行によって現実世界の俗なる仮諦から聖なる空諦へ上昇する過程．従空入仮［化他］：清浄なる悟りの境地である空諦にいたった覚者が、その世界にいつまでも浸らずに、自らの意志で苦悩の沼にいる衆生を悟りの仮説をもって化導救済するため、俗なる仮諦へ降下する、という意味があります。

錘秤と空・仮・中

もう少し空・仮・中の三諦の関係を直観的に分かりやすくするために、〈私〉を重心支点とする錘秤を図示して説明してみましょう（図44）。

まず、図中の（a）は、中諦（支点）にある〈私〉が仮諦をわきまえながら意識的な自己否定を経て、聖なる空諦に自行により上昇（平衡支点である中諦は左へ移動）する過程です。そのとき、中諦の

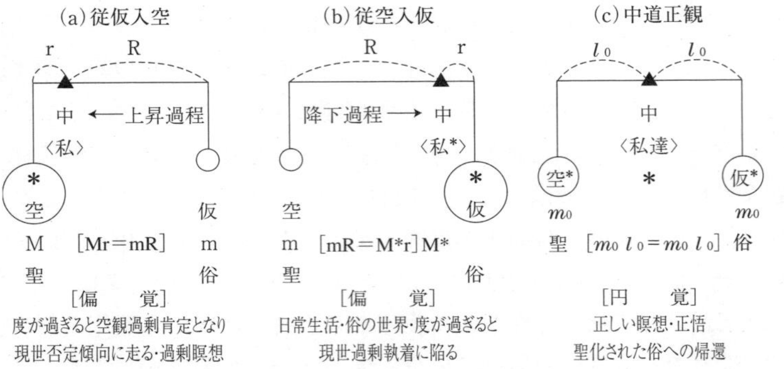

図44　空仮中の三諦の直感的把握

概念から常に動的平衡状態を保つため、自動的に空諦Mは膨張して重くなり、仮諦（俗）mが収縮して軽くなっていきます。

しかし、空・仮・中の三諦のどれをも決して欠くことができない原理においては、当然、支点（中諦）からの左右の力のモーメントは保存され、かつ支点にある〈私〉の意識がｒ＝０（保存式Ｍｒ＝ｍＲにおいて、Ｍ＝空が無限大、すなわち完全に空に入滅か、あるいはｍ＝仮がゼロ、すなわち、肉体までも消滅した状態）は許されません。ここでの喩えでは、これが完全中和化の阻止化原理になるのです。図43で言えば、意識粒子 α が内在的可能性空間である空性の領域に実際に突入することができずに、鏡面で阻止され反跳することに相当します。したがって、支点（中諦）である〈私〉は、ｒ＝０の完全空の寸前でＤＮＡと同じように阻止化されて悟りの智（仏智）を授けられ、その後に（b）において逆方向である降下過程に転じます。

今度は、聖化された支点の〈私*〉が、ＤＮＡの２重鎖（空なる中性）を解くように分極化を進め、俗（仮諦）なる世界の衆生に向かい、それと同時に聖化された俗なる現実世界M*は拡大していき、空諦の智mは衆生のために方便として仮説化され収縮していきます。しかし、その化他行による仮説の智により、多くの衆生が聖なる空性に目覚め（中和化)、方便智から実智を目指すべく自行に入ります。

この繰り返しの過程で生まれた聖化された多くの〈私達〉が、(c)の聖なる空諦と聖なる仮諦（俗）の不偏の支点にたどり着くようになります。それこそが、俗なる〈私〉および〈私達〉と自然宇宙なる〈それ〉が聖（超在、神＝絶対無、仏＝空性）を志向する過程で反作用的に達成される、聖なる調和循環の三位一体の世界なのです。

以上の言葉による概略的説明を見ても、やはり「空」とは何ぞやと問いたくなるのが自然でしょう。そもそも、それは理のみでは捉えどころのないものなのです。自転車は自ら乗らなければ決して乗れないようにです。空は物理的時空次元を超越していて、あらゆるものの性質、性分を内在し、〈私〉の心性は有と無の範疇に入らない空であるとも言う。また禅の世界では、人（求道者、瞑想者としての私）も牛（仏、悟り）も去ってしまい、本に返り、源に還る境地であり、時空を超越し、万物が一体となる根源のところとしています。空界は本来清浄そのものの真如の世界であると言う。

空とは無限の真実を内在する鏡。心理場の絶対基底である無我の境地、つまり、意識の志向性ベクトルの長さ（ノルム）がゼロで原点にある状態。しかし、どう述べてみても百聞は一見に如かずであり、現実体験をしないことにはまったく意味がありません。むしろ逆に、乗ってみて初めて理の言葉の深い意味が前にも増して分かってくることさえあるのですから。

空性は、物質とそれに付随する記号（意味世界の構成要素）とは全く離れた無分別の世界（中和）でありながら、それを心的境地として覚知する脳は受肉（分極）体であり、物質そのものの作用に基づくものなのです。これは一見矛盾のように思われますが、空性という心理的境地が、脳というニューロン集団の位相空間では基底状態の分極構造として覚知できるからです。

つまり、基準の異なる中和過程を経て覚知を瞑想により成し遂げているのです。例えば、中性子が電荷という中和基準では中和状態にあり、電荷という分極体の感知受容体には反応しないのに、物質—反物質という中和基準では反物質と反応するようにです。深い瞑想修養による漸悟か、ふとしたときの瞬間的な頓悟によるかは人それぞれなのです。

とにかく、ニューロン集団の超伝導に似たような相転位と同時に、空性における本覚、正覚、正悟を覚知すると、脳内の広大な無意識界をも含めた、あらゆる領域の隅々まで恒久不変の聖化の光に満たされます。この聖化は、決して一時的、刹那的なものではなく、一種の永久磁化と言えるものです。正覚の後、精神的に降下して俗なる世界に降り立っても、その内的オーラは決して移ろうものではないのです。俗なる仮を踏まえながら空を観じ、空を踏まえながら仮を観ずる。その心理的境地が中諦となっています。

精神的上昇は真理への渇仰（エロス）であり、精神的降下は慈悲による済土（アガペー）へと導き、そして真の上昇には常に降下が秘められ、真の降下には上昇が秘められているのです。それは丁度、天上に吊り下げられている一輪滑車の原理と同じです。

まず、滑車自体が中諦としての〈私〉であり、その滑車にかかっている、一定の長さを持つ、重さが無視できるロープの両端に同じ重さの空諦と仮諦がぶらさがっている状態です。重りの空諦と仮諦は自然のままでは上下することはないのですが、中諦である〈私〉という滑車が意識的に左右回転することにより、上昇と降下が同時に起こるようになります。

表８　空仮中の三諦における意識の絶対変容と聖化された俗

分極（分別）世界［陰］	中［等号（＝）の橋］和	分極（分別）世界［陽］
従仮入空［色即⇨是空］	空	従空入仮［空即⇨是色］
統　合　化		差　異　化
他在と諸事諸物を離れて	根元・真理・真如	他在と諸事諸物と相関的
独立に孤然として存在		に調和し、共存する
［上　昇　過　程］	如　来　蔵	［降下過程］
俗・現象世界・自然・宇宙	聖	聖化された俗・自然宇宙
限　定　世　界	非　限　定　性	限　定　世　界
悟　達　前	悟　達	悟　達　後
言葉・世界・智・独我の否定	聖なるものからの反跳の力	言葉・世界・智・他在の新
止滅化する	（中和活性化エネルギー）	たな聖なる肯定共存
［縁　　　起］	［空　　性］	［仮　　　説］
煩悩に満ちた日々の生活	脳内ニューロン相関の相転	空（等号）の橋を渡って
世界の諸事物に翻弄される	位（ターニングポイント）	聖浄化された現実世界
凡　　　夫	仏	菩　　　薩

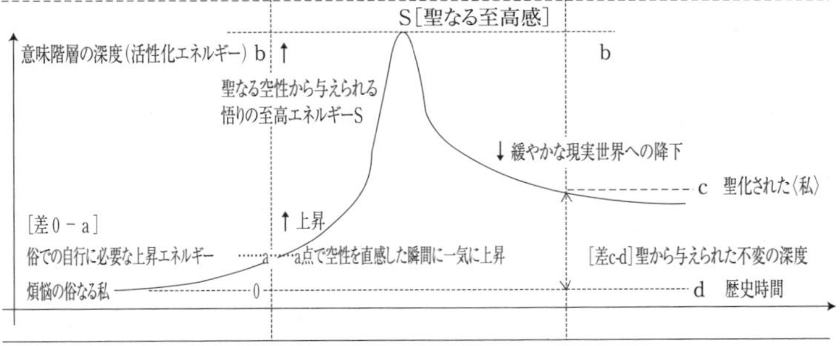

空諦が上昇するのか、仮諦が上昇するのかは、〈私〉という滑車の回転方向（意識のあり方）に依存しています。表８は、俗なる仮諦から精神的に上昇し、空諦にいたって「聖なるひるがえり」を迎え、その悟りの後の聖化された自己が再び俗なる世界へ降下していく過程を図示し、まとめたものです。

「中」は空でもあり、行為も反応もなく、いかなる思考もない心理的位相状態にあり、宇宙全体の大いなる基礎と言われ、万物が顕現してくる可能性の泉をも象徴しています。そして、〈私〉という主体と宇宙という客体の合一を覚知（大悟）するには、ある基準の無の（中和）過程によってしか達成されることはないのです。空性という言葉は、発達した意味である般若（智慧）を持つ者にしか理解されないとされ、さらに、逆説的に、智慧であるその般若は、知の否定（自己否定過程）によるしか開かれないという世界なのです。

空性は概念的な見解ではなく、真実の自己（絶対主体）、元初の智慧、純粋精神、静寂などを秘めているものです。道（Tao）とか空性とか中は、絶対無の近接周縁領域にあって微妙な差異を帯びながら、かつ相互転換することもあるようなものなのです。

この仏身の一身即三身（空仮中）論が、キリスト教神学の位格（ペルソナ）に関する三位一体論「父（神）＋子（イエス、知恵）＋聖霊（鳩）」と類似しているという指摘は過去にもいろいろあります。世界文明での三位一体的な捉え方は、エジプトの「太陽神（円盤）＋ライオン＋鷹」やインドのヴェーダにあるトリムールティ（三位一体）、「ブラフマン＋ヴィシュヌ神＋シヴァ神」、中国の道教には、道（Tao、無）そのものが三元「神宝君＋天宝君＋霊宝君」と一体であるなどがあります。

また、古代ギリシャのプラトンの「善なる神、智なるイデア、宇宙の世界霊魂」、アリストテレスの「本質（ウーシア）＋個物（ヒュポスタシス）＋形相（ピュシス、本性）」なども、その例です。キリスト教の三位一体論の源流は、このプラトンとアリストテレスの哲学にあるといわれ、この流れに沿ってプロティノスは「一者（ウーヌム）＋知性（ヌース）＋魂（プシュケー）」に発展させ、アウグスティヌス神学の三位一体論へとつながっていきます。ルドルフ・シュタイナー（1861年〜1925年）の宇宙観、「神界＋物理界＋幽星界」なども同類です。

もちろん、印欧系や中国間の時代的相互影響の有無は別にしても、それぞれの三位一体には固有の特徴と主張があり、どれもこれも一緒にすることはできません。しかし、ある意味では、これらの類似性は人類に共通の漠とした無意識観念の徴表とも言えます。キリスト教の三位一体論が、近代民主主義思想の大黒柱である三権（司法、行政、立法）分立論の確立に何らかのインスピレーションを与えたのも頷けるものがあります。

はるか古代から人間は、行為する〈私〉ではなく、観察する〈私〉を中心（それゆえに、その本来の〈私〉が中諦にある）にして、自己存在（俗）と世界存在（聖の徴表）を見つめ、その両存在の境界領域にある〈私〉に哲学や宗教や科学の智が育まれてきたのです。そして、畏敬の対象である、実存する聖なる世界の背後に超在を直観するようになるのです。

この図式は、この宇宙内で〈私〉を持つようになったいかなる知的生命においても普遍のものなのです。

［超在（絶対無の神、空性なる仏）］	⇦	［観察する〈私〉］	⇨	［世界宇宙と自己存在］
［無・空］		支点・滑車［中］		［仮］

［4］キリスト教の三位一体論

神と仏と受肉としての聖者

インドで生まれた仏教のスタートの原点は、他在としてのヒンズー教の神々とは異なり、あくまでも〈私〉の人間学なのです。また、その過程で生まれてきたおびただしい経典は、目まぐるしく変容する環境世界と自己とをどう折り合い（中和化）をつけるのかに関する実践的心理学の歴史の証とも言えます。

そして、龍樹の空観や法華教の空・仮・中の三諦論は、その中華となっているものです。天台宗の法華経を独自の解釈で発展させたのが、鎌倉時代に出た日蓮（1222年～1282年）です。その核心は、法華経、すなわち妙法蓮華経への帰命（南無）を表わす「南無妙法蓮華経」を本尊（禅定－空諦）とし、その信受すべき本尊が置かれる時空を「戒檀（戒律－仮諦)」とし、さらにその唱えるべき妙号を「題目（智慧－中諦－〈私〉の支点)」として、それらは三位一体をなしているのであり、空仮中の三諦とも直結しています。

ここでもきわめて重要なことは、無疑なる億劫の一念による三位一体への自己投企（エゴの否定プロセス）となります。一方、西洋系の神は、常に絶対他者としての超越的他在であり、主役なのです。人間はその主役の神とどのように関わるのかが主題であり、そこから契約思想や愛の概念が生まれてきます。

その点では、実存としての個の人間学が希薄と言えます。そのような登山口のまったく異なる神と仏の哲学的展開において、たまたま、三位一体の形式的類似性を述べてみたところで、その教義が実際に生きている宗派の神秘的信仰体験からみれば、意味をなさないのは当然のことです。しかし、さまざまな宗教の本体の骨組みには本質的類似性があることも確かに言えることなのです。

本書で問題にすることは、常に中和の視点です。仏教のメインテーマである、自己存在に絡む「苦」を出発点として、悟り（正智：空を志向する過程の中和化寸前での覚知）によるエゴの克服と、そのひるがえりによる自己の心理的相転位から、自然な化他行へと移行し、個人の尊厳を踏まえつつ、〈私達〉という社会の聖なる共生に接続する関係を前節で述べました。

キリスト教のメインテーマである、愛によるエゴの克服に関しても、絶対無の神と中和の概念がどのように関わっているのかが問題になります。キリスト教の源流であるユダヤ教の起点は、当時の諸民族間の多神教の世界と部族、民族間の優劣情勢などが絡む対社会的問題が背景にあります。そこから、「他在との相関」である選民と契約思想や罪とか罰の概念の焦点化が生まれてくるのであり、そもそも、自己存在と苦の問題を始点とする仏教とは大きく異なっています。

これは、ムハンマドを始祖とするイスラム教の成立過程においても類似したものがあり、当時のアラビア世界での多神教による部族間の混乱からの脱出が背景の１つとしてあります。もっとも、アラビア世界にも、当時の知的宗教を代表するユダヤ教に負けない民族独自の宗教を確立したいという願いが背景としてあったのも事実ですが。

したがって、ユダヤ教の弱点である排他的なところをうまく克服して、大きく宗教的に前進したのがイスラム教とも言えます。ユダヤ教からみれば、イスラム教よりパウロのキリスト教のほうがきわめて異端なものに見えるのです。

新約世界のイエスの愛の概念も、常に隣人、対社会問題であり、その極みに神の国という、あらゆる差別を超克した聖なる創造的共生の概念があります。それは、神の前の平等であり、相互扶助、連帯、公正の実現を目指すものです。真の神の国は、神と人としての〈私〉の合一により到来するものではなく、神を中心とした〈私〉と〈私達〉と〈それ〉の創造的共生にあります。

しかし、聖書の共生は、神を介した〈私達〉の共生であり、〈それ〉という自然環境を軽視した人間中心主義的なものです。それでも自己愛と我欲に満ちた地の国よりは、はるかにましなのです。先にも触れたように、どちらかと言えば、仏教系は個の苦悩、煩悩を中心としており、キリスト教に見られる対社会的共生問題（罪や罰）が希薄です。

つまり、修行の上での戒律はありますが、対社会的法概念があまり見られません。逆に西洋の一神教系では、ユダヤ律法やイスラム法などに見られるように、社会的道徳、倫理規定が重要になっています。しかし、それは宗教的な解釈であり、不合理な偏りも含んでおり、また、自己存在としての一個人の人間学が軽視されています。エゴの克服に関する「悟り（智、ソフィアsophia)」と「愛（フィリアphilia)」という一見、対立するように見える両世界の宗教的概念が共に手を取り合うことで、より深化した意味世界が創造されていくことが望まれます。

古代ギリシャから始まる「智への愛」としての「哲学(philosophia)」ではなく、聖化された「自己との共生」と「他在（自然と他者）との共生」という、「愛のための悟り（智)」としての「哲学」でなければならないのです。

キリスト教世界の三位一体論が確立する背景には、ユダヤ一神論や新プラトン主義、グノーシス的神秘主義などの影響があると言われていますが、旧約時代のアブラハムの三天使への饗応や新約聖書のヨハネ福音書などには、父と子と聖霊の予型的なものが既にあるとも見なされています。仏教の空仮中の三諦論の主軸は、あくまでも受肉である〈私〉であり、その〈私〉の精神的境涯における空諦と仮諦との不二的一諦を説いています。

したがって、それが宗教的神秘体験であるにも関わらず、不思議な合理性を備えているので、あまり論争の種にはなりません。もちろん、仏の概念の抽象化を押し進めて、空性を受肉を離れた絶対無としてとらえると、話も違ってくるのでしょうが。いずれにしろ、仏教の基本は、何らかの超越的対象への没入や陶酔よりも、自我（エゴ）を脱構築していく過程にあります。

もちろん、このような思想が西洋系のキリスト教諸派にもないことはなく、エックハルト（1260年～1327年）の一門やニュッサのグレゴリオス（330年～394年）、イギリス神秘主義思想にも否定の神学につながるものとして芽生えています。一方、絶対無の神の三位一体論には、常に神学的解釈での論争があり、それに基づいて諸派が派生し、正統派から異端のレッテルを貼られたりしています。そもそも、事の発端は、イエスの信徒への問い、「私を誰と思うか」に始まるのであり、後の信徒にキリスト論の確立という難題が課せられることになるのです。

ユダヤ教からイスラム教の流れにおける神はまったくの絶対他者であり、キリスト教の三位一体と受肉の思想を神に対する冒涜と見なしているのですが、ヒンズー教（ヴシュヌ神の化身クリシュナ）、キリスト教（絶対無の神の化身イエス）、仏教（仏の化身、応身としての釈迦や菩薩）には受肉化身の思想があります。つまり、いきなり超越的存在と人間が対峙するのではなく、その間に仲保者的存在が介在する形式です。

それらの介在者に関する大きな相違点は、イエス・キリストが、この宇宙の始まりから終わりまでの間において、唯の一回しか、それもこの銀河系内の太陽系にある地球だけにしか神の受肉として出現しないのに対して、クリシュナや菩薩は機と宇宙内の場所（国土）に応じて、さまざまな化身として諸惑星の地上に現れている点です。

キリスト教は、神へといたる聖なる山の登山ルートが唯一、あの聖霊の力による「十字架のイエス・キリスト」の門を通るしかないことを宣言しています。これも１つの峻厳なる信仰吐露と言えます。仮に、今世紀中に知的生命の存在の兆候が我々の銀河系内で発見されたとしても、その信仰の道が揺らぐようなものではないのです。この宇宙のいかなる時空（時代と場所）においても絶対無の神は普遍であり、この宇宙のさまざまな知的生命は、その生命に固有の登山ルートを見い出すはずであり、しかも、その究極において絶対無の神にたどりつくことになるのです。そのきっかけは、大自然と自己存在の狭間で、いかにして自己という意識を持つ知的生命が実存するようになったのかを考察することから始まることもあれば、真理を覆い隠す、限りなく深い執着からくるエゴを打ち砕かれるという究極の挫折が逆に真理の光の射し込みになるなどさまざまです。

この宇宙の知の絶対基底である基本素粒子群の聖なる共生は、知から意識の世界にいたる道の光であり、それは絶対無の神への志向の証でもあるのです。そして、聖なる創造的共生は、中和化による絶対無を志向する自己否定過程（愛の一側面）の反作用として成就するものなのです。

個の尊厳を受容しつつ、聖なる創造的共生を遂げる相とは、生命領域と密接な関係にある可塑性を内在した弾性体や液体相に対応します。気体相は無政府的カオスの相であり、固体相は個が疎外された硬直的で全体主義的な相と言えるでしょう。生命は、可塑的弾性体や液体相などの中間相を中心にして、気体相と固体相をうまく取り混ぜている絶妙な存在と言えます。

アリストテレスからプロティノス・アウグスティヌスへ

キリスト教カソリック（ローマ教会）神学における三位一体論に入る前に、その伏線として２つの三角関係をまず挙げることにしましょう（図45)。それはアリストテレスとプロティノスによるものです。元々、アリストテレスによるウーシア（実体）という言葉は、図45のａのように３つに明確に分離していたものでなく、ウーシア自体がヒュポスタシス（個的実体・質料）とピュシス（本性・形相）からなるものとして見なしていたので、さまざまな意味を混在した形で内包しています。

そもそも、これが後の三位一体論の確立において混乱のもとになります。ウーシアは、偶有的なものに対する本質的なもの、普遍的なもの、類概念的なものなどですが、ウーシアである実体を質料と形相からなるものとみると、例のごとく、質料がゼロの実体は純粋形相となり、神概念につながってきます。

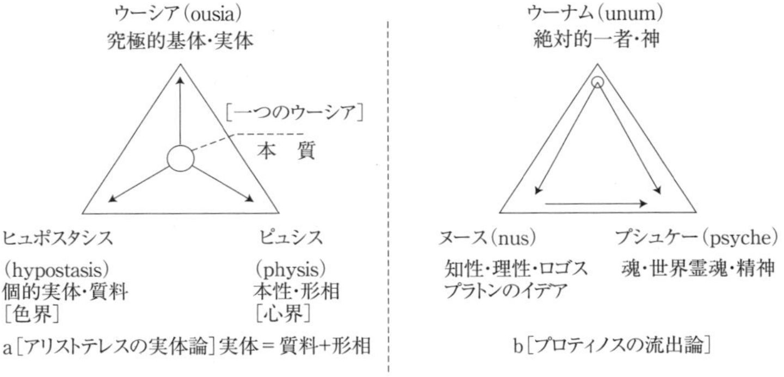

図45　三位一体論への歴史的伏線

このアリストテレスの実体論は、新プラトン主義の創始者プロティノスからギリシャ教父の三位一体論だけでなく、ユダヤ神秘主義カバラーの生命樹の最初の流出世界［ケテル（王冠、神の本質）、ホクマー（智慧、イデア）、ビナー（理解）］や、デカルトからスピノザ（思惟と延長）、ヘーゲル（弁証法的神学）に至るまで、さまざまな形式でインスピレーションを与え続けているのです。

このような流れにおいて一貫していることは、最高位の個物としてのウーシア（実体）を神と見なすことです。プロティノスの流出論（図45b）におけるヌース（理性）の意味概念も単純なものではなく、歴史的な経緯を秘めています。アナクサゴラス（BC500年～BC428年）は、宇宙の物質に運動と形と生命を与える宇宙世界の形成原理であるとし、プラトンは、イデア界を直観的に観想する、常に真なるロゴスを伴う不動の神的精神とし、アリストテレスもやはり、イデア界全体の神的精神とし、その理性であるヌースから世界霊魂が発出するとしています。

一者は、完結した全、万物の根源であり、多に分割され得ないもので神を象徴しています。このような経緯の中でプロティノスの三角形が形成され、キリスト教の三位一体論へと解析接続していきます。プロティノスの流出論哲学やキリスト教の三位一体論は、決して論理的、知的に理解されるものではなく、ある種の文学的詩的表現であり、神秘的あるいは霊的経験としてのみ意味を持つものであるとよく言われます。しかし、詩的表現にも真理の光が射すことはあるのであり、さらに、その神学が確立する背景には、天台仏教の空仮中の三諦即一諦論と同様に深い哲学的、信仰的洞察があるのです。

図46のプロティノスの流出論からラテン教父の三位一体論への対応関係は、一見したところ、意味的に相似関係にあるように見えます。しかし、三位一体論の個々の内容は、十字架のイエス・キリストとその出来事（ロゴス）をどのように解釈するのかという神学的難題との絡みで信仰的意味内容が大きく異なります。プロティノス的にみると、修行者の霊性が精神的上昇過程を経て肉体と感覚界を脱自（自己否定）して、神的イデア的超在を観照するエクスタシスに至るのですが、神的イデア界を仏界とすると、これは仏教では従仮入空（表８）という上昇過程による大悟に相当します。

一方、キリスト教的に見ると、神愛的エクスタシスというのがきわめて重要になります。これは、至高なる神が自己否定により至福から脱自して、罪深い人間のもとに受肉として地上に現れるという神の慈愛を意味します。これも同様に仏教では、仏が至福の涅槃

（空）界から自己否定により脱自し降下過程を経て、聖化された自己（菩薩）として地上の俗なる衆生の中に立ち現れ、仏界を知らしむべく化他行に入るのに相当します。その過程は表８では従空入仮になります。

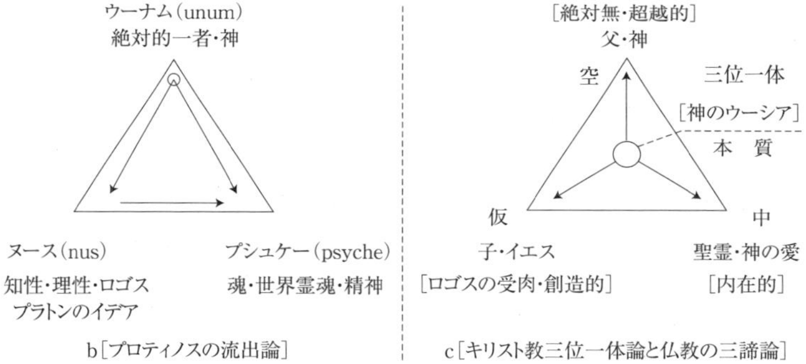

図46　プロティノスから教父の三位一体論

これらの相似性において大切なことは、上昇と降下の接続関係が仏教もキリスト教も共に図43の鏡面反跳関係にあるということです。自己知の執着と、自己利益中心という他在を否定する利己的自閉の否定による脱自を介することにより、空や絶対無への中和化へ向かい、鏡面で瞬間的な瞑想的エクスタシス（大悟）を覚知します。そして、仏や神への志向である、空や絶対無への完全中和化が阻止される仕組みの過程で反跳、すなわち「ひるがえり」が起こり、鏡面内部から聖化された受肉の自己が立ち現れてくるのです。

ただ、キリスト教の場合は、俗なるイエスが自己否定により鏡面反跳して、鏡面内の神が聖化された受肉のイエスとして現世に立ち現れる（これはイエス・キリストを信仰する信徒兄弟や菩薩については言える）のではないのです。この場合、もともと俗なるイエスというものは存在せず、内在的可能性の虚数空間である鏡面内から、神が脱自して（トンネル効果により）鏡面を抜け、現実の実数空間に聖なる受肉のイエスとして、この宇宙の歴史において唯の一度だけ立ち現れたとするものなのです。

ユダヤ教やイスラーム教では、イエスもムハンマドと同様に聖なる預言者、聖人として見ていて、むしろ仏教の菩薩に近いものとも言えます。この場合は、図43の鏡面反跳の図式に対応します。このように、イエスその人とその生涯をどのように信仰的にとらえようとするのかでいろいろな立場が派生してくることになります。グノーシス的な立場から、キリストの受肉を否定し、イエスが真の神的本質としてのキリストであったのは、受洗から十字架までであって、その間以前と以後はただの俗なる人であるという見方も出てくるわけです。

鏡面反跳による聖なるひるがえり

三位一体論には、キリストの唯一の位格（ペルソナ）において、神性と人性（仏教では法身と応身に類似）を認めるローマ教会の「両性説」や、キリストの受肉後には唯一の本性たる神性が存在するという東方諸教会系の「単性説」などがあります。

さらに、神の意志と人間の意志に関する両意説や単意説、並びに、父なる神と子なるイエスの関係の従属性の有無や同一性、類似性、相似性などもあって、いろいろ複雑になっていきます。しかし結局、これらの説も、図47の鏡面構造の各象限を信仰的にどのようにとらえるのかと関係しています。

もちろん、神学的には各派の主張がいろいろあるわけですが、決して外してはならないポイントは、脱自、自己無化、自己否定過程による鏡面での聖なるひるがえりの構造です。西洋神秘思想的実践に見られる、俗なる自我を脱却した空なる自己に聖なる神の子が立ち現れ、聖化された絶対他者の超越性に包まれるのも同じ構造です。

また、潜在のロゴス（言葉、法）が神の子として受肉（人化）し、十字架の死に至るまで父なる神に聴従するという、無為のケノーシス（自己無化、自己放下）的実践に真の神の子としてのペルソナのあり方があるようにです。聴従とは、能動的な視覚的神認識によらず、ただひたすらに神の言葉（ロゴス）に聴き従うという、受動的道行きであり、無為ならざる自己意志（自力行）の絶対的放棄を意味します。この点は、ある側面で浄土宗とつながるところがあります。

このように、聴従とケノーシスは常に随伴関係にあり、その自己否定過程の道行き（内的降下過程）において、鏡面における瞬間的な神との神秘的一致が成就します。仏教の菩薩の場合は、その反跳として、聖化された受肉の自己として化他行の道にあたる（中）のです。西方教会の視点では、イエス・キリストの場合はゴルゴタの丘での十字架刑の執行の瞬間とともに鏡面での阻止化が解除されており、点Ｓで完全なる神との一致を遂げ、その反跳（聖なるひるがえり）は聖霊として復活したイエス・キリストの化他行（人類の救い）となっているのです。

図43や図47の鏡面は仮想的な超越的鏡面であり、鏡面内部にある（または映る）仏や神は丁度、はるか遠方にある月が地上の誰にとっても、そしてどのように運動しようとも、常にその人についていき、その人と伴にある（インマニエル）ように、“見る”と“見られる”関係を確立している物質や生命に必ず随伴している存在です。今度は、この鏡面を水面と見なし、鏡面内部を水中とすると、洗礼の秘儀があざやかに浮上してきます。

図47の俗なる罪深い古い自己αが自己否定（悔い改める）過程を

通して水中に没し（ω^*）、古い自己は現実世界から死に消え、水中に沈むと同時にα^*のキリストと共に新たなる聖化された自己が現実世界に神の子として誕生する（ω）のです。おそらく、教会での受洗の儀式は、教会自体がキリストの体全体であり、神の王国そのものですから、教会自体が鏡面内部の超越的異界（水中）を象徴していることになるのでしょう。もちろん、儀式としての洗礼行為には完全中和の阻止化がはたらいているので、受肉としての死と再生が接続して象徴的に遂行されていきます。イエスに少なからぬ影響を与えた洗礼者ヨハネの偉大さを改めて感じる次第です。

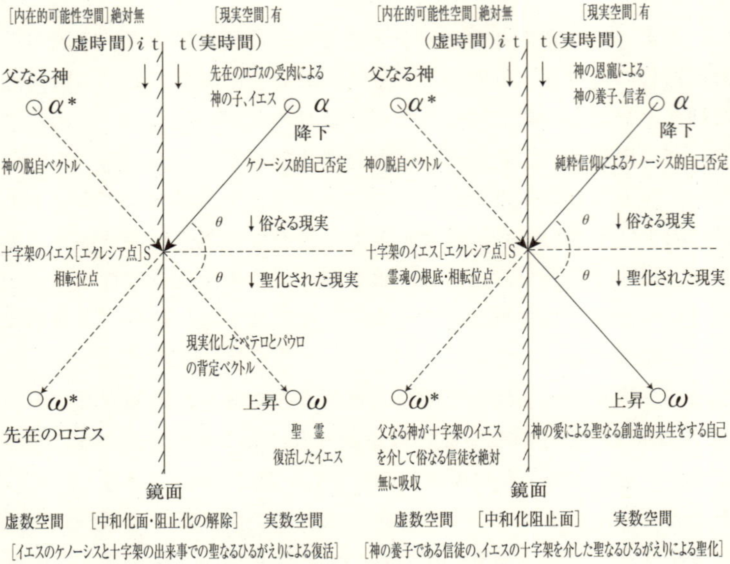

図47　キリスト教三位一体論の鏡面構造と信徒信仰

図47のＳ点は、先在のロゴスキリストが十字架の死を通して神と

和解（中和）した瞬間であり、新約世界の始点でもあります。そして、その点からωへ向かうベクトルは、聖なる創造的共生に基づく神の国の建設に向かう反作用力になります。個人の自閉的領域を超えて、今までの自己にまとわりつく俗的了解の壁を突き破り、無化の果ての深淵に降り立つ瞬間に、その自己と神性の全一的交わり（エクレシア）が直観され、その鏡面反跳により不断の創造的共生の世界が構築されるのです。

それはまた、生命進化の秘密でもあるのです。キリスト教を世界宗教にする端緒を開いた伝道者パウロがイエスの十字架の愚（愚かさ、弱さ、つまずき、律法による呪い）を逆説的に（賢さ、強さ、救い、祝福として）宣教した背後には、このような神による聖なるひるがえりの霊的直観があったものと考えられます。それは、十字架のイエスがパウロとペテロに復活して劇的回心に至ったことと、深く関係しています。ユダヤ教の思想からイエスの思想までは何とか解析接続されているのですが、パウロという避け得ぬ宗教的特異点において、一気にユダヤ教からキリスト教世界が分岐していったと言えるでしょう。

ドイツ神秘主義者エックハルトの高弟であるヨハネス・タウラー（1300年～1361年）の思想は、近代のカソリックにもプロテスタントにも重要視されているものですが、後のマルチン・ルターの宗教改革にも大きな影響を与えています。その中心思想は、やはり仏教の空の思想につながるものであり、鏡面における聖なるひるがえりの構造です。それは、本質的にはニュッサのグレゴリオスが自己否定の玄の中に神の声を聴いたのと同じものと言えるものです。この宇宙と自己という境界領域に存在する〈私〉という意識にとっての真理を知るには、自己の外面的周縁領域から一切離脱し、さらに内面世界におけるさまざまな表層、下層識をも空じる（脱自する）とき、絶対無の玄が立ち現れ、その鏡面の瞬間において、神に聴従するイエス・キリストの反跳的誕生を見るのです。

絶対無（神）または、それに近い空（仏）への真に正しい降下的志向は、神の愛や仏の慈悲に基づく脱自的自己贈与（上昇過程）が必ずあるということです。人間の自己否定のプロセスは、何も精神的エゴの克服だけではなく、人間という全体の受動的な絶対的与えられ（未来の文明ではどうかは不明ですが、少なくとも現代文明の時点では）と、その被造性に対する謙虚な探究の過程で神の愛の恩恵を知り、それを踏まえて世界と人間本性の調和循環的変容へと転位させる引き金にもなるのです。

また、この自己否定の徹底の内には、ヤスパースやキルケゴールの〈挫折〉の概念も含まれます。挫折（降下過程）の極みにおける聖なるひるがえりにより、神や仏（空性）へと〈実存〉が信仰的に超越していくプロセスです。知を不要とする純粋なる信仰が、無為自然な帰依を経て深い漆黒へ向かい、その果ての明るい飛翔であることの意味もそこにあるのです。自己否定は、自己の知、思惟、価値観、執着、我欲、その他の外的内的中和化により、それらの内的性質が中和基準の各段階に則して消失、無化していく過程であることを常に念頭に置いておく必要があります。

ごう慢な俗なる私たち人間が自己否定するということは段階的中和化（絶対無）に向かう方向ベクトルであり、それは、相対的（あるいは鏡像的）に神自体が自己否定（脱自）することでもあります。そして、神の脱自行為は逆の分極化に向かう行為であり、その2つのベクトル過程の果ての交点に現実世界と異界との接点である点Sがあります。そこでは、信仰者と神との神秘的な合一が達成され、神の瞬間的分極化による神智の贈与という恩恵にあずかるのです。

父なる神・子なるイエス・聖霊なる愛

ここで、父と子と聖霊の位格において区別されながら、同一本質的（ホモウーシアス）で１つの神であり、かつ完全な交わりが実現しているという三位一体論の各位格（ヒュポスタシス）について概略しておきます。

⑴父なる神――絶対無：父なる名称は、イエス自身が神との親密さ
［中　諦］　においてアッバ（abba,父よ）と呼んだことに由来。無限の可能態、全知全能（神のロゴス）、超越的存在、すべての源泉でありゴールでもある、善なる遍在者、宇宙の創造主。不可視、不可知。神の智ロゴスは、預言者に啓示する言葉であり、宇宙を自己展開させる法則、理性であり、かつ神そのもの。

＊ギリシャ語の本来のロゴスには、収集、言葉、計算、目録、法則、尺度、理性、人間精神などの語義があります。

⑵子なるイエス――ロゴスの受肉：聖書のロゴス（言葉）は、ヘブ
［仮　諦］　ライの智慧（ホクマー）のギリシャ語化。智慧（ホクマー）は、宇宙創造の基本総合計画書（アルゴリズム、プログラム）、つまり、はじめから神と共ににあって、世界創造（時空、物質、自然、生命）の計画を担った「言葉」。その先在の神の智（神のもとのロゴスの海）の現実態であるイエスは人類にとって最初で最後の「神の言葉」。罪のあがない（十字架の血、凹）と神の恩恵（凸）の中和化。子は聖霊の器。子なるイエスを介して人は神なる父

を霊的にみる。ロゴスの受肉は、狭義《きょうぎ》にはイエスを指しますが、広義には宇宙そのもの。

(3)聖　霊――神の愛：中和化（絶対無の神への帰還、志向）の阻止化による物質群の聖なる共生を可能にするはたらき。更新させるもの、聖化するもの。地上での神の現臨、臨在を表わす。聖霊は生まれるのではなく、イエスが知性（ロゴス、言葉）から発出するように、意志と相互愛によって息のように発出するもの。物質群の能動的階層形成作用。神の恩寵《おんちょう》的はたらき（エネルゲア）。父なる神と子なるイエスの愛。自然法則。主（仏）は聖霊（空諦、般若智）によって人（イエス、菩薩）となる。

［空　諦］
般若智

十字架のイエスに実現する人類の原罪の代理贖罪《しょくざい》とその救いは、その出来事以降の全人類の行為に保障されているものではないことは、その後のキリスト教の歴史的過ちのみならず、また人々の宗教の有無に関わらず、人類の歴史が事実として証明しています。もちろん、人類全体の比率からみれば少数ですが、十字架のイエスを介した神の救いと恩恵に真に与る人々がいることも確かなことなのです。

人間の自由性から発するとり憑かれたような探求心や創造性が我執や激しい憎悪に結びつくと、深い罪や悪を内包した魔力に変化すると言われます。しかしそれは、人間にとって「知が中和という神的過程（絶対無化への序奏）とその分極によって達成され、それこそが聖なる創造的共生に導く」ということに、なかなか気づきにくいからなのです。さらに、人間の自由性は意味階層の精神的重力場において自然落下しやすい傾向にあるからです。その精神的自由落下は超越的な鏡面から反跳なしに離れて遠ざかる方向であり、まさに神の領域に背を向けることになります。

神の存在に否定的な人はよく、「では、善である全能の神様が存在するならば、なぜすべての人間が善であるように作られなかったのか」と切り返してくるのです。確かに、人間の本能（ある種の線型的行動）という脳のプログラムにより、いかなる人間も自然生成（本能）的に善である動物であってもいいはずなのです。しかし、事実として人間は、多くの意識生活の中で本能が壊れた自由な存在なのであり、人間社会の意味世界平面から滑落《かつらく》もしやすいのです。

結論から言えば、宇宙の基本物質から、その集団化により、いきなり善なる神の純粋精神には近づけないのであり、人間存在自体がまだまだ未完成な製品であるということです。つまり、人類は神に近づく（聖の直観の）旅の途中なのです。そしてまた、個人の誕生においても、その後の精神的遍歴はそのような意味を内包しています。

基本的な物質の運動が神の法則に従う完全不自由（線型的）な存在である代償として、悩むことがありません。また、基本物質は神にきわめて近い存在なのですが、神の存在には気づきません。「灯台下暗し」そのものです。あるいは、気づく必要もないと言えるでしょう。

その物質が集団的に近接共存する過程で、以前の知を喪失しはじめます。またその代償として、徐々に自由度（それは逆に不安定性にもつながる）を獲得するのです。しかしまだ、一般的な動物の段階では、本能的行動が中心を占めているので、精神的自由度は小さく、不安定性も小さいのです。このような動物の意味世界平面では、善悪の分極化はほとんど生じません。また、本能系の動物に〈自我・私〉の芽生えがほとんどないがゆえに、〈神〉を直観することはないのです。

そして、霊長類の最先端にいる人類の精神世界において、精神的自由度が急激に拡大し、〈私〉が芽生えます。それは大脳新皮質の発達と関係しています。それゆえにまた、精神的不安定性と苦悩の領域も比例して拡大します。また逆に、与えられた大きな自由性ゆえに、人間は超在を覚知する能力があるのですが、その確率はまだまだ小さく、逆に大きな確率で超在に背くことのほうが多いのです。

肖像画で喩えれば、宇宙内の全存在がスピノザの神という肖像画を正しく見るには、神に近づきすぎ（神である肖像画を構成している絵の具、基本物質そのもの）では見えないのです。その神という肖像画の平面から旅立ち、基本物質の集団化により、神という肖像画からある程度離れて、はじめてその存在に気づき、正しく認識できるようになるのです。今の人類は、神という肖像画が全体的にやや見えはじめる位置にまで来はじめたと言えるでしょう。

そしてまだ、ぼんやりとして曖昧であるものの、神からの正しい距離に近づきはじめたという兆しは、生命として初めて〈私、自我〉意識を確立した段階と言えます。なぜならば、〈私〉世界こそが〈純粋精神〉である神を見（直観）ることができるフィルターレンズであり、後は個人史と人類史において、その正しい焦点を極める度数調整と、そのフィルター表面の汚れを落として、いつもきれいにしておくことが課題としてあるだけだからです。まさに、神なる故郷は遠きにありて初めて想うものなのです。また、その時が肉体に次ぐ第二の精神の誕生日と言えるのです。

神への背きとは、〈私〉中心的な行動をとり、我欲に走り、他在（私達とそれ）の尊厳を否定し、他在との調和と共生を嫌悪する心です。神への背きは自己と他在の破壊的否定であって、創造的否定のことではありません。これは生命の進化過程において必ず付帯する宿命的な下位の意味階層世界なのです。残念なことに、人類の脳の基本ソフトは、不要な前意識の古いソフトの上に上書きして消してしまう構造にはなっておらず、進化過程が常に新たなるプログラム挿入方式を取らざるを得ない仕組みになっています。進化は常に包括による超越なのです。

私達人類にとっての真の原罪とは、プロティノスの言うように、未だ精神的に高位への発達を全体的に遂げていないことなのです。自然科学とその応用であるテクノロジーは驚異的な発達を遂げていますが、残念なことに精神性はむしろ後退気味かも知れません。文明の発達以上に精神性の発達がきわめて重要なのです。私達人類の罪の真の贖《あがな》いは、神や仏の真意を極め、ロゴスや般若智の助けを仰いで、個の尊厳と精神性の上昇発達に基づく聖なる創造的共生を遂げることにつきるのです。

もしも、誰もが迷うことなく本能として、超在を直観する能力を備えている、精神性の高い知的生命がこの宇宙に存在するのならば、赤子として生まれた時、その能力がほとんどゼロ状態である私達人類は、製品としてきわめて非効率で不ぞろいな神の失敗作なのかも知れません。

そしてまた、歩留まりの多い製品であるがゆえに、悲喜交々の人生となっているのです。この21世紀において、新たなるステージへ向かうことができるのかどうかの踊り場に立っている人類は神に試されているのでしょうか。自己の行為が、目先の時間スパンだけでなく、将来の見通しにおいて、他在（私達とそれ）との聖なる創造的共生になっているのかを常に意識的に留意することが人類に課せられているのです。

神や仏は、人間の自由性の拘束では決してなく、むしろ自由な創造的共生を可能なものとしています。神の受肉としての宇宙に仕組まれているロゴスと聖霊のはたらきに基づいて、物質群の聖なる創造的共生が達成され、物質群は140億年（時間は相対的であり、〈私〉にとっては瞬時）もかけて、素粒子から原子、低高分子、蛋白質、ＤＮＡ生命を経て意識を持つ知的生命にまで進化してきました。その進化を可能にした根本メカニズムは完全中和化の阻止機構であり、そこに知が宿り、〈私〉という精神世界が誕生したのです。

さて、ラテン教父の三位一体論を、ロシアの宗教哲学者（1853年～1900年）で新プラトン主義に近いソロヴィヨフの視点から見てみると、また別の側面が浮上してきて意味あるものになります。ギリシャ語の智慧という言葉の男性名詞ロゴス（logos）と女性名詞ソフィア（sophia）を西方教会のように同一化しないで明確に分極化したところにその思想の起点があります。

それは、東方教会に固有の聖ソフィアのイコン図によるインスピレーションに基づいているようです。図47の左図のイエス・キリストの三位一体論でみると、鏡面の内部がソフィアの思想的世界となっています。ソフィアは無限の可能性を秘めた無彫刻の大理石であり、アリストテレスの第一質料、絶対基体、純粋質料（可能態、デュミナス）に相当します。それは、被造世界の母胎であり、神の母、神の宮、マリア、無限なる教会を象徴します。そこから、神の他者である万物（基本物質群）としての物質的側面が生成されます。この鏡面内部を受動原理（凹）とし、その全体を神的質料原理としています。基本物質群の受動性原理は確かに妥当なものですが、ソフィアの絶対基体性を考慮すると、やはり物質群としての万物も生成原理による受肉なので、鏡面のすぐ外にも股がると見なすべきでしょう。

ラテン教父は、むしろ質料をまったく付帯していない形相の極限である純粋形相を神と関係づけているのです。しかし、その純粋形相は究極の反転により純粋質料に接続される可能性はあります。それは丁度、神（純粋精神、山の頂上）と抽象的仏（絶対基体、海）の接続関係にも対応します。ソロヴィヨフは第一質料の復権をソフィアとの関係で直観したものと考えられます。もちろん、図47の鏡面構造から見ると、ソフィアの理念自体は自然に繰り込まれます。

また、ソフィアの理念は聖霊ともつながる世界霊魂とも同一視されているので、以上の関係を図示すると、図48になります。しかし、最も大切なことはソロヴィヨフが感受した神秘体験そのものであり、ここでの言葉の説明はあまり意味をなしません。

そして、ここではその霊性における「無限絶対基体（純粋質料）」と「現実化した宇宙」と「絶対無の神（純粋精神）」との関係が、古代インドのバラモン哲学でも種々（不二一元論その他）に論じられた難問であることを頭の隅にいれておけば十分でしょう。著者は、純粋質料（仏界）と純粋精神（神界）はメービスの輪の表と裏の関係にあると考えています。

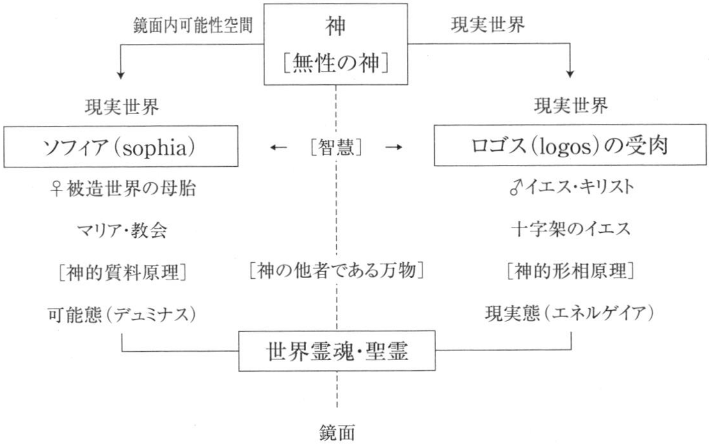

図48　ソロヴィヨフの神の全一体

ここで、仏教の空仮中の三諦論とキリスト教の父と子と聖霊の三位一体論の意味世界を合わせて併記したものを表9（＊印は簡単な用語説明の付記）にまとめてあります。細部の相違点にこだわらなければ、全体的な類似的イメージが浮上してくると思います。ただし、決して合同ではなく、相似的関係であることは留意しなければなりません。

表9　天台仏教の空仮中の三諦論とラテン教父の三位一体論の比較

［中　　諦］	父なる神	［空　　諦］	聖　　霊	［仮　　諦］	神の子イエス
中道正観	絶対無の神	従仮入空	［愛］を通した総合化	従空入仮	［愛］を通した相
柔和忍辱依*	先在のロゴス、智慧	諸法空為座*	による自由度の拡大	大慈為室*	対化による純粋化
仏　　種	電磁場の絶対威光	仏母（ソフィア）*	生命進化の基本テーゼ	父種（ロゴス）	重力場の絶対恩寵
［鏡］	原初起点化	［聖］	直観・霊性	「俗」	多次元空間化
非空非有門	無限の可能態	空　　門	共生・連帯性・連続性	有　　門	自立性・孤立性・孤高性
法性智火*	超越存在的	不変真如*	非局所場的	随縁真如*	局所場的
如来如実*	宇宙の創造主	無死退滅*	遠隔作用	有生出在*	近接作用
無　　縁	宇宙を超越し包括する	法　　縁	神の詩的想像力の斜面	衆生縁	神の科学的創造の斜面
仏	すべての源泉・すべてのゴール	法（ロゴス）	想　像　的	僧（菩薩）	命　題　的
智　　慧	全知全能	禅　　定*	神の愛の伝道者	戒　　律*	山上の垂訓
信（信仰）	純粋精神・純粋形相	学（向学）	内部の宗教詩科学の境	行（化他行）	外部の実証科学の境
無上菩提誓願証*	無限の属性を内在	煩悩無量誓願断*	神の恩寵的はたらきの担い手	衆生無辺誓願度*	思惟＋延長
不　　二	不生不滅	無分別世界	神界と宇宙の両方に浸透	分別世界	顕現世界
経	純粋無形	妙　　法	同一根源の父と子から発出	蓮　　華	神の王国
中道実相	主観と客観の一致	平等・普遍性	全体的接続規制・中和	個別性・階層性	部分的接続規制・分極
不二一元	真　　理	無分別世界	空間的分析が重要	分別世界	時間的分析が重要

諸法空衣為座：諸法（空性・真理）を知らしめるには、我・煩悩にとらわれない仏の教涯（一切法空）に座していくこと。これは、仏の法を広める際の3つの心構えの1つです。他の2つは、仏の法を深く信受し、いかなる法難にも屈せず、耐え忍ぶ心の衣をまとう柔和忍辱衣*と、俗なる世界の一切の衆生に大慈悲心で触れ合う大慈為室*です。

仏母（ソフィア）：法そのもの。仏はその法に従って生まれるので仏の母となる。これは、ソロヴョフの、神の母、神の宮という胎性概念を帯びたソフィアの思想にかなり近い。さらに、法から生まれるメシアとしての仏も、ロゴスの受肉と近縁関係にあります。

不　変　真　如：不生不滅にして、常住不変の真如（法性・仏性・真理）。この説明は神概念に近いのですが、生命のみならず万物をも含めた悉有仏性《しつうぶっしょう》という仏教の思想からは、スピノザの汎神論的性質（大日如来など）が汲みとれます。仏教には絶対他者としての唯一神と創造主の思想はありませんが、いずれ何らかの形式でつながってくると思います。ラテン教父によるキリスト教の神も、古代神話からユダヤ教の人格神を経て、絶対無の神へと抽象的変容を遂げているように、仏教も受肉の釈迦の滅後に、諸派によっていろいろな形式の釈迦自体の抽象化が遂げられています。真如（真理）には 2 側面があり、もう 1 つの側面が随縁真如*です。現実世界にいる衆生の心による所作・振る舞いは真如が縁に随《したが》って顕現したものであることを意味します。この不変真如の理と随縁真如の智の両方を具有する、一切諸法に内在する法性の智慧を「火の焼く」と「照らす」のはたらきに譬《たと》えたものが法性の智火*の意味するところです。

無　死　退　滅：生命の根底は、この宇宙に顕在化しなくても本有常住しており、その非顕在の状態を指す。無は有無の無、死は生死の死、退は出退の退、滅は在世滅後の滅を意味します。この無死退滅の対極語が有生出在*であり、本有常住の生命が縁によりこの現世に生を受けて、受肉である応身として顕在化することを指します。この両極の幽と顕、死と生を本有常住の実相、真理ととらえると、かくの如き実相を悟った如来、すなわち如来如実*となります。

禅　　　　定：雑念、煩悩に執らわれず、心を一処に定めて深く降下していく過程で、真理、仏の法を覚知する境地に至ること。これは、キリスト教系では、瞑想、観想、黙想などと言われますが、その目的とするところは、純粋に神を対象とする至福直観であり、神との霊性的一致を目指すものです。禅宗での坐禅は一切無目的であり、またそれとは異なります。しかし、どの宗派にしても、心理的位相の降下の内的形式は類似していると言えます。このような真理の山を登っていく修道過程で、人間生命に固有の煩悩や自我の突き上げにより、道を踏み外さないように戒律*があります。これは在家者では緩いのですが、得度者には厳しいものがあります。ユダヤ教やキリスト教では律法や垂訓となり、ともに神との信仰者の契約事項となります。戒律は険しい心の登山道を登っていく際のガードレールのようなものです。

煩悩無量誓願断：一切の煩悩を断つという自己否定過程。この誓いのもとに、仏の教えをすべて学びとり（法門無尽誓願知）、仏道修業において無上の悟りを成就（仏道無上誓願成、無上菩提誓願証*）し、その上昇過程の極みにおいて、再び自己否定により降下し、俗なる現実世界での一切衆生を悟りの彼岸に渡すという化他行（衆生無辺誓願度*）を誓う。これら 4 つの誓願は菩薩の初発心の心構えであり、四弘誓願と言います。

ラテン十字架の深い意味

十字架は、メシアとしてのイエス・キリストそのものであり、弱きイエスの死に対するイエス・キリストの聖なる「ひるがえり」による勝利と栄光と復活、キリストの贖罪を介した信者と神との和解による信者の救済などの象徴となっています。そのラテン十字の図像を縦軸と横軸の関係で見直してみることにします（図49)。

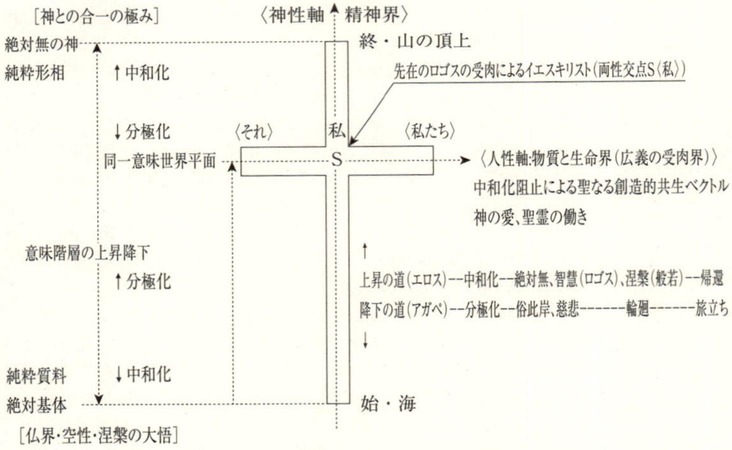

図49　ラテン十字架に秘められた宗教的意味世界

今までの鏡面構造から見ると、図49の十字架においては、縦軸である神性軸は鏡面内の内在的可能性空間であり、横軸である人性軸は鏡面外の現実空間になります。そして、それら神性軸と人性軸の交点Sがイエス・キリストの両性説に対応する点となり、鏡面（可能性空間と現実空間の接面）では究極の「ひるがえり」点Sでもあるのです。

また、縦軸の神性軸は意味階層の上昇降下軸でもあり質料と形相の段階的上昇関係にあります。その上端は絶対無の父なる神であり純粋形相（精神）になります。下端は絶対基体（純粋質料）となり、その上昇過程の途中の点に知的生命である人類の共生軸（人性の横軸）が交叉しています。その横軸は人類に共通の意味世界平面であり、絶対基体から上昇した等ポテンシャル面になっています。縦軸の上昇降下は、上昇による神との合一（智慧、ロゴス）への道を経てから、究極の反転により、聖化された自己（メシア、菩薩）として、現実世界に降下して旅立つ（慈悲、アガペー）ことを意味します。

しかし、イエスはあくまでも受肉としてのS点にいるので、肉体はそのままで、精神がそのケノーシス（自己無化）的道行きにより絶対基体にまで降下しているのです。滑車のように、常に上昇と降下は同時です。そして、十字架の絶対基体（始、下端）と純粋形相（終、上端）は無限の深淵でメービスの輪のようにつながっているはずです。横軸の人性軸は物質界から意識のある知的生命界までの多くの意味階層をも包括しており、その横軸の上昇は、物質群の聖なる創造的共生により達成されたものです。

人性である横軸では、物質、自然世界の〈それ〉と、実存としての〈私〉と、尊厳を踏まえた他者との共生である〈私達〉との調和循環型の創造的共生が達成されていなければなりません。それは、聖霊の働きの意図であり、神の愛の成就でもあるからです。

しかし、人類に背負わされた進化史的宿命により、その道はきわめて困難なものとなっています。物質群による聖なる共生も140億年という年月を要しているのであり、まったく困難な創造への道であったことも事実です。その創造的共生の結晶として、自由性が与えられている意識、精神界を司る脳があるのです。脳は私たち人類が創造したものではありません。まさに、聖霊のはたらきによる神愛の導きが産み出した驚くべき創造的共生の結晶なのですが、まだ完成への途上の製品であることは確かです。

意識活動という能力を持っている私達生命には、それが当たり前で感謝の心など爪の垢ほどもありません。脳という装置の真の偉大さとその深淵に気づくのは、皮肉なことに、画期的な発見に夢中になっている大脳生理学者と、人工意識を開発しようとしているＡＩロボット工学者という理系の人々の一部なのです。それは、意識の問題を研究すればするほど謎が深まるばかりだからです。

文系の人々は、自己の才能豊かな脳に突き動かされて、感動的な作品をひたすら産み出し続け、しばらくの充電期間をおくものの、すぐにさらなる創作を意欲的に続けます。その凄い人類脳でも未だ未完成なのです。

人類の有能な人々は、〈私達〉の集団である資本構造社会に吸い取られていき、巨大な利益を生む技術開発に血眼になっています。神のロゴスの一部である科学知には驚異的な力が秘められているので、人間の本質に秘められたごう慢性により、そのエロスに魅了されてしまい、失ってはならない魂もどこへやらです。驚異的な技術開発や科学理論の確立への情熱は凄まじいものがあるのですが、世界人類の創造的共生の理論確立に情熱を傾ける人々は、少しずつ増えてきてはいるものの、やはり現状ではマイノリティーです。

テクノロジーが高度に発達して、反重力飛行体や立体テレビ、高度医療や自由な惑星旅行が可能になり、さらに、もっともっと生活が豊かで便利な時代になろうとも、その時代に生まれてきた人間にとっては当たり前のことなのです。最も大切な原点は、時代性と地域性や人生の長短、すなわち時間性と空間性に依存しない〈私〉と〈私達〉の心のあり方である精神性なのです。

確かにテクノロジーにより苦難が解決されることも多々ありますが、世界は一変数の線型関数ではなく、あらゆる要素が絡み合っている複雑なものです。目先の利益に捉われて突き進むと、とんでもない陥穽《かんせい》に人類全体が落ち入る羽目になるのです。知的生命の原点は、いかなる未来においても、自然との調和的循環に従う、適正経済資源を基盤にした精神性にあるのであり、そこから生み出される聖なる意味文脈（ソフト）なのです。

神は決して人類に対して、上昇への登山ルートを一意的に決定したりしません。その道は〈私〉や〈私達〉が自由意志により決めることなのです。そして、真の登山家は、どのルートにも危険が秘められていることを承知しています。油断やごう慢は転落のもとなのです。

異なるルートを昇る登山家同士が山路の途中で出会うときのマナーのように、世界的な宗教団体や非宗教団体がエキュメニズム的（宗派を超えた世界的対話による知恵と情報の交換）精神に則って、聖なる創造的共生の理論確立に向けて力を合わせなければならないのです。

意味階層に普遍な完全中和の阻止化

絶対無の神と共にある内在的先在のロゴスが受肉化する機構は、完全中和化を阻止するシステムにあるのですが、絶対無の神は、何ゆえにそのような阻止化のアルゴリズムをこの宇宙に組み込んだのでしょうか。それは、知的生命の脳が脳自体を含めた自己存在と宇宙の仕組みのすべてを知りつくそうとすることと深く関係してくるような気がします。

多くの神秘思想家は、神自身が脱自（自己否定、分極化）して、受肉した宇宙内の生命意識を介しながら、神自身を観察しようとしていると見なしています。その考えに立つとき、私達が日常の諸事に追われて忙しい日々を送っている時には、その生命の意識状態は、揺らぎのある水面であり、乱反射により〈超在〉を映すことはありません。したがって、絶対無の神が自己を写し見るためには、深い信仰的瞑想家により達成される、まったく揺らぎのない純粋な空なる意識の鏡を通して自己を発見しようとしているのです。

また、その瞬間の心理位相空間に聖なる相転位が起こります。そのときスピノザの宇宙は〈私〉と共に目覚め、〈私〉とともに眠るのです。フィヒテは『浄福の生活の手引き』（1806年）の中で、人間が自己を純粋に根底まで絶滅するやいなや、神のみが残り、神が一切となると、そしてまた、人間は神を生み出すことはできないが、自分自身を本来の否定として絶滅することはでき、そのときにこそ神のうちに没入（同化ではなく合一）することができるということを述べています。

これは、相対的に神が人間精神を介して自己観想するのと同義であり、空の思想につながるものでもあります。その神が自己観賞可能な意識の浄鏡を可能にする脳という装置を作るためには、何としても中和化阻止の仕組みが必要になるのです。確かにこのような思想にも頷けるものがありますが、しかし、本当にそれだけの理由なのでしょうか。私たち人類にはまだとても推しはかれない何かが課せられている可能性も十分考えられます。そのミッションを担えるだけの生命種であるのかどうかが試されているのかも知れません。

前にも触れたように、人類または他の知的生命が宇宙の究極理論を手にしたとき、必ず宇宙自体の変容を可能にする宇宙の操作技術がある一定の確率で発生します。そのとき、宇宙自体がその内在する知的生命の意志次第で変容する可能性を秘めているのです。もちろん、宇宙の時空自体の操作次第では、その宇宙内の生命がすべて一瞬のうちに消滅することにもなりかねません。

つまり、宇宙内の知的生命の意志に宇宙の未来が依存しているのです。それは新たなる位相のビッグバンか、あるいは更なる宇宙の創造的進化かも知れません。内的生命による自発自展の宇宙です。宇宙内の知的生命の意識によって宇宙全体が変動する宇宙は、もう既に意識を持つ生命体そのものと言えるのです。

そのとき、宇宙の次元幾何学的に閉じた時空がその生命の細胞膜であり、その中に無数に存在する知的生命のネットワークが核と細胞質に対応するでしょう。もしも、何らかの無知的実験により、新たなる位相のビッグバンを引き起こしてしまった場合、それは、究極の理論を手にした知的生命のごう慢性ゆえに突き落とされる、双《すご》六《ろく》でいうところの、「振り出しへの強制的送還」を意味します。これこそ究極の転落と言えるでしょう。

このことを逆にとらえると、私たち人類が発見した宇宙のビッグバンのいくつもの証拠は、その前の宇宙に存在した知的生命のごう慢性ゆえの失敗によるものかも知れないのです。

さらに、もう１つの重要な問題は、この４次元宇宙という現実世界で、物質群の相関によって達成される最高の価値形態（意味階層の頂上）は精神現象（意識活動）であると断定できるのかということです。物質相関、すなわち質料から完全に離れた純粋精神をアリストテレスは神的なものとしています。純粋精神そのものの存在は、この受肉の宇宙内では不可能なのであり、神はいかなる次元時空とも無縁な超越的存在です。したがって、その最高の価値形態の問題はあくまでも物質相関に付随した領域内での話です。

ここで少し視点を変えて、遠い将来（そこまで人類が存続できるのかも怪しいのですが）において、不可能ではないかもしれない特殊事例を考察してみましょう。それは意識問題の完全解明による人工意識体の完成です。その形態は球状（ミラクルスフィアーとします）であり、時空を自由に飛翔でき、自己複製のときにだけロボット型に変身します。もちろん意識を持つロボットなので、自己が過去にしていたことや、今していること、考えていることが正確に分かります。

また、完成時点での最高の記憶容量と計算速度を備え、自己複製を含めた、人類が手にしているあらゆる分野の知識がインプットされており、重要度に応じて消去も可能です。しかし、進化によって人類に包括されてきた感情的要素は一切ありません。この地球上のいかなる人種との会話も可能であり、かつ未知の知的生命との会話も試聴による暗号解読から可能となっています。

大脳の前頭前野をさらに進化させた電子回路の知的頭脳部分が全体の90%以上であり、理性の塊そのものです。このロボットの10%に満たない肉体マシンの基本欲求は作動エネルギーの供給（基本は光発電）と各部品の摩耗シグナルと自己複製欲くらいです。人間に本質的な肉体的諸欲求や陰陽の感情世界は一切ありません。頭脳部の欲求は、知の蓄積とそれらの組み合わせによる創造行為および問題解析欲です。

さらに、このミラクルスフィアーが超高度なナノテクノロジーの応用により、ビー玉くらいの大きさになると、もはやライプニッツが唱えたモナド（単子、幾何学的点状の分割不可能な精神体）の概念に近い存在にまで接近していきます。ライプニッツの提起した問題は、ある意味で、高度な理性的精神体はいかなるレベルまで縮小できるのかということにもなります。

もちろん、この問題にも、ある空間領域の情報（知）エントロピーの限界法則は当然課せられます。これは、第１章の３節の［1］で述べた形態的中和と分極での、ｎ次元空間の分極による知・情報はｎ－１次元空間に宿るという概念とも関係しています。また、二次元平面での振動数情報がフーリエ変換を通して三次元空間の立体を構成するホログラフィック原理ともつながっています。

しかし、残念なことに、ミラクルスフィアーは人類の持つ自然法則や神や仏に関するあらゆる知識は完璧であるのに、神仏の存在を直観できる霊性を備えていないのです。その理由は簡単なことです。その人工意識体は人間が作った知的ロボットであり、自分が今何をしているかが分かる、最も基礎的な“見る”と“見られる”関係の論理回路（シンプルマインドチップ、ＳＭＣ）は備えているのですが、それ以上のことはできないからです。もっとも、そのマインドチップの発明だけでも、私達の宇宙では大事件と言えるのですが。

神仏に関する霊的直観は、比較的古い脳系である大脳辺縁系と大脳新皮質との相関にあるのではないかと言われています。人間は神ではなく、神からの絶対的与えられです。人間は論理的な構造を物理計算過程に移行することはできますが、深い信仰的霊性から真理をみる能力をネットワーク型論理回路に変換することは、とてもできないのです。もちろん、単純な論理思考も神からの与えられですが、その道筋は線型的要素（それはある意味で排他的であり、共生を拒絶）が強いので、中和過程を介して人間にも理解可能なのです。

しかし、多元的な情報ネットワーク（共生）型問題の中和化による解析はきわめて苦手な分野となっています。単なる意識のない物質の厳密な相関解析（例えば、天体運動における三体問題など）でも大変なのです。ましてや、各エレメントが生命のある高度な知的コンピューターであり、まるで意識があるかのように振る舞うニューロン細胞が一千億近くも集まって、各ドメインを構成しながらネットワークを形成しているのですから、霊的直観問題はまったくのお手上げ状態なのです。

しかし、このニューロン生命によるネットワークという、エネルギーと情報に関する聖なる創造的共生こそが脳という装置の肝心要であり、そこに意識問題と神への直観が秘められているのです。実際、たくさんの情報端末を備えている「意識の部屋」の主人である〈私〉を考えると、デカルトが陥ったどうどうめぐりも分かるような気がします。心理空間におけるサイトロンも、ただの物質粒子、あるいは木の葉などではなく、さまざまな内的外的情報の波の上で航海する、小さなヨットの船長のような存在なのですから。

以上のように、人間に与えられた超在の存在直観能力もまた神の恩寵的働き（エルネゲイア）によるものであり、聖霊（世界原理、法則としての神）がミクロ時空と基本物質を介してその役割を担っているのです。まだまだ完成からは程遠い途上にある脳こそは、神の意志である聖なる創造的共生の進化途上にある範型そのものと言えるでしょう。

しかし、未熟で未完成ながらも一旦、自我という〈私〉の存在に気づく段階に至った生命である限り、聖への直観の扉は常に開かれているのです。物質だけでなく、人間も誰だって不完全な存在だからこそ、この世に生まれてきたのです。そして、個の人生と人類の進化という人類生は、その不完全性を補充する道行き（完全への帰還）と言えるでしょう。

真に完全なる〈存在〉は、そのままで現実世界に出てくることは決してないのです。絶対無という神の最高の中和基準の自己否定、脱自による分極しか道はないのです。そして、それこそが不完全の始まりであり、その不完全性ゆえに対極的陰陽に知が宿り、その中和分極の発展における意識において神が観想されるのです。なぜあえて完全性を自己否定するのかにこそ、大いなる神の秘密が隠されているのです。

高分子蛋白質の幾何学的折り畳みと関連するイオン型三次元鋳型との相関によって成立する中和と分極の知と違って、ネットワーク型の知は、その三次元幾何形だけでなく、電気的強度や化学的濃度変動の伝搬、細胞間の相互作用のタイミングプロセス、非線形性、カオス的意識流動、ホログラム的要素、量子的コヒーレンス、その他の位相共鳴問題が中和過程として絡んでいるので、きわめて複雑なのです。

この絶対的与えられである途方もない装置の、きわめて初歩的な理性的意識の部分だけを何とか解明して、人類に忠実であるようにプログラムされているマインドチップを組み込んだミラクルスフィアーが産み出されるのです。

しかし、生みの親である人類が滅亡し、主人を無くしたミクロスフィアーだけが、この宇宙に増殖していくことも十分に考えられます。それでも人類はミクロスフィアーの創造主などではありません。あくまでも、真の創造主によって作られた脳という装置をいろいろと調べて、真似をしただけなのです。

そもそも、意識現象がなければ、意識の問題など生じてこないのです。ここにも、宇宙に意識を持つ生命体が誕生した意味が隠されています。この人工意識体がこの宇宙でどのように進化して、いかなる意味世界を構築していくのかは、まったく予想がつきません。

無神論者と有神論者

科学者や無神論者は、神は人類の無知を塞ぐための都合のいい蓋に過ぎないと言います。そして、偉大な科学的発見や理論確立により神は暴かれたと息巻くのですが、知は絶対無を志向する中和過程を通した神からの授かりものです。そして、知は精神性の高まり、深さの中では極一部分に過ぎません。

精神的偉大さや崇高な意志の力は、静的なロゴスがきわめて高度に発展した動的、共鳴的知の体系から生成してくる意味世界です。

宇宙の完全な物理法則世界は１つのアルゴリズムであり、静的な知です。自然現象の動的形態はその基底知のレール（ロゴス）上を走る現実的表現です。静的ロゴスの知は純粋無垢であり、それに触れる生命に固有な精神性（意味世界）によって、色は白くも黒くもなるのです。

唯物論者は、何も神など持ち出さなくとも、物質相関で将来必ず精神もすべてて説明がつくと言いますが、それは、既にできている製品をあれこれ調べて、このようにして意識は物質相関により発生するのだと誇らしげに説明するのに過ぎません。そしてそれで終わりです。後は利益になる応用に一目散に走りだします。

有神論者が問題にするのは、意識を持つ生命にまで至る物質群の創造的共生は、宇宙の法則（基本プログラム：絶対無への志向）と基本部品群と中和化阻止の仕組みなどの絶対的与えられにより可能なのであり、いかなる知的生命も、その最小限の絶対的与えられについては説明ができないことなのです。

そして、〈意識〉は、時間スパンの長短に関わらず、〈意識〉からしか生じてこないのであり、その背後にある精神的意味世界を直観しているのです。〈意識〉は、「自己複製原理」が諸物質を介した高度な動的相関に上昇発展した、フラクタルな現象と言えるものです。

確かに、宇宙は生命だけでなく、多くのきわめて巨大な構造的存在をその内部に生み出しています。したがって、むしろ生命は、それらの相関に起因する２次的副産物に過ぎないという視点もあります。

宇宙という存在は、ただその内部に多くの構造体を自然法則に従って現象しているのに過ぎないのに、ある何か一定の製品を生み出すための総合マシンであるとするのは、人間に特有の意味世界適用に関するカテゴリーエラーであると主張することもできるでしょう。しかし、その大小を問わず、いかなる宇宙内の存在物も必ず他在に対する機能（作用能力）を持っているのです。

機能は意味世界の原始的な始まりです。問題は、それらの機能相関が宇宙の進化とともに、ある一定の確率で意識を持つ知的生命に集約してくるのかどうかなのです。意味階層世界の縦軸である上昇降下過程において、確かに両端点にある絶対無は、今現在いる人類の位置ポテンシャル点とは異なっているので、人類の意味世界平面から見れば、一見虚構のようです。

例えば、私たちの映画鑑賞での楽しみは、それを支えている脳内の下位の構造世界で活動しているダイニン蛋白質の忙しい運動にとっては虚構であるようにです。

しかし、本書の前半部で詳しく述べたように、縦軸上の点におけるいかなる階層世界においても、普遍の意味世界がただ１つだけ貫徹されているのです。それこそが万物の絶対無への志向性であり、その阻止化により創造的共生を遂げ、その反跳として各階層の意味世界が構成されているのです。

神なる絶対無に人類の意味世界平面から精神的意味を見い出すことは、決してカテゴリーエラーなのではなく、万物のいかなる階層においても、普遍の価値、意味体系なのです。元来、１個の電子でさえはかりしれない深淵に包まれた崇高な存在です。そして、それは常に絶対無を志向します。有神論者は、脳の構造があまりにも高度な複雑性を備えているので、それは神の為せる業に違いないと主張しているのではありません。脳という装置が超在を直観できるからなのです。

そしてまた、現実にその直観によってただの物質構成体である脳に普遍の聖なる相転位が起きるのです。その真理感というものは単なる私的幻想などでは決してなく、人類の新たなる意味階層平面である共通の共同識の前哨と言えるものです。

もちろん、不思議なことにその直観の真理性も正に真なのか偽なのかも、うすうす分かるのです。禅宗の真の導師もそのような意味世界平面を直観しています。重要なことは、意識現象から浮上してくる超在に対する直観そのものが、既に純粋精神である超在の自己複製原理によるものだということです。

たとえ最初の意識の自己複製にビッグバンから140億年かかろうとも、時間概念はきわめて相対的なものであり、〈私〉を意識するのは今という現前なのです。私達の宇宙内のいかなる生命も、進化のための時間さえ許されるなら、いずれ意識を持つようになり、さらに自我としての〈私〉を確立し、そして最終的に神を映す精神的鏡となるのです。

マッハの相対性原理から、〈私〉という生命が宇宙について考えを巡らすことそれ自体が、実は宇宙自体が宇宙という自己存在を相対的に考察していることなのです。もう少し分かりやすく表現すると、意識思考という動的表面があれば、脳という実体的神経ネットワークが時空間的にどんなに複雑であろうとも、必ずトポロジー（位相空間）的にその裏返しの動的思考表面があるのです。

そして、それが〈私〉という意識活動の脳構造に浸透している宇宙時空全体の時空トポロジー面なのです。実際、脳は意識を発生させる装置であると同時に、その意識現象を観測する装置でもあり、さらに奇妙なことに、その主観の仕組みの探究により、主観が主観を客観化しようとしているのです。

そして、宇宙は人間を含めた意識を持つ知的生命を発生させる装置であると同時に、その人間の意識を観測する装置でもあるのです。もちろん今の人類の段階では、［存在・即自・宇宙・梵］と［無・対自・意識の実存・自我］の冥合はそう容易なことではありません。この冥合を真に可能にする人々は、60億以上の人間のうちの少数しか存在しないのです。

しかし、そのような人々は徐々に増えていくでしょう。あるいは、人類から進化的に分岐する未来の超人類が担うかも知れません。

世界の多くの宗教に関係する信仰の徒は、その宗教団体に固有の教会や寺院その他の集会所、およびそこでとり行われる儀式、さらに神聖なる書物の研鑽を信仰の拠所として、その信仰を深め、日々の生活に意味を与えています。そのような過程で、深い真の霊性に目覚めるきっかけは、入信する動機が人それぞれであるのと同じようにまちまちであり、またまったく無宗教の人でも、ある日突然目覚めることも多々あります。

しかしながら、確かに不思議なことに、精神的上昇または降下によって神や仏の真の霊性に触れることは容易ではないのですが、そのロゴスや般若の智の一部を覚知することは、それよりは比較的容易となっているのです。

実際、多くの自然科学者（それでもやはり絶対数は少ないのですが）は、実験と思索による方程式（等号という橋を絶対無に架ける：Ａ＝Ｂ→Ａ－Ｂ＝０）の定式化という広義の聖なる中和化により、万物の作動原理の多くを手中にしています。この場合も、多くの研究者（実験家と理論家）の協同による並列計算が可能にするときもあれば、まったく単独（それでも過去の偉人による基礎なくしては不可能、つまりこれは空間的ではなく時間的並列計算）で成し遂げることもあります。

しかし、いかなる形式にせよ、ロゴスは聖なる中和化を介さずには決して得られないのです。換言すれば、科学知は主観（精神）と客観（物質）の近接的一致により浮上してくる主観と客観の境界領域の知なのです。そして、宗教とはまったく無縁の人々の、かわりばえしないが、きわめて貴い日々の生活を支えている当たり前の意識活動も、中和・分極という聖なる恩寵にあずかっているのです。
　そして、いかなる苦難があろうとも、自己の不完全性を充足する道行きとして、精神のある〈私達〉は、この宇宙とその中に存在する地球を住処として与えて下さった神に感謝するのです。

あとがき

「存在・最高位の中和」、すなわち、絶対無は「存在者・分極体」、すなわち、宇宙・万物・我を産み出す根拠ですが、究極の絶対無としての〈存在〉自体は根拠・原因とは一切無縁の聖なる深淵です。

この絶対無を象徴的に内在的可能性を秘めた複素数（虚数iを含む）空間としてとらえたとき、実数空間である私たちの現実世界から見ると、まったく見ることも入ることもできない超越空間となるので、客観的に観察し得ない一種の絶対無に対応します。この超越的虚時間時空には私たちの空間での大小という比較概念がなく、無差別世界に見えますが、実は極座標表示での位相差が極めて重要な空間なのです。したがって、複素空間も何らかの中和基準の分極的実在（しかし、私達の宇宙から見ると虚の世界）であり、究極的には真の絶対無へ帰還するものと考えられます。

私達の四次元空間において見えている実存は、実は不完全なものであり、高次元実数空間や複素数の空間において、完全であるところの一部が見えているものに過ぎないということも十分考えられます。簡単な喩えでは、三次元建築物の３つの二次元展開設計図などです。

あるいは、実数世界では決してできない定積分が複素空間（コーシーの閉曲線に関する積分定理）を介すと可能になることや、何にもまして、ミクロ時空の粒子の振舞いを記述する量子力学の成功は、この宇宙の物理的本質として複素空間の関与抜きには考えられないことを立証しています。

これは、低次元空間では決して分極・中和することができない知または暗号が、それより高次元の空間や超越空間で分極・中和が可能となり、解読されるのと同じ論理です。基本素粒子内部のクォークやグルーオンの四次元時空での複雑な運動が、高度の対称性（高い中和基準）を備えた五次元反ド・ジッター時空では比較的簡単な計算過程になる例などもあります。

私達の宇宙とはいかなる形式でも相互作用（情報交換）がなく、不可視であるが、実験的裏付けによる完成された、私達の未来の宇宙理論から自然にその存在が演繹《えんえき》され、確実視される世界（平行宇宙とか多重宇宙、ホログラフィック宇宙など）をもまったく含まない、真なる絶対無こそが中和基準の最高位の絶対無なのです。

多様な角度から生命存在の次元依存性を考慮すると、現段階では、やはり生命は私たちが住むこの四次元宇宙でしか可能ではないことを強く示唆しています。しかし不思議なことに、私達の知的精神は、理の上でいかなる高次元空間や超越空間にまでも達することができ、実際その応用によって、四次元宇宙の統一的な究極の物理理論を獲得しようと日夜、理論物理学者はしのぎを削っています。

超弦理論やさらにその上のM理論などはその典型です。おそらく、そう遠くない将来において、最低限の絶対的与えられである法則（公理系と方程式セット）と部品（物理定数と最小限の基本実体）で森羅万象を説明することが可能になるでしょう。しかし、それでも確実に言えることは、絶対に説明できないセットが残ることであり、さらに、説明し得た広大な領域もただの無味乾燥な数量変化の記述に過ぎないということです。それが物理理論なのです。

このような究極の理論に関わるロゴスの知の探究はきわめて魅惑的であり、多くの研究者を夢中にさせ、その生涯を彼女のために捧げるのです。しかし、崇高な霊性や意志の力は静的なアリストテレス的ロゴスの知の範疇には入らないものなのです。それらは空の御座（みくら）という心理的位相空間に収められており、その位相空間は絶対無の神の不可知性、不可視性、深淵を悟る者にしか開かれない、共鳴中和過程による感応世界なのです。

あのＮＡＳＡの宇宙飛行士であったエド・ミッチェルやその他の、およそ宗教とは無縁であった宇宙飛行士達が漆黒の宇宙空間で、個々に心の内で密かに実体験した、「この宇宙の本質は霊的知性であり、それこそが神である」という共鳴的感応こそが、実は人類にとって、月へ行くこと以上にきわめて大きな第一歩であったと言えるのです。

そして、そのような感応は、古代から近代以前の、科学がほとんど未発達の時代において、既に多くの偉大な哲学者や思想家、宗教家により到達されていた世界なのです。

古代中近東の人々が、何もない広大な空無の砂漠の中で神の実在を直観したのも同じような背景によるものです。純粋なる空無であるが故に、ある背後の〈存在〉を感応させ、心を豊かに深化させるのです。不思議なことに、外的世界における物の氾濫と豊饒、過剰、多忙は、表向きの充実とは裏腹に、精神的内面性を浅く軽薄にし、殺伐とした荒廃を招くのです。

しかし、これは空・仮・中の錘秤の原理からすれば自然なことです。分極体である私達が完全中和、完全均衡状態に常にあることは不可能なことであり、大切なことは、たおやかな揺らぎ状態の維持なのです。現代文明の進歩・発展は「過剰」と「異常な不均衡」であり、その反動現象があらゆる領域で蔓延しはじめています。それは、おおかたの科学知が巨大資本に聴従し、澱み、偏向を過剰に促進しているからと言えます。近現代の人類という生命は、地球という素晴らしい調和循環型のガイアシステムにとっては、明らかに短期間にエネルギーを異常消費する癌細胞であり、それに対する自然の反動現象は、ガイアシステムからの免疫攻撃と言えるものです。

しかも、その攻撃はまだ始まりかけであり、近い将来に必ず高熱で人類全体がうなされる時がやってくるのです。もちろん、そのあおりで地球の全生態系も苦しむことになるのです。

以前、アメリカで閉鎖系の巨大なドームの中に人工自然環境を作り、そこで人間が暮らすバイオスフィアー２という実験がありました。その結果は、酸素と二酸化炭素の循環がうまくいかず、さらにゴキブリが大発生して失敗に終わったそうです。このことで逆に、いかに地球そのものが完璧な宇宙船であるかを再認識することになるのですが、それでも相変わらず人々は経済成長に多忙で、その流れをスローダウンすることができないでいるのです。

古代ギリシャの四元素説（土、水、火、空気）や中国の五行説（地、水、火、風、空）は、素朴で身近な生活世界から帰納された世界観なのであり、逆に、それだけに実生活においてきわめて貴い存在なのです。仏教では五行説を五大として取り込んで重要視し、本尊と直結した概念にまでなり、各要素を立体幾何形に対応させた、聖なる五輪の塔として具現化しています。

しかし、古代西洋、東洋の隠修士とは違って、その現代の在野信徒の多くは、やはり信仰と実生活は別であり、ブレーキピストンのいかれた、きわめて燃費効率の悪い現代経済システム車に同乗して、本尊と直結した聖なる五行を汚す暴走行為に加担しているありさまです。そして、ポスト構造主義の旗手達は、もはや「真理」などは存在せず、ただ「解釈」のみが氾濫しているのだと叫ぶのです。

確かに、哲学者や思想家や宗教家達のみならず、人生を歩む多くの人々も、その人なりに世界を解釈しているのであり、それがその人の人生における志向性のジャイロコンパスになっています。しかし、目隠しされた人々が真理という巨象を触って（中和過程）、象とはこんなものであると確信するように、大抵は部分的な解釈に過ぎないのです。ある１つの意味世界平面の全体を見渡すことだけでも大変なのに、さらに意味世界の垂直構造に潜む多重世界が侵入してきます。

物質世界の代表である私達の宇宙世界が、そのもの自体で完結して決して理解しつくされ得ないように、精神世界の代表である意味世界平面においても、ある１つの意味世界は、あくまでもその高さから見える景色であり、その色メガネも脳という個々人に固有の基本ソフトと生後の環境によるアプリケーションソフトに依存しています。

つまり、精神世界も物質世界も共に絶対的与えられから出発せざるを得ないのであり、その起点に、どのような宇宙も、どのような精神も従っているのです。そして、いかなる現実（分極）化した宇宙においても、唯物現象だけとか唯心現象だけということはなく、クロネッカーの立方体のように、同一体の二側面（相互付随）の関係にあります。基本実体が、延長（幾何学的構成）と思惟（各物質階層に対応した意味世界）からなるとは、そのような真理なのです。

また、その二側面は共にフラクタルな階層関係にあるのです。

物質の科学知においても、精神の意味階層においても、共に高みに登りえたがゆえの危険性も高いのであり、人間に固有のごう慢性から滑落することがあります。そして、その下にいる多くの登山途中の人々や生命をも巻き込んでしまうのです。

いかなる物質階層においても、また、それに付随する精神的意味階層においても、絶対無の神の真意が、差異を認めつつ接近して相互に知を出し合い分かち合って、創造的に共存共生することにあることを、目先の利益や好奇心、または一時の激情や有頂天によって忘却してはならないのです。脳内の心のあり方次第で、脳組織だけでなく身体全体の内部有機分子の運動の様式が激変するように、脳や身体の外にある人間と関係する諸物体のあり方にも影響を与えます。

そしてさらに、科学知が進むと、宇宙そのものに固有な時空運動にも精神は影響を与える可能性を秘めてくるようになるのです。宇宙全体が本当に量子論的に記述可能ならば、その確率過程性の中には、低い確率値にもかかわらず、ある一定の確率で宇宙自体が崩壊する可能性があります。それは、知的生命が宇宙の究極の理論を完全に実証しようとする実験レベルに依存しているのです。

本書が生まれるきっかけとなったのは、青春時代の折々の友人との熱き語らいにおいて、心に残ったことを自分なりに考察してみたいという長年の強い想いと、今は亡き母がクリスチャンであったことによります。特に比嘉廉哲氏は霊長類学の眼を、草野博美氏は宗教学の眼を、そして永山幸男氏は天文学への道を開いてくれた大切な友人達です。

その永山ご夫妻には、初稿の通読と内容を踏まえた有益な助言を数々賜り、心より感謝申し上げます。また、本書の出版の機会を与えて下さった、たま出版の中村利男専務取締役の貴重なご意見に対し、この場をお借りして謝意を表します。

2006年８月22日

中澤　吉郎

補遺：心理空間における多様な座標と陰陽道

凹	〈陰・谷〉	凸	〈陽・山〉
憎（離反・斥力）	憎悪・意地悪・嫌味・ざまを見ろ 忌ま忌ましい・嫌がらせ・加害的 残忍・殺意・疎んじる・いい気味 復讐・罵る・嫌悪・妬み・排他的 反抗的・恨み・拒絶的・苦しめる 当て付ける・いじめる・忌み嫌う 皮肉る・気に食わない・自己中心 無視・反感的・反りが合わない	愛（共存・引力）	恋慕・思慕・反りが合う・惚れる 情熱・献身・好意・共鳴・利他的 博愛・可愛がる・慈しむ・慰める 愛しい・愛着・親切・癒す・激励 憧憬・可哀想・気遣う・楽します 気が合う・思いやる・歓迎・甘え 受容的・守る・情に厚い・人情的 援助・いたわる・笑わせる・味方
偽	騙す・欺く・疚しい・狡猾・ふり 裏切る・詐欺・搾取・虚勢・口実 盗む・とぼける・虚栄心・偽善 いんちき・いいかげん・見栄張り 策士・曖昧・虚偽・嘘	真	真人・真剣・敬虔・確信・真摯 誠実・真心・真正・信仰・真髄 真如・真実・純心・正直・実直 純朴・純情・信頼・信用・純粋 有りのまま・純潔
悲	泣く・悲しむ・不憫・敗北・失敗 不運・愕然・落胆・悲観的・絶望 痛わしい・沈み込む・悲愴・憂鬱	喜	浮かれる・感動・感銘・至高体験 感激・歓喜・上機嫌・希望・至福 成功・幸運・勝利・達成感・爽快
怒	争う・熱り立つ・攻撃・荒れる 横暴・激怒・激情・憤慨・憮然 むかつく・罵る・苛つく・癇癪		
苦	案じる・心配・悩む・苦労・不安 痛い・不穏・窮地・苦悶・苦しむ 不愉快・気疲れ・悲観的・回避型	楽	安堵・安楽・気楽・快適・楽天的 享楽・快活・活発・楽観的・快楽 愉快・安全型・安息・安眠・穏健
愚	愚直・愚鈍・馬鹿・高慢・呆気者 傲慢・高望み・無茶・軽視・慢心 嘲る・呆れる・自慢・無能・侮蔑 自惚れ・奢り・自己過信・愚痴る 下手・漫然とした・野暮・へまな	知	優れた・聡明・才媛・秀才・才気 円熟した・洗練した・上手・有能 見抜く・明敏・器用・機敏・敏捷 鋭い・賢い・巧妙・卓越・理知的 合理的・思慮深い・洞察・直感知
賤	卑下・下品・侮蔑・軽蔑・侘しい 浅ましい・劣等感・卑しい・誇る	貴	上品・淑やか・煌めく・凛々しい 荘厳・優美・畏敬・尊敬・威光

凹	〈陰・谷〉	凸	〈陽・山〉
下降	病気・消費・故障・破損・被災 不具合・不便・非効率・異化作用 消耗・分解作用・過去方向・破壊 衰退・老化・退行・左遷・怠惰 服従・不毛・廃業・崩壊・解体 非統合的部分化・離散・意味解体 機能解体・消滅	上昇	治療・生産・修理・修復・復興 改善・開発・効率的・同化作用 耐久性・合成・未来方向・創造 発展・成長・進化・栄転・勤勉 支配・肥沃・創業・繁栄・建設 統合的全体化・集合・意味創成 機能創成・誕生
執（固着・磁気質）	几帳面・意地張り・凝り性・妄執 口煩い・拘わり・収集癖・依怙地 疑念・懐疑・気難しい・口惜しさ 熱中・耽る・執拗・粘着質・潔癖 根に持つ・無念・気にする・頑固 憑かれる・没頭・強情・自意識	無執（無着・電気質）	虚心・寛大・大らか・素直・呑気 柔軟性・構わない・気さく・寛容 拘わらない・開放的・気にしない 自由奔放・協調型・サラッとした
	屈辱感・恐縮・赤面性・羞恥心 自尊心が強い・自意識過剰・執着		厚かましい・傍若無人・厚顔無恥 図々しい・破廉恥・生意気・失礼
軽薄動短細弱柔虚欠狭浅小底空濁悪醜	迂闊・慌てる・取り乱す・浮つく 狼狽える・焦る・せっかち・気儘 骨無し・ふ抜け・小心者・消極的 引っ込み思案・女々しい・上調子 先走る・臆病・控え目・取り入る 尻込み・衝動的・依存的・逃避型 低姿勢・へつらう・人任せ・軟弱 空虚感・虚脱感・繊細・自暴自棄 虚無感・消沈・無感動・引籠もり 狭量・けちな・骨惜しみ・焦燥感 やけくそ・捨て鉢・無力感・動揺 無責任・自滅・付和雷同・空虚感 憔悴・怯え・恐れ・移り気・気短 飽きっぽい・蓄積欝積型・愚図る 拗ねる・駄々こね・我儘・切れる 脅す・苛立つ・癇癪持ち・扇動的 上の空・恐喝・非行・暴力・卑屈	重厚静長太強剛実充広深大高満清善美	威厳・威光・畏敬・豪気・積極的 男気・度量・堂々・悠然・主体的 瞑想・豪胆・剛腹・冷静・実務的 気骨・勇敢・大胆・勇敢・自律的 気丈・豪放磊落・雄々しい・泰然 勇壮・屈強・無口・進歩的・気長 不言実行・野性的・発散的・忍耐 自制心・発展的・偉大・我慢強い 充実感・充足・満足・寛大・厚生 広言・広壮・宏量・深心・深広 深旨・深秀・深厚・深思・深情 大士・大切・大白・大老・大智 高尚・厚志・高士・高妙・高志 大全・大成・満願・満悦・清純 浄土・浄潔・清潔・清士・清玄 清秀・無私・善人・善玉・乾維 善祥・優美・済美・美妙・善後

凹	〈陰・谷〉	凸	〈陽・山〉
黒 湿 閉 内 邪 暗 滅 寒 冷	無気力・物憂い・自堕落・無頼漢 卑劣・自滅的・優柔不断・悪趣味 だらしない・無精・塞ぐ・無作法 陰気・陰湿・浅ましい・秘密主義 悪辣・悪質・悪玉・放蕩・閉鎖的 乱暴・無礼・無法者・野蛮・暗鬱 内向的・醜悪・不埒・陰険・怯懦 冷徹・自傷自責・凶情・不貞腐る 邪念・悪態・腹黒・性悪・破落戸	白 乾 開 外 正 明 生 温 暖	美徳・太白・純白・潔白・開放的 乾元・乾杯・乾徳・乾綱・意欲的 社交的・美意・精白・開悟・開朗 公開主義・外向的・開眼・開釈 正義感・開顔・正士・正見・改心 元気・陽気・向上心・謝罪・反省 償う・購う・悔い改め・生々主義 温厚・暖かい・温情・穏和・温容 温雅・お茶目・温もり・ユーモア

参 考 文 献

［自然科学系］

・『エレガントな宇宙』ブライアン・グリーン著、林一・林大訳、草思社（2001）.
・『超空間』』ミチオ・カク著、稲垣省吾訳、翔泳社（1994）.
・『オゾン層が消えた』ジョン・グリビン著、加藤珪訳、地人書館（1989）.
・『宇宙を創る４つの力』ポール・デイヴィス著、木口勝義訳、地人書館（1988）.
・『究極の理論への道』Ｓ.ワインバーグ著、小尾信彌・加藤正昭訳、ダイヤモンド社（1994）.
・『量子と混沌』Ｐ．デイヴィス・Ｊ.ブラウン共著、出口修至訳、地人書館（1987）.
・『カオスの自然学』テオドール・シュベンク著、赤井敏夫訳、工作舎（1986）.
・『フラクタル科学』高安秀樹編著、朝倉書店（1987）.
・『植物の神秘生活』Ｐ.トムプキンズ・Ｃ.バード共著、新井昭廣、工作社（1987）.
・『ウィルス進化論』中原英臣・佐川峻共著、早川文庫（1996）.
・『新生物物理の最前線』日本生物物理学会編、講談社ＢＰ（2001）.
・『図説現代生物学（改訂第５版）』丸善（1994）.
・『利己的な遺伝子』Ｒ.ドーキンス著、日高敏隆・岸由二・羽田節子・垂水雄二共訳、　紀伊國屋書店（1991）.
・『神への挑戦』毎日新聞科学環境部編、毎日新聞社（2002）.
・『基礎細胞分子生物学』Ｃ.リーチ・Ｊ.サンプソン・Ｇ.ウェストン共著、加藤郁之進監訳、TaKaRaバイオ出版（1996）.
・『ミトコンドリアはどこからきたか』黒岩常祥著、ＮＨＫブックス（2000）.
・『分子細胞生物学』Ｇ.カープ著、山本正幸・渡辺雄一郎監訳、東京化学同人（2000）.
・『脳の探究』Ｆ.ブルーム著、久保田競監訳、講談社ＢＰ（1987）.
・『意識する心』Ｄ.チャーマーズ著、林一訳、白揚社（2001）.
・『心は量子で語れるか』Ｒ.ペンローズ著、中村和幸訳、講談社ＢＰ（1999）.
・『心身問題と量子力学』Ｍ.ロックウッド著、奥田栄訳、産業図書（1992）.
・『脳と意識の地形図』リタ・カーター著、藤井留美訳・養老孟司監修、原書房（2003）.
・『３ポンドの脳』Ｊ.フーバー・Ｄ.テレシー共著、林一訳、白揚社（1989）.
・『意識の科学』Ｋ.ペレティエ著、吉福伸逸・Ｓ.プラブッダ共訳、工作舎（1986）.

・『解明される意識』ダニエル・デネット著、山口泰司訳、青土舎（1998）.
［哲学・思想関係］
・『西洋哲学史』A.シュヴェーグラー著、谷川徹三・松村一人共訳、岩波文庫（1992）.
・『現象学入門』竹田青嗣著、ＮＨＫブックス（1991）.
・『西洋哲学史』今通友信著、講談社学術文庫（1997）.
・『ゲーデルの哲学』高橋昌一郎著、講談社現代新書（1999）.
・『西洋哲学史』岩崎武雄著、有斐閣（1979）.
・『近代知の反乱』北沢方邦編、新評論（1983）.
・『進化の構造』ケン・ウィルバー著、松永太郎訳、春秋社（1998）.
・『空像としての世界』K.ウィルバー著、井上忠他訳、青土社（1983）.
・『ホロン革命』A.ケストラー著、田中三彦・吉岡佳子共訳、工作社（1983）.
・『古代思想』中村元選集17、春秋社（1974）.
・『現代自然科学と唯物弁証法』岩崎允胤・宮原将平共著、大月書店（1972）.
・『意味と生命』栗本慎一郎著、青土社（1988）.
・『天使のおそれ』G.ベイトソン・M.ベイトソン著、星川淳訳、青土社（1992）.
［宗教・思想関係］
・『神と新しい物理学』P.デイヴィス著、戸田盛和訳、岩波書店（1994）.
・『宗教の想像力』荒木美智雄著、講談社学術文庫（2001）.
・『キェルケゴールとニーチェ』カール・レヴット著、中川秀恭訳、未来社（1967）.
・『身体の宇宙誌』鎌田東二著、講談社学術文庫（1994）.
・『神の歴史』カレン・アームストロング著、高尾利数訳、柏書房（1995）.
・『空の思想史』立川武蔵著、講談社学術文庫（2003）.
・『仏教とキリスト教の比較研究』増谷文雄著、筑摩書房（1991）.
・『聖と俗』M.エリアーデ著、風間敏夫訳、法政大学出版局（1971）.
・『新約聖書概説』前田護郎著、岩波全書（1956）.
・『参禅入門』大森曹玄著、春秋社（1984）.
・『老子・荘子』森三樹三郎著、講談社学術文庫（1994）.
・『経済思想史読本』水田洋・玉野井芳郎編、東洋経済新報社（1978）.
［辞典・事典関係］
・『岩波仏教辞典』第２版、岩波書店（2002）.
・『仏教哲学大辞典』第３版、創価学会編（2000）.
・『哲学事典』平凡社（1971）.
・『岩波キリスト教辞典』岩波書店（2002）.

●著者プロフィール
中澤 吉郎（なかざわ よしろう）
東京理科大学理学部物理学科中退、以後各種アルバイトをしながら絵画製作（油絵）生活を続ける。1993年、地人書館より、宇宙の新たな普通定数として時空の圧力定数Pを導入することを提唱した専門書『宇宙を次元解析で料理する』を出版。大学院関係の推薦図書になる。

知と境界領域 中和と分極の神秘

2006年11月20日　初版第1刷発行

著　　者　中澤 吉郎
発 行 者　韮澤 潤一郎
発 行 所　株式会社 たま出版
〒160-0004　東京都新宿区四谷4－28－20
☎03-5369-3051（代表）
http://tamabook.com
振替　00130-5-94804

印 刷 所　東洋経済印刷株式会社

ISBN4-8127-0216-X C0040